本书是国家社会科学基金一般项目"中国与拉丁美洲国家经贸关系研究"（项目编号：15BGJ017）的成果

本书获 2021 年第三批中国社会科学院创新工程学术出版项目资助

中国社会科学院
拉丁美洲研究所
INSTITUTO DE AMERICA LATINA
ACADEMIA DE CHINA DE CIENCIAS SOCIALES

大变局视角下的
中国—拉美经贸合作

China-Latin America Economic and
Trade Cooperation from the
Perspective of Great Changes

谢文泽　著

中国社会科学出版社

图书在版编目（CIP）数据

大变局视角下的中国—拉美经贸合作 / 谢文泽著 . —北京：中国社会科学出版社，2021.10
ISBN 978 – 7 – 5203 – 8164 – 2

Ⅰ.①大… Ⅱ.①谢… Ⅲ.①国际合作—经贸合作—研究—中国、拉丁美洲 Ⅳ.①F125.573

中国版本图书馆 CIP 数据核字（2021）第 234598 号

出 版 人	赵剑英
策划编辑	侯聪睿
责任编辑	张冰洁
责任校对	李 剑
责任印制	王 超

出　　版	中国社会科学出版社
社　　址	北京鼓楼西大街甲 158 号
邮　　编	100720
网　　址	http：//www.csspw.cn
发 行 部	010 – 84083685
门 市 部	010 – 84029450
经　　销	新华书店及其他书店
印　　刷	北京明恒达印务有限公司
装　　订	廊坊市广阳区广增装订厂
版　　次	2021 年 10 月第 1 版
印　　次	2021 年 10 月第 1 次印刷
开　　本	710×1000　1/16
印　　张	20.25
插　　页	2
字　　数	302 千字
定　　价	109.00 元

凡购买中国社会科学出版社图书，如有质量问题请与本社营销中心联系调换
电话：010 – 84083683
版权所有　侵权必究

前　　言

　　拉丁美洲和加勒比地区（简称"拉美地区"）有33个国家和10多个未独立地区。根据联合国拉丁美洲和加勒比经济委员会（简称"拉美经委会"）的统计或估计，其领土面积合计约2042.9万平方千米，2020年总人口约6.5亿人。当今世界正在经历百年未有之大变局，在这场大变局中，拉美地区的经济社会发展明显滞后，甚至出现了"新发展陷阱"现象。受新冠肺炎疫情的冲击和影响，2020年拉美地区经济出现大幅度衰退。根据国际货币基金组织的测算，2020年拉美地区GDP缩减至4.3万亿美元左右，人均GDP降至6600美元左右，人均GDP倒退回2010年的水平。尽管如此，拉美地区仍然是新兴市场和发展中经济体的重要组成部分，是一片积极求变、前景广阔的活跃区域，是全球化、多极化进程的重要参与者和支持力量。

　　中拉关系正在由"中拉全面合作伙伴关系"向"携手共进的中拉命运共同体"迈进。在这一进程中，经贸合作是全面发展和深化中拉关系的基石，其中，商品贸易是中拉经贸合作、中拉全面合作伙伴关系、中拉共建"一带一路"的重要长期引擎。根据中国海关总署的统计，尽管新冠肺炎疫情在全球蔓延和肆虐，2020年中拉商品贸易额（商品进出口总额）仍然达到了3166亿美元左右，与2019年基本持平。2021年1—9月中拉商品贸易额约为3318.8亿美元，与2020年同期相比增长了45.5%。

　　本书选择"大变局"作为研究视角，以推进构建"携手共进的中拉命运共同体"为研究目标，以中拉经贸合作为研究主线，以中拉共建"一带一路"为重点，内容包括中拉经贸合作的拉美发展背景、美拉关系背景，中国改革开放、中国经济增长与中拉经贸合作，中国发展新战略、拉美地区互联互通与中拉共建"一带一路"，中拉基础设施、产能与产业、农业种植业合作，中国与巴西、委内瑞拉的经贸合作，等等。

拉美地区自身发展、美国与拉美的关系是研究中拉经贸合作的两大基本背景。自 20 世纪 50 年代以来，拉美地区在发展转型的进程中形成了"一二三四五"发展约束框架。"一"是指"一对矛盾"，即国家与社会的对立。"二"是指两大社会关系，即社缘关系和职缘关系。"三"是指三大社会阶层，即精英阶层、正规阶层、非正规阶层。"四"是指四个经济部门，即农村经济部门、外资经济部门、城市正规经济部门和城市非正规经济部门。"五"是指"五化"，即经济国际化、利益集团化、社会分层化、政治精英化、政府社会化。长期以来，这一框架制约着拉美地区的经济社会发展，是导致拉美地区发展缓慢的重要内部因素。美国与拉美地区共同位于美洲地区，以美洲地区为纵轴的美国"两圈战略"，即美国的"国家防卫安全圈"和"经济利益安全圈"，使得美国将拉美地区视作其"两圈战略"的天然组成部分。美国对拉政策有两条传统底线：一是保持美国的绝对军事优势，禁止美洲地区以外的势力在拉美地区谋求军事存在；二是保持美国意识形态和价值观的绝对影响力，禁止与美国不一致或相抵触的意识形态、价值观进入拉美地区或在拉美地区传播。美国的"两圈战略"和美拉关系是影响中拉关系发展、中拉经贸合作的重要因素。

自 1978 年中国开启改革开放进程以来，中拉关系的发展历程可以划分为 3 个阶段。1978—2001 年为第 1 阶段，"高访驱动"是主线，中国在拉美地区的建交国增加，中国与部分拉美国家的双边关系得到深化和升级，中国的复关和入世努力得到了拉美国家的理解和支持。2002—2012 年为第 2 阶段，"贸易驱动"是主线，中拉贸易实现跨越式增长，双边贸易、投资、金融合作全面展开，中拉双边关系形成三层次、多元化大格局。2013 年以来为第三阶段，整体合作是主线，中拉建立全面合作伙伴关系，中拉经贸合作跨入"投资+金融"双轮驱动阶段，中拉共建"一带一路"初显成效。在中拉关系发展的诸多成就中，有两项较为突出，对中拉关系发展具有基础性和指导性意义。一是准确把握拉美地区的三个特点，即绝大部分拉美国家独立较早，拉美地区经济社会发展水平较高，拉美地区较早成为国际格局中的一支重要力量。二是构建中拉关系的"四梁八柱"。世界观、时代观、国家观、价值观是中拉关系发展的"四梁"，"四层次利益"（全球利益、地区利益、双边利益、各自的单边利益）和"四领域合作"（国际、政治、经济、社会）构成了中拉关系发展的"八柱"。

商品贸易是中拉经贸合作的重要内容，1995—2019年中国经济增长是拉动中拉商品贸易增长的重要因素。中国进口对中拉商品贸易增长的贡献较大，资源类商品进口拉动中拉双边经贸合作。中拉探索和实施"贸易+投资+金融"合作模式，中委基金是该模式的典型。中委基金是以石油贸易为基础、集"贸易、投资和金融合作"三大机制于一体的联合融资机制。自2013年以来，中国经济进入中高速增长阶段，中国经济增长对缓解拉美地区经济下行压力发挥着重要作用，例如，中国稳定了资源类商品的国际市场需求，中国进口需求使拉美地区资源类商品出口量继续保持增长，等等。中拉产能合作迎来新一轮全球产业结构调整，从全球的角度看，产能合作在中拉经贸合作中的重要性和地位日益提高。从亚太地区经济一体化的角度看，拉美地区是构建亚太自由贸易区的重要参与者，中拉经贸合作是推进亚太地区经济一体化进程的主要构成之一。

中国新时代经济发展战略可以用一个坐标来解读。坐标的原点是当前中国所处的经济发展阶段，即中高收入的发展中经济体。横轴为经济发展的两大主要目标，即实现中国国家现代化，提高中国经济的全球化水平。纵轴为经济发展的目的，即持续提高人民的幸福水平。经济建设的中心任务是建设现代化经济体系，追求质量型增长。在中国共产党的全面领导下，通过收入水平、法治建设、民主建设、民生改善、公平正义、社会文明、生态文明、国家统一、国家安全、世界和平等诸多领域的全面均衡发展，使人民普遍获得"美好生活"。正如开放、包容、共享是坐标的自然属性一样，中国的经济发展战略具有开放、包容、共享属性。"一带一路"倡议是中国新时代经济发展战略的重要体现之一，中国正在三层次推进共建"一带一路"。中拉整体合作虽然没有明确提及"一带一路",但前者已经包含着后者的部分内容,并且中国与部分拉美国家在自贸协定方面的政策沟通以及在能源、交通等领域的合作涌现了一些较为典型的成功案例。中拉可借鉴拉美地区特许经营"五权分置"模式,综合考虑项目合作五因素、资金融通四要素,推进共建"一带一路"。中拉共建"一带一路"日益需要凝聚"思维共识"和"发展共识",可借助对劳动与资本、政府与市场、国家与世界三对辩证关系的理论与思想认识,凝聚"思维共识"。双方可借助围绕财政赤字、国内净储蓄、国际净收入构建的宏观均衡模型,凝聚"发展共识"。

进入21世纪以来,以交通、能源、通信为三大重点领域的互联互通在拉美地区一体化发展战略中的重要性日益凸显,逐渐形成了以南美洲基础设施一体化倡议、中美洲一体化和发展项目、加勒比石油联盟为主要代表的次区域基础设施一体化计划或规划。拉美互联互通与"一带一路"契合程度较高,中拉可建立三层次互联互通的对接与合作机制,支持和参与拉美地区两洋铁路、两洋高速公路等经济走廊发展规划或计划。拉美地区基础设施一体化的协调和合作机制趋于成熟,11条两洋通道的建设和规划格局基本形成,中拉基础设施合作取得诸多突破,尤其是中国与巴西的电力合作、中国与厄瓜多尔的水电合作、中国与牙买加的高速公路合作积累了重要的成功经验。产能和产业合作是中拉共建"一带一路"的重要组成部分。基于宏观均衡模型中的国际净收入来源,可以将拉美国家分为三组,第一组为以商品净出口和外资净流入为主要国际净收入来源的国家,第二组为以服务净出口和外资净流入为主要国际净收入来源的国家,第三组为以外资净流入为主要国际净收入来源的国家。根据净出口收入的主要来源,可以将拉美国家分为五类。第一类为以多种初级产品为商品净出口主要来源的国家,第二类为以单一产品为商品净出口收入主要来源的国家,第三类是以少数几种工业制成品和初级产品为商品净出口收入主要来源的国家,第四类为旅游业和航运业并重的国家,第五类为以旅游业为主要来源的国家。中拉产能和产业合作可按组分类推进。拉美地区农业资源丰富,开发潜力巨大,中拉农业种植业合作前景广阔。农业种植业合作不仅是共同维护中拉大豆、玉米、小麦、水稻等谷物安全的重要措施，同时也是改善包括拉美地区在内的全球谷物安全状况的战略举措。

本书采用定性分析与定量分析相结合的研究方法，力求兼顾宏观、中观与微观，提出了拉美发展约束框架、美国"两圈战略"、中国新时代经济发展战略坐标、宏观均衡模型、三对辩证关系、拉美国家"三组""五类"划分、"一带一路"与拉美互联互通对接、中拉两洋铁路合作、中拉项目合作五因素、中拉金融合作四要素、拉美特许经营"五权分置"等分析框架或观点。这些分析框架或观点虽有一定程度的创新，但仍属于探索和尝试范畴，希望能够对推进构建中拉命运共同体有所裨益。

谢文泽

2021 年 10 月

目 录

序 论 大变局视角下的中拉关系 …………………………………… (1)
  一 大变局视角下的中国经济发展成就 …………………………… (2)
  二 大变局视角下的拉美"新发展陷阱" …………………………… (5)
  三 拉美视角下的美国、欧盟、中国合作方案 …………………… (8)
  四 拉美视角下的携手共建"中拉命运共同体" ………………… (10)

第一章 中拉经贸合作的拉美发展背景 ………………………………… (12)
  第一节 20世纪50年代以来拉美地区城市化进程 ……………… (13)
  第二节 拉美地区的经济转型 …………………………………… (21)
  第三节 拉美地区的社会转型 …………………………………… (36)
  第四节 拉美地区的政治转型 …………………………………… (48)
  第五节 拉美地区发展转型困境 ………………………………… (56)

第二章 中拉经贸合作的美拉关系背景 ………………………………… (59)
  第一节 美国"两圈战略"概述 …………………………………… (59)
  第二节 拉美地区在"两圈战略"中的地位 …………………… (75)
  第三节 美拉整体合作 …………………………………………… (78)
  第四节 关于美拉整体合作的几点认识 ………………………… (86)

第三章 中国改革开放与中拉经贸合作 ………………………………… (93)
  第一节 1978—2001年的中拉关系发展 ………………………… (93)
  第二节 2002—2012年的中拉关系发展 ………………………… (101)

第三节　2013 年以来的中拉关系发展 ……………………（110）
　　第四节　中拉关系发展的几点思考 …………………………（114）

第四章　中国经济增长与中拉经贸合作 ……………………（124）
　　第一节　经济增长拉动中拉经贸合作 ………………………（124）
　　第二节　中拉经济增长的相互影响 …………………………（133）
　　第三节　中拉产能合作迎来新一轮全球产业结构调整 ……（139）
　　第四节　中国经济增长支撑拉美—亚太经济一体化进程 …（145）

第五章　中国发展新战略与中拉共建"一带一路" …………（149）
　　第一节　中国新时代发展战略坐标 …………………………（149）
　　第二节　中国三层次推进共建"一带一路" ………………（152）
　　第三节　中拉共建"一带一路"的基本指导思想 …………（154）
　　第四节　中拉整体合作与共建"一带一路" ………………（157）
　　第五节　中拉共建"一带一路"的对接与合作 ……………（161）
　　第六节　几点思考与建议 ……………………………………（170）

第六章　互联互通与中拉共建"一带一路" …………………（175）
　　第一节　拉美和加勒比地区三层次一体化和互联互通规划 …（176）
　　第二节　基础设施一体化是共建"一带一路"的重要基础 …（180）
　　第三节　拉美互联互通与"一带一路"契合程度较高 ……（190）

第七章　中拉基础设施合作 ……………………………………（196）
　　第一节　中拉基础设施合作取得突破 ………………………（196）
　　第二节　中国—巴西基础设施合作 …………………………（204）
　　第三节　中拉基础设施合作的三种典型模式 ………………（212）

第八章　中拉产能与产业合作 …………………………………（218）
　　第一节　基于宏观均衡的国别分类 …………………………（219）
　　第二节　中拉产能合作的重点领域 …………………………（230）

第三节　中拉产业合作 …………………………………………（235）

第九章　中拉农业种植业合作 ………………………………………（249）
　　第一节　拉美地区农业种植业概况 ……………………………（249）
　　第二节　拉美地区农业种植业增产潜力较大 …………………（253）
　　第三节　谷物增产的主要制约因素 ……………………………（261）
　　第四节　中拉农业种植业合作对策 ……………………………（266）

第十章　中国—巴西经贸合作 ………………………………………（269）
　　第一节　巴西在中国新发展战略中的地位 ……………………（269）
　　第二节　初级产品贸易是中巴经贸合作的重要支撑 …………（274）
　　第三节　关于中巴经贸合作的几点认识 ………………………（281）

第十一章　中国—委内瑞拉双边关系发展 …………………………（283）
　　第一节　中委关系发展进程 ……………………………………（283）
　　第二节　中委经贸合作主要成就 ………………………………（288）
　　第三节　中国支持委内瑞拉石油主权 …………………………（293）
　　第四节　中委石油合作简评 ……………………………………（301）

主要参考文献 …………………………………………………………（305）

后　记 …………………………………………………………………（312）

序　论

大变局视角下的中拉关系

习近平总书记指出，"放眼世界，我们面对的是百年未有之大变局"①。"一大批新兴市场国家和发展中国家走上发展的快车道，……，多个发展中心在世界各地区逐渐形成"。②"国际力量对比正在发生前所未有的积极变化，新兴市场国家和发展中国家群体性崛起正在改变全球政治经济版图"③。"经过长期努力，中国特色社会主义进入了新时代，……。这个新时代，……，是我国日益走近世界舞台中央、不断为人类作出更大贡献的时代"④。按 2010 年美元不变价格计，2012—2020 年中国国内生产总值（GDP）增长了 4.6 万亿美元，约占同期世界 GDP 增量（12.0 万亿美元）的 38.4%。⑤ 2020 年面对严峻复杂的国际形势、艰巨繁重的国内改革发展稳定任务特别是新冠肺炎疫情的严重冲击，中国实现了 2.3% 的经济增长，初步核算的 GDP 约为 101.6 万亿元人民币。⑥ 按美元现价计，2020 年中国 GDP 约为 14.7 万亿美元。⑦

---

① 《习近平谈治国理政》（第三卷），外文出版社 2020 年版，第 421 页。
② 《习近平谈治国理政》（第一卷），外文出版社 2018 年版，第 272 页。
③ 《习近平谈治国理政》（第二卷），外文出版社 2017 年版，第 212 页。
④ 《习近平谈治国理政》（第三卷），外文出版社 2020 年版，第 8、9 页。
⑤ 根据世界银行"World Development Indicators"统计数据计算，2021 年 10 月 19 日。
⑥ 国家统计局：《中华人民共和国 2020 年国民经济和社会发展统计公报》，《人民日报》2021 年 3 月 1 日第 10 版。
⑦ 世界银行"World Development Indicators"统计数据，https://databank.worldbank.org/source/world-development-indicators#，2021 年 10 月 19 日。

一 大变局视角下的中国经济发展成就

1978年中国主动开启了改革开放进程。中国的改革开放取得了举世瞩目的成就。按2010年美元不变价格计，1978—2019年中国GDP由2936亿美元增至115375亿美元，年均GDP增长率约为9.1%。① 按2010年美元不变价格计，1978年中国在世界GDP中所占的比重仅为1.1%，美国所占的比重约为24.0%，欧盟②约为28.8%。2019年中国占世界GDP比重升至13.6%，美国所占的比重降至21.6%，欧盟降至19.6%。2010年中国成为世界第一制造业大国，制造业增加值约为1.9万亿美元，约占世界制造业增加值总额的18.3%。③"这意味着鸦片战争以来，中国丢掉的世界第一制造业大国地位，在经历了一个半世纪之后，被我们重新拿了回来"④。2015年中国制造业增加值占世界制造业增加值的27.6%，北美洲（主要包括美国、加拿大、墨西哥3国）约占19.3%，欧洲约占22.3%。⑤ 2019年中国制造业增加值增至3.9万亿美元左右，占世界制造业增加值总额的比重提高至28.3%。⑥ 2013年中国成为全球第一贸易大国，1978—2013年中国商品进出口总额由211亿美元增至4.16万亿美元，中国占全球商品贸易总额的比重由0.8%提高至11.0%。2013年美国占全球商品贸易总额的比重为10.3%，欧盟为31.6%。2019年中国占全球商品贸易总额的比重为11.9%，美国为11.0%，欧盟为32.7%。⑦ 2020年中国商品进出口总额约为4.65万亿美元，

---

① 根据世界银行"World Development Indicators"统计数据计算，2021年3月15日。
② 欧盟28个成员国合计。欧盟28个成员国为：奥地利、比利时、保加利亚、塞浦路斯、克罗地亚、捷克、丹麦、英国、爱沙尼亚、芬兰、法国、德国、希腊、匈牙利、爱尔兰、意大利、拉脱维亚、立陶宛、卢森堡、马耳他、荷兰、波兰、葡萄牙、罗马尼亚、斯洛伐克、斯洛文尼亚、西班牙、瑞典。2020年1月31日英国正式脱离欧盟。
③ 根据世界银行"World Development Indicators"统计数据计算，2021年3月15日。
④ 王政：《坚定不移走中国特色新型工业化道路（纵横·十年）——访工业和信息化部党组书记、部长苗圩》，《人民日报》2012年9月18日第9版。
⑤ United Nations Industrial Development Organization (UNIDO), *World Manufacturing Production-Statistics for Quarter IV 2020*, March 8, 2021, p.10, https://stat.unido.org/content/publications/world-manufacturing-production.
⑥ 根据世界银行"World Development Indicators"统计数据计算，2021年3月15日。
⑦ 根据联合国贸发会议统计数据（UNCTADSTAT）计算，https://unctadstat.unctad.org/wds/TableViewer/tableView.aspx? ReportId=101，2021年10月19日。

同比增长1.5%。① 2020年是可以载入史册的一年，中国的疫情防控取得重大战略成果，中国是唯一实现经济正增长的主要经济体。② 2021年2月25日习近平总书记《在全国脱贫攻坚总结表彰大会上的讲话》庄严宣告，我国脱贫攻坚战取得了全面胜利，完成了消除绝对贫困的艰巨任务，创造了又一个彪炳史册的人间奇迹!③

20世纪80年代，债务危机席卷拉美地区，绝大多数拉丁美洲和加勒比国家（简称"拉美国家"）被迫进行改革。拉美国家的改革也取得了一定成效，按2010年美元不变价格计，1982—2019年拉美地区GDP由2.5万亿美元增至6.2万亿美元，年均GDP增长率约为2.4%。按美元现价计，1978年中国GDP约为1495亿美元，约为拉美地区GDP（5435亿美元）的27.5%。2019年中国GDP约为14.3万亿美元，为拉美地区的2.5倍。1978年中国人均GDP约为156美元，仅为拉美地区人均水平（1578美元）的9.9%。2019年中国人均GDP约为10262美元，为拉美地区（8870美元）的1.16倍。④ 2019年拉美地区制造业增加值约为7383亿美元，约为中国制造业增加值的18.9%。⑤ 2019年拉美地区商品贸易总额约为2.14万亿美元，约为中国商品贸易总额（4.58万亿美元）的46.7%。⑥

2020年5月联合国拉丁美洲和加勒比经济委员会（简称"拉美经委会"）⑦、拉丁美洲和加勒比国家共同体（简称"拉共体"）⑧ 发布的

---

① 中华人民共和国海关总署：《2020年12月进出口商品国别（地区）总值表（美元值）》，http://www.customs.gov.cn/customs/302249/zfxxgk/2799825/302274/302277/302276/3515719/index.html，2021年1月18日。

② 《政府工作报告——二〇二一年三月五日在第十三届全国人民代表大会第四次会议上》，《人民日报》2021年3月13日第3版。

③ 《在全国脱贫攻坚总结表彰大会上的讲话》，《人民日报》2021年2月26日第2版。

④ 根据世界银行"World Development Indicators"统计数据计算，2021年3月15日。

⑤ 根据世界银行"World Development Indicators"统计数据计算，2021年3月15日。

⑥ 根据联合国贸发会议统计数据（UNCTADSTAT）计算，https://unctadstat.unctad.org/wds/TableViewer/tableView.aspx?ReportId=101，2021年10月19日。

⑦ "联合国拉丁美洲和加勒比经济委员会"的西班牙语全称为"Comisión Económica para América Latina y el Caribe"，缩写为"CEPAL"。

⑧ "拉丁美洲和加勒比国家共同体"的西班牙语全称为"Comunidad de Estados Latinoamericanos y Caribeños"，西班牙语缩写为"CELAC"。

联合研究报告指出，2014—2019 年拉美地区年均 GDP 增长率仅为 0.4%，为 1950 年以来增长率最低的 6 年。拉美经委会指出，受新冠肺炎疫情的影响，拉美地区在经济、社会、生产、环境 4 个领域长期存在的结构性脆弱进一步加剧和恶化，该地区正经历 20 世纪以来最严重的经济衰退，2020 年拉美地区 GDP 增长率预计为 −7.7%。[①] 拉美地区 59% 左右的就业会受到新冠肺炎疫情的冲击，[②] 2020 年拉美地区贫困人口将增至 2.147 亿人，贫困率（贫困人口占总人口的比重）升至 34.7%；绝对贫困人口将增至 8340 万人，赤贫率（绝对贫困人口占总人口的比重）升至 13.5%，拉美国家需要额外增加财政支出以纾解贫困，这部分额外支出占拉美地区 GDP 的比重在 2.8% 以上。[③] 拉美国家的财政政策空间较为有限，一方面，税收征收较少，2018 年 25 个拉美国家的税收收入占 GDP 的比重为 23.1%，低于经济合作与发展组织（OECD，简称"经合组织"）34.3% 的平均水平；[④] 另一方面，税基侵蚀较多，据拉美经委会估计，2017 年拉美地区偷漏税金额约 3250 亿美元，占地区 GDP 的 6.3%。[⑤]

　　拉美国家不仅必须抗击新冠肺炎疫情，而且更要应对因疫情而趋于恶化的内部结构性脆弱和外部制约因素，即"新发展陷阱"。拉美经委会执行秘书长阿丽西亚·巴尔塞纳（Alicia Bárcena）女士指出，拉美地区正处于文明的十字路口，该地区只有通过全球性合作才能走出困境。

---

① Comisión Económica para América Latina y el Caribe (CEPAL), *Balance Preliminar de las Economías de América Latina y el Caribe*, 2020, Santiago, Chie, 2021, p. 11.

② CEPAL, Organización Internacional del Trabajo (OIT), "El trabajo en tiempos de pandemia: desafíos frente a la enfermedad por coronavirus (COVID - 19)", Santiago, Chile, mayo de 2020, p. 9.

③ CEPAL, "El desafío social en tiempos del COVID - 19", Santiago, Chile, mayo de 2020, pp. 1, 16.

④ Organización para la Cooperación y el Desarrollo Económicos (OCDE), Centro de Desarrollo de la OCDE, CEPAL, Centro Interamericano de Administraciones Tributarias (CIAT), Banco Interamericano de Desarrollo (BID), *Estadísticas tributarias en América Latina y el Caribe* 2020, OECD Publishing, Paris, 2020, p. 19.

⑤ CEPAL, "Mayor cooperación financiera internacional es crucial para que países de América Latina y el Caribe puedan enfrentar la 'tormenta perfecta' desatada por la crisis del COVID - 19", https://www.cepal.org/es/comunicados/mayor-cooperacion-financiera-internacional-es-crucial-que-paises-america-latina-caribe，2020 年 6 月 5 日。

新冠肺炎疫情和经济衰退正在抛弃传统模式，拉美地区需要新的发展模式。拉美经委会指出，国际格局正在发生变革，世界贸易和全球价值链正在扩大国家（地区）之间的差距，拉美国家需要重新从"国家"角度考虑区域一体化、自然资源专业化、生产多样化和增加正规就业。

二　大变局视角下的拉美"新发展陷阱"

2019年10月拉美经委会、CAF-拉丁美洲开发银行[①]、欧盟、经合组织联合出版了《2019年拉丁美洲经济展望：转型中的发展》研究报告[②]，该报告认为，拉美地区的商品出口以初级产品为主，2003—2013年初级产品国际市场价格上涨，在此期间，拉美地区年均GDP增长率为3.9%。2014年以来，初级产品价格大幅度下跌且长期低迷，拉美地区陷入20世纪50年代以来的第三轮、进入21世纪以来的第一轮"失速年代"，拉美地区陷入了"新发展陷阱"。

"四个脆弱"（即"生产脆弱、社会脆弱、体制脆弱、环境脆弱"）是拉美地区陷入"新发展陷阱"的主要内因。如图1所示，生产脆弱主要表现为低工业化水平，拉美地区主要出口初级产品和资源类产品，进口工业制成品、低价值链参与、低生产力增长。劳动生产力增长缓慢是绝大多数拉美国家长期滞留在中等收入发展阶段的根本原因之一。1950年拉美地区的平均劳动生产力相当于欧盟成员国平均水平的75%，2017年前者仅为后者的40%左右，部分拉美国家停留在中等收入阶段已达65年之久。对于大部分拉美国家而言，如果其劳动生产力不能实现较快增长，则这些国家跨越中等收入阶段至少还需要40年的时间。社会脆弱主要表现为中产返贫，约占总人口40%的中产阶层较不稳定，其中相当一部分易重新返回贫困状态；非正规化，非正规就业人数较多；低储蓄率和低投资率。体制脆弱主要表现为国家治理能力不足，社会诉求难以满足，公民纳税意识淡薄，政府财政资源不足。环境脆弱主要表现为碳排放量增加，自然资源枯竭，可持续性降低。

[①] CAF-Banco de Desarrollo de América Latina.
[②] CEPAL, CAF-Banco de Desarrollo de América Latina, Unión Europea（UE）, Cooperación y el Desarrollo Económicos（OCDE）, *Perspectivas económicas de América Latina 2019*: *desarrollo en transición*, OECD Publishing, Paris, 2019.

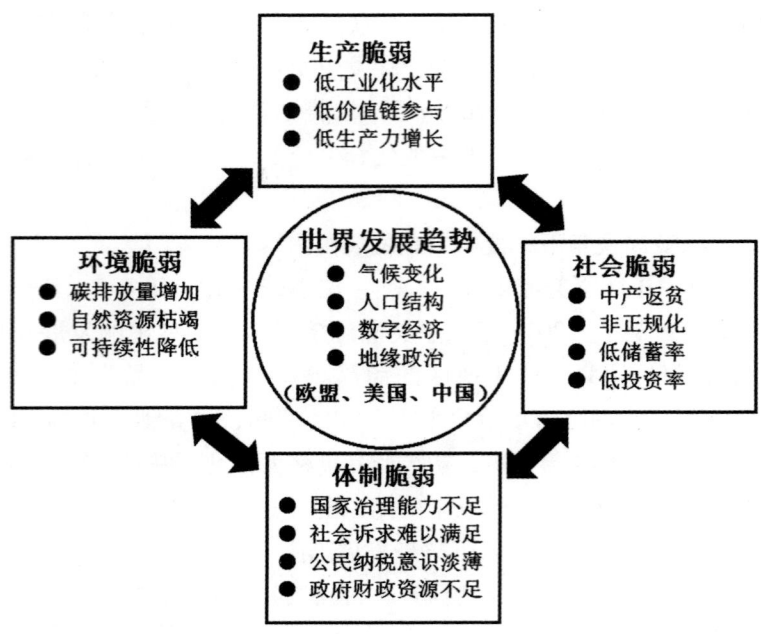

图 1　拉美地区"新发展陷阱"

资料来源：CEPAL, CAF-Banco de Desarrollo de América Latina, Unión Europea (UE), Organización para la Cooperación y el Desarrollo Económicos (OCDE), *Perspectivas económicas de América Latina 2019: desarrollo en transición*, OECD Publishing, Paris, 2019, p. 127.

拉美经委会认为，"中心—外围"是拉美地区陷入"新发展陷阱"的主要外因。拉美地区"外围化"的主要表现之一是该地区在世界经济中的地位有所降低。1913—1950 年拉美地区占世界 GDP 比重由 4.5% 提高至 7.9%。① 根据世界银行的"世界发展指标"数据，按 2010 年美元不变价格计算，1980—2018 年拉美地区占世界 GDP 的比重由 8.9% 降至 7.4%。导致拉美地区"外围化"的原因主要有三个。第一，"中心"国家主导科技和技术创新。例如，美国和中国拥有 75% 的全球区块链技术相关专利，两国共同处于数字经济的领先地位。第二，

---

① ［英］安格斯·麦迪森（Angus Maddison）：《世界经济千年史》，伍晓鹰等译，北京大学出版社 2003 年版，第 117 页。

美元约束。保持拉美地区较高程度的"美元化"是美国对拉美地区施加影响力的一项重要经济政策。这不仅使美联储的货币政策在一定程度上成为拉美地区初级产品价格涨跌和经济增长波动的指挥棒，而且使拉美国家对外贸易、投资、金融合作在货币币种的选择方面受到较多制约。第三，对外国直接投资（简称"外资"）和外部融资有较高程度的依赖性。2014—2018 年拉美地区年均外资流入量约为 1758 亿美元。[①] 根据联合国贸易和发展会议（UNCTAD，简称"联合国贸发会议"）的统计，截至 2018 年拉美地区的外资存量约为 21161 亿美元，约占拉美地区 GDP 的 39.8%。[②] 根据世界银行发布的《2020 年国际债务统计》，截至 2018 年拉美地区外债总额约为 18680 亿美元，约占国民收入（49720 亿美元）的 37.6%。[③]

在《2019 年拉丁美洲经济展望：转型中的发展》这一研究报告中，中国与美国、欧盟共同被置于世界发展趋势的中心位置。无独有偶，世界银行认为中国是全球价值链中的两大角色之一。2019 年 10 月世界银行发布了年度世界发展研究报告——《2020 年世界发展报告：在全球价值链时代以贸易促发展》[④]，这是世界银行自 20 世纪 80 年代末以来首次以贸易为主题发布的年度世界发展报告，世界银行在该报告中指出，全球价值链约占全球贸易的 50%。21 世纪以来，全球价值链加速发展，中国加入世界贸易组织和融入全球经济是主要原因之一。从产业角度看，全球价值链主要集中在机械设备、电子、交通运输设备等领域；从地理区域角度看，主要集中在东亚、北美和西欧；从国家角度看，中国和美国是两大主要角色。这两份研究报告在一定程度上反映了国际社会的一个普遍认识，即中国、美国、欧盟是百年未有之大变局中的三个中心。

[①] CEPAL, *La Inversión Extranjera Directa en América Latina y el Caribe*, 2019, Santiago, Chile, 2019, p. 28. 根据 Cuadro I. 2 中 2014—2018 年的数据计算。

[②] United Nations Conference of Trade and Development, UNCTADSTAT, https：//unctadstat.unctad.org，2020 年 6 月 5 日。

[③] World Bank Group, *International Debt Statistics 2020*, Washington, DC, USA, World Bank, 2019, p. 20.

[④] World Bank Group, *World Development Report 2020：Trading for Development in the Age of Global Value Chains*, Washington, DC., World Bank, 2019.

三 拉美视角下的美国、欧盟、中国合作方案

拉美地区与三个中心有多种合作方案，其中有四种影响较大。一是美国的"封闭的泛美主义"方案。自19世纪末以来，"封闭的泛美主义"一直是美国对拉政策的主线。美国将拉美地区视作"后院"，独霸"后院"是美国谋求全球霸权的基本点。"封闭的泛美主义"是美国为保护其"后院"而构筑的"篱笆墙"。美国在拉美地区推行"封闭的泛美主义"主要有三个意图。第一，防止欧洲势力重返拉美。拉美国家曾经是西班牙、葡萄牙、英国等欧洲国家的殖民地。自独立（1776年）至第二次世界大战结束（1945年），美国用了大约170年的时间将欧洲势力赶出了拉美地区。第二，防止巴西、阿根廷、墨西哥等拉美国家发展成威胁或敌视它的大国。第三，阻止或管控中拉关系的发展，这是2017年以来美国政府新增添的一个意图。

二是欧盟的"三支柱"方案。从地缘政治的角度，拉美国家可以分为两组。第一组为19个拉丁美洲国家，即18个西班牙语国家和1个葡萄牙语国家。因为这些国家的原宗主国位于欧洲的伊比利亚半岛，所以这一组国家也被称作"伊比利亚美洲国家"。第二组为14个加勒比地区国家，其中12个为英国的前殖民地。欧盟"三支柱"方案主要表现为"政治对话+政策协调+自由贸易"。在拉美地区，该方案主要应用于伊比利亚美洲国家，其典型代表之一是"南方共同市场—欧盟协定"。20世纪90年代中期，由巴西、阿根廷、乌拉圭、巴拉圭4个创始成员国组成的南方共同市场（简称"南共市"），开始与欧盟进行"三支柱"协定谈判。2019年6月欧盟与南共市完成全部谈判并签订协定。① 目前，欧盟正在墨西哥和中美洲推行"三支柱"方案。对于第二组国家，英国脱欧将为其带来不确定性。第二次世界大战期间，英国将其加勒比地区的军事基地租借给美国，以换取美国的几十艘老旧军舰，租期为99年，2039年前后到期。2019年1月时任英国国防大臣加文·威廉姆

---

① Lia Baker Valls Pereira, "Primeiras reflexões sobre o Acordo Mercosul-União Europeia", *Conjuntura Econômica*, Julho 2019, pp. 48 – 49; "Acordo Mercosul-União Europeia: novas reflexões", *Conjuntura Econômica*, Setembro 2019, pp. 60 – 65.

森（Gavin Williamson）曾对媒体表示，英国正在制订计划，拟新建两个军事基地，一个在加勒比地区，另一个在东南亚地区。①

三是拉美的"开放的地区主义"方案。该方案主要表现为，在推进拉美地区一体化的基础上，开展多元化合作。这一方案的主要理论基础是"中心—外围"理论，由阿根廷经济学家、拉美经委会首任执行秘书长劳尔·普雷维什（Raúl Prebisch，1901—1986 年）于 20 世纪 40 年代末提出，其基本思想是将世界分为中心国家和外围国家，外围国家主要向中心国家出口初级产品，从中心国家进口工业制成品，因此，外围国家对中心国家有不平等的初级产品出口依赖关系。2019 年 10 月联合国贸发会议在《初级产品与发展报告·2019 年》② 中将巴西、阿根廷、智利、秘鲁、委内瑞拉等 17 个拉美国家列入初级产品依赖型国家名单。联合国贸发会议在研究报告中指出，初级产品依赖型国家的发展能力与初级产品价格正相关，当初级产品价格高涨时，这些国家的发展能力提高，反之则降低。拉美"开放的地区主义"方案有三项重要政策主张和两项主要目标。"三项重要政策主张"为地区一体化、工业化、多边主义。"两项主要目标"为改变过于依赖初级产品的状态，摆脱不平等的依赖关系。

四是"中拉命运共同体"方案。2014 年 7 月习近平主席在巴西首都——巴西利亚出席中国—拉美和加勒比国家领导人会晤并发表主旨讲话，提出"构建携手共进的命运共同体"。"携手共进"是中拉命运共同体的核心内容。

美国和欧盟的方案意在维护"上帝之下的资本主义体系"，绝大多数拉美国家也属于这一体系，因此，美国、欧盟、拉美三个方案的意识形态是一致的。但是，三者之间也存在矛盾甚至对立。拉美与美、欧之间的矛盾焦点在于国家主权，美国和欧盟不尊重拉美国家的主权，甚至

---

① 参考消息网：《英国防大臣称英军将在南海周边设立军事基地》，http：//column.cankaoxiaoxi.com/2019/0103/2367164.shtml，2019 年 7 月 21 日。

② United Nations Conference on Trade and Development, *Commodities and Development Report 2019: Commodity Dependence, Climate Change and the Paris Agreement*, Geneva, Switzerland, 2019. 拉美地区的 17 个初级产品依赖型国家为：阿根廷、伯利兹、玻利维亚、巴西、智利、哥伦比亚、厄瓜多尔、危地马拉、圭亚那、牙买加、巴拉圭、秘鲁、圣卢西亚、苏里南、特立尼达和多巴哥、乌拉圭、委内瑞拉。

要求拉美国家以"主权换发展"。美、欧之间也存在矛盾，无论是欧盟的"三支柱"方案还是英国的"加勒比军事基地"计划，都表明欧洲势力一直在寻求重返拉美的机遇。

四 拉美视角下的携手共建"中拉命运共同体"

拉美国家普遍认可和接受"中拉命运共同体"方案，主要有三方面原因。第一，拉美国家普遍认为中国已位于世界发展趋势的"中心"位置，这是拉美国家对中国发展成就和国际地位上升的肯定。第二，中国与拉美理念相近。2019年10月25日习近平主席与应邀来华访问的巴西总统博索纳罗举行会谈。博索纳罗表示，中国取得了巨大发展成就，令人钦佩。中国是巴西的伟大合作伙伴。[①] 巴中两国虽相距遥远，但理念相近。第三，绝大多数拉美国家将中国的"一带一路"倡议和推进构建中拉命运共同体视为拉美国家跨越"新发展陷阱"的历史性机遇，主要基于以下四方面的考虑。

第一，中拉共建"一带一路"，携手应对拉美"四个脆弱"。"一带一路"倡议是深化中拉合作的重要途径。2018年1月中国—拉共体论坛第二届部长级会议在智利首都圣地亚哥召开，会议通过并发布了《"一带一路"特别声明》。该声明指出，拉共体国家外长认为"一带一路"倡议可以成为深化中国与拉美和加勒比国家经济、贸易、投资、文化、旅游等领域合作的重要途径。截至2019年上半年，已有19个拉美国家与中国签署了共建"一带一路"双边文件，[②] 这必将带动中拉贸易、投资、金融、产能、旅游等领域的合作。

第二，"一带一路"倡议助力拉美国家借鉴中国经验。在中国的诸多成功经验中，拉美国家认为有三条较为重要。一是融入国际社会。1971年恢复联合国安理会常任理事国席位、1978年开启改革开放、2001年加

[①] 《习近平同巴西总统博索纳罗会谈》，《人民日报》2019年10月26日第1版。
[②] 中国一带一路网：《已同中国签订共建"一带一路"合作文件的国家一览》，https://www.yidaiyilu.gov.cn/gbjg/gbgk/77073.htm，2020年5月11日。19个拉美和加勒比国家为：智利、圭亚那、玻利维亚、乌拉圭、委内瑞拉、苏里南、厄瓜多尔、秘鲁、哥斯达黎加、巴拿马、萨尔瓦多、多米尼加、特立尼达和多巴哥、安提瓜和巴布达、多米尼克、格林纳达、巴巴多斯、古巴、牙买加。

入世界贸易组织（WTO），在快速积累经济、贸易、科技、军事等实力的基础上，中国在国际政治、经济两大领域的影响力已经达到欧美发达国家的程度。二是发展现代工业和高新技术。中国的工业化水平居于发展中国家前列，建立现代工业体系和发展高新技术是中国工业化模式的主要内涵。三是消除贫困。自改革开放以来，在40年左右的时间里，中国使7亿多人口摆脱了贫困，这在人类历史上尚属首次。消除贫困不仅是中国经济社会发展的重要动力，也是中国展示全球影响力的重要方面。

第三，"一带一路"倡议助力拉美国家提升自主发展能力。一方面，有助于拉美国家凝聚政治共识、社会共识，制定国家战略、发展规划、发展政策，以便于对接"一带一路"倡议。另一方面，有助于拉美国家把握机遇，深化和拓展对华合作。

第四，推进构建中拉命运共同体，携手打破传统"二元中心"桎梏。拉美学者认为，中国的发展正在改变欧洲、美国主导的传统"二元中心"结构，使之开始向欧洲、美国、中国并驾齐驱的"三元中心"结构转变。在这个"三元中心"中，中国是拉美可信、可靠、平等的伙伴。拉美欢迎这一结构性转变，这与其"开放的地区主义"相吻合。

中国对自身有清醒的认识：中国仍处于全球价值链的中低端，美欧发达国家仍主导国际经贸规则的制定，中国参与国际规则制定的能力有待提高。面对百年未有之大变局，习近平总书记指出，"广大发展中国家是我国在国际事务中的天然同盟军"[①]。拉美经委会呼吁拉美国家与中国等新兴发展中大国构建"联盟"关系。改革不合理的国际政治经济秩序，实现自主发展，不仅是中国与拉美国家的共同追求和目标，也是中拉"携手共进"的本质内涵。

---

① 《习近平在中央外事工作会议上强调　坚持以新时代中国特色社会主义外交思想为指导　努力开创中国特色大国外交新局面》，《人民日报》2018年6月24日第1版。

第一章

中拉经贸合作的拉美发展背景

1950—2019 年拉美地区总人口由 1.69 亿人增至 6.48 亿人,其中城市人口由 6975 万人增至 5.33 亿人,拉美地区的城市化率(城市人口占总人口的百分比)由 41.3% 提高至 82.2%。1961—2012 年,在半个世纪的时间里,拉美地区的城市人口由 1.14 亿人增加至 4.84 亿人,增长了 3 倍多。[①] 在城市化进程中,拉美经济转型有两大突出特点,一是城市化水平高于经济发展水平,"过度城市化"和"中等收入陷阱"两大现象较为明显,工业化进程停滞和家庭消费受到抑制是导致两大现象出现的重要因素;二是形成了四大经济部门,即农村经济部门、外资经济部门、城市正规经济部门、城市非正规经济部门。围绕着工作、住房、社会保障三大支点,拉美国家的社会转型有三大突出特点,一是形成了两大社会关系,即以城市社区为基础的"社缘关系"和以共同利益为基础的"职缘关系",社缘关系的横向割裂和职缘关系的纵向割裂是导致拉美社会分层和分化的重要原因;二是拉美社会分化为三大社会阶层,即非正规阶层、正规阶层和精英阶层,这使得拉美地区的社会结构表现为金字塔形结构;三是国家与社会的矛盾趋于尖锐,围绕着这一对矛盾,拉美地区形成了"三支柱"的社会凝聚和社会管理框架。在政治转型方面,拉美地区完成了由民众主义/威权主义政治向政党政治的转型。在政治转型进程中,经济国际化、利益集团化、社会分层化、政

[①] Department of Economic and Social Affairs, United Nations, *2019 Revision of World Population Prospects*, https://population.un.org/wpp/, 2020 年 1 月 20 日; *2018 Revision of World Urbanization Prospects*, https://population.un.org/wup/, 2020 年 1 月 20 日。城市化率根据地区总人口和城市人口数据计算。

治精英化、政府社会化交织在一起。概括而言，自20世纪50年代以来，在拉美地区发展转型的进程中形成了"一二三四五"发展约束框架，"一"是指"一对矛盾"，即国家与社会的对立；"二"是指两大社会关系，即社缘关系和职缘关系；"三"是指三大社会阶层，即精英阶层、正规阶层、非正规阶层；"四"是指四个经济部门，即农村经济部门、外资经济部门、城市正规经济部门和城市非正规经济部门；"五"是指"五化"，即经济国际化、利益集团化、社会分层化、政治精英化、政府社会化。

第一节 20世纪50年代以来拉美地区城市化进程

拉美和加勒比国家关于城市的定义不尽相同。有些国家按人口数量来划分城市和农村，如秘鲁将100人以上的居民聚居点定义为城市，阿根廷、玻利维亚为2000人以上，墨西哥、委内瑞拉为2500人以上。巴西、哥伦比亚、哥斯达黎加、萨尔瓦多、危地马拉、海地、厄瓜多尔、巴拉圭、多米尼加共和国等将省（州）、市（区）政府所在地定义为城市。古巴将政治、行政机构所在地且人口超过2000人的聚居点定义为城市。洪都拉斯将2000人以上、巴拿马将1500人以上且有街道、供水、排水、路灯等基础设施的聚居点定义为城市。智利将两种聚居点定义为城市，一是房屋集中连片且人口超过2000人的聚居地，二是人口介于1001—2000人且50%以上经济活动人口从事非农业活动的聚居地。

一 拉美地区城市化进程

根据拉美国家的城市定义，如图1—1所示，拉美地区的城市化率分别于1961年、1974年、1988年、2012年前后陆续达到50.4%、60.7%、70.1%和80.1%。这意味着，自20世纪60年代初至2012年前后，在50年左右的时间里，拉美地区的城市化率先后跨越了50%、60%、70%、80%四个台阶，实现了"三级跳"。拉美经委会按人口规模,把居民聚居点分为五个等级,即 2000 人以上、2 万人以上、10 万人以上、50 万人以上和 100 万人以上,并主张将 2 万人以上的居民聚居点定义为城市。如表 1—1 所示,1950—2010 年,在阿根廷、玻利维亚、巴西、智利、哥伦比亚、哥斯达黎加、古巴、厄瓜多尔、洪都拉斯、墨西哥、巴拿马、秘鲁、多米尼加、乌拉圭、委内瑞拉等 15 个拉美国家,2 万人以上城市人口占总人口比重出现了较大幅度的提高,如玻利维亚由 19.7% 提高至 59.4%,巴西由 22.0% 提高至 70.6%,等等。2010 年智利、阿根廷、委内瑞拉、乌拉圭、巴西、墨西哥等拉美国家 2 万人以上城市人口占总人口比重均超过 70%,其中智利超过 80%。

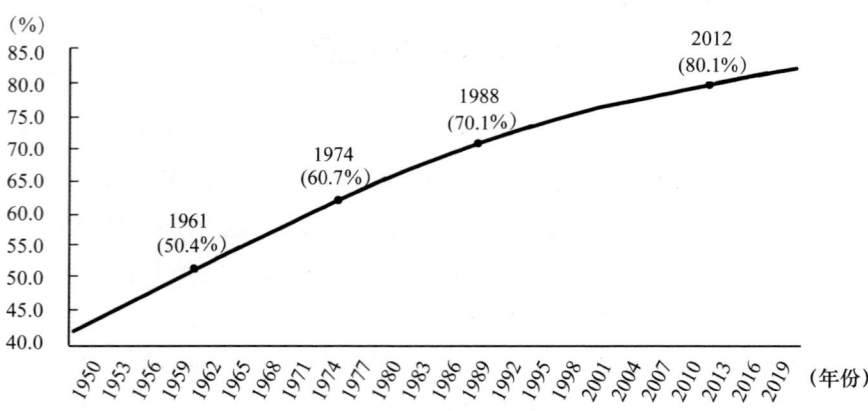

图 1—1　1950—2019 年拉美地区城市化率增长

资料来源:Department of Economic and Social Affairs, United Nations, *2019 Revision of World Population Prospects*, *2018 Revision of World Urbanization Prospects*. 城市化率根据地区总人口和城市人口数据计算。

表 1—1　1950—2010 年部分拉美国家 2 万人以上城市人口占总人口比重(%)

	1950 年	1960 年	1970 年	1980 年	1990 年	2000 年	2010 年
阿根廷	50.7	60.0	66.9	71.2	74.9	76.6	79.8
玻利维亚	19.7	…	34.1	…	49.6	54.4	59.4
巴西	22.0	29.0	40.7	52.3	58.9	64.6	70.6

续表

	1950 年	1960 年	1970 年	1980 年	1990 年	2000 年	2010 年
智利	47.1	55.1	62.0	68.6	72.5	76.9	80.3
哥伦比亚	22.5	37.2	45.6	55.1	59.2	65.0	64.9
哥斯达黎加	18.4	22.8	30.8	33.8	...	49.2	58.7
古巴	38.3	...	43.8	47.9	...	54.5	55.2
厄瓜多尔	18.0	27.7	35.3	42.5	48.0	54.3	64.4
洪都拉斯	6.8	11.5	20.5	28.0	...	32.5	42.4
墨西哥	29.3	37.0	45.7	52.8	57.1	60.5	70.2
巴拿马	28.2	34.6	39.1	43.8	47.0	57.3	60.1
秘鲁	15.9	30.7	43.0	51.1	56.8	62.1	69.3
多米尼加	11.1	18.7	30.5	41.9	45.2	52.6	64.2
乌拉圭	...	66.9	69.9	71.8	74.3	72.0	77.8
委内瑞拉	38.7	52.7	63.3	70.5	71.7	74.3	78.0

说明：表中的"..."表示数据不详或无数据。

资料来源：CEPAL, *Estadísticas e indicadores*-Demográficos y sociales-Demográficos-Población-Población en localidades de 20.000 y más, y de 100.000 y más habitantes.

二 拉美地区高度城市化

在亚、非、拉地区，拉美地区的城市化水平位居前列。1950 年拉美地区的城市化率远远高于亚洲（17.5%）和非洲（14.3%）。2020 年拉美地区的城市化率约为 82.5%，仍远高于亚洲（50.9%）和非洲（43.8%）。20 世纪 80 年代末 90 年代初，拉美地区的城市化水平超过欧洲和大洋洲，如 1990 年拉美地区城市化率为 71.2%，欧洲为 70.0%，大洋洲为 69.7%。2020 年拉美地区城市化率接近北美洲（82.6%）。这意味着，在全球 6 大洲（地区）中，拉美地区的城市化水平位居前列。

表 1—2　　1950—2020 年拉美地区与其他地区城市化率（%）

	1950 年	1960 年	1970 年	1980 年	1990 年	2000 年	2010 年	2020 年
亚洲	17.5	21.1	23.7	27.1	32.2	37.4	44.6	50.9
非洲	14.3	18.7	22.7	27.0	31.7	35.3	39.3	43.8
拉美地区	41.3	49.6	57.6	65.1	71.2	76.1	79.4	82.5
北美洲	63.9	70.0	73.8	74.0	75.6	79.2	80.7	82.6
欧洲	51.7	57.4	63.2	67.6	70.0	71.2	73.0	74.5
大洋洲	60.9	66.1	69.4	70.3	69.7	67.9	67.6	67.8

资料来源：Department of Economic and Social Affairs, United Nations, *2019 Revision of World Population Prospects*, *2018 Revision of World Urbanization Prospects*. 城市化率根据地区总人口和城市人口数据计算。

根据拉美经委会的估计，从 2020 年城市化率来看，拉美国家可以分为三组。第一组为 15 个城市化率超过 70% 的国家，即乌拉圭、阿根廷、委内瑞拉、智利、巴西、巴哈马、多米尼加、哥伦比亚、哥斯达黎加、秘鲁、墨西哥、古巴、萨尔瓦多、玻利维亚、多米尼克，主要拉美国家集中在这一组，其中乌拉圭（96.0%）、阿根廷（92.5%）、委内瑞拉（90.4%）3 国的城市化率超过 90.0%。第二组为 11 个城市化率介于 50%—70% 的国家，即巴拉圭、巴拿马、苏里南、厄瓜多尔、危地马拉、尼加拉瓜、洪都拉斯、牙买加、海地、特立尼达和多巴哥。第三组为 7 个城市化率低于 50% 的国家，即伯利兹、格林纳达、巴巴多斯、圣基茨和尼维斯、圭亚那、安提瓜和巴布达、圣卢西亚。

各国的城市化进程存在较大差异。阿根廷的城市化率早在 1914 年已达到 52.7%，智利于 1940 年达到 52.4%。[①] 巴西和墨西哥的人口数量分别居拉美地区的第一位和第二位。据拉美经委会估计，2020 年巴西约有 2.13 亿人，占拉美地区人口总数的 32.5%；墨西哥约有 1.29 亿人，占地区人口总数的 19.7%。两国人口合计约占地区人口总数的

---

① United Nations, Department of Economic Affairs, Statistical Office, *Demographic Yearbook 1952*, New York, 1952.

52.2%。虽然两国的城市化程度不是拉美地区的最高水平，但 1950—2020 年拉美地区城市化率的提高，55.3% 归因于巴、墨两国城市人口的增加，在此期间，巴西的城市人口由 1973 万人增至 18772 万人，增加了 16799 万人；墨西哥由 1195 万人增至 10375 万人，增加了 9180 万人；拉美地区由 6976 万人增至 53943 万人，增加了 46967 万人；巴、墨两国城市人口增加量合计约 25979 万人，占拉美地区城市人口增加量的 55.3%。[1] 1950—2019 年巴西的城市化率由 36.2% 提高至 87.4%；其间，1964—1998 年巴西的城市化进程较快，城市化率由 50.1% 提高至 80.0%。1950—2019 年墨西哥的城市化率由 42.8% 提高至 83.4%；其间，1959—1995 年墨西哥的城市化进程较快，城市化率由 50.5% 提高至 75.3%。[2]

三　大型城市主导城市化进程

将 30 万人以上的城市定义为大型城市。2020 年拉美地区拥有 30 万人口以上的大型城市数量为 210 个。在拉美地区的城市化进程中，这些大型城市一直居主导地位，主要表现在三个方面。

第一，人口不断向大型城市集中。1950—2020 年 210 个大型城市的人口增加了 2.81 亿人，约占同期拉美地区人口增长总数（4.95 亿人）的 56.8%。[3] 2020 年的 210 个大型城市中，在 1950 年，除了阿根廷的布宜诺斯艾利斯（Buenos Aires）、墨西哥的墨西哥城（Ciudad de México）、巴西的里约热内卢（Rio de Janeiro）和圣保罗（São Paulo）、智利的圣地亚哥（Santiago）、乌拉圭的蒙得维的亚（Montevideo）、古巴的哈瓦那（Havana）、秘鲁的利马（Lima）等 24 个城市外，其他城市的人口均少于 30 万人，例如委内瑞拉的圭亚那城（Ciudad Guayana）

---

[1] CEPAL, https：//estadisticas.cepal.org/cepalstat/Portada.html, 2019 年 10 月 19 日。

[2] Department of Economic and Social Affairs, United Nations, *2019 Revision of World Population Prospects*, *2018 Revision of World Urbanization Prospects*. 巴西、墨西哥两国城市化率分别根据两国总人口和城市人口数据计算。

[3] Department of Economic and Social Affairs, United Nations, *2018 Revision of World Urbanization Prospects*. 根据 30 万人口以上的大型城市人口数据和拉美地区总人口数据计算。

是5000人左右的小城市，墨西哥的坎昆（Cancún）甚至尚未成为城市，只是一个只有少量居民的聚居点。

表1—3　按2020年城市化率分组的拉美和加勒比国家（%）

第一组（≥70.0%）		第二组（50.0%—70.0%）		第三组（<50.0%）	
乌拉圭	96.0	巴拉圭	69.2	伯利兹	46.0
阿根廷	92.5	巴拿马	67.9	格林纳达	36.5
委内瑞拉	90.4	苏里南	66.1	巴巴多斯	31.2
智利	89.7	厄瓜多尔	66.1	圣基茨和尼维斯	30.8
巴西	86.9	危地马拉	59.8	圭亚那	26.8
巴哈马	83.2	尼加拉瓜	58.4	安提瓜和巴布达	24.4
多米尼加	82.5	洪都拉斯	56.3	圣卢西亚	18.8
哥伦比亚	81.0	牙买加	56.3		
哥斯达黎加	80.8	海地	56.3		
秘鲁	80.3	特立尼达和多巴哥	53.2		
墨西哥	78.2	圣文森特和格林纳丁斯	53.0		
古巴	77.5				
萨尔瓦多	72.4				
玻利维亚	71.3				
多米尼克	71.1				

资料来源：CEPAL, *Estadísticas e indicadores*-Demográficos y sociales.

第二，大型城市的人口数量接近总人口的一半。1950年210个大中小城市和聚居点的人口合计约为3980万人，约占拉美地区总人口的23.6%。2020年这些城市的人口合计约3.2亿人，约占拉美地区总人口的48.3%。换言之，拉美地区近一半人口居住在大型城市。2020年巴西有59个大型城市，其城市人口合计1.08亿人，约占巴西总人口的50.7%；墨西哥有54个大型城市，其城市人口合计7570万人，约占墨西哥总人口的56.5%；阿根廷有17个大型城市，其城市人口合计2650

第一章　中拉经贸合作的拉美发展背景　19

万人，约占阿根廷总人口的 58.2%。①

第三，大型城市一直保持较高的人口增长率。20 世纪 50—70 年代，大型城市年均人口增长率在 4.0% 以上，明显高于总人口的年均增长率（2.5% 左右）。20 世纪 80 年代以来，大型城市人口和总人口增长速度逐渐减慢，但前者的增长速度仍明显高于后者。1980—2020 年拉美地区总人口年均增长率为 1.5%，而大型城市人口年均增长率为 2.1%。

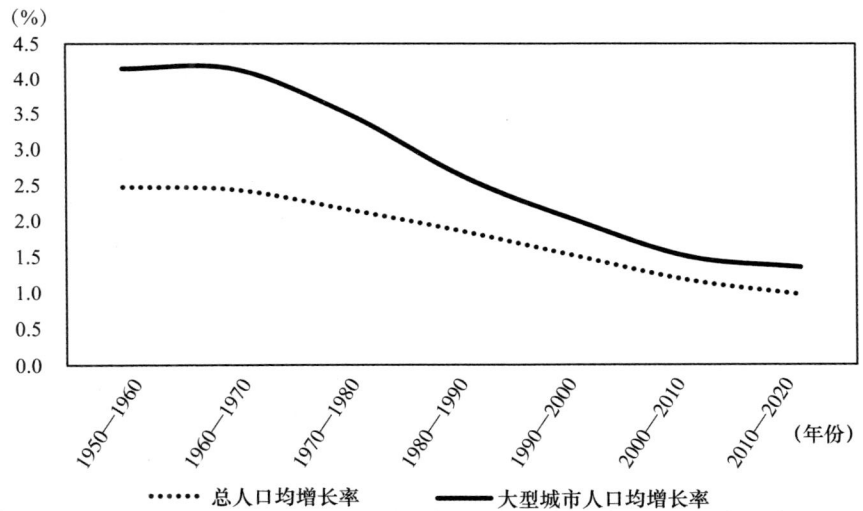

图 1—2　1950—2020 年拉美地区总人口和大型城市人口年均增长率

资料来源：Department of Economic and Social Affairs, United Nations, *2018 Revision of World Urbanization Prospects*. 根据 30 万人口以上的大型城市人口数据和拉美地区总人口数据计算。

自 20 世纪 60 年代起，墨西哥、巴西等国家开始进行大都市规划，如 1960 年墨西哥有 12 个大都市，2010 年增至 59 个；② 1973 年巴西联

---

① Department of Economic and Social Affairs, United Nations, *2018 Revision of World Urbanization Prospects*. 根据 30 万人口以上的大型城市人口数据和拉美地区总人口数据计算。

② Secretaría de Desarrollo Social, Consejo Nacional de Población, Instituto Nacional de Estadística y Geografía, *Delimitación de las zonas metropolitanas de México 2010*, México, D. F., junio de 2012.

邦政府正式确立了 9 个大都市，2009 年增至 33 个。[①] 墨西哥城、圣保罗、里约热内卢、布宜诺斯艾利斯等都是大都市的概念。以"墨西哥城"为例，墨西哥城有三个含义，第一个是传统意义的墨西哥城，仅指 7 个传统中心城区；第二个是指联邦特区，由 7 个传统中心城区和 10 个新城区组成；第三个是指墨西哥城大都市区，由联邦特区的 17 个城区、墨西哥州的 52 个城镇、伊达尔戈州的 7 个城镇组成。[②] 当然，这些都市的人口规模差距较大，如墨西哥城超过 2100 万人，而墨西哥较小的都市仅有 10 万人左右。2020 年拉美地区 50 万人以上的大都市有 132 个，其中巴西 35 个、墨西哥 38 个、哥伦比亚 12 个、阿根廷 10 个、委内瑞拉 9 个，5 国合计 104 个。

根据联合国经济及社会理事会的统计或估计，1950—2020 年拉美地区总人口由 1.69 亿人增至 6.64 亿人，增长了 2.9 倍，年均增长率为 1.95%。1950—1977 年拉美地区总人口增长了 1 倍，年均人口增长率为 2.6%，1977—2020 年年均增长率为 1.6%。从次区域分布来看，拉美地区的人口主要分布在南美地区。2020 年南美地区约有 4.36 亿人，约占拉美地区总人口的 65.6%，中美洲约有 1.84 亿人，占拉美地区的 27.7%；加勒比地区约有 4500 万人，占拉美地区的 6.7%。从国别来看，2020 年有 13 个拉美国家的人口超过 1000 万人，即巴西（21386 万人）、墨西哥（13387 万人）、哥伦比亚（5022 万人）、阿根廷（4551 万人）、秘鲁（3331 万人）、委内瑞拉（3317 万人）、智利（1847 万人）、危地马拉（1791 万人）、厄瓜多尔（1734 万人）、玻利维亚（1154 万人）、古巴（1150 万人）、海地（1137 万人）、多米尼加（1111 万人），这 13 个国家的人口合计约 6.1 亿人，占拉美地区总人口的 91.7%。

---

① Fausto Brito, "The displacement of the Brazilian population to the metropolitan areas", *Estudos Avancados*, Fausto Brito, "The displacement of the Brazilian population to the metropolitan areas", *Estudos Avancados*, Vol. 20, No. 57, São Paulo, August 2006.

② Secretaría de Desarrollo Social, Consejo Nacional de Población, Instituto Nacional de Estadística y Geografía, *Delimitación de las zonas metropolitanas de México 2010*, México, D. F., junio de 2012.

农村—城市人口流动是城市人口快速增长的两个主要原因。就整个拉美地区来看，1950—1980 年是农村—城市人口流动规模较大的时期，在此期间，城市化率由 41.3% 提高至 65.1%，约有 8600 万农村人口流入城市，这部分农村—城市流动人口占同期城市新增人口的 52.0%。1980—2000 年城市化率由 65.1% 提高至 76.1%，其间，约有 5750 万农村人口流入城市，占同期城市新增人口的 35.5%。2000—2020 年城市化率由 76.1% 提高至 82.5%，其间，约有 4200 万农村人口流入城市，占同期城市新增人口的 29.3%。

第二节 拉美地区的经济转型

在城市化进程中，产业结构、就业结构会发生相应变化，如农业占国内生产总值（GDP）的比重下降，工业、服务业所占的比重上升，劳动力由农业部门向工业、服务业部门转移，这些变化是经济转型的"量变"。随着城市化水平的提高，经济发展水平也相应地提高，当城市化水平达到一定高度时，经济发展会由低收入阶段进入中等收入阶段或者由中等收入阶段进入高收入阶段，这是经济转型的"质变"。世界银行《2009 年世界发展报告：重塑世界经济地理》认为，虽然城市化水平与收入水平之间没有明显的对应关系，但在一般情况下，按购买力平价计，当城市化率达到 60% 以上时，人均国民收入才可能会达到 10000 美元；当城市化率达到 75% 以上时，人均国民收入才可能会达到 25000 美元。[1] 根据世界银行关于城市化水平与人均国民收入水平关系的看法，如图 1—3 所示，到 2018 年，当城市化率达到 60% 以上时，人均国民收入才可能会达到 12500 美元；当城市化率达到 75% 以上时，人均国民收入才可能会达到 35000 美元。

---

[1] World Bank, *World Development Report 2009: Reshaping Economic Geography*, the World Bank Group, Washington DC, 2009, p.60.

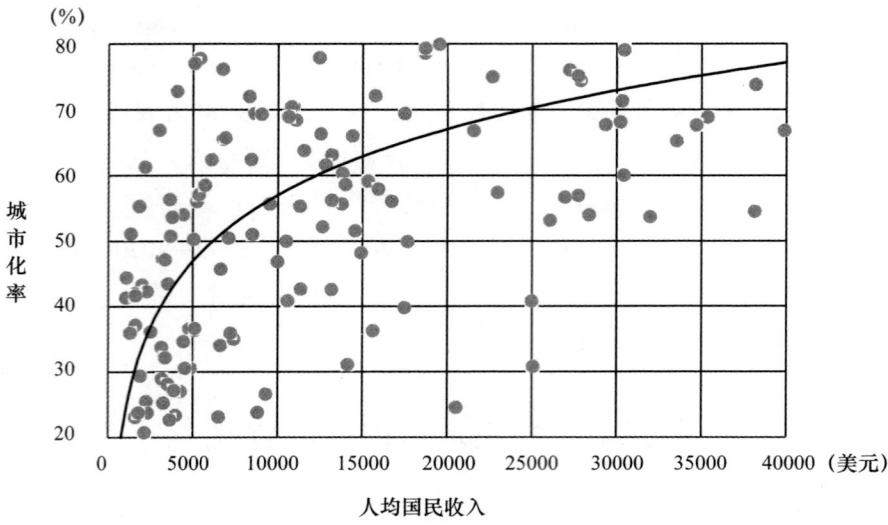

图1—3 2018年世界各经济体城市化率和人均国民收入散点图

资料来源：世界银行"World Development Indicators"数据库。

一 城市化水平高于经济发展水平

根据2018年的人均国民收入，世界银行于2019年7月更新了2019—2020年按收入水平划分四类经济体（国家/地区）的标准，即人均国民收入低于1025美元为低收入经济体，介于1026—3995美元为中低收入经济体，介于3996—12375美元为中高收入经济体，高于12375美元为高收入经济体。截至2019年7月，全球有80个高收入经济体，其中包括38个规模较大的高收入国家，2018年这38个高收入国家的平均城市化率为79%，平均国民总收入（GNI）为37891美元，平均GDP为39521美元。[1]

---

[1] 世界银行"World Development Indicators"数据库，https://databank.worldbank.org，2020年4月22日。38个高收入国家为：瑞士、挪威、冰岛、美国、爱尔兰、丹麦、瑞典、澳大利亚、荷兰、奥地利、芬兰、德国、比利时、加拿大、英国、日本、法国、新西兰、以色列、阿拉伯联合酋长国、科威特、意大利、韩国、西班牙、斯洛文尼亚、葡萄牙、沙特阿拉伯、爱沙尼亚、捷克、希腊、斯洛伐克、拉脱维亚、乌拉圭、匈牙利、智利、巴拿马、波兰、克罗地亚。

根据世界银行的统计，2018 年拉美地区的城市化率为 80.6%，略高于 38 个高收入国家的平均城市化率，但拉美地区的人均 GNI 和人均 GDP 分别为 8696 美元和 9073 美元，二者均远低于 38 个高收入国家的平均水平。[①] 换言之，虽然拉美地区城市化水平达到甚至超过了高收入经济体，但大部分拉美国家仍属于中高收入经济体。根据 2018 年的人均国民收入水平，在 33 个拉美国家中，8 个国家属于高收入经济体，即安提瓜和巴布达、巴哈马、巴巴多斯、智利、巴拿马、圣基茨和尼维斯、特立尼达和多巴哥、乌拉圭。20 个国家属于中高收入经济体，即阿根廷、伯利兹、巴西、哥伦比亚、哥斯达黎加、古巴、多米尼克、多米尼加、厄瓜多尔、格林纳达、危地马拉、圭亚那、牙买加、墨西哥、巴拉圭、秘鲁、圣卢西亚、圣文森特和格林纳丁斯、苏里南、委内瑞拉。4 个国家属于中低收入经济体，即玻利维亚、萨尔瓦多、洪都拉斯、尼加拉瓜。1 个国家属于低收入经济体，即海地。拉美地区的城市化水平高于其经济发展水平的现象被称为"过度城市化"。

乌拉圭、阿根廷等个别拉美国家的人均 GDP 于 20 世纪初叶就接近或超过欧洲国家的水平，如表 1—4 所示，1913 年乌拉圭人均 GDP 约为 3309 国际元（1990 年），接近欧洲 12 国的平均水平（3688 国际元）；阿根廷约为 3797 国际元，超过欧洲 12 国的平均水平。1913—1950 年拉美 8 国的人均 GDP 与欧洲 12 国人均 GDP 之比由 53% 提高至 73%，前者与后者之间的收入水平差距有较大幅度的缩小，其中委内瑞拉 1950 年的人均 GDP 约为 7462 国际元，远超欧洲 12 国的平均水平（5013 国际元）。1980—2018 年拉美 8 国与欧洲 12 国的人均 GDP 差距持续扩大，1980 年前者与后者之比降至 42%，2018 年进一步降至 35%。自 20 世纪 80 年代中期至 2018 年，有 10 个拉美国家先后跨入高收入国家行列，分别为巴哈马（1987 年）、安提瓜和巴布达（2002 年）、巴巴多斯（2002 年）、特立尼达和多巴哥（2006 年）、圣基茨和尼维斯（2011 年）、乌拉圭（2012 年）、智利（2012 年）、阿根廷（2014 年）、委内

---

① 世界银行"World Development Indicators"数据库，https://databank.worldbank.org，2020 年 4 月 22 日。

瑞拉（2014年）、巴拿马（2017年）。委内瑞拉于2015年再次重返中高收入经济体行列。阿根廷于2015年跌回中高收入经济体行列，2017年重返高收入经济体行列，2018年再次跌回中高收入经济体行列。其他绝大多数拉美国家自20世纪80年代以来，一直滞留在中低收入或中高收入水平。自19世纪初叶获得独立算起，阿根廷、巴西、墨西哥等大部分拉美国家经过了近200年的发展，自1950年算起，这些拉美国家经过了近70年的发展，但绝大部分拉美国家长期滞留在中等收入阶段，这种现象被称为"中等收入陷阱"。

表1—4　　　　拉美8国与欧洲12国人均GDP比较

	1990年国际元		2011年国际元	
	1913年	1950年	1980年	2018年
欧洲12国[1]	3688	5013	26915	46842
拉美8国	1960	3673	11183	16233
阿根廷	3797	4987	14710	18261
巴西	811	1672	11372	14347
智利	2653	3821	7986	22837
哥伦比亚	1236	2153	6410	13272
墨西哥	1732	2365	13546	18319
秘鲁	1037	2263	7321	12655
乌拉圭	3309	4659	9872	20578
委内瑞拉	1104	7462	18247	9595
拉美8国/欧洲12国（%）	53	73	42	35

注：[1]奥地利、比利时、丹麦、芬兰、法国、德国、意大利、荷兰、挪威、瑞典、瑞士、英国。

资料来源：(1) 1913年、1950年：[英]安格斯·麦迪森（Angus Maddison）：《世界经济千年史》，伍晓鹰等译，北京大学出版社2003年版，第179、189、274、275、277、286页；(2) 1980年、2018年：International Monetary Fund, World Economic Outlook Database, October 2019.

无论是"过度城市化",还是"中等收入陷阱",都与经济增长速度密切相关。根据拉美经委会的统计数据,如图1—4所示,1950—2019年20个拉美国家年均GDP增长率为3.1%。1950—1980年为高增长阶段,拉美20国年均GDP增长率为5.8%;1981—2002年为低增长阶段,年均GDP增长率仅为2.2%;2003—2013年为中速增长阶段,年均GDP增长率为4.0%;2014—2019年为衰退和停滞阶段,年均GDP增长率仅为0.3%。根据国际货币基金组织的统计或估算数据,1981—2018年拉美20国人均GDP年均增长率为1.3%,显著低于发达经济体1.8%的年均增长率。20世纪80年代以来,较低的经济增长速度是绝大多数拉美国家出现"过度城市化"并长期滞留在中等收入发展阶段的重要经济原因。

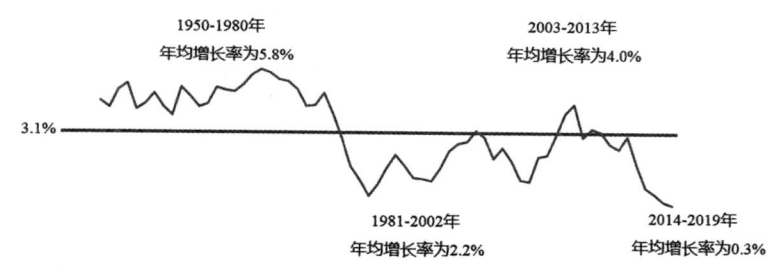

图1—4 1950—2019年20个拉美国家GDP增长率5年均值曲线

注：拉美20国为阿根廷、玻利维亚、巴西、智利、哥伦比亚、哥斯达黎加、古巴、厄瓜多尔、萨尔瓦多、危地马拉、海地、洪都拉斯、墨西哥、尼加拉瓜、巴拿马、巴拉圭、秘鲁、多米尼加、乌拉圭、委内瑞拉。

资料来源：根据拉美经委会统计数据计算。

二 工业化进程停滞

1950—1980年是拉美地区快速推进工业化的时期,在此期间,1950—1960年工业对拉美地区GDP增长的贡献率为44.2%,1960—1970年为32.2%,1970—1980年为37.6%（见表1—5）。工业化有力地带动了经济增长和城市化进程,制造业增加值每增加1%,GDP增加

1.1%；制造业占GDP的比重每提高1%，城市化率约上升2.5%[①]。20世纪80年代以来，拉美地区的工业化进程出现停滞现象。根据拉美经委会的统计数据计算，1990—2018年拉美地区制造业增加值年均增长率约为1.7%，明显低于同期拉美地区GDP的年均增长率（2.7%）。与此同时，工业（尤其是制造业）失去了经济增长引擎功能。1980—1990年制造业对拉美地区GDP增长的贡献率仅为1.5%，1990—2010年略恢复至10%—15%，但2010—2018年仅为1.4%。

表1—5　　　　　1950—2018年农业、工业、服务业
对拉美地区GDP增长的贡献率（%）

	1950—1960年	1960—1970年	1970—1980年	1980—1990年	1990—2000年	2000—2010年	2010—2018年
农业	13.8	14.8	6.4	14.6	4.0	4.6	6.8
工业	44.2	32.2	37.6	7.4	30.4	20.9	2.2
制造业	31.4	24.2	27.2	1.5	15.4	10.4	1.4
服务业	42.0	53.0	56.0	78.0	65.6	74.5	91.0

资料来源：根据拉美经委会统计数据计算。

产业升级相对缓慢是拉美地区工业进程出现停滞的重要表现。以巴西、墨西哥、阿根廷3个拉美国家与东亚的韩国为例，根据拉美经委会的统计，2018年拉美地区工业制成品出口总额约为4960亿美元，其中墨西哥的出口额约为3626亿美元，即墨西哥工业制成品出口占拉美地区工业制成品出口的73%左右。2018年制造业占墨西哥GDP的17.2%，在拉美地区属于较高水平。食品、饮料和烟草，交通运输设备，化工及石油化工，冶金及金属制品，计算机及其配件是墨西哥前5大制造业产业，2018年这5大产业合计约占墨西哥制造业增加值的76.4%。[②] 2019年制造业占巴西GDP的9.2%，食品和饮料、化工、机

[①] CEPAL, *Anuario Estatístico de América Latina y El Caribe* 1985. 根据有关数据计算。
[②] 墨西哥国家地理统计局（Instituto Nacional de Estadística y Geografía，INEGI），2019年12月。

械设备、交通运输设备、金属制品是巴西前5大制造业，这5大产业占巴西制造业总产值的56.8%。① 2018年制造业占阿根廷GDP的12.7%，食品和饮料、化工、金属制品、石油化工、交通运输设备是阿根廷前5大制造业产业，这5大产业合计占阿根廷制造业总产值的67.5%。②

20世纪60年代以前，韩国曾经实施过进口替代工业化战略，20世纪60年代以后转向出口导向工业化战略，逐次实现了劳动密集型、资本密集型、技术密集型的连续产业升级，20世纪80—90年代制造业对韩国GDP增长的贡献率为25%，2000—2010年为38%，2010年技术密集型产业占韩国制造业增加值的52%，资本密集型产业占35%，劳动密集型产业占13%。③ 巴西、墨西哥、阿根廷等拉美国家在20世纪60年代进入重化工业阶段，如1960—1980年钢铁产量由2621万吨增至13765万吨，汽油产量由1624万吨增至4586万吨，等等。④ 20世纪80年代席卷拉美地区的债务危机和新自由主义改革中断了绝大多数拉美国家的工业化进程，大部分拉美国家放弃了进口替代工业化战略和发展制造业的产业政策，未能抓住全球产业大转移的机遇来进行产业升级。2016—2018年劳动密集型产业占巴西、阿根廷、墨西哥3国制造业总产值的比重分别为42.5%、49.0%、29.0%，资本密集型产业分别为38.6%、34.3%、34.7%，技术密集型产业分别为18.9%、16.4%、36.2%。⑤

20世纪80年代以来，拉美地区的制造业虽然升级缓慢，但还是有一些发展，出现了三种专业化模式。第一种是以墨西哥为代表的出口加工业，即"客户工业"。墨西哥的客户工业于20世纪60年代开始起步，20世纪80年代中后期加速发展。截至2020年2月，墨西哥有5154家

---

① 巴西地理统计局（Instituto Brasileiro de Geografia e Estatística, IBGE），2020年5月。
② 阿根廷国家统计调查局（Instituto Nacional de Estadística y Censos, INDEC），2020年2月。
③ 根据联合国工业发展组织统计数据计算（United Nations Industrial Development Organization, INDSTAT），http://data.un.org，2013年9月。
④ 1960年数据，CEPAL, Anuario Estadístico de América Latina 1980；1980年数据，CEPAL, Anuario Estadístico de América Latina 1985。
⑤ 根据联合国工业发展组织（United Nations Industrial Development Organization）数据库（INDSTAT 2 2020, ISIC Revision 3）中的数据计算。

客户工业企业，这些企业雇用的工人数量约为268.4万人。虽然墨西哥全境向客户工业开放，但绝大部分客户工业集中在墨西哥北部的墨美边境附近和中部地区。墨美边境地带有2819家客户工业企业，约占客户工业企业总数的55%。下加利福尼亚州的蒂华纳市有918家客户工业企业，该市紧邻美国加利福尼亚州的圣迭哥市。汽车、电子、家电、纺织是客户工业企业较多的4大产业，美国是客户工业的主要出口市场，年出口额1000亿美元左右。① 第二种是以巴西、阿根廷、智利等南美国家为代表的资源加工业，如农牧产品加工、矿产品加工等，其产品主要面向国际市场。1990—2017年巴西的食品加工企业由约5530家增至约2.4万家，就业人数由55.9万人增至169.5万人②，这些加工业的发展带动了巴西内陆地区农牧业和中小城市的发展。第三种是以巴西马瑙斯（Manaus）自由贸易区为代表的内向型加工制造专业化。巴西的马瑙斯自由贸易区则发展了面向国内和地区区域市场的加工制造业，该自由贸易区设立于1957年，截至2019年12月自由贸易区内有406家制造业企业，雇用工人约8.9万人，制造业总产值约1046亿巴西雷亚尔，主要有家用电器（26.3%）、计算机（22.6%）、摩托车（14.5%）、化工产品（9.0%）、金属制品（7.7%）、塑料制品（6.5%）、机械设备（6.3%）等产业。自由贸易区95.3%的产品在巴西国内销售，4.7%的产品出口到国外市场。③ 1960年马瑙斯市仅有15万人，2020年增至226万人。④

三 家庭消费受到抑制

自20世纪50年代以来，家庭消费一直是拉动拉美地区经济增长的

---

① 墨西哥国家地理统计局（Instituto Nacional de Estadística y Geografía，INEGI），2020年5月。
② IBGE, *Pesquisa Industrial-Empresa*, 1997, 2017.
③ Superintendência da Zona Franca de Manaus（SUFRAMA）, *Indicadores de Desempenho do Polo Industrial de Manaus 2014 – 2019*, Março 2020, pp. 7, 28, 98.
④ Population Division, Department of Economic and Social Affairs, United Nations, *World Urbanization Prospects：The 2018 Revision—Population of Urban Agglomerations with 300, 000 Inhabitants or More in 2018*, by Country, 1950 – 2035 (thousands).

头号"引擎",如表1—6所示,家庭消费对拉美20国经济增长的贡献率1950—1960年为71.2%,1960—1970年为66.3%,1970—1980年为72.5%,1980—1990年为75.9%,1990—2000年为65.3%,2000—2010年为65.9%,2010—2018年为82.2%。

表1—6　　1950—2018年消费、投资、净出口对拉美20国GDP增长的贡献率(%)

	1950—1960年	1960—1970年	1970—1980年	1980—1990年	1990—2000年	2000—2010年	2010—2018年
消费	83.7	75.9	76.1	81.4	78.0	80.7	98.3
政府消费	12.5	9.6	3.7	5.5	11.5	14.8	16.2
家庭消费	71.2	66.3	72.5	75.9	65.3	65.9	82.2
投资	17.9	20.9	26.9	-39.5	18.9	26.7	0.0
净出口	-2.5	-0.1	-1.4	61.4	-2.6	-8.1	2.9

注:(1)投资为固定资产投资;(2)净出口为商品和服务净出口;(3)拉美20国为阿根廷、玻利维亚、巴西、智利、哥伦比亚、哥斯达黎加、古巴、厄瓜多尔、萨尔瓦多、危地马拉、海地、洪都拉斯、墨西哥、尼加拉瓜、巴拿马、巴拉圭、秘鲁、多米尼加、乌拉圭、委内瑞拉。

资料来源:根据拉美经委会统计数据计算。

消费分政府消费和家庭消费两部分,其中以家庭消费为主。一般情况下,城市的家庭消费水平要高于农村地区,因此,随着城市人口的增加,家庭消费增加。从1980—2010年102个经济体城市化率与人均家庭消费的情况看,当城市化率由65%提高至85%时,人均家庭消费支出由3000美元增至14000美元,增长幅度高达366%。由此可见,城市化率与家庭消费之间存在明显的正相关互动。其间,拉美城市化率每提高1%,人均家庭消费支出便增长12%。1980—2010年拉美地区的人均家庭消费由2800美元增至3900美元,增长了39%;城市化率由64%提高至79%,提高了15%,城市化率每提高1%,人均家庭消费仅增长2.6%。[①] 这表

---

① 根据世界银行统计数据计算,World Bank Databank, http://databank.worldbank.org, 2013年12月。

明，拉美地区的家庭消费水平虽然随着城市化水平的提高而有所增长，但家庭消费潜力却受到抑制。拉美地区城市家庭的消费抑制主要表现在两个方面。第一，劳动收入占GDP的比重偏低。劳动收入占GDP的比重越高，意味着劳动收入越多，家庭消费能力越强。20世纪80年代以来美国、日本的劳动收入占各自GDP的比重均在50%以上，2015—2017年美国的这一比重约为53%，日本约为50%。1990—2010年巴西的这一比重在37%—45%波动，2015—2016年为45%左右。墨西哥的这一比重更低且呈下降趋势，由1980年的36%降至2010年的28%，2015—2017年约为27%。① 第二，在许多拉美国家，工资收入不足以支撑家庭的衣、食、住、行四项基本消费。例如，2000—2009年巴西的工资收入占家庭收入的49%，四项基本消费占家庭消费支出的68%；1993—2011年墨西哥的工资收入占家庭收入的37%，四项基本消费占家庭消费支出的53%；2005—2011年哥伦比亚的工资收入占家庭收入的40%，四项基本消费占家庭消费支出的67%。②

四 形成了四个经济部门

城市化不仅是人口向城市聚集的过程，也是非农业经济活动向城市聚集的过程。随着经济活动向城市的集中，拉美地区出现了四个经济部门，即农村经济部门、外资经济部门、正规经济部门和非正规经济部门。本节简要介绍农村经济部门、外资经济部门和非正规经济部门。

（一）农村经济部门

农业（包括种植业、畜牧业、林业、渔业、采集业、狩猎业）和矿业生产活动主要集中在农村地区。1950—1970年农业和矿业增加值占拉美20国GDP的比重由23.2%降至16.3%，在此期间，农业和矿业增加值年均增长率为3.9%，低于拉美20国GDP年均增长率（5.7%）。

---

① United Nations Statistics Division：*National Accounts Official Country Data*，http://data.un.org/Explorer.aspx，2019年12月。根据有关数据计算。

② 根据拉美经委会数据库有关数据计算，http://estadisticas.cepal.org，2013年12月。

1990年农业和矿业增加值占拉美20国GDP的比重约为14.7%，1970—1990年农业和矿业增加值年均增长率约为2.9%，低于拉美20国GDP年均增长率（4.0%）。2019年农业和矿业增加值占拉美地区GDP的比重为9.7%，1990—2019年农业和矿业增加值年均增长率为2.0%，仍然低于同期拉美地区GDP年均增长率（2.5%）。①

1961—2018年农业和矿业发展主要表现在3个方面。第一，农业用地面积扩大。1961—2018年拉美地区农业用地面积由56787万公顷增至71257万公顷，扩大了25.5%；其中，可耕地面积由8844万公顷增至15482万公顷，扩大了75.1%；草场和牧场面积由46363万公顷增至53371万公顷，扩大了15.1%。② 第二，农牧产品产量增加。1961—2018年稻米产量由541万吨增至1921万吨，增长了2.5倍；小麦由953万吨增至3007万吨，增长了2.2倍；玉米由2418万吨增至17169万吨，增长了6.1倍；大豆由32万吨增至17154万吨，增长了539.3倍；牛肉由540万吨增至1888万吨，增长了2.5倍，等等。③ 第三，以农牧产品和矿产品为主的初级产品是拉美地区的主要出口商品。1962—2019年，除墨西哥外，其他拉美国家（地区）的初级产品出口额由67亿美元增至3329亿美元，初级产品占商品出口总额的比重从95.7%降至73.8%。2019年初级产品占商品出口总额的比重超过80%的国家有委内瑞拉、苏里南、厄瓜多尔、玻利维亚、秘鲁、巴拉圭、智利、伯利兹、阿根廷等，这一比重介于60%—80%的国家有哥伦比亚、乌拉圭、古巴、洪都拉斯、圭亚那、巴西、圣文森特和格林纳丁斯等国家。④

对于农村人口，尤其是对于农村劳动力而言，拉美地区的农村经济部门有"三大排斥"。

---

① 根据拉美经委会统计数据计算。
② 根据拉美经委会统计数据计算，https://statistics.cepal.org/yearbook/2020/electronica.html?statistic=1&lang=es，2021年10月20日。
③ 根据粮农组织统计数据计算，https://www.fao.org/faostat/en/#data/QCL，2021年10月20日。
④ 根据拉美经委会统计数据计算，https://statistics.cepal.org/yearbook/2020/electronica.html?statistic=1&lang=es，2021年10月20日。

1. 制度性排斥，即土地分配和占有制度对农村人口的排斥

土地分配严重不公，如巴西、阿根廷、秘鲁、乌拉圭、厄瓜多尔等国家的土地分配基尼系数分别为 0.77、0.85、0.86、0.79、0.71。[1] 墨西哥、秘鲁、智利、厄瓜多尔、巴西等国家分别进行过程度不同、规模不等的土地分配，如墨西哥 1917—1992 年向农民分配了 1 亿多公顷土地，但是土地分配的速度赶不上农村人口的增长速度，当墨西哥政府于 1992 年停止分配土地时，农村地区仍有近 500 万人没有土地。其他国家的土地分配仅能满足农村地区少部分家庭的土地需求。巴西的私人土地约占土地面积的 73%，[2] 根据巴西国家地理统计局 2017 年农业普查数据，巴西约有 88 万户农户没有土地，约占农户总数（494 万户）的 17.8%；拥有 10 公顷以下土地的小农户约有 198 万户，约占农户总数的 40.1%；拥有 10000 公顷以上土地的大型农户有 2195 户，仅占农户总数的 0.04%。

2. 技术性排斥，即农业机械化对农业雇佣劳动力的排斥

农村地区部分无地和少地劳动力作为农业雇佣劳动力在农村地区的农牧业、矿业等生产领域寻找就业机会，机械化对这部分农业劳动力有较强的替代作用。以农业种植业的机械化为例，1961—2003 年阿根廷、巴西、墨西哥三国的收割机、脱粒机、拖拉机等农业机械保有量由 31 万台增至 157 万台，增长幅度为 406.4%；在此期间，三国农村人口由 6379 万人减少至 6212 万人。1961—2003 年阿根廷、巴西、墨西哥三国农业机械每增加 1 台，农村人口便减少 2 人。[3] 农业机械化提高了农村经济部门的生产力，同时也替代了大量农业劳动力，将其从农村经济部门排斥/解放出来。

3. 市场性排斥，即市场竞争对小农户的排斥

拉美地区约有 1850 多万户农户，其中 60% 左右是小农户（拥有少于 10 公顷的土地），拥有 30% 左右的土地；30% 左右是中型农户

---

[1] World Bank, *World Development Report 2008*: *Agriculture for Development*, Table A2, 2007, Washington DC.

[2] USAID, "Property Rights and Resource Governance: Brazil", 2011.

[3] 根据联合国粮农组织"FAOSTAT"统计数据计算。Y = -1.9897X + 6920.5, R^2 = 0.1302, Y 为农村人口（万人），X 为农业机械（万台）。

（拥有 10—100 公顷的土地），拥有 30% 的土地；10% 左右是大型农户（100 公顷以上土地），却拥有全地区 40% 的土地。[①] 拉美地区农牧业的外向化程度较高，1991—2016 年拉美地区农牧产品出口值由 321 亿美元增至 1914 亿美元[②]，在此期间，如图 1—5 所示，农牧产品出口值占农牧业产值的比重由 30% 左右提高至 56% 左右。大中型农户和农业企业能够适应市场竞争，小农户则在投资、贷款以及产品销售等方面处于弱势地位，很难参与市场竞争，不少小农户选择离开农村经济部门。

（二）外资经济部门

根据联合国贸易和发展会议统计数据，如表 1—7 所示，1980—2018 年流入拉美地区的外国直接投资（FDI）由 62 亿美元增至 2502 亿美元，占拉美地区 GDP 的比重由 0.8% 升至 4.6%，FDI 占拉美地区固定资产投资的比重由 3.2% 升至 24.4%；在此期间，拉美地区的 FDI 存量由 412 亿美元增至 34291 亿美元，占拉美地区 GDP 的比重由 5.3% 升至 62.8%。2018 年拉美地区 40.4% 的 FDI 存量（12790 亿美元）分布在加勒比地区，其中英属维尔京群岛的 FDI 存量（7454 亿美元）居拉美地区首位，英属开曼群岛（5255 亿美元）居第 3 位，英属维尔京群岛和英属开曼群岛的 FDI 存量合计（12709 亿美元）约占拉美地区 FDI 存量的 37.1%。南美地区的 FDI 存量约为 14086 亿美元，占拉美地区的 41.1%。巴西的 FDI 存量约为 6842 亿美元，居拉美地区第 2 位，智利（2693 亿美元）居拉美地区第 5 位，哥伦比亚（1888 亿美元）居第 6 位，秘鲁（1044 亿美元）居第 7 位，阿根廷（728 亿美元）居第 8 位。中美地区的 FDI 存量约为 6332 亿美元，占拉美地区的 18.5%。墨西哥的 FDI 存量约为 4858 亿美元，居拉美地区第 4 位，巴拿马（547 亿美元）居第 9 位，哥斯达黎加（393 亿美元）居第 10 位。

[①] Octavio Sotomayor, Adrián Rodríguez, Mônica Rodrigues, *Competitividad, sostenibilidad e inclusión social en la agricultura：Nuevas direcciones en el diseño de políticas en América Latina y el Caribe*, CEPAL, Santiago de Chile, diciembre de 2011, p. 47. 根据有关数据计算。

[②] FAO 统计数据。

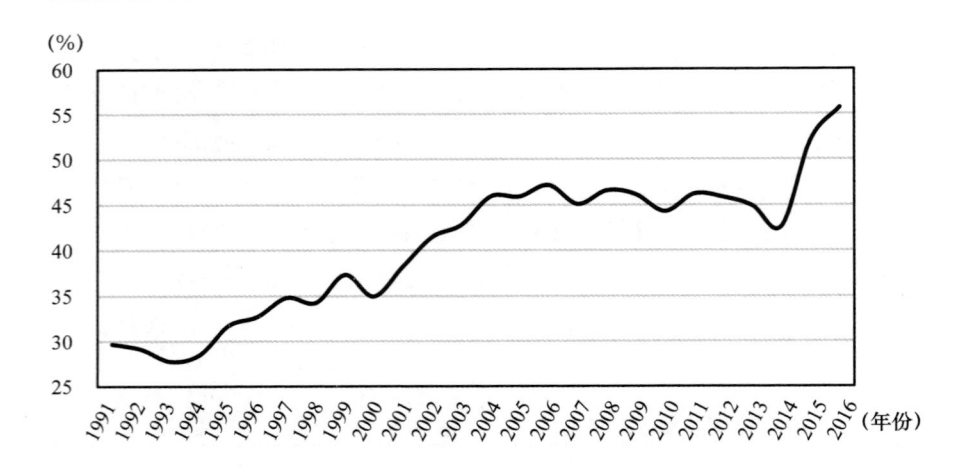

图 1—5　1991—2016 年拉美地区农牧产品出口值占农牧业产值比重变化曲线

资料来源：根据 FAO 统计数据计算。

表 1—7　　　　　　1980—2018 年拉美地区的 FDI 流量和存量

	1980 年	1990 年	2000 年	2010 年	2018 年
FDI 流量（亿美元）	62	89	981	2254	2502
FDI 流量/GDP（%）	0.8	0.8	4.4	4.3	4.6
FDI 流量/固定资产投资（%）	3.2	3.9	23.2	21.1	24.4
FDI 存量（亿美元）	412	1104	4014	20270	34291
FDI 存量/GDP（%）	5.3	9.5	17.9	38.6	62.8

资料来源：联合国贸易和发展会议数据库（UNCTADSTAT）。

（三）非正规经济部门

拉美地区早在 20 世纪 70 年代就开始从就业角度关注非正规经济问题。1989 年秘鲁经济学家埃尔南多·德·索托（Hernando De Soto）提出了一个定义，即：一切不受法律、法规管辖的经济活动，无论是企业的，还是个人的，均属非正规经济活动。[①] 不登记注册、不签劳动合

---

① Hernando De Soto, *The Other Path: The Invisible Revolution in the Third World*, New York: Harper Collins, 1989.

同、不照章纳税是非正规经济活动的三个明显特征，具备其中任何两个，就属于非正规经济。埃尔南多·德·索托等学者认为，依法从事经济活动的成本较高、税负较重是导致非正规经济的重要原因。

拉美经委会将小微企业、家政服务、自主就业定义为非正规就业。根据拉美经委会统计，2019 年拉美地区的城市非正规就业率（非正规就业人员占就业总人数的比重）约为 48.5%。[①] 如图 1—6 所示，委内瑞拉、巴拉圭、多米尼加、哥伦比亚、萨尔瓦多、洪都拉斯、危地马拉、秘鲁、厄瓜多尔、玻利维亚等拉美国家的非正规就业率超过 50%，如玻利维亚高达 64%。智利、乌拉圭、巴拿马、哥斯达黎加、阿根廷、巴西、墨西哥等拉美国家的非正规就业率介于 28%—50%，如智利（2017 年）的非正规就业率为 28%，在拉美地区属于较低水平。

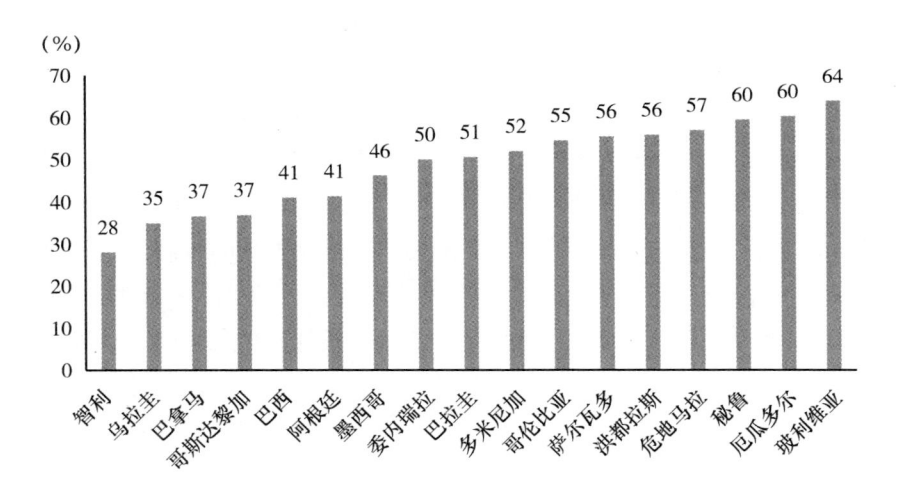

图 1—6　2019 年 17 个拉美国家的城市非正规就业比重

注：委内瑞拉、危地马拉为 2014 年数据，智利为 2017 年数据。
资料来源：CEPAL, "Ocupados urbanos en sectores de baja productividad (sector informal) del mercado del trabajo, por sexo, 2019", https：//statistics.cepal.org/yearbook/2020/electronica.html? statistic =1&lang = es，2021 年 10 月 20 日。

---

① CEPAL, "Ocupados urbanos en sectores de baja productividad (sector informal) del mercado del trabajo, por sexo, 2019", https：//statistics.cepal.org/yearbook/2020/electronica.html? statistic =1&lang = es，2021 年 10 月 20 日。

根据国际劳工组织（Intenationa Labor Organization，缩写为"ILO"）的统计，阿根廷（2020年）的非正规就业率为46.4%，玻利维亚（2019年）为84.9%，巴西（2020年）为47.1%，智利（2020年）为25.3%，哥伦比亚（2019年）为62.1%，哥斯达黎加（2020年）为36.6%，多米尼加（2020年）为54.5%，厄瓜多尔（2019年）为63.5%，萨尔瓦多（2020年）为68.5%，危地马拉（2019年）为79.0%，圭亚那（2018年）为58.1%，海地（2012年）为91.5%，洪都拉斯（2017年）为82.6%，墨西哥（2020年）为55.7%，尼加拉瓜（2012年）为81.8%，巴拿马（2020年）为56.1%，巴拉圭（2019年）为68.9%，秘鲁（2020年）为68.0%，乌拉圭（2020年）为21.4%。[1]

第三节 拉美地区的社会转型

绝大部分拉美国家已经完成了由农村社会向城市社会的转型，甚至成为都市型社会，如阿根廷、巴西、墨西哥、智利、哥伦比亚、秘鲁、乌拉圭、委内瑞拉等主要拉美国家50%以上的人口居住在50万人以上的大城市。一般情况下，随着经济发展和城市化水平的提高，收入分配差距会缩小，贫困人口会减少。但在拉美地区，收入分配差距过大和"贫困的城市化"是两个"顽疾"。2018年阿根廷、玻利维亚、巴西、智利、哥伦比亚、哥斯达黎加、厄瓜多尔、萨尔瓦多、危地马拉、洪都拉斯、墨西哥、尼加拉瓜、巴拿马、巴拉圭、秘鲁、多米尼加、乌拉圭、委内瑞拉等18个拉美国家的基尼系数（加权平均值）0.462，其中巴西为0.560，墨西哥为0.475，阿根廷（城市地区）为0.396，等等。2018年18个拉美国家的贫困率为30.0%，其中赤贫率为10.6%，巴西的贫困率和赤贫率分别为19.4%和5.4%，墨西哥分别为41.5%和10.6%，哥伦比亚分别为29.9%和10.8%，等等。[2]

---

[1] 国际劳工组织统计数据（ILOSTAT）。ILO, "Informal employment rate by sex（%）| Annual", https://ilostat.ilo.org/topics/employment/，2021年10月20日。

[2] 拉美经委会统计数据。CEPAL, *Anuario Estadístico de América Latina y el Caribe 2019*, Santiago, Chile, 2020.

一　拉美地区社会转型的三个支点：工作、住房和社会保障

20 世纪五六十年代，巴西、墨西哥等国的主流看法认为，城市不仅代表着现代化，而且还是农村地区的"减压阀"。当时，大部分人口居住在农村，大部分劳动力从事农业生产，如 1950 年和 1960 年墨西哥农业劳动力占经济活动人口的比重分别为 80.5% 和 68.4%，巴西分别为 60.1% 和 54.5%，秘鲁分别为 59.7% 和 51.3%。[①] 在土地私有制占主导地位且土地分配严重不公的情况下，随着农村人口增加，人地矛盾日益尖锐，社会矛盾加剧。因此，不少拉美国家当局认为，农村人口进城能够缓解甚至解决农村地区的土地问题和社会问题。

农村人口（尤其是农村劳动力）流入城市的速度和规模超出了拉美国家政府部门的预期。20 世纪 60—70 年代是拉美地区许多政府大规模推进进口替代工业化战略的时期，城市正规经济部门的扩张吸收了一部分进城的农村劳动力；同时，政府部门也试图解决住房短缺和社会保障问题。但是，城市正规经济部门创造的就业机会远远满足不了就业需求，非正规就业迅猛增加；正规住房的供应量有限，非正规住房（如贫民窟等）问题加重；社会保障主要局限于城市正规经济部门，城市非正规经济部门和农村经济部门被排除在保障体系之外。20 世纪 80 年代以来，拉美国家一方面希望市场机制能够有效地解决上述问题，另一方面各国政府也不断调整社会政策，虽然取得了一些成效，但顽疾难除。

（一）创造就业成为政府的社会责任

20 世纪 30—70 年代是拉美国家全面实施、完善和强化劳工制度的时期，在此期间以宪法和法律的形式确立了劳动合同制度、集体谈判制度、解雇制度、工资制度、社会保障制度、福利制度等，形成了一个重要的社会共识，即：创造就业、保护劳工权益是政府应尽的社会责任和义务。因此，创造就业成为农村社会向城市社会转型的第一个支点。

20 世纪 70 年代以前，大部分的城市就业属正规就业，如 1970 年城

[①] CEPAL, *Anuario Estadístico de América Latina 1980*, Santiago de Chile, 1981.

市地区 70% 左右的就业集中在城市正规经济部门，如政府机构、公共机构、国有企业以及大型企业等。① 进入 70 年代以后，随着工业化进程推进到重化工业阶段，资本密集型产业创造就业的能力远不如劳动密集型产业，而农村人口继续大量涌入城市，致使新增加的城市劳动力不得不在非正规经济部门寻求就业机会。

20 世纪 80 年代以来，有四个因素促使非正规就业急剧膨胀。一是国企改革裁减了大量员工。二是政府机构改革裁减了许多雇员。三是劳动市场改革，允许签订临时劳动合同，放宽了解雇条件，以提高劳动市场的灵活性，城市正规经济部门和外资经济部门为了降低劳动力成本，也采用非正规雇佣措施。四是农村人口继续涌入城市。四个因素叠加在一起，使 20 世纪 90 年代中期的非正规就业比重一度高达 2/3 以上。

随着四个经济部门的形成，正规就业主要集中在城市正规经济部门和外资经济部门，这两个部门一般要求就业者有较高的学历或是熟练劳动力。非熟练劳动力是非正规就业的主体，主要集中在小微企业、自主就业、家政服务等。非正规就业的突出特点是"两无一低"，即：无劳动合同，无社会保障，低收入水平。如 2018 年，洪都拉斯就业人员的参保率为 11.9%，秘鲁为 20.1%，巴拉圭为 23.0%，萨尔瓦多为 30.5%，墨西哥为 31.9%，哥伦比亚为 37.3%。巴西城市贫困线为 115.3 美元/人/月，农村贫困线为 83.1 美元/人/月，全国贫困线均值约为 110.5 美元/人/月，全国平均工资水平是全国贫困线均值的 5.4 倍；专业技术人员占经济活动人口的 10.6%，其平均收入水平为该国贫困线的 9.1 倍；非熟练劳动力占 20.6%，其平均收入水平为该国贫困线的 2.2 倍。②

（二）非正规住房"正规化"

住房的供需矛盾极为尖锐，公共住房、商品房远远满足不了快速增长的住房需求，一些贫困家庭和低收入家庭只好自建住房。大部分自建住房为非正规住房，即：无产权、无规划、无保障、缺基础设

---

① CEPAL, *Anuario Estadístico de América Latina 1980*, Sandiago de Chile, 1981. 根据第 82 页、83 页有关数据计算。

② CEPAL, *Panorama Social de América Latina 2019*, Sandiago de Chile, 2019.

施。这类住房是通过侵占公共土地、集体土地和私人土地而自行建造的,政府对这些被侵占的土地事先没有私人住房建设规划,里面的居民大多数在城市非正规经济部门就业,没有社会保障,水、电、道路、通信等基础设施严重缺乏。在非正规住房大规模出现之初,巴西、墨西哥、委内瑞拉等国家曾经采取措施,试图消除此类住房,但没有取得成效,非正规住房的数量和规模急剧扩大。1964—1986 年巴西 3/4 的新建住房是非正规住房;1980—2003 年墨西哥全国一半以上的新建住房是非正规住房,2/3 的城市新增人口居住在非正规住房中。[1] 1950—1985 年墨西哥城的人口由 300 万人增至 1800 万人,城区面积由 117.5 平方千米扩大至 12500 平方千米,60% 的新增面积是由非正规住房区的扩展而引起的。[2]

非正规住房"正规化"成为一个社会共识。这个共识的结果是拉美地区城市家庭的住房自有率较高,巴西、墨西哥、阿根廷均在 75% 以上;非正规住房率最高的尼加拉瓜(78%),其住房自有率也居拉美地区首位,高达 84%。[3] 在这个共识的影响下,一方面,拉美地区城市非正规住房率(城市非正规住房占城市住房总量的百分比)较之以前有所下降,如 1990—2014 年巴西的城市非正规住房率由 36.7% 降至 22.3%,阿根廷由 30.5% 降至 16.7%,墨西哥由 23.1% 降至 11.1%,哥伦比亚由 31.2% 降至 13.1%,秘鲁由 66.4% 降至 34.2%,等等。[4] 另一方面,拉美地区的城市非正规住房率仍然较高。根据拉美经委会的统计,2014 年拉美地区的城市非正规住房率约为 21.0%,如图 1—7 所示,哥斯达黎加、海地等拉美和加勒比国家的城市非正规住房率介于 5%—75%。拉美地区形成了众多的非正规社区组织,通过单个社区的集体行动或多个社区的联合行动,要求政府部门认可自身的正规性,改

---

[1] Brendan McBride, Matthew French (Principal Authors), *Affordable Land and Housing in Latin America and the Caribbean*, UN-HABITAT, Nairobi, 2011.

[2] Aguilar AG, Olvera G, "El control de la expansion urbana en la ciudad de Mexico: Conjeturas de un falso planteamiento", Estudios Demográficos y Urbanos, 1991, Jan-Apr.

[3] CEPAL, *Anuario Estadístico de América Latina y el Caribe* 2012, Santiago de Chile, 2012. 根据表 1.5.2 中的有关数据计算。

[4] 拉美经委会 CEPALSTAT 数据库。

善基础设施和居住条件,创造就业,提供相应的社会保障等。拉美各国政府由过去的对非正规社区不认可、不承认逐渐转变为局部认可和承认,并对部分非正规社区进行改造。以贫民窟为代表的非正规住房,不仅是拉美地区的"城市之癣",也是复杂的经济、社会、政治问题。

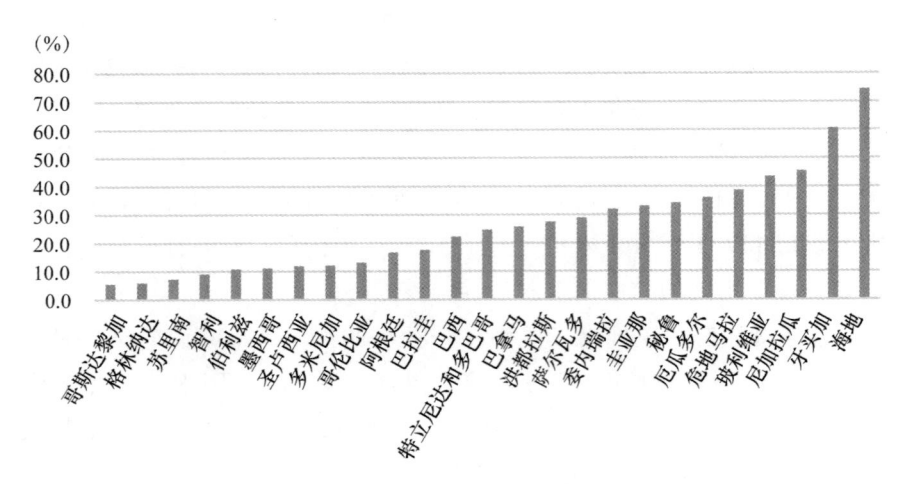

图1—7 2014年部分拉美和加勒比国家的城市非正规住房率
资料来源:拉美经委会CEPALSTAT数据库。

(三)建设保障型社会

建设保障型社会是社会转型的第三个支点,即:由"碎片式"社会保障转向全面社会保障。乌拉圭从19世纪末开始建立社会保障制度,智利、阿根廷、巴西等国家在20世纪20—30年代开始建立社会保障制度,其他大部分拉美国家于20世纪40—60年代陆续跟进。20世纪80年代以前,社会保障的突出特点是碎片化,如巴西1923年设立了铁路工人保险基金,20世纪30年代先后为不同行业的工人设立了一系列保险基金,1966年颁布《社会保障机构法》并成立了社会保障局和公务员社会保障局两个机构,分别负责正规就业人员和公务员的社会保障事务,非正规就业人员和农村人口没有纳入社会保障体系。墨西哥的养老保险基金曾经多达100多个,分别针对不同行业、不同地区的正规就业人员,而非正规就业人员和农村人口也没有纳入社会保障体系。

20世纪80年代以来,拉美地区的社会保障体制经历了两轮改革。第一轮改革是20世纪80—90年代的结构性改革,主要措施有:弱化政府的社会保障责任,削减政府的社会支出;将市场机制应用于社会保障领域,强调个人的社会保障责任;推行养老金私有化;通过"分权化"改革,将教育、医疗等领域的职责下放给地方政府;对贫困家庭实施温饱型救助措施,等等。在此轮改革中,那些游说能力较强的利益集团和群体,获益较多。在改革过程中,政府的社会支出减少,经济危机不断,经济增长缓慢,失业和非正规就业急剧增加,新的社会保障政策覆盖面变窄且缺乏公正,致使贫困人口有较大幅度增加,收入分配差距有所扩大,大规模社会冲突事件频繁发生,引起了人们对新自由主义改革的强烈不满。

第二轮改革是进入21世纪以来的体制性改革,被称作"改革的再改革"。此次改革以立法的方式确认公民在教育、医疗、养老、文化、消除贫困等领域享有普遍性权利,本着普遍性、公平性、选择性、高效性等原则,重新确立政府的职责,增加政府的社会保障投入,实施综合治理型扶贫、减贫政策,根据性别、年龄、种族、地域的差异对不同群体实施保障措施,改革或改组社会保障机构,以提高保障能力和效率,等等。

表1—8简单归纳了当前拉美地区的三种基本社会保障类型,即社会发展型、社会保障型和二者的混合型,各类型的侧重点有所不同。从保障项目看,可以分为缴费型保障项目和非缴费型保障项目,前者主要有养老保险、医疗保险等,个人、企业、政府均参与缴费型保障项目,强制缴费保基本,自愿缴费保提高,政府补贴保补充;后者主要有基本医疗、学前和基础教育、减贫、扶贫等,均由政府承担。

表1—8　　　　　　　拉美地区3种基本社会保障模式

类型	主要特点	主要国家
社会发展型	非缴费型保障,保障对象是贫困人口,代表性措施是有条件现金转移支付	厄瓜多尔、危地马拉、洪都拉斯、牙买加、巴拉圭、秘鲁、多米尼加共和国、特立尼达和多巴哥等
社会保障型	以缴费型保障项目为主,如养老、医疗等。同时针对贫困人口和特殊群体实施非缴费型保障项目。加强两类保障项目间的联系,建设综合性社会保障体系	阿根廷、巴西、智利、哥斯达黎加、乌拉圭等

续表

类型	主要特点	主要国家
混合型	以非缴费型保障项目为主，同时完善和加强缴费型保障项目，协调两类保障项目之间的关系	玻利维亚、哥伦比亚、萨尔瓦多、墨西哥、巴拿马等

资料来源：CEPAL, Social protection systems in Latin America and the Caribbean: Brazil (2013), Costa Rica (2012), Panama (2013), Bolivia (2013), Republic of Dominican (2013), El Salvador (2013), Colombia (2103), Jamaica (2013), Guatemala (2013), Honduras (2013), Argentine (2012), Chile (2012), Mexico (2012), Peru (2012).

有条件现金转移支付是非缴费型社会保障的一个典型项目，在拉美地区得到广泛推广。自1996年以来，阿根廷、伯利兹、玻利维亚、巴西、智利、哥伦比亚、哥斯达黎加、厄瓜多尔、萨尔瓦多、危地马拉、海地、洪都拉斯、牙买加、墨西哥、巴拿马、巴拉圭、秘鲁、多米尼加、特立尼达和多巴哥、乌拉圭等20个拉美国家实施了有条件现金转移支付。1997—2016年拉美地区的有条件现金转移支付受益家庭由30万户增至2930万户，受益家庭占家庭总数的比重由0.3%提高至16.9%。巴西联邦政府2003年开始实施的"家庭补助金计划"（Programa Bolsa Família）是规模较大的有条件现金转移支付项目，2003—2016年受益家庭由360万户增至1360万户。[①]

二 社会关系与社会分层

血缘关系和地缘关系是拉美地区农村社会关系的主体，庇护制是规范和管理社会行为的传统习俗。随着绝大部分人口集中到城市，"社缘关系""职缘关系"逐渐成为社会关系的主体。

（一）两大社会关系：社缘关系和职缘关系

社缘关系是以城市社区为基础的社会关系。城市社区人口数量多，

---

① Simone Cecchini, Bernardo Atuesta, "Programas de transferencias condicionadas en América Latina y el Caribe: Tendencias de cobertura e inversión", *CEPAL-Serie Políticas Sociales*, N°224, junio de 2017.

社区成员异质性强，社会结构复杂，并且血缘关系相对淡化，价值观念多元化，而社会秩序主要通过正式的法律、法规、制度进行规范和调适，但仍有一些非正规社区，尤其是在一些贫民窟，庇护制仍得以保留。职缘关系是以劳动分工、职业划分、共同利益为基础的社会关系，不同程度地延续庇护制，工会、行业协会、非政府组织、政党等是职缘关系网的重要结点。拉美地区的社会割裂现象较为突出，社缘关系的横向割裂和职缘关系的纵向割裂是其重要原因。拉美地区普遍实行社区自治，社区严重分化，非正规社区与正规社区之间界限分明，穷人区与富人区相互排斥。利益集团是职缘关系纵向割裂社会的主要机制，而利益集团主要集中在正规经济部门和外资经济部门。

社缘关系和职缘关系是社会角色定位与认同的主要参照系，大部分非正规就业人员主要集中在非正规社区，正规就业人员多选择居住在正规社区，高收入阶层多选择富人区居住，等等。从法律和制度方面看，拉美国家不限制社会流动，也禁止歧视，但社缘关系和职缘关系却在一定程度上阻碍着社会流动，甚至使拉美国家在一定程度上带有身份社会的特征，如拉美地区不少贫民窟已存续了几十年甚至上百年，规模较大的有数十万甚至上百万人口，其中有些家庭经过几代人的积累和发展，其居住条件和收入水平已经达到中等甚至中上收入水平，但他们仍选择继续居住在贫民窟里。

（二）三大社会阶层

从社会关系和社会角色的角度看，拉美地区的经济活动人口可以分为非正规阶层、正规阶层和精英阶层。拉美地区的社会结构是金字塔形结构。处在底层的是非正规阶层，人数最多，收入水平较低，主要居住在非正规社区，贫困人口较为集中，稳定性较差。中间是正规阶层，主要居住在正规社区，收入水平较高且较为稳定。顶端是精英阶层，控制着大部分经济、政治资源，大多属于高收入阶层。根据拉美经委会的统计，2018年阿根廷、玻利维亚、巴西、哥伦比亚、哥斯达黎加、厄瓜多尔、萨尔瓦多、洪都拉斯、墨西哥、巴拿马、巴拉圭、秘鲁、多米尼加、乌拉圭等14个拉美国家的非正规就业率加权平均值为46%。

熟练劳动力和自主就业劳动力是正规阶层的主体部分，约占经济活动人口的34%。大中型企业家、公务员、专业技术人员是精英阶层的主体部分，约占经济活动人口的20%。按照家庭收入水平进行十等分，非正规阶层基本上可以与收入水平较低的第1至第5个10%家庭相对应，正规阶层可以与第6至第8个10%家庭相对应，而精英阶层则可以第9个和第10个10%家庭相对应。如表1—9所示，2018年14个拉美国家的非正规阶层的家庭收入占国民可支配收入的25%，正规阶层占31%，精英阶层占44%。

表1—9　2018年拉美地区3大社会阶层构成与收入分配

	阶层构成（%）	收入分配（%）
精英阶层	20	44
正规阶层	34	31
非正规阶层	46	25

注：阿根廷、玻利维亚、巴西、哥伦比亚、哥斯达黎加、厄瓜多尔、萨尔瓦多、洪都拉斯、墨西哥、巴拿马、巴拉圭、秘鲁、多米尼加、乌拉圭等14个拉美国家的加权平均值。

资料来源：根据拉美经委会CEPALSTAT数据库中的数据计算。

三　社会凝聚与社会管理

近年来，拉美地区的大规模游行示威时有发生。2019年下半年，智利、厄瓜多尔、玻利维亚等国家接连爆发了要求消除腐败，改善教育、医疗、公共交通等公共服务的游行示威甚至社会动荡。

（一）一对矛盾：国家与社会的对立

拉美地区的游行示威事件反映了国家、政府、社会之间的关系。根据西方的公民社会理论，一定地理区域内的公民（自然人和法人）为了自身的利益、安全和处理错综复杂的社会关系，以社会契约的形式组成一个共同体（国家），通过公民选举成立管理机构（政府），代表国家行使管理社会的职能。公民社会理论强调公民利益的多元化、个人的独立性、社会的契约性和市民的高度自治性。由此导出其结论，即国家与社会是对立的，政府位于二者之间，公民和政府有共同管理国家的责任。当一部分公民认为,自己选举出来的政府侵害了自己的利益时,有权以结社、游行、示威等方式表达不满,要求政府调整政策,甚至有权要求重新选举政府等。

(二)"三支柱"框架:社会差距、制度建设和公民支持

近年来,基于公民社会理论的社会凝聚和社会治理引起了拉美各国的广泛重视,并通过调整经济、社会政策来进行探索。拉美经委会对拉美国家的实践经验进行了总结,提出了"三支柱"社会凝聚框架,初步设计了几项用以指导政策实践的指标。如表1—10所示,"三支柱"社会凝聚框架和评价体系有其合理性。左边是社会差距(民生),主要评价指标有贫困化率、收入分配差距、就业、社会保障、教育、医疗等。右边是公民支持(民意),制度和政府的公信力、对经济前景的信心、对不平等的容忍度、公民参与决策的程度等是主要评价指标。中间是制度建设,主要有民主制度、法律法规、社会政策、经济政策等。

拉美国家在社会凝聚和社会治理方面进行了大量努力,并取得了值得肯定的成效。在减少贫困方面,2001—2014年拉美地区的贫困化率由44.0%降至27.8%,赤贫率由12.1%降至7.8%;2018年贫困率回升至30.0%,赤贫率回升至10.7%。2001—2018年拉美国家的贫困线和赤贫线有不同程度的上调,如巴西的城市贫困线由61.2美元/月/人上调至115.3美元/月/人,农村贫困线由43.6美元/月/人上调至83.1美元/月/人,等等。

表1—10　　　　"三支柱"社会凝聚框架和评价体系

社会差距	制度建设	公民支持
◎贫困化率 ◎收入分配差距 ◎就业 ◎社会保障 ◎教育 ◎医疗	◎民主制度 ◎法律法规 ◎社会政策 ◎经济政策	◎制度公信力 ◎政府公信力 ◎经济景气信心 ◎不平等容忍度 ◎参与决策的程度

资料来源:CEPAL, *Latin America through the Lens of Social Cohesion*, *Selected indicators*, 2010, Santiago, Chile. 根据有关内容整理。

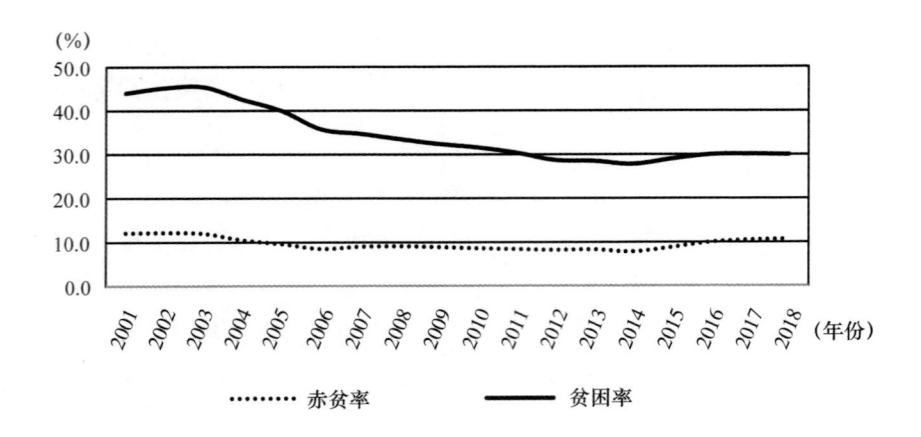

图 1—8 2001—2018 年拉美地区贫困率和赤贫率变化曲线

资料来源：拉美经委会 CEPALSTAT 数据库。

表 1—11　2001—2018 年部分拉美国家的贫困线和赤贫线

	贫困线（美元/月/人）				赤贫线（美元/月/人）			
	城市		农村		城市		农村	
	2001 年	2018 年	2001 年	2018 年	2001 年	2018 年	2001 年	2018 年
阿根廷	187.5	229.2			57.5	94.5		
玻利维亚	56.3	121.9	38.2	88.6	21.7	63.0	19.7	57.3
巴西	61.2	115.3	43.6	83.1	23.4	50.3	19.2	41.3
智利	127.8	175.6	89.9	130.3	41.3	79.1	37.6	72.0
哥伦比亚	56.7	100.4	37.2	67.9	25.1	49.8	21.7	43.1
哥斯达黎加	84.8	145.6	69.3	120.4	31.1	63.8	28.1	57.6
厄瓜多尔	55.4	106.3	43.5	84.6	26.9	57.9	23.6	50.8
萨尔瓦多	74.1	110.7	62.7	93.9	32.4	51.4	28.8	45.8
洪都拉斯	63.0	109.6	49.1	85.1	31.3	49.5	25.1	39.6
墨西哥	121.8	134.0	90.2	100.4	48.2	62.1	39.5	50.9
巴拿马	73.4	121.9	55.2	94.2	33.0	61.7	31.3	58.6
巴拉圭	43.5	91.9	34.8	76.3	16.8	46.2	16.0	44.2
秘鲁	57.3	96.3	37.4	64.1	23.6	44.0	19.6	36.6
多米尼加	79.7	103.2	67.3	88.7	37.0	54.5	35.9	52.8
乌拉圭	96.8	178.4		174.7	37.6	81.9		85.8

资料来源：拉美经委会 CEPALSTAT 数据库。

在取得成效的同时，各国政府也付出了一定的代价，如 2001—2015 年阿根廷、伯利兹、玻利维亚、巴西、智利、哥伦比亚、哥斯达黎加、厄瓜多尔、萨尔瓦多、危地马拉、海地、洪都拉斯、牙买加、墨西哥、巴拿马、巴拉圭、秘鲁、多米尼加、特立尼达和多巴哥、乌拉圭等 20 个拉美国家的有条件现金转移支付金额由 12.7 亿美元增至 201.6 亿美元，占财政支出的比重由 1.1% 提高至 3.1%。[1] 2000—2017 年拉美国家中央（联邦）政府在教育、医疗、社会保障、环境保护、住房、公共交通、文化、体育、宗教等领域的社会支出占 GDP 的比重由 8.5% 提高至 11.5%；在此期间，智利中央政府社会支出占其财政支出的比重基本稳定在 70% 左右，阿根廷联邦政府社会支出占其财政支出的比重由 58.0% 提高至 60.2%，巴西联邦政府社会支出占其财政支出的比重由 58.4% 提高至 61.3%，墨西哥联邦政府社会支出占其财政支出的比重由 44.1% 提高至 47.3%，其他大多数国家中央（联邦）政府的社会支出所占的比重也有不同幅度的提高。[2] 税收收入是社会支出的主要来源。2000—2018 年拉美国家中央（联邦）政府的税收收入占 GDP 的比重由 18.7% 提高至 23.1%。在阿根廷、玻利维亚、巴西、智利、哥伦比亚、厄瓜多尔、墨西哥、秘鲁、特立尼达和多巴哥等国家，资源税是税收收入的一项重要来源。2018 年阿根廷、玻利维亚、巴西、哥伦比亚、厄瓜多尔、墨西哥、秘鲁、特立尼达和多巴哥 8 国石油天然气生产税税收收入合计约 948 亿美元，其中墨西哥约 511 亿美元，巴西约 223 亿美元，厄瓜多尔约 86 亿美元。2017—2018 年阿根廷、玻利维亚、巴西、智利、哥伦比亚、多米尼加、厄瓜多尔、墨西哥、秘鲁 9 国的矿业税收收入合计约 132 亿美元，其中智利约 42 亿美元，墨西哥约 28 亿美元，秘鲁约 20 亿美元，巴西约 19 亿美元。[3] 中央（联邦）政府以分

---

[1] Simone Cecchini, Bernardo Atuesta, "Programas de transferencias condicionadas en América Latina y el Caribe: Tendencias de cobertura e inversión", *CEPAL-Serie Políticas Sociales*, N° 224, junio de 2017.

[2] 拉美经委会 CEPALSTAT 数据库。

[3] OECD et al., *Revenue Statistics in Latin America and the Caribbean 1990 – 2018*, OECD Publishing, Paris, 2020.

责、分权、分钱的方式，将社会管理职权下放给地方政府，尤其是在教育、医疗、社会保障等领域。1997—2010年玻利维亚、巴西、智利、哥伦比亚、哥斯达黎加、厄瓜多尔、墨西哥等国家地方政府的财政收入占GDP的比重由7%升至9%，其中教育、医疗、养老等方面的财政转移支付所占的比重由3%升至5%，这意味着地方政府增加的财政收入几乎全部来自社会保障领域的财政转移支付。[1]

第四节 拉美地区的政治转型

自20世纪80年代兴起民主化浪潮以来，民主政治取代了此前的民众主义政治和威权政治。20世纪80—90年代通过民主选举上台执政的右翼政党推行新自由主义改革，其主要特点是高度信奉自由市场，强调政府要回到市场"守夜人"的位置，忽视贫困、收入分配、社会保障等社会问题。进入21世纪以来，委内瑞拉、智利、巴西、阿根廷、乌拉圭、玻利维亚、厄瓜多尔、尼加拉瓜等国家的左翼政党先后赢得总统大选，纷纷上台执政，主张政府要对"市场失灵"起到弥补作用，应谋求社会公正和经济发展。与此同时，在那些一直由右翼政党执政的拉美国家，其社会政策也并不是放任市场资本主义原则独行，在不同程度上开始重视和发挥政府的社会发展职责。

一 政治发展进程

大部分拉美国家于19世纪初叶获得独立，在独立之初的几十年里，封建色彩较浓的、保守的大地主、教会和军方高层为一方，受欧美资产阶级民主思想影响较深的、进步的早期精英（如产业资本家、商人、知识分子等）为另一方，围绕着国体和政体进行了激烈的纷争。19世纪中后期，各国政局趋于稳定，初级产品出口繁荣时代到来。由于早期精英势力相对弱小，大地主阶级和军队势力掌握了政治主导权，出现了考

---

[1] CEPAL, *Fiscal panorama of Latin America and the Caribbean: Tax reform and renewal of the fiscal covenant*, Santiago, Chile, 2013.

迪罗（Caudillo）寡头独裁统治与自由市场相结合的政治经济格局。在城市，开始于19世纪后期的早期工业化和自由市场经济为资产阶级和城市产业工人的发展、壮大提供了条件。在农村，农产品是主要出口商品，种植农产品需要大量土地，土地是财富、地位、资本的象征，农村地区陷入了长期的、剧烈的土地兼并，绝大部分农村家庭失去了土地，例如1910年墨西哥革命爆发时，90%以上的农村家庭没有土地。部分农村人口迫于生计流入城市而成为城市贫民。无地农民、城市贫民、产业工人、新兴资产阶级等新兴力量与地主阶级、军人等保守势力之间的矛盾日益白热化。

20世纪初，阿根廷、智利等南美洲国家开始出现民众主义思潮和运动，新兴力量内部尽管有不同的利益诉求，但在反对寡头独裁统治，改善选举制度，扩大选民人数，提高公民的政治参与程度等方面却是一致的。阿根廷的伊波利托·伊里戈延（Hipólito Yrigoyen，1852—1933年，1916—1922年担任阿根廷总统）、智利的阿图罗·亚历山德里（Arturo Alessandri，1868—1950年，1920—1925年和1932—1938年两次担任智利总统）等几位总统是拉美地区民众主义的重要先驱。民众主义之所以能够率先在南美洲地区兴起，主要是与阿根廷、智利等南美洲国家的城市化进程起步较早，城市化程度较高有关，如阿根廷1914年的城市化率已超过50%。1929—1933年的世界经济大危机中断了初级产品出口繁荣，引发了社会危机，资产阶级领导的民众主义政党运动推翻寡头政权，登上政治舞台，拉美地区进入了20世纪30—80年代的民众主义政治时代，墨西哥的拉萨罗·卡德纳斯（Lázaro Cárdenas，1895—1970年，1934—1940年担任墨西哥总统）、巴西的热图利奥·瓦加斯（Getúlio Vargas，1883—1954年，1930—1945年和1951—1954年两次担任巴西总统）、阿根廷的胡安·庇隆（Juan Perón，1895—1974年，1946—1951年、1952—1955年、1973—1974年三次担任阿根廷总统）等是典型代表。民众主义政治是精英化集权政治，凭借领导人的号召力和影响力，作为国家和政府的化身，以联合、联盟、控制等手段，组织利益共同体，最大限度地将政治权力集中于自身，努力将利益共同体的意志作为国家意志，将利益共同体的意识形态作为社会共识。民众主义政权上台伊始，私人资本和外国资本是主要经济基础，因此它们将发展国家资本视为执政的重要任务之一。在各种社会力量中，城市产业工人较为集中，组织程度较高，便于横向联合，易于纵向控制，因此，民众主义政党和领导人将城市产业工人视为重要支持力量。政党或领导人作为国家资本的法人代表，需要在私人资本、外国资本、国家资本三大利益集团之间寻求平衡。随着工业化和城市化进程加速推进，社会结构不断变化，不同拉美国家的民众主义政治表现出了不同的演进路径和模式。

巴西、阿根廷等部分南美洲国家是专制模式。城市产业工人是巴西、阿根廷等国家民众主义政党及其领导人的主要支持力量，通过工会组织，利用职缘关系和庇护传统，以充分保护劳工权益和改善福利为共同目标，尽力将三种资本中的产业工人聚合起来。20世纪60—80年代，这些国家的城市化率跨越了50%、60%甚至70%几个台阶，三大社会阶层格局开始成型。城市非正规部门急剧膨胀，非正规阶层数量迅速增多，他们为不能进入正规部门而愤懑不已。以公务员、专业技术人员、工会会员等为主体的正规阶层，即国家资本利益集团，不断要求提高工资和改善福利；私人资本、外国资本两大利益集团对国家资本不断膨胀而带来的挤出效应不满，对工资水平高涨损害其收益更是不满。在这种情况下，一旦经济形势恶化，就会出现剧烈的社会动荡，文人政治精英无力掌控经济、社会和政治局面，军人政治精英取而代之，实行威权专制，其口号是保护国家安全，其实是对公民社会思潮的反应和对激进党派的压制，是威权主义政府暴力施政的逻辑起点。

墨西哥革命制度党实行的是集权模式。该党成立于1929年，创立之初就设立了三个部，即农民部、工会部、军人部（1946年撤销），1938年增设人民部（公共雇员）。20世纪40—80年代，为了实现对全社会的动员和控制，将墨西哥劳工联合会、全国农民联合会置于革命制度党旗下，使其成为该党的附属机构。尤其是农民联合会，村社社员是该会的当然会员，革命制度党以分配土地、农业补贴、统购统销等措施对其进行控制。为了加强集权，规定党内不同部门相互平行，各自垂直地与政府联系，禁止不同部门之间建立联盟，尤其是工人与农民之间的联盟。当然，拉美地区还有其他模式的民众主义政治，如以秘鲁为代表的"军事民众主义政治"，哥斯达黎加、哥伦比亚、委内瑞拉等的"改良主义民主政治"，智利、尼加拉瓜、圭亚那、苏里南、圣卢西亚、牙买加等国家的"社会主义试验"等。

拉美地区的城市化率于 20 世纪 80 年代中期达到 70%。20 世纪 80 年代的债务危机发生后，拉美国家普遍采取了新自由主义改革，放弃进口替代工业化战略，转向外向型的市场经济模式，国家资本迅速削弱，私人资本和外国资本再度上升至支配地位，经济国际化、利益集团化、社会分层化、政治精英化交织在一起，从而推动了一轮新的民主化进程。在经济发展模式转型过程中，政府职能由过去以发展经济为主转向以危机管理和社会管理为主，政治观念、组织制度、竞争规则乃至执政方式均发生了变化，拉美地区整体进入了政党政治时期。

二 政党制度调整

20 世纪 80 年代以来，拉美地区的政党制度环境发生了变化，对政党登记、政党组织、党费管理、媒体使用、竞选活动等方面的管理制度进行了改革或调整。

20 世纪 80—90 年代的政党管理制度以调整为主，如要求政党按民主程序选举领导人，禁止政党使用暴力，要求公民以自然人身份加入政党，工会、社团组织等不能以集体身份加入政党（以割裂传统政党与工会组织的"职团主义"关系）；一些国家向正式登记的政党提供竞选经费[①]；禁止政党接受境外公开捐助和匿名捐助；竞选法庭负责政党登记，同时负责审计党费的来源和使用情况；允许参加总统大选的政党免费使用公共媒体，等等。

进入 21 世纪以来，拉美地区政党制度发生了剧烈变革，如制定或修订宪法、政党法、政党管理法等。玻利维亚、厄瓜多尔、委内瑞拉等国家制定了新宪法，玻利维亚、哥伦比亚、多米尼加、墨西哥、尼加拉

---

① 乌拉圭较早于 1928 年开始提供经费，哥斯达黎加、智利、阿根廷、巴西、委内瑞拉、尼加拉瓜、墨西哥、厄瓜多尔等国家于 20 世纪 50—70 年代先后开始提供经费。

瓜、巴拿马等国家修订了宪法，玻利维亚、哥伦比亚、哥斯达黎加、厄瓜多尔、洪都拉斯、墨西哥、尼加拉瓜、秘鲁、乌拉圭等国家用新政党法取代了旧政党法，阿根廷、玻利维亚、巴西、智利、哥伦比亚、多米尼加、萨尔瓦多、危地马拉、洪都拉斯、墨西哥、巴拿马、巴拉圭、秘鲁、乌拉圭、委内瑞拉等国家对政党法进行了修订。阿根廷、智利、哥伦比亚、秘鲁、乌拉圭、委内瑞拉等国家增补了政党管理法律。在政党的登记方面，厄瓜多尔、委内瑞拉、玻利维亚等允许政治组织和社会运动组织以政党身份登记，允许这些组织的候选人参加总统竞选。萨尔瓦多允许个人在选举法庭登记，参加总统竞选。尼加拉瓜、哥伦比亚、阿根廷等要求政治组织、社会运动组织进行政党登记，符合条件的，给予经费资助。关于政党领导人的选举，巴拿马、秘鲁、厄瓜多尔等要求党内民主选举。委内瑞拉、洪都拉斯、墨西哥、玻利维亚、哥伦比亚等允许政党自行决定其领导人的产生。在党费方面，要求提高政党经费的透明度，缩小公共资助的范围（如巴西、墨西哥、厄瓜多尔等只资助总统候选人），规定党费的来源以及私人捐助的上限，等等。

三 政党组织调整

政党的组织基础和生存环境发生了变化。以工会为例，阿根廷、玻利维亚、巴西、智利、墨西哥、尼加拉瓜、秘鲁、委内瑞拉等8个国家的工会是主要传统政党，尤其是左派政党的重要支持力量。20世纪80年代以前，这8个国家的工会会员占城市产业工人总数的平均比重最高时约为32%，20世纪90年代的平均值最低时为16%。下降幅度最大的是阿根廷，约为28%（由50%降至22%）；其次是智利，由35%降至13%；墨西哥下降了10%（由32%降至22%），等等。巴西的下降幅度最小，仅为0.5%（由24.3%降至23.8%）。[①] 一方面，大量国企员工被裁减、工资收入缩水等是工会会员流失的主要因素。另一方面，为

[①] Kenneth M. Roberts, "The Crisis of Labor Politics in Latin America: Parties and Labor Movements during the Transition to Neoliberalism", *International Labor and Working-Class History*, No. 72, Fall, 2007. 各国的最高值出现在20世纪60—70年代，但年份不同，平均值未考虑时间差异。最低值出现在20世纪90年代，年份也不同，同样未考虑时间差异。

了抑制高通货膨胀，政府与工会组织签订限制工资上涨的协议，使工会站到了政府的对立面。与此同时，随着政党制度的调整，许多政治组织和社团组织能够合法地独立开展活动，无须依附于政党。这些变化意味着以职缘关系、庇护传统为主要纽带的政党组织体系、政治动员机制失去了运作环境，代之而起的是以社缘关系为主要纽带的横向组织体系和动员机制。2010年以来，除古巴（81.4%）外，其他拉美和加勒比国家工会会员占就业总人数的比重普遍较低，如图1—9所示，委内瑞拉（2012年）仅为0.2%，墨西哥（2016年）为12.5%，巴西（2016年）为18.9%，阿根廷（2014年）为27.7%，等等。

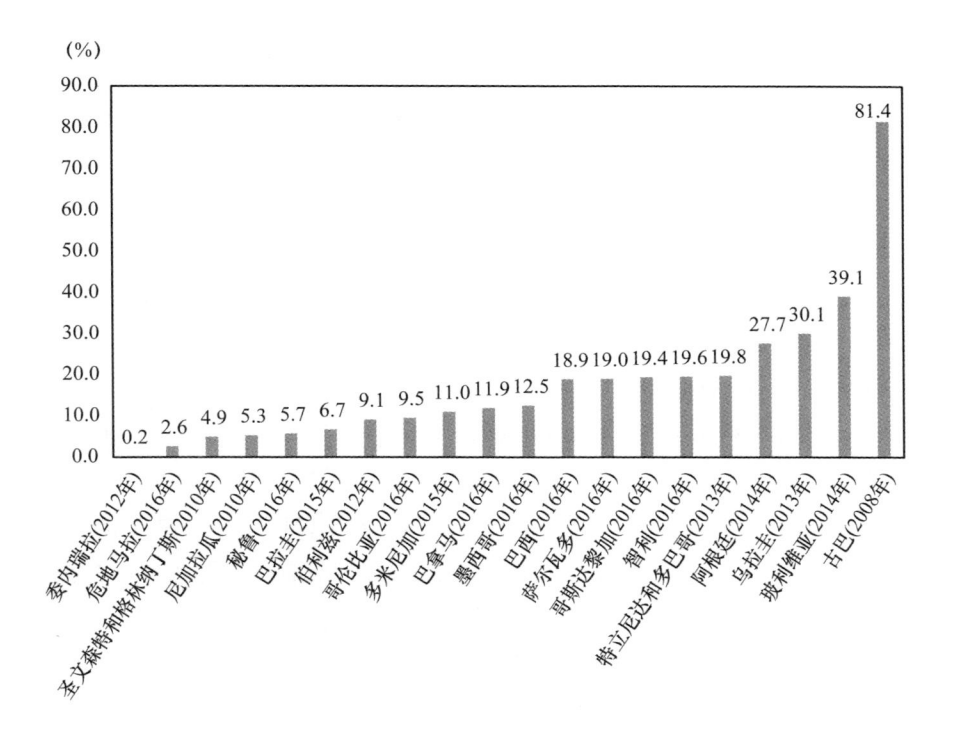

图1—9　部分拉美和加勒比国家工会会员占就业总人数的比重

资料来源：国际劳工组织ILOSTAT数据库。

四　执政基础调整

拉美地区的主要政党可以分为四派，即：新自由主义、新保守主义、民主社会主义和新民众主义。新自由主义主张私有化、自由化、全球化，反对公有制和政府干预。新保守主义坚持经济自由化，反对政府干预，主张精英式民主和有限度福利制度。民主社会主义既反对资本主义，也反对社会主义，主张"第三条道路"。新民众主义主张修改宪法，扩大总统权力，实行参与式民主，坚持国家对经济的干预和主导，强调平等、缩小贫富差距，保障低收入阶层和弱势人群利益，促进社会公平。

执政党普遍采取"政府社会化"执政路线，执政格局出现了"草根化"和"联盟化"趋势。"政府社会化"主要有两方面的表现。一方面，高度强调政府的社会管理和社会发展职能，如政府的社会开支不断增加，其主要目的是迎合各阶层选民的利益诉求。另一方面，政府公民化，在国家与社会之间，政府的位置偏向社会，作为公民社会的一员，与公民共同管理国家，其主要目的是赢得各阶层选民的认同和支持。

"草根化"有两方面的主要表现。一方面，涌现出一批"平民总统"，如巴西的前总统卢拉·达席尔瓦（Lula da Silva, 1945年— ，2003—2010年担任巴西总统）和迪尔玛·罗塞夫（Dilma Rousseff, 1947年— ，2011—2017年担任巴西总统，巴西首位女性总统）、厄瓜多尔前总统拉斐尔·科雷亚（Rafael Correa, 1963年— ，2007—2017年担任厄瓜多尔总统）、玻利维亚前总统埃沃·莫拉莱斯（Evo Morales, 1959年— ，2006—2019年担任玻利维亚总统，玻利维亚首位土著人总统），等等。卢拉出生于贫民家庭，在从事工人运动的过程中崛起为政治精英。科雷亚出生于普通工人家庭，通过个人努力成为经济学家。莫拉莱斯出生于贫穷的印第安人农民家庭，在组织古柯种植农运动中成为政治精英，是玻利维亚的第一位土著人总统。另一方面，承认和接受"草根组织"，如土著人组织、社团组织、非政府组织、社区组织等。进入21世纪以来，这些组织成为政党角逐的重要对象。墨西哥恰帕斯州的萨帕塔民族解放军是较有影响的一个土著人组织和"草根运动"组织，1994年1月以"土地和自由"为口号发动武装起义，当时的执政党墨西哥革命制度党采取了武力镇压措施，而反对党国家行动党则主张和平解决武装冲突，这一主张成为国家行动党赢得 2000 年墨西哥总统大选的一个重要砝码。印第安人运动是拉美地区另一个影响较大的"草根运动",20 世纪 70 年代首先在厄瓜多尔、玻利维亚等国家兴起,20 世纪 90 年代蔓延至墨西哥、危地马拉、秘鲁、尼加拉瓜、委内瑞拉、智利、阿根廷等国家。各国的印第安人运动建立了全国性的运动组织,虽然不是政党,但其政治影响不断扩大,甚至对个别国家的政局有较大影响,如厄瓜多尔的印第安人运动不仅迫使总统下台,也是科雷亚总统赢得 2006 年大选和上台执政的重要支持力量。总之,拉美地区的"草根"组织不胜枚举,对于各国的政党而言,这些组织不仅是重要的社会基础,更是重要的"票仓"。

"联盟化"主要表现为执政联盟和反对派联盟两大政治阵营,这一现象是拉美地区政治碎片化的集中体现。大多数拉美国家党派众多,一个政党难以单独执政,在议会中不能拥有优势席位数量,因此,执政党需要与其他政党结成执政联盟。同样,一个反对派不能形成制衡或反对执政联盟的能力,需要与其他持反对立场的政治团体结成反对派联盟。巴西联邦议会由参、众两院组成,2019—2023 年任期的 513 名众议员分属于 28 个政党[1],这些众议员可以分为 4 组。第一组为执政党(社会自由党,Partido Social Liberal)及其执政联盟,约占席位总数的 17%。第二组为主要右翼和中右翼政党,如巴西民主运动(Movimento Democrático Brasileiro)、社会民主党(Partido da Social Democracia Brasileira)等,约占 18%。第三组为反对派联盟,由劳工党(Partido dos Trabalhadores)等主要左翼和中左翼政党组成,约占 24%。第四组为中间政党和无党派议员,约占 41%。阿根廷联邦议会由参、众两院组成,2019 年 12 月就任的众议院有 257 席,执政联盟(全民阵线)拥有 119 席,约占 46%;反对派联盟(我们改变)拥有 116 席,约占 45%。墨西哥联邦议会由参议院和众议院组成,众议院设 500 个席位,在 2018 年的议会选举中,执政联盟(我们一起创造历史)赢得了众议院的 210 个席位,约占众议院席位的 42%;革命制度党、民主革命党、劳工党 3

---

[1] 截至 2020 年 4 月,因部分众议员退党且尚未加入新政党,巴西众议院实际人数为 501 人。

个左翼政党赢得了 54 个席位，约占 11%；国家复兴运动、墨西哥前线、国家行动党等右翼政党赢得了 236 个席位，约占 47%。

第五节 拉美地区发展转型困境

一 "三农"困境

在城市化进程中，拉美地区出现了农业"二元化"、农村"边缘化"、农民"贫困化"现象。按照商品化程度，农业二元化表现为商品农业和自给农业；按照产品的主要市场，可分为外向型农业和内需型农业；按照生产技术状况，可分为现代农业和传统农业。大中型农户的商品化、外向化、现代化程度较高，小型农户则以自给农业为主，较多采用传统方法。农村边缘化主要表现为农村地区基础设施落后，经济、社会发展指标明显低于城市。农民贫困化主要表现为农村地区的贫困化率较高，如 2018 年拉美国家农村地区的贫困率为 45%，赤贫率为 20%。[①]

对于大中型农户而言，土地是生产要素。对于小农户而言，土地有两项基本功能，即生产要素和社会保障。在人口自由流动的环境中，土地还具有社会稳定功能。小农户用手中少量的土地养家糊口，到城市打工增加家庭收入，这是普遍现象。尽管这部分流动人口大多在城市非正规经济部门工作，但有土地这一基本生存保障，一般情况下不会因为形势的变化而表现出过激行为。

除小农外，农村地区还有无地农民群体，其中大部分是贫困人口。这部分农村人口受到土地私有制和农业机械化的排斥而流入城市，由农村贫困人口转变为城市贫困人口且主要集中在非正规部门，是非正规阶层的主要来源和重要组成部分，也是社会问题的一个重要根源。

二 工业化进程停滞困境

拉美国家进口替代工业推进到重化工业的进程，突然被迫中断，工业化进程在新自由主义改革和贸易自由化的影响下受到重创，虽经多年

---

① 拉美经委会 CEPALSTAT 数据库。

努力，拉美地区的制造业仍被"卡"在中间位置，劳动力密集型产业竞争不过东亚地区，技术密集型产业竞争不过欧、美、日等发达国家和韩国等新兴工业化国家。

民众主义政府和军人威权政府执行的狭隘民族主义经济政策是导致工业化进程停滞的历史原因之一。民众主义政府和军人威权主义政府是国家的象征，是国家资本的法人代表。政治权力是以经济实力为基础的，这些政府以国家的名义投资兴建的国家企业，实质上是执政党或执政者的企业，是保障其政治权力的重要物质基础。当时，私人资本利益集团的经济力量大于国家资本利益集团，外资经济利益集团也具备一定的规模，农村经济部门则是出口创汇和支撑进口替代工业化的重要基础。但随着大部分人口成为城市居民，政府选择了从"资"原则，以狭隘的民族主义经济政策来平衡国家资本、私人资本和外资资本三者的利益。

正规阶层是国家资本利益集团中的主要组成部分，内向型的国家资本主义既符合他们的经济利益，也符合其政治利益。私人资本、外资资本也从市场保护和与国家资本的结盟中获得收益，成为经济政策的支持者。日益缩小的农村经济部门和不断膨胀的城市非正规经济部门被排除在国家资本利益之外，在民众主义政府和威权主义政府时期，虽然有一定规模的"草根"运动，但不足以影响政府政策。因此，在这种经济、社会和政治环境中，主要拉美国家艰难地推行内向型的进口替代工业战略，是可以理解的。

进入21世纪以来，个别拉美国家又重新变相地采取狭隘民族主义经济政策，虽然其收益可以暂时地、局部地改善收入分配状况，减少贫困人口，但在经济全球化程度已经很高的时代，这种做法是得不偿失的。

三 非正规住房困境

非正规住房与非正规阶层相互固化，无论对城市社会，还是对整个社会，都产生了严重的横向分裂作用。非正规住房市场是"市场不爱、政府不疼"的要害，因为正是在非正规社区里萌生了"草根民主"和朴素的公民社会意识。早在20世纪50年代，巴西等拉美国家就曾有计划地建造住房，其主要目标之一是消除非正规住房。后来由于集中精力推行进口替代工业化，同时又没能有效地抑制非正规住房的膨胀，有些国家采取了暴力手段清除非正规社区，引发了严重的社会冲突。自20世纪70年代起，拉美地区的许多城市非正规社区就开始有组织地向政府施加压力，有的单独行动，有的联合行动，或者选派代表与有关政府部门谈判，或者组织游行示威，其主要目的是非正规社区"正规化"，社区自治意识迅速蔓延和滋长，与公民社会思潮相融合。最初，非正规住房主要是社会问题，但很快就演变成为政治问题。拉美地区进入政党政治阶段以来，左、中、右三派政党均被非正规阶层捆住了手脚，其主要根源之一就在于非正规住房问题。

四 公民社会困境

国情不同，对公民权利的理解也有所不同。拉美地区有两种理解较为突出，一是强调自然权利，即天赋人权论。"天赋人权"一词源于拉丁文，美国《独立宣言》和法国《人权宣言》都强调人权"天赋"及其不可转让性、普遍性、绝对性，这两部宣言对拉美地区产生过重大影响。二是强调契约权利，即社会契约论。法国18世纪的思想家卢梭在其《社会契约论》一书中认为，只有每个人同等地放弃全部天然自由，转让给整个集体（即国家——作者注），人类才能得到平等的契约自由。卢梭的思想同样在拉美地区产生了广泛影响。

公民社会理论强调的个人私人利益与国家的普遍利益相矛盾。在对待这对矛盾的态度上，拉美地区的两种理解中，天赋人权论强调公民权利的绝对性，社会契约论则强调相对性。市民社会的私有制是资本主义生产关系和资本主义国家的基础，对于非正规阶层而言，其主要私有财产（住房、工作等）是非正规的，没有保障的，获得充分保障是这个阶层融入民主社会的前提，因此，他们强调公民权利的绝对性。正规阶层和精英阶层拥有绝大部分资产，这是其实现政治权力的基础，为了保障私有财产不受非正规阶层的威胁或侵害，就强调公民权利的相对性。拉美地区的非正规阶层是民主的"票仓"，这种局面就如同让民主站立在海滩上，当脚下的沙子被浪花冲刷使得他站不稳时，就挪一下脚或换一个地方。

第二章

中拉经贸合作的美拉关系背景

美国"两圈战略"是指美国的"国家防卫安全圈"和"经济利益安全圈"。美国将拉美和加勒比地区视作其"两圈战略"的天然组成部分。2019年12月美国政府推出了"美洲增长倡议"(Growth in the Americas),该倡议由美国国务院牵头,财政部、商务部、能源部、国际合作署、贸易和发展署、国际开发金融公司共同参与。截至2020年3月,美国与8个拉美和加勒比国家签订了"美洲增长倡议"详解备忘录,即巴拿马、智利、牙买加、阿根廷、哥伦比亚、萨尔瓦多、厄瓜多尔、巴西。[①] 美洲增长倡议将是美国继"争取进步联盟"(1961—1971年)、美洲自贸区谈判(1995—2005年)之后的第3轮美国—拉美一体化尝试。

第一节 美国"两圈战略"概述

国家防卫安全圈的核心功能是保障美国的国家安全,使美国免受传统和非传统不安全因素的威胁或攻击。经济利益安全圈的核心功能是保障美国经济利益安全,使美国在圈内的传统和非传统经济利益免受圈外势力的威胁或侵害。国家防卫安全圈和经济利益安全圈涵盖太平洋、美洲地区和大西洋,美洲地区是"两圈"的"纵轴"。国家防卫安全圈是经济利益安全圈的"子集",二者在太平洋、北美洲、北大西洋地区的地域范围和功能几乎完全重叠;但在南美洲和南大西洋地区,美国经济

[①] U. S. Department of State, "Growth in the Americas: Activity Highlights, December 2019 to March 2020", https://www.state.gov/wp-content/uploads/2020/04/AC-News-English-508.pdf.

利益安全的重要性略高于国家防卫安全，因此，南美洲和南大西洋地区属于美国的经济利益安全圈而不属于其国家防卫安全圈。国家防卫安全圈的封闭性较强，而经济利益安全圈有一定程度的开放性。集体军事安全和自由贸易是构建"两圈"的基本合作机制，"两圈"架构反映了美国的"板块优势"新思维。

保持和维护美国在军事、市场、货币（美元）的霸权地位是支撑美国"两圈战略"的三大支点。在世界格局向多极化演进的过程中，美国的军事霸权地位在较长时期内不会受到挑战，但后两个支点（即美国的国内消费市场和美元的世界第一地位）正在受到日益严峻的挑战。[1] 为了应对后两个支点面对的挑战，美国利用其庞大的国内消费市场来营造军事、美元外交的新版图。奥巴马政府（2009年1月—2017年1月）采取多边措施，试图通过"跨大西洋贸易和投资伙伴关系协定"将包括非洲、拉美地区在内的南、北大西洋地区整合为"'完整的大西洋'经济共同体"[2]；通过"跨太平洋伙伴关系协定"将拉美地区和亚洲看作一个整体，即"跨太平洋地区"，等等。2017年1月上台执政的特朗普政府打着"美国第一"的旗号，采取单边主义和保护主义措施，退出跨太平洋伙伴关系协定，停止跨大西洋贸易和投资伙伴关系协定谈判，重新谈判和签订北美自由贸易协定（美国—加拿大—墨西哥自由贸易协定），发动贸易战、科技战，推出"印太战略"，等等。特朗普政府的举措看似抛弃了"两圈战略"，实则是利用单边措施来维护和巩固这一战略。2021年1月20日拜登就任美国第46任总统。拜登政府在延续"两圈战略"方面，除延续单边主义和保护主义措施外，在北太平洋方向（主要面向欧盟），修正美国与新欧盟（英国脱欧）的同盟关系；在太平洋方面，试图构建美国、日本、澳大利亚、印度"四国联盟"（QUAD），以求推进"印太战略"；在拉美方向，将"重返拉美"置于政府工作的前沿位置，根除非法移民、应对新冠疫情、建设美

---

[1] Stephen G. Brooks, William C. Wohlforth, "Reshaping the World Order: How Washington Should Reform International Institutions", *Foreign Affairs*, Vol. 88, No. 2 (March/April 2009).

[2] Francisa A. Kornegay, JR., "The 'Grandmaster' Logic behind Obama's Audacious Foreign Policy", *The Wilson Quarterly*, Winter 2016.

好社区、巩固美式民主是四大优先事项，等等。

一 国家防卫安全圈

国家防卫安全圈主要由（大西洋、太平洋）两洋防卫体系和拉美安全倡议区构成，集体安全是主要合作机制。在国家安全方面，美国东、西两侧受大西洋、太平洋的保护，南、北两面分别为墨西哥、加拿大两个军事力量相对较弱的邻国，墨西哥以南的中美洲各国、美国本土东南方向的加勒比各国（地区）与美国隔海遥望。

（一）两洋防卫体系

"两洋防卫体系"是指由美国主导的，涵盖北大西洋、太平洋的集体安全防卫体系，主要在西、北、东三个方向确保美国的国家安全。鉴于其他大陆有军事大国存在且拥有远距离、大规模精确打击能力（如核武器、远程导弹等大规模杀伤性武器），因此，这三个方向的防卫边界远离美国本土。在北大西洋地区，美国通过与加拿大、欧洲国家建立"北大西洋公约组织"（简称"北约"），构建了跨越北大西洋的安全防卫体系。在太平洋地区，美国通过与日本、韩国、澳大利亚、新西兰等国家的同盟关系，构建了跨越太平洋的安全防卫体系。

如表2—1所示，"北约"于1949年8月由比利时、加拿大、丹麦、法国、冰岛、意大利、卢森堡、荷兰、挪威、葡萄牙、英国、美国等12个国家成立，希腊和土耳其（1952年）、联邦德国（俗称"西德"，1955年）、西班牙（1982年）先后加入，使成员国数量增至16个。经过1994—1997年的酝酿和准备，1998年"北约"开始东扩，1999年捷克、匈牙利、波兰3国加入，2004年保加利亚、爱沙尼亚、拉脱维亚、立陶宛、罗马尼亚、斯洛伐克、斯洛文尼亚7国加入，2009年阿尔巴尼亚、克罗地亚两国加入，2017年和2020年黑山和北马其顿先后加入，使北约成员国数量增至30个。

2012年6月时任美国国防部部长莱昂·帕内塔（Leon Panetta）在谈论"亚太再平衡战略"时指出，除"跨太平洋伙伴关系协定"外，军事部署和军事合作也是该战略的重要内容。一方面，该战略的目标是到2020年美国将60%的海军力量部署在太平洋地区。另一方面，除日本、韩国、菲律宾、澳大利亚、新西兰等传统盟国外，美国推出了"印太战略"。美国前总统特朗普于2017年1月宣布退出"跨太平洋伙伴关系协定"，11月提出"印太"概念用以替代"亚太"概念，同年12月，美国政府发布的《国家安全战略》报告将"印太"地区定义为美国国家安全战略中的最重要地区。2019年6月美国国防部发布了《印太战略报告》[①]，概略地指出"印太战略"以巩固和扩大亚太军事同盟体系为重点。如图2—1所示，美国主导的亚太军事同盟体系以既有的军事同盟为主，如1951年签订的《美日安全保障条约》《美菲共同防御条约》和《美澳新安全条约》，1953年签订的《美韩共同防御条约》等。"印太战略"在维护传统同盟关系的同时，试图建立网络化、多边化的同盟体系，如美日韩同盟、美澳新同盟、美日印同盟、美澳新印同盟等。

表2—1　　北约成员国及其加入年份（截至2020年5月）

成员国	加入年份	成员国	加入年份
比利时	1949年	西班牙	1982年
加拿大	1949年	捷克	1999年
丹麦	1949年	匈牙利	1999年
法国	1949年	波兰	1999年
冰岛	1949年	保加利亚	2004年
意大利	1949年	爱沙尼亚	2004年
卢森堡	1949年	拉脱维亚	2004年
荷兰	1949年	立陶宛	2004年
挪威	1949年	罗马尼亚	2004年
葡萄牙	1949年	斯洛伐克	2004年
英国	1949年	斯洛文尼亚	2004年
美国	1949年	阿尔巴尼亚	2009年
希腊	1952年	克罗地亚	2009年
土耳其	1952年	黑山	2017年
德国	1955年	北马其顿	2020年

资料来源：北约官网，https://www.nato.int/。

---

① The Department of Defense, "Indo-Pacific Strategy Report", https://media.defense.gov/2019/Jul/01/2002152311/-1/-1/1/DEPARTMENT-OF-DEFENSE-INDO-PACIFIC-STRATEGY-REPORT-2019.PDF.

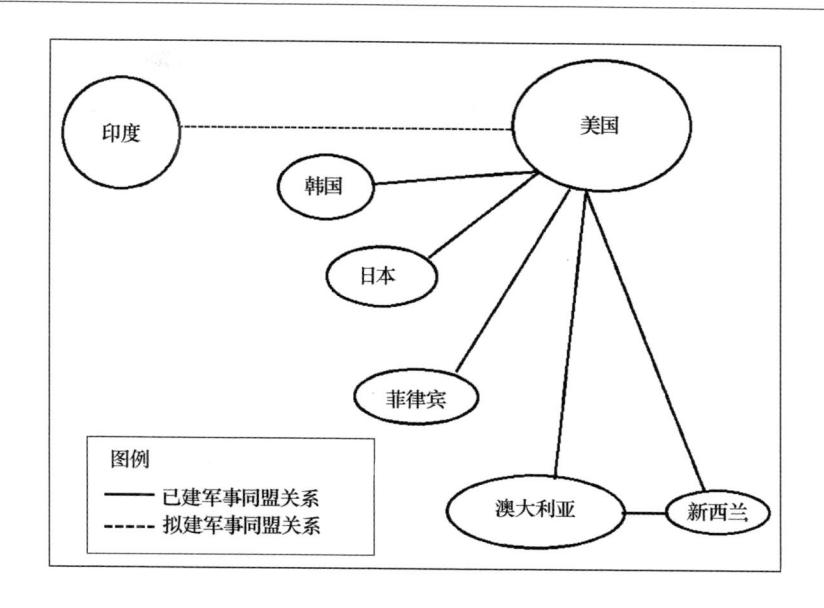

第二章　中拉经贸合作的美拉关系背景　　63

图 2—1　美国"印太战略"军事同盟体系
资料来源：图为作者自制。

（二）拉美安全倡议区

"拉美安全倡议区"是指墨西哥、中美洲和加勒比地区。美国与墨西哥、中美洲和加勒比地区的安全合作由来已久，尤其是在打击贩毒、有组织犯罪、非法移民等方面。2001 年"9·11"事件发生后，美国意识到墨西哥、中美洲和加勒比地区是美国国家安全防卫的薄弱环节，因而不断加大与这些国家和地区的安全合作力度。2008 年美国与墨西哥和中美洲国家在墨西哥的梅里达市联合发起"梅里达倡议"（Mérida Initiative），该倡议的主要内容是美国向墨西哥和中美洲国家提供资金、技术、装备等，联合打击贩毒、有组织犯罪等非法活动。2010 年随着"中美洲地区安全倡议"（Central American Regional Security Initiative）开始实施，"梅里达倡议"成为美国与墨西哥两国之间的安全合作倡议；同年，"加勒比地区安全倡议"（Caribbean Basin Security Initiative）开始实施。美国—墨西哥梅里达倡议、美国—中美洲地区安全倡议、美国—加勒比盆地安全倡议的正式实施意味着：由巴拿马运河向东，沿哥伦比亚（北部）和委内瑞拉近海，至加勒比海东端，成为美国在拉美地区的本土防卫边界，墨西哥、中美洲和加勒比地区成为美国的安全倡议区。除传统的军事安全外，安全倡议区主要承担着控制和打击贩卖毒品、非法移民、跨境有组织犯罪、走私等任务。

美国与拉美国家之间较早使用集体安全原则。1890年美国与17个拉美国家，即墨西哥、危地马拉、萨尔瓦多、洪都拉斯、尼加拉瓜、哥斯达黎加、多米尼加、哥伦比亚、厄瓜多尔、秘鲁、智利、玻利维亚、巴拉圭、阿根廷、乌拉圭、巴西、委内瑞拉，召开第一次美洲国家国际会议（即"泛美会议"），成立"美洲共和国国际联盟"（1910年改名为"美洲共和国联盟"）。1938年召开的第八次泛美会议通过了美洲国家共同防卫法西斯侵略和维护不干涉原则的宣言，建立泛美外交部长协商机制，以加强西半球的联防工作。第二次世界大战后，为了加强对拉美国家的全面控制，1947年9月美国、加拿大与21个拉美国家，即阿根廷、巴哈马、玻利维亚、巴西、智利、哥伦比亚、哥斯达黎加、古巴、多米尼加共和国、厄瓜多尔、萨尔瓦多、危地马拉、海地、洪都拉斯、尼加拉瓜、巴拿马、巴拉圭、秘鲁、特立尼达和多巴哥、乌拉圭、委内瑞拉，在巴西的里约热内卢签订了《泛美互助条约》（俗称"《里约条约》"），该条约确立了美国、加拿大与拉美国家的西半球集体安全原则，其核心思想是：外部势力对任何一个美洲国家的军事入侵是对所有美洲国家的入侵。该原则的本质是美国以自身的军事优势保障拉美地区免受来自美洲地区以外的军事入侵。1948年5月美洲国家组织成立时，《里约条约》的集体安全原则写入了《美洲国家组织宪章》，该宪章历经数次修订，但集体安全原则始终没有变化。《泛美互助条约》建立了美国领导的泛美军事同盟，美洲国家组织确立了美国在西半球的霸权地位。

二 经济利益安全圈

经济利益安全圈主要由"两洋贸易体系"和"泛美贸易体系"组成，前者是指美国试图建立由其主导的跨越大西洋、太平洋的自由贸易体系，后者是指美国试图构建由其主导的西半球自由贸易体系。美国的商品贸易、服务贸易、外国直接投资主要集中在北美自贸区（美国、加拿大、墨西哥3国）、欧盟（28国）、RCEP（10+5）成员国。[①] 根据美国经济分析局的统计数据，如表2—2所示，2018年美国24.9%的商品和服务贸易集中在北美自贸区，22.4%集中在欧盟（28国），27.4%集中在RCEP（10+5）成员国，三者合计约占美国商品和服务贸易总额的75%，其中商品贸易占78%，服务贸易占64%。截至2019年底，美国与20个国家签订了自由贸易协定，其中10个为拉美和加勒比国家，如智利、哥伦比亚、哥斯达黎加、多米尼加、萨尔瓦多、危地马拉、洪都拉斯、尼加拉瓜、墨西哥、巴拿马、秘鲁；其他10个国家为北美洲的加拿大，亚太地区的韩国、新加坡、澳大利亚，中东地区的巴林、以色列、约旦、阿曼，以及北非地区的摩洛哥。如表2—3所示，截至2017年，美国对外直接投资存量约为60133亿美元，其中75%左右集中在北美自贸区、欧盟（28国）、RCEP（10+5）；在美国的外国直接投资存量约为40255亿美元，其中87%左右来自北美自贸区、欧盟（28国）、RCEP（10+5）。

（一）"两洋贸易体系"

"两洋贸易体系"是指美国试图建立由其主导的跨越大西洋、太平洋的自由贸易体系，"跨太平洋伙伴关系协定"（Trans-Pacific Partnership Agreement，英文缩写为"TPP"）和"跨大西洋贸易和投资伙伴关系协定"（Transatlantic Trade and Investment Partnership，英文缩写为"TTIP"）是奥巴马政府时期的两项重要举措。

欧盟不仅是美国重要的军事同盟，而且也是美国重要的经贸合作伙伴。在军事同盟方面，法国、丹麦、意大利、卢森堡、荷兰、葡萄牙、希腊、德国、西班牙、捷克、匈牙利、波兰、保加利亚、爱沙尼亚、拉脱维亚、立陶宛、罗马尼亚、斯洛伐克、斯洛文尼亚、克罗地

[①] "RCEP"是"区域全面经济伙伴关系"（Regional Comprehensive Economic Partnership）的英文缩写，由东盟十国发起，邀请中国、日本、韩国、澳大利亚、新西兰以及印度6国共同参加。2019年11月4日第三次RCEP领导人会议发表声明，除印度外，东盟10国与中、日、韩、澳、新5国（10+5）已经结束谈判并启动了法律文本审核。2020年6月23日东盟10国与中、日、韩、澳、新5国的贸易部长以视频方式召开RCEP第10次部长级会议并发布联合媒体声明，指出RCEP协定将在2020年内签署。

亚等 21 个欧盟成员也是北约成员国[①]。在经贸合作方面，如表 2—2 所示，2018 年美国向欧盟出口商品 3204 亿美元，从欧盟进口商品 4899 亿美元，双边商品进出口额约 8103 亿美元，约占美国商品贸易总额的 19.1%，美国对欧盟商品贸易逆差 1695 亿美元；美国向欧盟的服务出口 2536 亿美元，从欧盟的服务进口 1986 亿美元，双边服务进出口额约 4522 亿美元，约占美国服务贸易总额的 32.4%，美国对欧盟服务贸易顺差为 550 亿美元；美国对欧盟商品和服务出口

表 2—2　　　　　　2018 年美国商品和服务贸易概况

	商品贸易（亿美元）				
	出口	进口	进出口	比重（%）	贸易平衡
世界	16770	25573	42343		-8803
西半球	7311	7976	15287	36.1	-665
北美自贸区	5670	6752	12422	29.3	-1082
拉美和加勒比地区	1641	1224	2865	6.8	417
欧盟（28 国）	3204	4899	8103	19.1	-1695
RCEP（10+5）	3559	8996	12555	29.7	-5437
中国	1221	5401	6622	15.6	-4180
其他国家或地区	2696	3702	6398	15.1	-1006
	服务贸易（亿美元）				
	出口	进口	进出口	比重（%）	贸易平衡
世界	8270	5673	13943		2597
西半球	2213	1430	3643	26.1	783
北美自贸区	979	617	1596	11.4	362
拉美和加勒比地区	1234	813	2047	14.7	421
欧盟（28 国）	2536	1986	4522	32.4	550
RCEP（10+5）	1860	1014	2874	20.6	846
中国	571	183	754	5.4	388
其他国家或地区	1661	1243	2904	20.8	418

[①] 英国于 2020 年 1 月正式脱离欧盟，但仍为北约成员国。

第二章　中拉经贸合作的美拉关系背景　　67

续表

	商品和服务贸易（亿美元）				
	出口	进口	进出口	比重（%）	贸易平衡
世界	25040	31246	56286		-6206
西半球	9524	9406	18930	33.6	118
北美自贸区	6649	7369	14018	24.9	-720
拉美和加勒比地区	2875	2037	4912	8.7	838
欧盟（28国）	5740	6885	12625	22.4	-1145
RCEP（10+5）	5419	10010	15429	27.4	-4591
中国	1792	5584	7376	13.1	-3792
其他国家或地区	4357	4945	9302	16.5	-588

资料来源：美国经济分析局（Bureau of Economic Analysis，BEA）。

表2—3　　2017年美国的外国直接投资（FDI）存量概况

	对外投资				在美投资			
	投资存量		美资控股企业		投资存量		外资控股企业	
	金额（亿美元）	比重（%）	就业人数（万人）	销售收入（亿美元）	金额（亿美元）	比重（%）	就业人数（万人）	销售收入（亿美元）
全球	60133	100.0	1440	62214	40255	100.0	736	43470
西半球	13993	23.3	407	13534	5780	14.4	111	6421
北美自贸区	5009	8.3	263	8369	4711	11.7	81	3938
拉美和加勒比地区	8984	14.9	144	5165	1069	2.7	30	2483
欧盟（28国）	32441	53.9	437	24914	23655	58.8	415	20860
RCEP（10+5）	7881	13.1	358	14447	6702	16.6	122	11269
中国	1076	1.8	174	3756	395	1.0	12	650
其他	5818	9.7	238	9319	4118	10.2	88	4920

资料来源：美国经济分析局（Bureau of Economic Analysis，BEA）。

额5740亿美元，自欧盟商品和服务进口额6885亿美元，双边商品和服务进出口额12625亿美元，约占美国商品和服务贸易总额的22.4%，美国对欧盟商品和服务贸易逆差约1145亿美元。如表2—3所示，2017年美国在欧盟的FDI存量约32441亿美元，约占美国对外FDI总存量的

53.9%，美资（美资控股）企业为欧盟创造了437万人就业，实现销售收入24914亿美元；欧盟在美国的FDI存量约23655亿美元，约占在美FDI总存量的58.8%，欧资（欧资控股）企业为美国创造了415万人就业，实现销售收入20860亿美元。

早在2007年4月美国与欧盟联合设立"跨大西洋经济委员会"，研究和分析双方的经济伙伴关系与协调机制。2013年2月11日该委员会建议美国与欧盟开展自由贸易谈判，12日美国总统奥巴马呼吁美国与欧盟之间需要自由贸易，13日欧盟委员会主席宣布欧盟将与美国开展自由贸易谈判；7月7—12日"跨大西洋贸易和投资伙伴关系协定"首轮谈判在华盛顿举行。2015年10月19—23日双方举行了"跨大西洋贸易和投资伙伴关系协定"第11轮谈判，就97%的关税减让达成了协议。① 2016年4月25—29日双方在纽约举行了第13轮谈判，美国首席谈判代表丹尼尔·穆兰尼（Daniel Mullaney）表示美国方面将竭尽全力争取于2016年完成谈判，欧盟首席谈判代表加西亚·贝赛罗（Garcia Bercero）表示欧盟方面也同意力争于年内完成谈判。② 受欧盟内部分歧，英国脱欧公投，美国大选和政府更替等因素的影响，2016年下半年美国与欧盟的谈判出现停滞。2018年7月美国总统特朗普和欧洲委员会主席容克在华盛顿发表联合声明，宣布成立执行工作组，该工作组将寻求减少跨大西洋贸易壁垒，包括努力消除非汽车工业产品关税和非关税壁垒。2018年10月特朗普政府通知国会，准备与欧盟谈判新的贸易协定。2019年1月美国贸易代表办公室向国会提交了美国—欧盟贸易谈判具体目标摘要③，指出美国与欧盟进行谈判的目的是解决关税和非关税壁垒，并实现以消除美国对欧盟贸易逆差为指标的美欧间公平、均衡贸易。2019年4月欧盟委员会宣布欧盟和美国拥有世界上最大和

---

① Press office, General Secretariat of the Council of the European Union, Foreign Affairs Council-Trade Issues, *Press en Background*, Brussels, November 25, 2015.

② Office of the United States Trade Representative, "Opening Remarks by U.S. and EU Chief Negotiators from the New York Round of Transatlantic Trade and Investment Partnership Negotiations", New York, April 29, 2016.

③ Office of the United States Trade Representative, "United States-European Union Negotiations: Summary of Specific Negotiating Objectives", January 2019.

最深的双边贸易和投资关系,二者之间经济一体化程度很高,双方经贸关系可以进一步改善。但是,美国宣布有意退出关于气候变化的《巴黎协定》,欧盟仅与该协定的缔约方寻求深入而全面的自由贸易协定的谈判。因此,欧盟与美国的"跨大西洋贸易和投资伙伴关系协定"已经过时且不再谈判,欧盟与美国将围绕工业产品的关税和非关税壁垒等重点问题进行谈判,力争达成有限度的贸易协议。

2005年5月新加坡、新西兰、文莱和智利4国发起了"跨太平洋战略经济伙伴关系协议",2008年2月美国宣布加入,2009年11月美国提出扩大"跨太平洋伙伴关系协定"计划,开始主导"跨太平洋伙伴关系协定"的谈判。截至2013年参与谈判的国家增至13个,其中包括2个北美洲国家(美国、加拿大)、3个拉美国家(墨西哥、秘鲁、智利)、6个亚洲国家(日本、韩国、越南、新加坡、马来西亚、文莱)、2个大洋洲国家(澳大利亚、新西兰)。2016年2月,除韩国外,其他12个国家签订了"跨太平洋伙伴关系协定"协议。2017年1月23日时任美国总统特朗普宣布美国退出"跨太平洋伙伴关系协定"。2017年11月除美国外的其他11个国家发布联合声明,宣布将"跨太平洋伙伴关系协定"更名为"跨太平洋伙伴关系全面进展协定"(Comprehensive Progressive Trans-Pacific Partnership,英文缩写为"CPTPP"),2018年3月11个国家在智利首都圣地亚哥签署CPTPP,同年12月30日CPTPP正式生效。

特朗普在竞选期间多次批评TPP,认为TPP将会"摧毁"美国的制造业。事实上,特朗普政府退出TPP,其原因主要有三方面的考虑。第一,TPP与美国倡导的"泛美主义"相冲突。防止美洲地区以外的势力威胁美国在西半球的霸权地位是美国倡导"泛美主义"的核心指导思想,在TPP的12个成员国中,有5个美洲国家(美国、加拿大、墨西哥、秘鲁、智利),美国既不愿意其他4个美洲国家在TPP中与美国"平起平坐",更不愿意7个亚太地区国家(日本、越南、新加坡、马来西亚、文莱、澳大利亚、新西兰)借助TPP多边自由贸易获取在美洲地区的影响力,进而制衡或削弱美国在美洲地区的影响力。第二,特朗普政府选择双边贸易协定来加强美国与亚太地区传统盟友的关系。美国与新加坡（2004年1月1日生效）、澳大利亚（2005年1月1日生效）、日本（2020年1月1日生效）3国之间有自由贸易协定，与新西兰（1993年签署）、文莱（2002年签署）、马来西亚（2004年签署）、越南（2007年签署）4国之间签署了"贸易和投资框架协议"。韩国虽然不是TPP成员国，但却是美国在亚太地区的重要同盟国之一，2007年美国与韩国签署自由贸易协定，2012年3月15日正式生效。第三，TPP有侵蚀北美自贸区的可能。北美自贸区由美国、加拿大、墨西哥3国组成。如表2—4所示，2018年美国与11个CPTPP成员国商品和服务出口额约为9674亿美元，约占美国商品和服务出口总额的38.6%；美国自11个CPTPP成员国商品和服务进口额约为10510亿美元，约占美国商品和服务进口总额的33.6%。在美国和CPTPP成员国的商品和服务贸易中，美国69%的商品和服务出口集中在加拿大和墨西哥两国，70%的商品和服务进口来自加拿大和墨西哥两国。

（二）"泛美贸易体系"

"泛美贸易体系"涉及整个西半球。如表2—2所示，2018年美国33.6%的商品和服务贸易集中在西半球，其中美国与西半球的商品贸易占美国商品贸易总额的36.1%，服务贸易占26.1%。如表2—3所示，2017年美国在西半球的FDI存量约为13993亿美元，约占美国对外FDI总存量的23.3%，美资（美资控股）企业创造了407万人就业机会，实现销售收入13534亿美元；西半球其他国家（地区）在美国的FDI存量约5780亿美元，约占在美FDI总存量的14.4%，外资（外资控股）企业创造了111万个就业机会，实现销售收入6421亿美元。如表2—5所示，2018年美国与拉美和加勒比地区（包括墨西哥）的商品进出口额约为9049亿美元，其中美国向拉美和加勒比地区出口商品4282亿美元，从拉美和加勒比地区进口商品4767亿美元。在美国与拉美和加勒比地区的商品贸易中，77.8%集中在墨西哥、中美洲和加勒比地区，尤其是墨西哥，美墨商品贸易占美国与拉美和加勒比地区商品贸易的67.9%，另有22.2%集中在南美地区，巴西（696亿美元）、哥伦比亚（290亿美元）、智利（270亿美元）、委内瑞拉（193亿美元）、秘鲁

（180亿美元）、阿根廷（149亿美元）6国是美国在南美地区的主要贸易伙伴，6国与美国贸易额合计约1778亿美元，约占美国与拉美和加勒比地区商品贸易的19.6%。

北美地区有十个陆地国家，即加拿大、美国、墨西哥和中美洲七国（危地马拉、萨尔瓦多、洪都拉斯、尼加拉瓜、哥斯达黎加、巴拿马、伯利兹）。美、加、墨3国建立了北美自由贸易区，1994年1月1日至2020年7月1日3国之间为"北美自由贸易协定"（North American Free Trade Agreement，英文缩写为"NAFTA"），2020年7月1日以后为"美国—墨西哥—加拿大协定"（United States-Mexico-Canada Agreement，英文缩写为"USMCA"）。美国与危地马拉、萨尔瓦多、洪都拉斯、尼加拉瓜、哥斯达黎加5个中美洲国家和位于加勒比海的多米尼加共和国签订了"多米尼加—中美洲自贸协定"（The Dominican Republic-Central America FTA，英文缩写为"CAFTA-DR"）。美国与巴拿马签订了双边贸易促进协定——"美国—巴拿马贸易促进协定"（The United States-Panama Trade Promotion Agreement）。伯利兹虽然位于中美洲，但被看作加勒比国家。因此，除伯利兹外，美国已与其他8个北美大陆国家签订了自由贸易协定，换言之，美国建立了基本覆盖北美大陆、由美国主导的北美大陆自贸区。

表2—4 2018年美国与CPTPP成员国商品和服务贸易概况（亿美元）

	商品贸易			服务贸易			商品和服务贸易		
	出口	进口	贸易平衡	出口	进口	贸易平衡	出口	进口	贸易平衡
加拿大	3007	3246	-239	641	359	282	3648	3605	43
墨西哥	2663	3506	-843	338	258	80	3001	3764	-763
秘鲁	97	83	14	33	21	12	130	104	26
智利	156	114	42	52	19	33	208	133	75
日本	759	1434	-675	452	347	105	1211	1781	-570
越南	97	83	14	25	13	12	122	96	26
新加坡	325	262	63	217	94	123	542	356	186
马来西亚	129	393	-264	35	20	15	164	413	-249

续表

	商品贸易			服务贸易			商品和服务贸易		
	出口	进口	贸易平衡	出口	进口	贸易平衡	出口	进口	贸易平衡
文莱	97	1	96	6	1	5	103	2	101
澳大利亚	256	103	153	219	82	137	475	185	290
新西兰	41	44	−3	29	27	2	70	71	−1
合计	7627	9269	−1642	2047	1241	806	9674	10510	−836
比重（%）[1]	45.5	36.2	18.7	24.8	21.9	31.0	38.6	33.6	13.5

注：[1] 占美国商品和服务贸易总额的百分比。

资料来源：美国经济分析局（Bureau of Economic Analysis，BEA）统计数据，联合国贸易与发展会议 UNCTADSTAT 统计数据。

表 2—5　2018 年美国与拉美和加勒比地区商品贸易（亿美元）

	出口	进口	进出口额	比重（%）
拉美和加勒比地区	4282	4767	9049	100.0
北美地区	3213	3825	7038	77.8
墨西哥	2654	3492	6146	67.9
中美洲	310	216	526	5.8
加勒比	249	117	366	4.0
南美地区	1069	942	2011	22.2
巴西	395	302	696	7.7
哥伦比亚	151	139	290	3.2
智利	156	114	270	3.0
委内瑞拉	61	133	193	2.1
秘鲁	97	83	180	2.0
阿根廷	99	50	149	1.6

资料来源：联合国贸易与发展会议 UNCTADSTAT 统计数据，美国经济分析局（Bureau of Economic Analysis，BEA）统计数据。

在加勒比地区，美国向 14 个国家单边开放市场，14 个加勒比国家为安提瓜和巴布达、巴哈马、巴巴多斯、伯利兹、多米尼克、格林纳达、圭亚那、海地、牙买加、圣基茨和尼维斯、圣卢西亚、圣文森特和格林纳丁斯、苏里南、特立尼达和多巴哥。在南美地区，美国与哥伦比亚、秘鲁、智利3国签订了双边自由贸易协定或贸易促进协定。

综上所述，截至2019年年底，在拉美和加勒比地区，美国的自由贸易协定或单边开放市场共涉及25个国家，即11个自由贸易国（墨西哥、多米尼加—中美洲自贸协定6国、巴拿马、哥伦比亚、秘鲁、智利）和14个加勒比国家。根据拉美经委会的统计，2018年这25个国家的人口合计占拉美地区总人口的47%，国内生产总值合计占该地区的46%。①

三 美国"两圈战略"的主要特点

美国前总统奥巴马认为，20世纪30—60年代的富兰克林·罗斯福、哈里·杜鲁门、约翰·肯尼迪等总统带领美国走上了领导世界的道路；进入21世纪以来，美国需要应对更复杂的形势和更危险的挑战，为此，美国必须领导世界。② 在2015年的《国家安全战略》序言中，奥巴马指出，"问题不再是美国是否应该领导，而是如何领导"。③ 在2017年的《国家安全战略》序言中，特朗普指出，"美国第一"是美国全球领导地位的基础。④

（一）反映了美国"如何领导"

充分发挥美国的军事和经济优势，领导其盟国和伙伴国通过军事合作实现军事上的集体安全，通过自由贸易实现经济上的集体繁荣。第二次世界大战以前，美国并不热衷于集体安全，例如中国学者马星野1937年的文章认为，美国对太平洋集体安全态度冷淡，商业利益（门户开放与机会均等）、避免战争（使中国、日本相互制衡）、军事优势（美国与日本在太平洋地区的海军力量对比为5∶3）是美国远东政策的

---

① 拉美经委会 CEPALSTAT 数据库。
② Barack Obama, "Renewing American Leadership", *Foreign Affairs*, Vol. 86, No. 4, Jul.-Aug., 2007.
③ The White House, *National Security Strategy*, Washington D.C.. February 2015.
④ The White House, *National Security Strategy*, Washington D.C.. December 2017.

三大目标。① 对于当时的美国而言，美国自身的商业利益是其远东政策的核心，后两个目标是实现第一个目标的措施和保障。第二次世界大战以后，美国高度重视集体军事安全，其集体安全政策的主要目标是遏制以苏联为首的华约集团，维护美国在安全体系中的军事霸主地位。20世纪50年代前半期，美国凭借其军事实力构建了亚洲太平洋集体安全保障体系、中东条约组织、北大西洋公约组织三大军事遏制体系。② 冷战结束以后，美国朝野的主流观点认为，一方面，美国的军事优势会保持相当长的时间，但经济地位日益受到新兴经济体的挑战甚至威胁；另一方面，除传统安全外，恐怖主义、网络安全、气候变化等非传统安全因素日益增多且较复杂。但是，美国在其盟国和伙伴国中的军事优势、经济优势是不可撼动的，因此，美国要充分运用这两大优势，领导其盟国和伙伴国共同实现集体安全和集体繁荣。③

（二）反映了美国如何构建世界新秩序

亨利·基辛格认为，20世纪90年代以来的国际形势和世界格局变化是美国"有史以来首次面临的既不能退出又不能主宰世界舞台的困境"。④ 在摆脱这一困境的诸多政策选项中，奥巴马政府选择了通过"创造伙伴关系"来重构和领导世界新秩序，例如2009年4月4日奥巴马就任美国总统未满3个月时就指出，"（美国）的领导地位取决于我们创造伙伴关系的能力"⑤，11月美国政府提出了扩大"跨太平洋伙伴关系"计划；2013年2月11日奥巴马连任未满一个月就呼吁美国与欧盟进行自由贸易谈判，7月"跨大西洋贸易和投资伙伴关系协议"开始

---

① 马星野：《太平洋集体安全制度与美国的态度》，《世界知识》1937年第6期。

② 崔丕：《美国亚洲太平洋集体安全保障体系的形成与英国（1950—1954年）》，《国际冷战史研究》2004年第00期。

③ Stephen G. Brooks, William C. Wohlforth, "Reshaping the World Order: How Washington Should Reform International Institutions", *Foreign Affairs*, Vol. 88, No. 2, March/April 2009. William C. Wohlforth, "US leadership and the limits of international institutional change", *International Journal*, Vol. 67, No. 2, Spring 2012.

④ ［美］亨利·基辛格：《大外交》（修订版），顾淑馨、林添贵译，海南出版社2012年版，第4页。

⑤ The White House, Office of the Press Secretary, News Conference By President Obama, April 4, 2009, https://www.whitehouse.gov/the-press-office/news-conference-president-obama-4042009.

谈判，等等。特朗普政府选择单边主义、保护主义政策来维护和巩固的"两圈战略"，如特朗普在其《国家安全战略》中指出，"美国第一"不仅是其政府的职责，也是美国全球领导地位的基础。作为民主党的总统，拜登在继续谋求"美国第一"的同时，重申"伙伴关系"的重要性。

（三）反映了美国的"板块优势"思维

1993 年 7 月基辛格在谈论即将生效的《北美自由贸易协定》时指出，该协定是走向世界新秩序的、最富创造性的一步，"西半球自由贸易体系"（A Western Hemisphere-wide free trade system）将让美国发挥"统领作用"（commanding role）。[①] 基辛格的"西半球自由贸易体系"，以及前文中提到的"完整的大西洋'经济共同体'""跨太平洋地区"等说法，在世界地图上表现为一片完整的地理板块。美国"两圈战略"的逻辑是：美国保持在这一板块中的霸主地位，运用自由贸易和集体军事安全领导板块中的盟国和伙伴国，共同维护和巩固全球优势，在此基础上构建新的国际秩序。

第二节　拉美地区在"两圈战略"中的地位

以巴拿马运河为界，拉美地区的南、北两部分在"两圈战略"中的地位有所不同。

一　巴拿马运河是"两圈战略"的关键节点

巴拿马运河是沟通大西洋、太平洋的咽喉要道，也是南、北美洲的连接处，经济、贸易、安全防卫、地缘政治意义非常突出。巴拿马位于中美洲地峡的最南端，原是哥伦比亚的一个省。为了修建巴拿马运河，美国策动巴拿马于 1903 年 11 月 3 日脱离哥伦比亚而独立，当月 18 日美、巴两国签订了《阿伊—布瑙—瓦里亚条约》（Hay-Bunau-Varilla Treaty,

---

① Anonymous, "In Their Own Words", *The New American*, Appleton Vol. 20, Iss. 18, Sep. 6, 2004, p. 47.

后称《巴拿马条约》），美国保证巴拿马的独立，巴拿马在运河两岸各划出5英里（约8公里）的地带供美国永久使用。1977年9月，美国总统吉米·卡特与巴拿马国防军司令奥马尔·托里霍斯（Omar Torrijos，1968—1981年任国防军司令）签订了《托里霍斯—卡特条约》（Torrijos-Carter Treaty），规定美国于1999年将运河管理权交还给巴拿马。

美国修建巴拿马运河（1904—1914年）的主要动因之一是便于向太平洋地区调遣海军。1898年美国战胜了西班牙，从西班牙手中夺取了菲律宾。当时，美国的海军主要集中在面向大西洋的东海岸，西海岸面向太平洋的军事力量非常薄弱，从东海岸向太平洋调遣海军，需要绕道南美洲南端。因此，这条运河的修建具有较重要的军事意义。为了履行美国保护巴拿马的承诺和保障运河的修建，1903年美国在巴拿马设立了"南方司令部"。1997年南方司令部迁至美国本土的迈阿密，但在巴拿马仍驻有部分美军，其主要职责是防止毒品、大规模杀伤性武器等违禁物品通过运河。第二次世界大战后，随着美国在太平洋的海军力量迅速增强，巴拿马运河的军事地位弱化，但其航运地位迅速提高，不仅是美国东、西部货物运输的主要通道，也是沟通太平洋、大西洋的海上航运要道。

二 "怀抱中的地盘"与"千年储备"

尽管整个拉美地区是"两圈"纵轴的一部分，但以巴拿马运河为界，运河以北的墨西哥、中美洲、加勒比地区不仅是美国经济利益安全圈之纵轴的一部分，而且还是美国国家防卫安全圈中的拉美安全倡议区。沟通美国东、西海岸的海上航线好像两条手臂在巴拿马运河交汇，因此，巴拿马运河以北的地区就如同处于美国的怀抱之中。

南美洲则主要体现纵轴的完整性和整体性，其辽阔的土地、多样的物种、丰富的资源可谓是美国的"千年储备"。同时，南美洲北端的哥伦比亚、委内瑞拉对美国的拉美安全倡议区和国家防卫也具有重要意义。

三 美国对拉美地区的两条传统底线

为了确保纵轴的完整性和整体性，美国对拉美地区有两条传统底线。

第二章　中拉经贸合作的美拉关系背景

（一）保持美国的绝对军事优势，禁止美洲地区以外的势力在拉美地区谋求军事存在

1823 年詹姆斯·门罗总统在其向国会做的第七份年度咨文中指出，任何欧洲列强不得将美洲大陆看作未来殖民的对象；美国及与美国处于同一半球的其他国家联合宣布，对于任何其他国家向我们这一半球任何地点延伸其制度的任何企图，都是对我们的和平与安全之威胁。① 此咨文被称作"门罗宣言"，是"门罗主义"的源头。后人将门罗主义的核心思想理解为"美洲是美洲人的美洲"。1905 年 12 月时任总统西奥多·罗斯福在其向国会做的第五份年度咨文中进一步阐述了门罗主义，强调门罗主义是实现西半球和平最有效的工具。第一，美国保证不侵占其他美洲国家的领土，也保证其他美洲国家不受地区外国家的侵略。第二，禁止地区外国家在美洲地区谋求军事存在，即使为了索要债款而暂时派兵占领海关也不行。第三，美国必须"凭一己之力"使其他美洲国家实现"和平与秩序"。第四，美国要援助其他美洲国家。② 在英语中，"American"既有"美洲人的"意思，也有"美国人的"意思。第二次世界大战以后，随着美国成为西半球的霸主，人们将西奥多·罗斯富关于门罗主义的阐述理解为"美洲是美国人的美洲"。约翰·肯尼迪总统于 1961 年 1 月发表就职演说时，再次强调，"让其他国家都知道，西半球的事西半球自己管"。③

19 世纪中叶，随着国力的增强，美国开始清除欧洲列强在拉美地区的军事存在。经过近一个世纪的努力，至第二次世界大战以前，仍在加勒比和南美洲拥有军事基地和驻军的地区外大国主要是英国。在第二次世界大战期间，美国利用英国处境艰难的机会，通过租借法案，用几十条旧军舰将英国在加勒比地区的军事基地租借到手中（期限为 99

---

① James Monroe, "The Seventh Annual Message", December 2, 1823, www.presidency.ucsb.edu/ws/? pid = 29465.

② Theodore Roosevelt, "Fifth Annual Message", December 5, 1905, www.presidency.ucsb.edu/ws/? pid = 29546.

③ John Kennedy, "Inaugural Address", January 20, 1961, www.presidency.ucsb.edu/ws/? pid = 8032. 原文为 "and let every other power know that this hemisphere intends to remain the master of its own house"。

年），为战后将英国的军事势力赶出加勒比地区创造了条件。当然，英国是美国的传统盟国，美国认可和接受英国对远离南美洲大陆南端的福克兰群岛（阿根廷称之为"马尔维纳斯群岛"）的军事占领。[①]

冷战时期，美国坚决杜绝苏联的军事力量进入拉美地区，其典型事例是"古巴导弹危机"。1962 年 8—10 月美国陆续发现并确认苏联在古巴的翁达（Honda）、马里埃尔（Mariel）、卡西尔达（Casilda）等港口部署导弹，美国对此采取了三项应对措施。一是封锁古巴，时任总统约翰·肯尼迪宣布对古巴实施封锁。二是军事对峙，派遣大批海、陆、空作战部队进入封锁区。三是国际施压，通过联合国、美洲国家组织发动盟国和伙伴国向苏联施加压力。经过磋商，苏联于 10 月底做出让步并撤走了部署在古巴的导弹。

（二）保持美国意识形态和价值观的绝对影响力，禁止与美国不一致或相抵触的意识形态、价值观进入拉美地区或在拉美地区传播

一个典型案例是对古巴的禁运和封锁。1959 年古巴革命取得胜利，1961 年 5 月菲德尔·卡斯特罗宣布古巴走社会主义道路，转向以苏联为首的社会主义阵营。1962 年 2 月，美国肯尼迪总统宣布对古巴实施禁运，10 月又借"古巴导弹危机"对古巴实施封锁。禁运和封锁的主要目的之一是阻止社会主义向拉美地区蔓延或传播。苏联解体后，美国继续对古巴进行封锁，意在逼迫古巴放弃社会主义。

第三节　美拉整体合作

自门罗主义于 19 世纪中叶正式成为美国对拉政策的核心思想以来，美国就一直将拉美地区看作美洲地区整体中的一部分，因此，在较大程度上可以认为"整体合作"是美国对拉政策的主体。但是，美国的对拉政策有明显的周期性特点，20 世纪 70 年代墨西哥学者马里奥·高麦

---

① 1833 年以来，英国一直实际占据着南美洲大陆南端的福克兰群岛。该群岛距离阿根廷海岸线约 500 公里，阿根廷称该群岛为"马尔维纳斯群岛"，并宣称拥有其主权。1982 年 4—6 月英国和阿根廷为争夺群岛的主权而爆发了一场战争，史称"马岛战争"，结果英国获胜。

兹（Mario Gómez）指出，美国根据是否有来自其他大陆的挑战或威胁而周期性地调整对拉政策，当外部挑战或威胁出现时，美拉关系就会出现一段高涨期，反之则进入平静期。①

一　美拉整体合作尝试

自20世纪60年代以来，美拉关系出现了两轮高涨期，第一轮为1961—1971年针对来自苏联和社会主义阵营的挑战和威胁，美国与拉美国家共同实施了"争取进步联盟"计划；第二轮为1994—2005年针对来自欧盟的影响和冲击，美国、加拿大与拉美国家进行了"美洲自由贸易区"谈判。除古巴外的其他拉美国家全部参与了这两个高涨期，美拉整体合作的态势较为鲜明、突出。自2005年暂停美洲自由贸易区谈判以来，美国一直没有放弃与拉美地区展开新一轮整体合作（即第三轮整体合作）的努力和探索。

（一）第一轮整体合作尝试："争取进步联盟"（1961—1971年）

20世纪60年代初，为了遏制苏联在拉美地区的影响，防止社会主义思想借古巴革命胜利之机在拉美地区扩散，美国总统约翰·肯尼迪（John F. Kennedy，1917—1963年，1961年1月—1963年11月担任美国总统）提出了为期10年的"争取进步联盟"（Alliance for Progress）计划。1960年10月肯尼迪在总统竞选演讲中提出美国与拉美国家建立"争取进步联盟"的设想。1961年3月肯尼迪指出"争取进步联盟"的目标是使拉美国家能够保持自由与民主体制，为达此目标，需要促进拉美国家的经济和社会发展，满足民众对住宅、工作、土地、健康、教育的基本需求；美国资助拉美国家编制和实施"十年发展计划"，泛美经济与社会理事会及其下属的美洲开发银行协助拉美国家制订各自的经济发展计划，各国经济发展计划要明确必要的社会改革、技术培训与教育合作、货币稳定、私人企业发展、拉美经济一体化等内容。1961年8月5—17日泛美经济与社会理事会在乌拉圭的埃斯特角（Punta del Este）召开部长级会议，会议通过了《埃斯特

---

①　Mario Ojeda Gómez, "The United States-Latin American Relationship Since 1960", *The World Today*, Vol. 30, No. 12, December, 1974.

角宪章》（Charter of Punta del Este）和《告美洲各国人民书》，标志着"争取进步联盟"正式启动。《埃斯特角宪章》和《告美洲各国人民书》明确了"争取进步联盟"的三大目标和六项政策措施。三大目标为发展经济（年均经济增长率不低于5%或人均国民收入年均增长率不低于2.5%）、实现民主、满足民生。实施"争取进步联盟"的六项政策措施包括：第一，社会改革，如土地改革、税收改革、扫除文盲等；第二，改善民生，尤其是改善低收入阶层的医疗、福利、住房等生活状况；第三，发展农业，如增加农业贷款，兴修水利设施，改进耕作技术等；第四，加快工业化进程，稳定初级产品出口价格，发展私人企业，改善运输和通讯基础设施，进行职业技术培训；第五，加强拉美各国之间的经济合作，推进拉美经济一体化进程；第六，筹集资金，根据自助原则，计划在10年内筹集1000亿美元资金，其中800亿美元由拉美国家自行筹集，其余200亿美元由美国政府（承诺100亿美元，10亿美元/年）、国际金融机构（世界银行、美洲开发银行等）以及美、欧、日等发达国家的私人资本筹集。

对于美国而言，"争取进步联盟"的核心目的是借援助发展之机向拉美国家输出美国式民主。以智利为例，1961—1970年美国向智利提供了约15.4亿美元的援助和贷款，美国的经济目标是保护美国在智利铜业领域的投资利益；政治目标是支持爱德华多·弗雷·蒙塔尔瓦（Eduardo Frei Montalva，1911—1982年，1964年11月—1970年11月担任智利总统）的"自由革命"，以证明资本主义、外国投资、民主制度、多阶层联盟可以比马克思主义更加适合拉美地区。[①] 1961—1967年美国联合其他发达国家与拉美国家一起为"争取进步联盟"计划筹集了1442亿美元，其中美国政府援助92亿美元，其他发达国家援助60亿美元，拉美国家自筹1290亿美元。[②] "争取进步联盟"于1972年终止实施，虽然没有实现预期目标，但民主思想在拉美地区广泛传播，为20世纪80年代席卷拉美地区的新自由主义改革和民主化浪潮准备了条件。

---

① Albert L. Michaels, "The Alliance for Progress and Chile's 'Revolution in Liberty', 1964 – 1970", *Journal of Interamerican Studies and World Affairs*, Feb., 1976, Vol. 18, No. 1, pp. 74 – 99.

② Robert M. Smetherman and Bobbie B. Smetherman, "The Alliance for Progress: Promises Unfulfilled," *American Journal of Economics and Sociology*, Vol. 31, No. 1, January, 1972.

(二) 第二轮整体合作尝试："美洲自由贸易区"谈判（1994—2005 年）

欧盟于 1993 年正式成立，欧盟的一体化模式对拉美国家有很强的吸引力。为了应对欧盟的影响，1992 年美、加、墨三国签订了《北美自由贸易协定》。1994 年在北美自由贸易协议正式生效之际，美国总统克林顿提出了建立"美洲自由贸易区"（Free Trade Area of the Americas，英文缩写为"FTAA"）的设想，计划于 2005 年完成谈判工作。

美洲自由贸易区酝酿于美国前总统乔治·赫伯特·布什（George Herbert Bush，1924—2018 年，1989 年 1 月—1993 年 1 月担任美国总统，常被称为"老布什"）1990 年 6 月提出的"美洲倡议"，即建立一个从美国阿拉斯加到阿根廷火地岛、覆盖整个美洲的自由贸易区。威廉·克林顿总统（William Clinton，1946 年—   ，1993 年 1 月—2001 年 1 月担任美国总统）借助美国国会批准《北美自由贸易协定》（1993 年 11 月）对拉美国家的影响力和吸引力，于 1994 年 3 月和 9 月先后提出了召开美洲国家首脑峰会的倡议和"西半球自由贸易区计划"。1994 年 12 月第 1 届美洲国家首脑会议在美国迈阿密举行，除古巴外，美国、加拿大、32 个拉美和加勒比国家的领导人参加了峰会，会议达成了建立美洲自由贸易区的共识，并将 2005 年确定为完成谈判的最后期限。

1995—1998 年 4 月为谈判准备期。美国提出了三项基本主张，第一，推广北美自由贸易区模式，即以 NAFTA 为基础，根据国情差异，拉美和加勒比国家分三批加入；第二，主权国家独立加入，即所有拉美和加勒比国家独立加入，不得以集团或集体身份加入；第三，"速战速决"，力争在 2005 年前正式成立美洲自由贸易区，美国、加拿大曾一度主张在 2003 年前完成组建工作。以南方共同市场成员国为代表的拉美国家反对美国的三项基本主张，并提出了三项基本建议，第一，要充分尊重和考虑国情差异，美国和加拿大是发达国家，拉美和加勒比国家普遍属于发展中国家，二者之间的经济发展差距过大；第二，拉美和加勒比国家建立的经济贸易集团可以以集团身份加入美洲自由贸易区，美洲自由贸易区的建立不应影响或阻碍南方共同市场等次区域经济一体化组织的存在和发展；第三，循序渐进，拉美和加勒比国家需要时间来完善基础设施，调整产业结构，美国和加拿大应向拉美和加勒比国家提供援助，以促进后者的技术进步和经济发展。

1998年4月—2005年11月为谈判期。1998年4月第2届美洲国家首脑峰会在智利首都圣地亚哥举行，会议决定正式启动美洲自由贸易区谈判。谈判采用"双主席国制"，即美国和巴西均为主席国。美国拒绝在谈判中涉及农业补贴问题，而巴西认为农业补贴问题对包括巴西在内的南方共同市场成员至关重要；对于美国积极推动的服务、投资、知识产权保护等议题，巴西拒绝将这些议题列入谈判内容。面对谈判僵局，美国乔治·沃克·布什总统（George Walker Bush, 1946年—　, 2001年1月—2009年1月担任美国总统，常被称为"小布什"）采取了三项举措，第一，推进双边自由贸易谈判，如智利、秘鲁、巴拿马、哥伦比亚四国；第二，推进与中美洲五国和多米尼加共和国的多边自由贸易谈判；第三，谋求全面推进美洲自由贸易区谈判的可能性。由于美、巴两国在市场准入、投资保护、农产品贸易等领域的分歧，美洲自由贸易区的谈判工作于2003年陷入停滞。2005年11月第4届美洲国家首脑峰会在阿根廷马尔·德·普拉塔（Mar del Plata）召开，会议未能就是否重启美洲自由贸易谈判问题达成共识。

从美国的角度看，作为美洲自由贸易区谈判的阶段性成果，美国与10个拉美国家签订了双边或多边自由贸易协议，即2003年与智利签订自由贸易协定，2004年与哥斯达黎加、危地马拉、尼加拉瓜、洪都拉斯、萨尔瓦多和多米尼加共和国6国签订自由贸易协议，2006年分别与秘鲁和哥伦比亚签订自由贸易协议，2007年与巴拿马签订自由贸易协议。基辛格在评价美洲自由贸易区时指出，如果其他区域集团占据了上风，则美国可以带领整个西半球，凭借广阔的市场，重新夺回竞争优势，同时强调指出西半球是美国这一新战略的"原生地"。[①] 美洲自由贸易区谈判的挫折使美国认识到，美国的对拉政策需要新思维，美拉关

---

① ［美］亨利·基辛格：《大外交》（修订版），顾淑馨、林添贵译，海南出版社2012年版，第851、852页。

系需要进入一个新时代。2013年11月时任国务卿克里宣布门罗主义时代结束了。2014年12月奥巴马总统在宣布与古巴就恢复外交关系开始谈判时指出，美古关系正常化是美拉关系新篇章的标志，特地用西班牙语重申"我们都是美洲人"。奥巴马的这一宣言意味着"后门罗主义"时代将是"我们都是美洲人"的时代，是"美洲主义"时代。

（三）第三轮整体合作尝试："美洲增长倡议"（2019年至今）

2019年12月美国政府推出的"美洲增长倡议"将基础设施和5G作为两个重点领域。据美方估计，2020—2024年拉美和加勒比地区在能源、交通、通信等基础设施领域的投资需求多达1.1万亿美元。美国政府将帮助或指导拉美和加勒比各国政府改善营商环境，提高这些国家吸引私人资本进入基础设施领域的能力。美国政府认为，中国的5G技术是对美国及拉美和加勒比地区网络、信息安全的最大威胁，阻挠甚至禁止拉美国家与中国开展5G合作。

美国选择巴西作为推进美洲增长倡议的"支点国"。2020年3月7—10日巴西总统雅伊尔·博索纳罗（Jair Bolsonaro，1955年— ，2019年1月就任巴西总统）访问美国期间，美、巴两国签署了《美洲增长倡议谅解备忘录》。在1995—2005年的美洲自由贸易区谈判中，美国和巴西均为主席国，即"双主席国制"。美、巴双方表示，两国将共同推进"美洲增长倡议"和美拉一体化。

美国为美洲增长倡议设计了政治目的。美国将美洲增长倡议定义为美拉"纯（民主国家）政府间合作"。一方面，美国认为的"非民主"拉美国家不能参与合作，如古巴、委内瑞拉、尼加拉瓜三国；另一方面，将古巴、委内瑞拉、尼加拉瓜转变为美式民主国家作为重要政治目标之一。

二 以"板块治理"为目标

以"泛美洲主义"为指导思想，以美洲"板块治理"为目标是美拉整体合作的主要特点。

（一）美国将墨西哥、中美洲、加勒比地区纳入"两圈战略"

美国与墨西哥在边境管理、双边安全等领域的合作日益加强。美、墨两国的边境线长约 3200 公里，沿线设有 50 多个边检站。这是一条较为繁忙的边境线，每天有几十万辆汽车、上百万人、超过十亿美元的商品通过边境。同时，这也是一条较不安全的边境线，边境地区的贩毒、走私、偷渡、有组织犯罪等活动猖獗。2010 年 5 月时任美国总统奥巴马与墨西哥总统卡尔德龙联合发表了《关于 21 世纪边境管理的声明》①，其目标是通过联合行动，提高打击美、墨边境地区和墨西哥境内犯罪活动的力度与效率，促进两国的交往和繁荣。对于中美洲地区，美国一方面与除伯利兹外的其他六个中美洲国家签订了自由贸易协议，另一方面通过安全倡议加强区域安全合作。2008—2015 年美国向中美洲地区提供了 12 亿美元的援助。② 2015 年 11 月美国政府宣布向中美洲追加 10 亿美元援助，其中 4 亿美元用于发展经济，3 亿美元用于改善社会治安，3 亿美元用于发展民主。社会治安的援助对象国主要有危地马拉、洪都拉斯和萨尔瓦多三国。③ 美国将加勒比地区看作"第三边界"（The Third Border），2010 年美国与 15 个加勒比国家发起了"加勒比盆地安全倡议"（Caribbean Basin Security Initiative），15 个加勒比国家为安提瓜和巴布达、巴哈马、巴巴多斯、伯利兹、多米尼克、多米尼加、格林纳达、圭亚那、海地、牙买加、圣基茨和尼维斯、圣卢西亚、圣文森特和格林纳丁斯、苏里南、特立尼达和多巴哥。2013 年 5 月美国与加勒比共同体（Caribbean Community，CARICOM）签署了投资与贸易框架协议，加勒比共同体的 15 个成员国（地区）为安提瓜和巴布达、巴哈马、巴巴多斯、伯利兹、多米尼克、格林纳达、圭亚那、海地、牙买加、英属蒙特塞拉特、圣基茨和尼维斯、圣卢西亚、圣文森特和格林纳丁斯、苏里南、特立尼达和多巴哥。2010—2018 年美国通过加勒比盆地安全倡议，向加勒比地区国家提供了 5.56 亿美元的援助，主

---

① The White House, Office of the Press Secretary, "Declaration by The Government of The United States of America and The Government of The United Mexican States Concerning Twenty-First Century Border Management", Washington D. C. , May 19, 2010.

② Peter J. Meyer and Clare Ribando Seelke, "Central America Regional Security Initiative: Background and Policy Issues for Congress", *Congressional Research Service*, December 17, 2015.

③ United States Agency for International Development (USAID), *Fiscal Year 2017 Congressional Budget Justification*, p. 3, February 9, 2016, https://www.usaid.gov/sites/default/files/documents/9276/252179.pdf.

要用于提高美国在加勒比地区打击贩毒、走私、有组织跨境犯罪的能力。

美国还加强了在中美洲、加勒比和南大西洋地区的军事部署，以"出口安全"的方式开展军事合作。1997 年美国南方司令部由巴拿马迁至迈阿密，为了提前协调与加勒比国家的军事合作，1997 年 5 月 10 日，时任美国总统克林顿在巴哈马的布里奇顿（Bridgetown）与 15 个加勒比国家的元首举行了集体会晤，这是美国总统与加勒比地区国家元首的首次集体会晤。[①] 2008 年 4 月美国重新组建第四舰队，[②] 司令部位于佛罗里达，负责加勒比、中美洲及南大西洋海域的防务和军事合作。2010 年美国学者德里克·S. 雷伟龙（Derek S. Reveron）出版的《出口安全》一书指出，美国海军的主要任务不是作战，而是向其他国家提供安全防卫能力和开展军事合作，提高盟国和伙伴国对美国的军事安全依赖。[③] 第四舰队秉承这些指导思想，以加勒比、中美洲为重点，在涵盖整个南大西洋的广阔区域开展军事和防务合作。

（二）将南美太平洋沿岸纳入经济利益安全圈

南美洲的太平洋沿岸国家有哥伦比亚、厄瓜多尔、秘鲁和智利四国。秘鲁和智利不仅分别与美国签订了双边自由贸易协议，而且也是 CPTPP 成员国。哥伦比亚是"两洋国家"，其西部面向太平洋，北部面向大西洋的加勒比海，与美国签订了双边自由贸易协议。厄瓜多尔虽然未与美国签订自由贸易协议，但其是"美元化"国家。1991—2013 年美国先后通过《安第斯贸易优惠法案（1991—2002 年）》《安第斯贸易促进和毒品消除法案（2002—2013 年）》，向厄瓜多尔、玻利维亚、哥伦比亚、秘鲁等南美四国提供优惠贸易待遇，在此期间，厄瓜多尔约有 5600 种商品可以免税进入美国市场。

---

① Anthony Payne, "The new politics of 'Caribbean America'", *Third World Quarterly*, Vol. 19, No. 2, 1998.
② 第四舰队创建于 1943 年，当时的主要作战任务是保护南大西洋海域。1950 年该舰队解散，其防卫任务交由第二舰队承担。
③ Derek S. Reveron, *Exporting Security: International Engagement, Security Cooperation, and the Changing Face of the U. S. Military*, Georgetown University Press, 2010.

（三）谋求改善与南方共同市场的经贸关系

南方共同市场（Mercado Común del Sur，西班牙文缩写为"Mercosur"，简称"南共市"）于1991年由巴西、阿根廷、乌拉圭、巴拉圭四国成立，1995年1月1日正式运行。2012年委内瑞拉和玻利维亚分别成为正式成员国和准成员国，自2017年8月起委内瑞拉的成员国资格被无限期中止。1994—2005年的美洲自由贸易区谈判，以巴西为代表的南共市与美国分歧较多，致使谈判没有如期完成。尽管如此，美国一直没有放弃寻求与南共市实现贸易和经济一体化机制的努力，例如美洲自由贸易区谈判失败后，2011年美国与巴西签署了《贸易和经济合作协议》，建立了双边贸易和投资磋商机制。美国先后与乌拉圭（2007年）、阿根廷（2016年）签订了投资和贸易框架协议。南共市的形势也开始出现有利于美国的变化。

第四节 关于美拉整体合作的几点认识

美拉整体合作是美国"两圈战略"的重要组成部分，但要开展美拉整体合作，美国还面临诸多困难和挑战，尤其以下几个方面。

一 美国与巴西需要提高互信水平

巴西是拉美和加勒比地区的第一大国，其多边贸易立场较为坚定。巴西的学者认为，尽管世界贸易组织（WTO）的多边贸易谈判进展缓慢，但巴西应继续奉行多边贸易政策，并与其他"金砖国家"共同积极支持和参与谈判进程。[1] 在自由贸易方面，巴西及其他南共市成员国一致主张与欧盟完成自贸协定谈判，1999—2019年南共市与欧盟的自贸协定谈判历时20年，2019年6月双方完成谈判并签署协定。在商品贸易方面，中国成为巴西第一大贸易伙伴国，2019年中国与巴西双边商品贸易额达到1155亿美元，其中中国向巴西出口商品355亿美元，

---

[1] Vera Thorstensen, Ivan Tiago Machado Oliveira, Os BRICS na OMC: políticas comerciais comparadas deBrasil, Rússia, índia e áfrica do Sul / organizadores, Brasília: Ipea, 2012.

从巴西进口商品 800 亿美元，巴方商品贸易顺差 445 亿美元。[①]

自 2019 年 1 月上台执政，巴西博索纳罗政府努力追随美国，改善巴西与美国的双边关系，博索纳罗甚至被称作"巴西特朗普"。2020 年 3 月博索纳罗访问美国，时任美国总统特朗普与博索纳罗发布的联合声明将美巴两国的双边关系定位为"战略伙伴关系"，两国的共同目标是增进西半球经济繁荣，巩固西半球民主，促进西半球和平与安全。关于双边合作事务的八个议题，联合声明指出：第一，美巴两国贸易谈判团队力争在 2020 年内完成贸易谈判；第二，巴西应尽快加入美国发起的"可信赖交易商项目"（Trusted Trader Program），该项目拟于 2021 年正式实施；第三，美国重申优先支持巴西启动加入经济合作与发展组织（OECD）的程序，美方承诺敦促其他 OECD 成员国同样优先支持巴西；第四，肯定双方军事研究与发展合作的成果；第五，签署《美洲增长倡议谅解备忘录》；第六，肯定双方在航空、航天等空间技术合作的成效；第七，肯定双方科学、技术、医疗、创新领域的合作成效；第八，签署《美国—巴西 2020—2023 年科技合作工作计划》。

（一）政治领域：巴方试图谋求美方的政治信任

巴西总统博索纳罗表示，过去几十年来，在巴西左翼政府的影响下，巴西一直不信任美国。博索纳罗强调，巴西新政府将围绕"家庭、人民、军队、上帝"四个基本点，努力修正巴西对美国的不信任。在宗教和价值追求方面，博索纳罗反复强调，巴西新政府"信仰上帝"，愿意充当维护和巩固"上帝之下资本主义世界秩序"的领导者之一。在外交政策方面，巴西新政府转向新保守主义。巴西新政府正在抛弃 1974 年以来"独立自主、不结盟、不对抗、非武力"的基本思想，主动寻求与美国结盟；巴西外长反对全球化、圣保罗论坛，赞同美国、以色列的国家主义，支持以色列。在拉美地区，放弃 1974 年以来的外交传统，转而与美国站在一起，不再指责美国对古巴的封锁；放弃了不干涉邻国内政的政策，干涉委内瑞拉等其他拉美国家的内政。

[①] 中国国家统计局"国家数据"，https://data.stats.gov.cn/easyquery.htm?cn=C01，2021 年 10 月 20 日。

对于巴西新政府的上述姿态和追求，美国仅用"乐见"（applaud）一词予以回应，且主要限定在南美地区，即：美国乐见巴西在恢复委内瑞拉民主秩序，结束委内瑞拉人权危机以及在坚定支持玻利维亚、尼加拉瓜的民主秩序方面发挥领导地位。

（二）经济领域：巴西拟以美国为主要外部压力倒逼国内改革

参照 OECD 标准设计和推进经济改革是博索纳罗政府的一条改革主线。为了换取美国的支持，巴西向美国做出了多项让步，例如，按照美方的标准和要求，尽快完成 2011 年以来一直进行的双边投资和贸易谈判；考虑加入美国发起的"可信赖交易商项目"；签署美巴双边"美洲增长倡议谅备"；给予美国 75 万吨小麦进口配额；进口美国猪肉，等等。

虽然美国前总统特朗普承诺优先支持巴西加入 OECD，同时敦促其他 OECD 成员也优先支持巴西，但美国政府认为，巴西应该"全面改善经营环境，大幅度提高投资和贸易便利化程度，以迎合私人资本的需求"。智利、墨西哥、哥伦比亚三个拉美国家已加入 OECD，巴西、阿根廷、秘鲁、哥斯达黎加等其他拉美国家也想加入 OECD。2020 年 5 月 15 日 OECD 成员国一致邀请哥斯达黎加加入 OECD 并成为该组织第 38 个成员国、拉美地区第 4 个 OECD 成员国。

（三）社会领域：博索纳罗不愿为滞留美国的巴西籍非法移民买单

据美方统计，2019 年美方拘留的巴西籍非法移民约 1.8 万人。美方不再愿意付费遣送这些非法移民返回巴西，特朗普希望巴西方面承担这些非法移民的遣返费用，特别是包机费用。

（四）安全领域：美巴双方对威胁西半球安全的因素有不同的理解

2019 年 7 月特朗普将巴西定位为美国的优先级"非北约盟国"，双方的共同目标是维护西半球安全，但对于西半球安全的威胁因素，双方的评估和认识有所差异。美国将中国看作西半球安全的第一大威胁因素。2020 年 3 月博索纳罗总统与美国南方司令部司令克雷格·法勒（Craig Faller）会谈，克雷格·法勒明确指出，美国加强与巴西军事合作的首要目标是抑制中国在南美地区的野心。为达此目标，美国与巴西签订了军事合作协议。根据这一协议，在 2020 年，美国要在巴西实现三个近期目标。第一，美国正式进驻巴西马拉尼昂州的阿尔坎塔拉（Alcântara）发射中心，并发射卫星，以对抗中国在阿根廷巴塔戈尼亚高原的地面站。第二，美国军队开始进驻巴西指定的军事基地，这一举措将大幅度增加美国在南美的军事部署。第三，全面禁止华为参与巴西5G网络建设，包括禁止华为参与巴西5G竞标或向巴西电信运营商提供5G设备。作为回报，美国向巴西部分开放军工市场，美国军工企业拟与巴西军工企业就部分军工产品的研发、生产、政府采购等开展合作。巴西政府的主流意见主张华为有限参与巴西5G网络建设，即华为无须直接参加巴西的5G竞标，但可以向巴西的5G通信运营商提供设备。

关于对委内瑞拉进行军事干预，美巴两国的意见正趋于一致，但仍有所不同。美国主张直接派军事进入委内瑞拉，并对委内瑞拉实施一定时间的军事管制。巴西主张"军事维和"，当委内瑞拉爆发内战时，美国、巴西、哥伦比亚三国可以向委内瑞拉派驻维和部队。

二 美国认为其国家利益受到威胁

2000年7月美国国家利益委员会（Commission on America's National Interests）发表的《美国国家利益》报告[①]将美国在西半球的国家利益确定为四项，按照重要程度从高到低排序，第一项为禁止在西半球出现敌视美国或危及美国领土安全的大国；第二项为保障西半球各国的民主、繁荣和稳定；第三项为防止失控的大规模移民涌入美国；第四项为防止贩毒集团推翻或掌控区域大国。

（一）墨西哥、巴西被视为美国第一项国家利益的潜在威胁

自1846—1848年美墨战争以来，美国用了一个半世纪的时间才确认墨西哥不会成为危及美国领土安全的大国，1992年美国与墨西哥、加拿大两国分别签订了北美自由贸易协议。巴西国土辽阔，约占南美大陆的一半；人口众多，在美洲地区仅次于美国；独立自主立场鲜明，民族主义情绪深厚，"世界大国"情结突出，致力于成为联合国常任理事

---

① Robert Ellsworth, Andrew Goodpaster, Rita Hauser (Co-Chairs), *America's National Interests*, the Commission on America's National Interests, July 2000, p. 28.

国。尽管美国与巴西的意识形态、价值观较为接近，在多边贸易谈判、气候变化、互联网治理等全球性议题上没有根本性冲突，但是，一方面如何确认和保证巴西不会成为对美国怀有敌意的大国，另一方面如何"圆"巴西的"大国梦"，都不是美国单方面说了算的。

（二）哥伦比亚被视为美国第三项、第四项国家利益的威胁

哥伦比亚处于美国的拉美安全倡议区边缘，对安全倡议区和美国本土都有直接影响或威胁。哥伦比亚奉行亲美政策，意识形态、价值观、民主体制等与美国较为一致，但哥伦比亚的内战、毒品等问题较为严重，贩卖毒品、绑架勒索等是反政府武装的主要经济来源。为了防止以反政府武装为代表的贩毒集团推翻或掌控哥伦比亚政府，美国与哥伦比亚开展了全方位、深层次的合作，如签订自由贸易协议，提供经济和军事援助，支持和促进哥伦比亚政府与反政府武装的和平谈判，等等。

（三）委内瑞拉被视为美国四项国家利益的全面威胁

委内瑞拉拥有全球第一大石油储量且位于美国的拉美安全倡议区边缘。2015年3月在美国国会的要求下，奥巴马总统签署行政令，宣布美国与委内瑞拉的双边关系处于紧急状态，因为美国认为委内瑞拉局势已成为美国国家安全和对外政策的严重威胁，下令对该国部分高级官员实施制裁。[①] 近年来，美国的媒体、学术文章、官方文件充斥着对委内瑞拉的批评和指责，认为该国的选举是不自由、不公正的，出版自由、议论自由、宗教自由得不到法律的保障；经济持续衰退，恶性通货膨胀日益加剧，食品、药品等民生物资匮乏；犯罪率上升，凶杀案频发，人权状况恶化；政治、社会、军事陷入严重分裂状态，大规模内乱和移民潮处于爆发边缘；贪污腐败盛行，贩毒、走私等非法活动猖獗，等等。美国的这些批评和指责主要围绕其在西半球的4项国家利益展开，但实际上，美国将委内瑞拉视为对美国怀有敌意且

---

① The White House, Office of the Press Secretary, "Executive Order-Blocking Property and Suspending Entry of Certain Persons Contributing to the Situation in Venezuela", March 09, 2015, https://www.whitehouse.gov/the-press-office/2015/03/09/executive-order-blocking-property-and-suspending-entry-certain-persons-c.

危及美国领土安全的拉美大国。

三 拉美国家对美国霸凌主义多有顾忌

随着美国不断加大打击非法移民、毒品、有组织犯罪的力度，拉美国家一方面愿意同美国加强合作，接受美国的援助，借此改善本国的治安状况；另一方面，拉美和加勒比国家通过加强内部团结和多边合作，以提高其集体抵制美国霸凌主义行为的能力。拉美和加勒比国家共同体（Comunidad de Estados Latinoamericanos y Caribeños，西班牙文缩写为"CELAC"，简称"拉共体"）是拉美和加勒比国家加强政治团结的一个历史性成果，这是拉美和加勒比地区的第一个地区性组织，完全由33个拉美和加勒比国家组成，于2011年成立，宗旨是"对内协调政策，对外一个声音"，拉共体与美国进行集体讨价还价的分量不断加重。2012年、2015年的第6届、第7届美洲国家首脑峰会，围绕美古关系、阿根廷与英国的马尔维纳斯群岛（福克兰群岛）争端等问题，拉共体与美国意见不一致，致使连续两届峰会没有发表公报。2015年4月在巴拿马城召开的第7届美洲首脑峰会，古巴前领导人劳尔·卡斯特罗（Raúl Castro，1931年— ）入会，这是古巴首次参加美洲国家首脑峰会，这也是35个美洲国家领导人首次齐聚。2018年4月第8届美洲国家首脑峰会在秘鲁首都——利马召开，美国总统特朗普没有出席此届峰会，此届峰会发布了以反腐败为主题的《利马承诺》（Lima Commitment）。

四 美古关系需要改善

奥巴马政府实现了美古建交和奥巴马总统访问古巴。特朗普政府脱离了改善美古关系的轨道，收紧美古关系，继续制裁古巴。对于美古关系正常化，古巴有两个重要前提条件，即美国终止对古巴的禁运和封锁，并且将关塔那摩军事基地交还给古巴。关塔那摩军事基地是美国在古巴长期保留的军事基地，2001年"9·11"事件之后，美国在该基地设立了关押恐怖分子的军事监狱，即关塔那摩监狱。

古巴虽然是一个规模较小的国家，但却对美国的"两圈战略"具有重要意义，主要表现在三个方面。第一，美古关系是影响美拉关系的一个重要因素，例如拉共体集体指责美国对古巴的禁运和封锁。第二，古巴靠近美国，位于加勒比海方向的安全倡议区内部深处，对美国国家安全有直接影响。第三，美古关系正常化可以在一定程度上限制或制约奥巴马的继任者彻底改变或放弃"两圈战略"和"泛美主义"。在美国看来，古巴的意识形态已经构不成对美国和其他拉美国家的威胁。经过长期禁运和封锁，古巴也没有大规模杀伤性武器。同美国的"两圈战略"相比，古巴的两个前提条件显得微不足道，但就军事基地而言，在未确认古巴融入安全倡议区之前，美国不可能向古巴交还军事基地。

五　尼加拉瓜运河被视为不稳定因素

修建运河是尼加拉瓜近两个世纪的梦想。早在1825年，包括危地马拉、萨尔瓦多、洪都拉斯、尼加拉瓜、哥斯达黎加五国和墨西哥南部恰帕斯州的"中美洲联邦"（1823—1838年）就计划修建尼加拉瓜运河。1859年法国人完成了尼加拉瓜运河的勘察、规划、设计。1884年美国、尼加拉瓜两国政府签署了开凿运河的意向书，但美方因沿途的火山隐患而放弃。20世纪90年代，尼政府将修建运河计划再度提上日程。2006年左翼政党"桑地诺民族解放阵线"领导人奥尔特加赢得大选，上台执政，希望借助美洲地区以外的大国力量完成修建工作。尼加拉瓜运河如果能够建成，在经济方面会对美国有一定的利益，例如缩短美国东、西海岸之间的海上航运距离，但对美国的"两圈战略"而言，一方面将会压缩国家防卫安全圈，尼加拉瓜位于中美洲地峡中部，尼加拉瓜运河与美国的距离比巴拿马运河近600公里左右，这意味着美国在中美洲的国家防卫安全圈有可能需要后撤600公里；另一方面，尼加拉瓜运河与巴拿马运河之间的竞争会带来两国间的矛盾，甚至会改变中美洲地区的经济地理格局，不利于中美洲地区的安全与稳定。

第三章

中国改革开放与中拉经贸合作

自 1978 年 12 月中国共产党第十一届中央委员会第三次全体会议（十一届三中全会）开启中国改革开放进程以来，中拉关系的发展历程可以划分为三个阶段。1978—2001 年为第一阶段，"高访驱动"是主线，中国在拉美和加勒比地区的建交国增加，中国与部分拉美国家的双边关系得到深化和升级，中国的复关/入世努力得到了拉美国家的理解和支持。2002—2012 年为第二阶段，"贸易驱动"是主线，中拉贸易实现跨越式增长，双边贸易、投资、金融合作全面展开，中拉双边关系形成三层次、多元化大格局。2013 年以来为第三阶段，整体合作是主线，主要成就包括中拉建立全面合作伙伴关系，中拉经贸合作跨入"投资＋金融"双轮驱动阶段，中拉共建"一带一路"初显成效。

第一节 1978—2001 年的中拉关系发展

在此阶段，中拉关系发展的总任务是为改革开放营造良好的外部环境。在政治领域，中拉关系发展的主要任务包括巩固和扩大中国在拉美地区的外交阵地；突破以美国为首的西方国家对中国的外交孤立和封锁；争取拉美国家的理解和支持，力争恢复中国的关税及贸易总协定（简称"关贸总协定"，GATT）缔约国地位以及支持中国加入世界贸易组织（WTO）。在经济领域，中拉关系发展的主要任务是探索扩大经贸合作的途径和方法，促进经贸往来。在社会领域，中拉关系发展的主要任务是探索多层次、多渠道、多领域的交流与合作，提高相互了解和认知，等等。

一 扩大和巩固外交阵地

具体来说，巩固和扩大外交阵地的主要任务有四项，即增加建交国数量，巩固和深化双边关系，恢复与发展中古关系，开展涉台外交斗争。

截至1978年年底，拉美和加勒比地区有28个国家，但与中国建交的仅有12个，即古巴（1960年）、智利（1970年）、秘鲁（1971年）、墨西哥（1972年）、阿根廷（1972年）、牙买加（1972年）、圭亚那（1972年）、巴西（1974年）、委内瑞拉（1974年）、特立尼达和多巴哥（1974年）、苏里南（1976年）、巴巴多斯（1977年）。

2001年年底，拉美和加勒比地区的国家数量增至33个，其中与中国建交的国家增至19个，其中1978—2001年与中国建交的拉美和加勒比国家增加了7个，即厄瓜多尔（1980年）、哥伦比亚（1980年）、安提瓜和巴布达（1983年）、玻利维亚（1985年）、乌拉圭（1988年）、巴哈马（1997年）、圣卢西亚（1997年）。

中国与主要拉美国家外交关系稳步发展，如巴西、墨西哥、阿根廷、委内瑞拉、哥伦比亚、智利、秘鲁、乌拉圭、厄瓜多尔和玻利维亚。这些拉美国家均为资本主义国家，中国不以意识形态划线和奉行"独立自主、和平共处五项原则"的外交政策，得到了这些拉美国家的理解、认可和接受，尤其赞同中国反对霸权主义，坚持不干涉主义的主张。

中国与古巴的外交关系全面恢复，1993年中国领导人实现了对古巴的首次访问。古巴是西半球的社会主义国家，也是中国在拉美地区的第一个建交国，两国于1960年建交。20世纪60年代中期至70年代末，受中苏论战、中国国内"文化大革命"等因素的影响，中古关系一度较为冷淡。20世纪80年代初中国与古巴开始着手修复双边关系，1989年两国外长实现互访，两国关系完全恢复。1993年11月中国国家主席江泽民对古巴进行短暂访问，实现了中国最高领导人对古巴的首访。

中国在中美洲、加勒比地区的外交工作有所突破，先后与一个中美洲国家（尼加拉瓜）和5个加勒比国家（安提瓜和巴布达、格林纳达、伯利兹、巴哈马、圣卢西亚）建交，尽管此后又与尼加拉瓜、格林纳达、伯利兹三国断交，但到2001年年底，中国在加勒比地区的建交国增加了两个（安提瓜和巴布达、圣卢西亚），使中国在加勒比地区的建交国数量由1978年前的5个增至2001年的7个，占加勒比地区国家数量的一半。

拉美和加勒比地区是中国涉台外交斗争的重要地区之一，尤其是在中美洲和加勒比地区。20世纪80年代，尼加拉瓜是第一个与中国建交的中美洲国家，1985—1990年桑地诺民族解放阵线①的丹尼尔·奥尔特加（Daniel Ortega，1945年—）② 担任尼加拉瓜总统，在其就职当年(1985年) 就与中国建交。1990年"全国反对派联盟"（Unión Nacional Opositora）领导人维奥莱塔·查莫罗夫人（Violeta Chamorro，1929年— ，1990—1997年担任尼加拉瓜总统）当选并上台执政，出于获取中国台湾地区金援利益的考虑③，与台湾当局"复交"，中国宣布与尼加拉瓜断交。格林纳达于1974年宣布独立，1985年与中国建交。伯利兹于1981年独立，1987年与中国建交。1989年受台湾当局经济援助的引诱，格林纳达、伯利兹与台湾当局恢复所谓的"外交关系"，中国宣布与这两个国家断交。1988年至20世纪末，台湾当局推行"务实外交"，力图通过金援稳固或增加其所谓的拉美"邦交国"。1988年台湾当局设立"国际经济合作与发展基金会"，计划在5年内向其所谓"友好"发展中国家提供12亿美元援助，1989年台湾当局对格林纳达承诺的贷款援助额为1000万美元，对伯利兹的贷款援助额为5000万美元。④ 1990年台湾当局向尼加拉瓜承诺提供1亿美元贷款援

---

① "桑地诺民族解放阵线"的西班牙文全称为"Frente Sandinista de Liberación Nacional"，简称"桑解阵"。

② 丹尼尔·奥尔特加于1985—1990年担任尼加拉瓜总统后，2006年、2011年、2016年、2017年连选连任尼加拉瓜总统。

③ Carmen Grau Vila, "Entre China y Taiwán: el caso de Nicaragua y el Gran Canal Interoceánico", *Revista CIDOB d'Afers Internacionals*, Diciembre 2016, No. 114, pp. 207–231.

④ ［美］李伟钦：《台湾的对外援助政策》，《台湾研究集刊》1994年第1期，第33—42页。

助。① 1993 年以后李登辉当局每年都发动其所谓的"邦交国"支持台湾"加入联合国",均被联合国拒绝列入联大议程。随着中国影响力的提高,加上外交努力,一方面,1993—2000 年拉美和加勒比地区的"台湾入联"提案国和连署国由 12 个减至 5 个;另一方面,巴哈马、圣卢西亚 2 个加勒比国家于 1997 年与中国建交,2001 年台湾当局在拉美和加勒比地区的所谓"邦交国"减至 14 个。

二 深化和升级双边关系

1981—2001 年中国总理访问拉美和加勒比地区 2 次,国家主席访问 4 次。同期,拉美和加勒比建交国或非建交国的总统(或代总统)访问中国 48 次,总理访问中国 8 次。

20 世纪 80 年代中国总理两次访问拉美。第一次(1981 年 10 月)属于顺访,借助赴墨西哥参加国际会议之机,访问了墨西哥。尽管如此,这次拉美之行仍被称作中拉关系的"开拓之行"。此访意在阐明中国的外交立场和两项基本对外政策,即中国的外交立场是永远站在第三世界和发展中国家一边,两项基本对外政策是:第一,反对霸权主义,维护世界和平;第二,遵循和平共处五项原则,努力同其他国家建立和发展友好关系。第二次(1985 年 10 月 28 日至 11 月 12 日)是有史以来中国领导人对拉美和加勒比地区的首次国事访问,重在"求同",主要有三个方面。第一,提出"中拉八个共同点",即双方有共同的历史遭遇,都经历过长期的英勇斗争,都肩负发展经济、改善民生的重任,都有很大的发展潜力,都需要长期的和平国际环境,都十分珍惜本国得来不易的独立,都尊重各国人民的自决权,都主张建立国际经济新秩序。第二,首倡"中拉关系四原则",即和平友好,互相支持,平等互利,共同发展。第三,归纳"中拉合作六基础",即各有优势、互有需求、相互借鉴,互有意愿,领域广阔,少有恩怨,互相信赖、携手前进。

1990 年 5 月国家主席杨尚昆应邀访问墨西哥、巴西、乌拉圭、阿

---

① Gerald Chan, "Taiwan as an Emerging Foreign Aid Donor: Developments, Problems, and Prospects", *Pacific Affairs*, Spring, 1997, Vol. 70, No. 1, pp. 37 – 56.

第三章　中国改革开放与中拉经贸合作　　　　　　　　　　　97

根廷、智利五国，这是中国国家主席首次访问拉美和加勒比地区。此访的突出成果是达成了两项共识：第一，拉美和加勒比国家同中国有广泛的一致利益和共同利益；第二，中拉双方应共同为建立相互尊重的新型国际秩序作出努力。同年5月，加勒比地区的巴巴多斯总理劳埃德·厄斯金·桑迪福德（Lloyd Erskine Sandiford，1987—1994年担任巴巴多斯总理）来华访问；11月，阿根廷总统卡洛斯·梅内姆（Carlos Menem，1930年— ，1989—1999年担任阿根廷总统）对中国进行国事访问。这些高层互访对中国打破西方国家的外交封锁提供了重要支持。

　　1993—2001年中国国家主席江泽民三次访问拉美和加勒比地区，在新中国外交史和中拉关系史上创造了多项第一。1993年11月江泽民主席首访拉美，使得中国外交史上有了第一个"战略伙伴"——巴西。访问期间，江泽民主席提出了"中巴关系四建议"：第一，增加高层互访，密切政治关系；第二，推动经贸关系发展；第三，加强民间往来；第四，在国际事务中密切磋商、加强协调、相互支持。江主席还提出了"新型国际经济关系四主张"：第一，各国不分大小、贫富，一律平等；第二，各国拥有发展自主权，享有资源自决权；第三，改革不合理的国际经济秩序，发展援助不附加任何政治条件；第四，促进南南合作，谋求共同发展。1997年11月29日至12月3日，江泽民主席二访拉美，打开了建立"中拉全面合作伙伴关系"的窗口，即中国与墨西哥建立了"跨世纪的全面合作伙伴关系"，墨西哥成为中拉关系发展进程中的第一个"全面合作伙伴关系"国。2001年4月江泽民主席三访拉美，首次提出"全面合作关系"。2001年4月6日，江主席在联合国拉丁美洲和加勒比经济委员会做了题为"共同开创中拉友好合作的新世纪"的重要演讲。[①] 第一，向拉美和加勒比地区阐明：中拉贸易始于16世纪开辟的"海上丝绸之路"，中国全方位对外开放格局基本形成，中国发展战略是要在本世纪中叶基本实现现代化。第二，向拉美和加勒比地区承诺：中国愿同拉美和加勒比各国共同努力，推动中拉在新世纪建立和

[①]《共同开创中拉友好合作的新世纪——中华人民共和国主席在联合国拉丁美洲和加勒比经济委员会的演讲》，《人民日报》2001年4月7日第1版。

发展长期稳定、平等互利的全面合作关系。第三，向拉美和加勒比国家提出四点建议：增进理解，平等相待，成为彼此信赖的朋友；加强磋商，相互支持，在国际上维护中拉正当权益；互利互惠，共同发展，努力扩大经贸合作；面向未来，着眼长远，建立广泛全面的合作关系。

三　中拉经贸合作加速发展

1979—2001年中拉贸易额由12.6亿美元[1]增至126亿美元[2]，年均增长率为11.0%。在此期间，1979—1992年为中拉贸易缓慢增长阶段，1992年双边贸易额仅增至29.7亿美元[3]，年均增长率为6.8%。在这一历史时期，中国处于改革开放和经济发展的起步阶段，拉美地区经历了债务危机和经济衰退，中拉双方都缺少外汇，但彼此扩大贸易额的意愿都很强烈。1985年中国总理访问拉美时，提出了易货贸易的建议，使易货贸易在20世纪80年代中后期一度成为中拉贸易的重要方式。1993—2001年中拉贸易开始加速，1993年的贸易额为37.1亿美元，1995年达到61.2亿美元[4]，2000年突破100亿美元关口（达到126亿美元），2001年达到149亿美元，[5] 1993—2001年中拉商品贸易额年均增长率16.7%。

1979—2001年中拉贸易发展有四个明显特点。第一，改革开放初期，中国向拉美地区以出口初级商品为主，从拉美地区以进口工业制成品为主，中国在中拉贸易中一直处于逆差地位。例如中国1978年开始向巴西出口原油，1983年的出口量达到214万吨，从巴西主要进口钢材、生铁、铝锭、化纤、纸浆和尿素等工业制成品。1985年中国与古巴签订了一笔

---

[1] 贺双荣主编：《中国与拉丁美洲和加勒比国家关系史》，中国社会科学出版社2016年版，第212页。
[2] 中国国家统计局："国家数据"数据库。
[3] 贺双荣主编：《中国与拉丁美洲和加勒比国家关系史》，中国社会科学出版社2016年版，第246页。
[4] 贺双荣主编：《中国与拉丁美洲和加勒比国家关系史》，中国社会科学出版社2016年版，第246页。
[5] 中国国家统计局"国家数据"，https://data.stats.gov.cn/easyquery.htm?cn=C01，2021年10月20日。

"食糖换贷款"协议,与智利签订了向其出口 10 万吨原油的合同。① 第二,20 世纪 90 年代以后,中拉贸易结构逆转,中国对拉商品出口以工业制成品为主。1995—2001 年中国向拉美和加勒比地区商品出口额由 31.3 亿美元增至 81.5 亿美元,其中工业制成品出口额由 29.2 亿美元增至 76.2 亿美元,工业制成品占商品出口额的比重约为 6.6% 左右。② 第三,中国对拉贸易主要集中在巴西、墨西哥、智利、阿根廷、巴拿马、秘鲁、委内瑞拉、古巴 8 个国家,2001 年中国同这 8 个国家的商品贸易额合计约 131.7 亿美元,占中拉商品贸易总额的 88.2%。③ 第四,中国与墨西哥、智利、巴西、阿根廷、秘鲁、圭亚那、厄瓜多尔、哥伦比亚等主要经贸合作伙伴建立了经济和贸易混合委员会,这些双边经贸混委会帮助双方彼此了解,促进了双边经贸合作发展。

中国企业在拉美地区较早实现了"走出去"。1983 年中国在智利设立了在拉美地区的第一家合资公司。1992 年中国的首都钢铁公司通过竞标,收购亏损严重的秘鲁铁矿公司,成立首钢秘鲁钢铁公司。截至当时,这是中国企业在拉美地区的最大投资记录。

中国与巴西的"资源一号"卫星开创了"南南合作"典范。1988 年 7 月巴西总统若泽·萨尔内(José Sarney,1985—1990 年担任巴西总统)访问中国期间,中国与巴西签订了共同研制地球资源卫星的议定书,中国称该项目为"资源一号"。按照计划,"资源一号"卫星应于 1992 年发射,但由于受诸多困难和不利因素的影响,卫星发射日期多次推迟,直到 1999 年 10 月 14 日"资源一号"卫星才成功发射。这颗卫星原计划用 4 年左右的时间完成研制与发射工作,但实际使用了 12 年的时间。中巴两国政府不仅没有放弃,反而大力支持研制和发射工作,这反映了中巴两国战略伙伴关系的长期性、稳定性、互利合作性。

四 中国入世得到拉美和加勒比国家的理解和支持

关贸总协定成立于 1947 年 10 月 30 日,中国是其创始成员国之一。

---

① 罗烈城:《中国同拉丁美洲经济贸易关系的发展》,《拉丁美洲研究》1985 年第 3 期。
② 根据 UNCTADSTAT 统计数据计算。
③ 根据中国国家统计局"国家数据"数据库中的统计数据计算。

新中国成立后，关贸总协定一直没有恢复中国的创始成员国地位。1982年11月中国获得关贸总协定观察员身份，同年12月中国政府决定申请加入关贸总协定。1986年7月中国向关贸总协定正式提出恢复缔约国地位的申请，从此开始了长达八年半的"复关"历程。中国的复关谈判得到了大部分拉美和加勒比国家的理解和支持，其中部分拉美和加勒比国家还为中国复关做了大量工作。1992—1994年是中国复关的冲刺阶段，在关贸总协定中国工作组中，有7个关贸总协定成员国委派代表参与工作，其中有4个是拉美国家，即阿根廷、巴西、智利、哥伦比亚。同时，还有8个拉美和加勒比国家是中国工作组的联系国或观察员国，即古巴、牙买加、墨西哥、秘鲁、乌拉圭、厄瓜多尔、萨尔瓦多、洪都拉斯。在这12个拉美国家中，除萨尔瓦多和洪都拉斯外，其他10国均为中国的建交国。这些拉美国家对中国复关基本持支持态度。1994年年底，在WTO即将正式成立、中国即将完成复关谈判并有可能以创始成员国身份加入WTO前夕，以美国为首的个别国家突然向中国发难，致使中国复关失败。

WTO于1995年1月1日正式成立，同年6月3日中国成为观察员国，7月中国启动入世历程。在中国的入世谈判进程中，有37个WTO成员国与中国进行了双边谈判，其中12个是拉美国家，即智利（1999年11月）、委内瑞拉（1999年12月）、乌拉圭（2000年1月）、秘鲁（2000年1月）、古巴（2000年1月）、巴西（2000年1月）、阿根廷（2000年3月）、哥伦比亚（2000年3月）、危地马拉、哥斯达黎加、厄瓜多尔、墨西哥（2001年9月）。① 在入世过程中，中国与拉美国家完成入世谈判相当于完成了全部双边谈判的1/3。智利是第一个与中国完成双边谈判的拉美国家。到2001年年中，仍有5个国家未完成与中国的双边谈判，其中包括危地马拉、哥斯达黎加、厄瓜多尔、墨西哥4个拉美国家，但当年6月份中国已经先后与美国和欧盟就中国入世的遗留问题达成全面共识，消除了中国入世的两个最大障碍，中国入世大局已定。在这种局面下，危地马拉、哥斯达黎加、厄瓜多尔3国放弃了与

---

① 括号内是与中国完成双边谈判的时间。

中国的双边谈判，而墨西哥则一直坚持谈判，直到2001年9月才完成，墨西哥因此而成为最后一个与中国完成双边谈判的国家。

第二节 2002—2012年的中拉关系发展

加入WTO以后，中国经济保持高速增长，在工业制成品出口大幅度增长的同时，对能源、原材料、农产品等大宗商品的进口需求也大幅度增长。受中国国内这些因素的影响，2002—2012年中拉经贸合作出现跨越式发展。

一 中拉商品贸易跨越式增长

2002—2012年中拉贸易额在较短的时间内突破了200亿、1000亿、2000亿美元。如表3—1、图3—1所示，2003年中拉商品贸易额达到268亿美元，2007年达到1026亿美元，2011年达到2414亿美元，2012年达到2613亿美元。

中拉商品贸易的跨越式增长体现了中拉之间的高度互补性。同拉美和加勒比国家相比，中国拥有三大突出优势，即国内市场规模庞大，工业体系完整，劳动力资源丰富。同中国相比，拉美和加勒比地区的突出优势是能源、矿产、农业资源丰富。因此，中拉商品贸易有两个显著特点。

第一，中国向拉美和加勒比地区主要出口工业制成品，从拉美和加勒比地区主要进口资源类初级产品，尤其是铁矿石、大豆等大宗商品。2002—2012年中国从巴西进口的铁矿石由2977万吨增至16420万吨，从巴西、阿根廷进口的大豆由668万吨增至2979万吨。中国大幅度增加这些大宗商品的进口量，在较大程度上提高了其国际市场价格，中国从巴西进口铁矿石的年均价由2002年的27美元/吨提高至2012年的138美元/吨，从巴西、阿根廷进口大豆的年均价由225美元/吨提高至604美元/吨。[①] 中国的进口量大幅度增加，大宗商品价格大幅度上涨，

---

① 根据联合国商品贸易数据库（UN Comtrade Database）的统计数据计算。

不仅使拉美和加勒比国家的出口收入大幅度增加,还带动了大量外资流入拉美和加勒比地区,拉美和加勒比地区出现了进入21世纪以来的第一个经济繁荣周期。

第二,中拉商品贸易整体上保持平衡。2002—2012年中国对拉贸易的年均平衡值(中国出口－中国进口)为－2.4亿美元,[1] 其含义是在对拉商品贸易中,中国的年均贸易逆差约为2.4亿美元。但是,在33个拉美和加勒比国家中,中国对28个国家长期处于贸易顺差地位,只对5个国家(智利、巴西、委内瑞拉、秘鲁、哥斯达黎加)处于逆差地位。

墨西哥是中国在拉美和加勒比地区较为特殊的贸易伙伴。墨西哥的"客户工业"(出口加工业)规模较大,主要面向美国市场,汽车、家电、电子、纺织服装等是主要行业。随着墨西哥客户工业出口规模扩大,墨方从中国进口零配件、中间产品、半成品的贸易额大幅度上升,两国之间形成了一定规模的产业内贸易,为墨方客户工业的发展发挥了重要支撑作用。中国向墨西哥出口的零配件、中间产品、半成品等产品相当一部分是经由第三国转口到墨西哥的,但墨西哥按原产地原则进行进口统计,所以,按照墨方的统计,2002—2012年墨西哥从中国进口商品的贸易额由62.7亿美元增至569.3亿美元,其对华贸易逆差由56.2亿美元增至512.1亿美元。[2] 同时,中墨两国在美国市场和墨西哥本土市场存在着一定程度的竞争。这些因素使墨方对中墨双边经贸合作带有一定程度的偏见。

表3—1　　　　2000—2019年中拉商品贸易统计(亿美元)

	进出口	出口	进口	出口－进口
2000年	126	72	54	18
2001年	149	82	67	15
2002年	178	95	83	12
2003年	268	119	149	－30

---

[1] 根据中国国家统计局的"国家数据"数据库相关统计数据计算。
[2] UNCTADSTAT统计数据,以墨西哥为"报告方",以中国为其"伙伴方"。

续表

	进出口	出口	进口	出口－进口
2004 年	400	182	218	－36
2005 年	505	237	268	－31
2006 年	702	360	342	18
2007 年	1026	515	511	4
2008 年	1434	718	716	2
2009 年	1219	571	648	－77
2010 年	1836	918	918	0
2011 年	2414	1217	1197	20
2012 年	2613	1352	1261	91
2013 年	2614	1340	1274	66
2014 年	2633	1362	1271	91
2015 年	2359	1321	1038	283
2016 年	2170	1139	1031	108
2017 年	2586	1308	1278	30
2018 年	3072	1488	1584	－96
2019 年	3174	1520	1654	－134

资料来源：中国国家统计局"国家数据"。

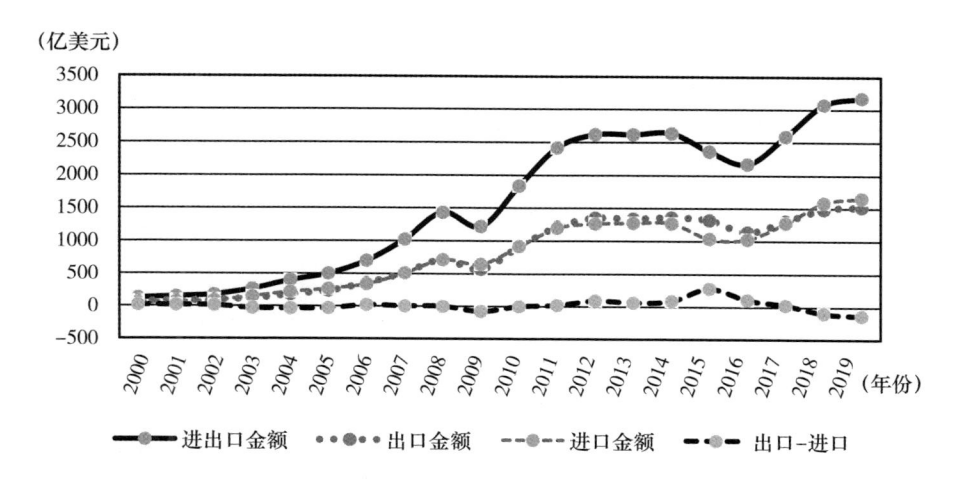

图 3—1 2000—2019 年中拉商品贸易曲线

资料来源：根据表 3—1 数据制作。

二 贸易、投资、金融合作全面展开

中国与智利、秘鲁、哥斯达黎加三国签订了自贸协定。2005年11月中国与智利签订自贸协定，这是中国与拉美和加勒比国家签署的第一个自贸协定，当时，该协定主要是货物贸易协定。2008年4月中智两国签署了关于服务贸易的补充协定，2012年9月又签署了关于投资的补充协定，至此，中智两国自贸协定涵盖了商品、服务和投资三大领域。2017年11月中智两国签订自贸协定升级议定书，双边零关税产品比例高达98%。2009年4月中国和秘鲁签订自贸协定，2010年3月1日正式生效。2010年4月中国与哥斯达黎加签订自贸协定，2011年8月1日正式生效。

如图3—2所示，2005—2012年拉美和加勒比地区成为中国对外直接投资第二大目的地。2002年中国对拉美和加勒比地区直接投资流量（地区流量）约为10.4亿美元，2011年达到119.4亿美元，2012年回落至61.7亿美元。在此期间，中国在拉美和加勒比地区直接投资存量（地区存量）由46.2亿美元增至682.1亿美元。[1] 拉美和加勒比地区在中国对外直接投资总流量和总存量中所占的比重均居第二位，仅次于亚洲。对外直接投资可分为非金融类直接投资和金融类直接投资。中国在拉美和加勒比地区的非金融类直接投资主要集中在能源、矿产、基础设施、农业等领域，金融类直接投资主要集中在英属维尔京群岛和英属开曼群岛。这两个群岛是全球著名的"税收天堂"和离岸金融中心。2008—2012年中国对拉美和加勒比地区直接投资年均地区流量约79.3亿美元，其中流向英属维尔京群岛和英属开曼群岛的年均流量为68.9亿美元，约占年均地区流量的87%。2012年中国在英属维尔京群岛和英属开曼群岛的直接投资存量约609.2亿美元，占地区存量的89%。[2]

---

[1] Wind资讯。
[2] Wind资讯。

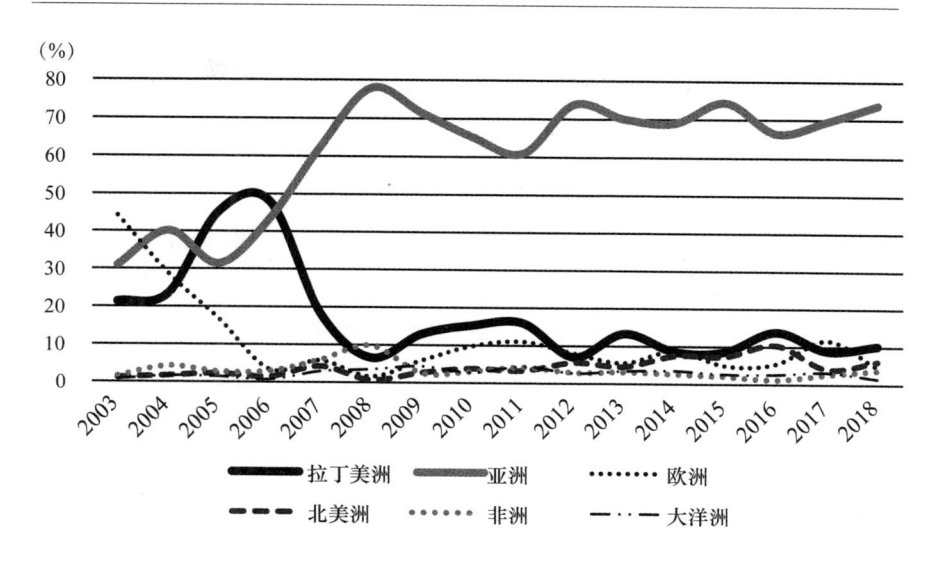

图 3—2　2003—2018 年中国对外直接投资流量的世界分布

资料来源：根据 Wind 资讯数据计算。

2005 年以后，中国与拉美地区的金融合作规模迅速扩大。2005—2012 年中国金融机构向委内瑞拉、巴西、阿根廷、厄瓜多尔等近 20 个拉美国家累计发放贷款 800 多亿美元，主要用于支持这些国家的基础设施、民生工程、资源开发等项目。在众多的金融合作案例中，"中国—委内瑞拉联合融资基金"（简称"中委基金"）是联合融资机制的一个成功典范，该基金以石油贸易现金流为基础，集贸易、投资和金融合作三大机制于一体，该合作机制积累的经验为中国开创中外能源合作新格局具有一定的启示作用。

三　中拉关系形成三层次、多元化格局

2002—2012 年中国国家主席、国务院总理、国家副主席共访问拉美和加勒比地区 10 次，访问了 12 个拉美和加勒比国家。同期，有 20 个拉美和加勒比国家的总统/总理共访问中国 57 次。

高频度高层互访推进了中拉经贸合作。中国国家主席胡锦涛 5 次访问拉美和加勒比地区，访问了 7 个国家。国务院总理温家宝 2 次访问拉

美和加勒比地区，访问了 5 个国家。国家副主席曾庆红访问拉美和加勒比地区 1 次，访问了 5 个国家。时任国家副主席习近平 2 次访问拉美和加勒比地区，访问了 8 个拉美和加勒比国家。中国国家领导人的这些访问在中拉经贸合作目标、推进中拉自由贸易、争取中国市场经济地位、避免双重征税、达成投资保护协定等方面都取得多项突破和重大进展。2004 年 11 月胡锦涛主席首访拉美，宣布争取将中拉商品贸易额到 2010 年突破 1000 亿美元，中国在拉美和加勒比地区的直接投资存量翻番；宣布启动中国与智利的自贸协定谈判；获得巴西、阿根廷、智利、秘鲁等拉美国家对中国市场经济地位的承认，等等。2012 年 6 月温家宝总理二访拉美，与巴西签署《中华人民共和国政府和巴西联邦共和国政府十年合作规划》，这是中国与拉美国家签署的第一份长期合作规划。截至 2012 年年底，中国与 7 个拉美和加勒比国家签订了避免双重征税协定，即巴西（1991 年）、牙买加（1996 年）、巴巴多斯（2000 年）、古巴（2001 年）、委内瑞拉（2001 年）、特立尼达和多巴哥（2003 年）、墨西哥（2005 年）；与 14 个拉美国家签订了投资保护协定。

双边关系深化升级，形成了"全面战略伙伴关系 + 战略伙伴关系 + 多种友好关系"的中拉关系格局。中国与巴西的双边关系升级为"全面战略伙伴关系"，与墨西哥、秘鲁、阿根廷、委内瑞拉、智利 5 国升级为"战略伙伴关系"，与牙买加、圭亚那等加勒比地区国家建立"共同发展的友好关系"，与特立尼达和多巴哥建立"互利发展的友好关系"，与古巴的关系定位为"好朋友、好同志、好兄弟"，等等。根据不同的伙伴关系定位，中国与有关拉美国家建立了相应的双边磋商与合作机制，例如中国与巴西副总理—副总统级的"中巴高层协调与合作委员会"、与墨西哥的两国外长级常设委员会、与委内瑞拉的高级混合委员会，等等。

在此阶段，中国与 3 个拉美和加勒比国家"一复、一断、俩建交"。"一复"是指中国与格林纳达复交。格林纳达位于东加勒比海，面积约 344 平方千米。该国于 1985 年 10 月与中国建交，1989 年 7 月与台湾当局"建交"，同年 8 月中国宣布与该国断交。2005 年 1 月中国与格林纳达恢复外交关系。"一断"是指中国与圣卢西亚断交。圣卢西亚也位于东加勒比海,面积约 616 平方千米,1979 年独立,1997 年与中国建交。2007 年 5 月圣卢西亚与台湾当局恢复所谓的"外交关系",中国宣布中止同圣卢西亚的外交关系。"俩建交"是指中国与多米尼克、哥斯达黎加 2 个国家建交。多米尼克位于东加勒比海,面积约 751 平方千米,1978 年独立。2004 年 3 月中国与多米尼克建交,建交后中国援建一座体育场、一座小学、一条公路和一座医院。哥斯达黎加位于中美洲,面积约 5.1 万平方千米,素有"中美洲的小瑞士"之称,1821 年独立。1944 年哥斯达黎加与国民党政府建交。2007 年 6 月 1 日哥斯达黎加财长秘密访华,与中国签署了建交公报,同月 6 日哥总统宣布中哥建交。截至 2012 年年底,与中国建交的拉美和加勒比国家数量增至 21 个,同台湾当局保持所谓"外交关系"的国家减至 12 个。

四 中国发布第一份对拉政策文件

2008 年 11 月 5 日中国政府发布了第一份《中国对拉丁美洲和加勒比政策文件》。文件前言部分阐明了 3 个立足点,即"和平与发展是时代主题","中国是发展中国家","拉美是发展中国家的重要组成部分"。文件第一部分"拉丁美洲和加勒比的地位和作用"指出,拉美地区发展潜力巨大,拉美各国积极探索符合本国国情的发展道路,拉美各国有着联合自强的强烈愿望,在国际和地区事务中发挥着日益重要的作用。第二部分"中国同拉丁美洲和加勒比的关系"指出,双方处于相似的发展阶段,面临相同的发展任务;20 世纪 90 年代以来,双方关系呈现出全方位、多层次、宽领域发展的新局面。第三部分"中国对拉丁美洲和加勒比政策"明确了下一阶段的总目标是建立和发展全面合作伙伴关系,实现这一目标的 3 项基本措施是扩大共识、深化合作、密切交流,"一个中国原则"是政治基础。第四部分"加强中国同拉丁美洲和加勒比的全方位合作"的关键词是"全方位合作",提出了政治,经济,人文和社会,和平、安全和司法等 4 个方面的一系列政策措施。第五部分"中国同拉丁美洲和加勒比地区组织的关系"指出,中国愿意同拉美的地区组织加强各领域的交流、磋商与合作。

五　中拉两层次整体互动和合作初露端倪

第一层次是全球多边框架内的协调与合作。中国与拉美和加勒比国家同属发展中国家，有共同的身份认同，在维护世界和平、捍卫发展中国家权益等方面有共同的利益诉求。自20世纪70年代以来，中拉在联合国框架内，在反对霸权主义、争取建立国际政治经济新秩序等领域开展了广泛合作。冷战结束后，随着发展中国家群体性崛起，中拉在推动世界多极化、国际关系民主化、改革全球治理机制等方面密切互动与合作，在多边贸易谈判、气候变化、网络安全、全球金融体系改革、反对恐怖主义等重大议题上有共同关切。中国与巴西、墨西哥、阿根廷同为G20成员国，中国和巴西都是"金砖国家"，中国与这些拉美国家的立场协调基本保持顺畅。"亚太经济合作组织"（Asia-Pacific Co-operation，英文缩写为"APEC"）也是中国与墨西哥、秘鲁、智利等有关拉美APEC成员国的重要互动平台。

关于联合国改革问题，尤其是安理会常任理事国改革议题，中拉之间有一定分歧。拉丁美洲和加勒比国家共同体（简称"拉共体"）于2011年12月成立后，在其连续几年的年度峰会公报中均"主张联合国改革"。该主张有两种含义：第一种，一些拉美国家主张取消安理会常任理事国的"一票否决权"；第二种，一些拉美国家主张增加拉美国家在安理会常任理事会中的代表席位，以提高常任理事国的地区代表性。成为安理会常任理事国是巴西的"大国追求"，2005年5月巴西曾一度与日本、印度、德国组成四国集团，提出四国集体"入常"的要求，中国断然予以否决。中国支持巴西在联合国发挥更大作用，但坚决反对巴西及其四国集团的改革方案。

第二层次是中拉整体互动，尝试整体合作。中国通过美洲国家组织、美洲开发银行等区域性多边国际组织和多边金融机构尝试对拉整体合作。美洲国家组织的前身是成立于1890年的美洲共和国国际联盟，1948年改称现名，除古巴外，其他北美洲和南美洲的34个国家均为该组织的成员国。经中国申请，2005年中国正式成为美洲国家组织的第60个常驻观察员国。美洲开发银行成立于1959年，中国于1993年提出加入申请，2008年10月正式加入。

中国通过拉美和加勒比地区的次区域组织尝试推动中拉整体合作。早在20世纪90年代，中国就与拉美和加勒比地区的主要次区域组织建立了联系。进入21世纪以来，中国与这些次区域组织的互动显著加强。中国与南方共同市场在20世纪90年代建立了对话机制，1997年10月举行了首次对话。2012年6月温家宝总理访问阿根廷时，与南共市国家领导人举行了视频会议。此外，中国与安第斯共同体（1969年成立）、美洲玻利瓦尔联盟（2004年成立）、太平洋联盟（2012年成立）等次区域组织也建立并保持了联系。1997年中国加入加勒比开发银行，该银行成立于1969年，截至2017年11月有28个成员，中国是唯一的亚洲成员。

拉共体的成立为中拉开展整体合作提供了平台和基础。拉共体是拉美和加勒比国家自己的政治对话组织，对内协调立场，对外共同发声。拉共体的源头可以追溯到20世纪70年代。受美苏争霸的影响，20世纪70年代后期萨尔瓦多、尼加拉瓜、危地马拉三个中美洲国家各自国内发生武装冲突，引发了"中美洲危机"。1983年哥伦比亚、墨西哥、巴拿马、委内瑞拉4国外长在巴拿马的孔塔多拉岛召开会议，成立旨在调停中美洲危机的"孔塔多拉集团"。1984年巴西、阿根廷、秘鲁、乌拉圭四国在秘鲁首都利马成立了"孔塔多拉支持集团"（也称作"利马集团"）。这两个集团共同反对美国的军事干预，反对美苏两国在拉美和加勒比地区争霸，谋求拉美和加勒比地区的和平。1986年这两个集团在巴西里约热内卢成立了"里约集团"。2011年11月在里约集团的基础上，33个拉美和加勒比国家成立了拉共体。[①] 南北美洲共有35个国家，除加拿大和美国外，其他33个国家均为拉美和加勒比国家。因此，拉共体是一个完全由拉美和加勒比国家成立的、拉美和加勒比地区自己的政治对话与协调组织。中国从一开始就大力支持孔塔多拉集团的和平主张。里约集团成立后，中国一直与其保持紧密联系。

---

① 古巴于2008年加入里约集团，2011年拉共体成立时古巴成为拉共体成员国。

2012年6月温家宝总理访问拉美时,尽管拉共体刚成立半年左右,但温总理提出的成立中拉合作论坛、适时举行中拉领导人会晤等倡议,得到了拉美和加勒比国家的积极响应。2012年8月拉共体前任、现任和候任轮值主席国"三驾马车"(分别是智利外长、委内瑞拉外长、古巴副外长)一起访华,商定建立中国—拉共体"三驾马车"外长对话机制。

第三节 2013年以来的中拉关系发展

2013年1月拉共体首届峰会在智利首都圣地亚哥举行,决定由各国外长协调创建中拉论坛。2013年5月31日—6月6日习近平主席首访拉美,应邀对特立尼达和多巴哥、哥斯达黎加、墨西哥3国进行国事访问,访问期间积极推动建立以中拉合作论坛为核心的中拉整体合作机制,得到各方积极响应。2014年1月拉共体第二届峰会在古巴首都哈瓦那举行,通过了支持建立中拉论坛的特别声明。

一 中拉确立整体合作框架

中拉论坛是"中国—拉共体论坛"的简称。2014年7月习近平主席二访拉美,应邀赴巴西出席金砖国家领导人第六次会晤,对巴西、阿根廷、委内瑞拉、古巴4国进行国事访问,在巴西利亚出席中国—拉美和加勒比国家领导人会晤,并发表了《中国—拉美和加勒比国家领导人巴西利亚会晤联合声明》(简称"巴西利亚会晤联合声明")。该联合声明宣布,中拉建立平等互利、共同发展的全面合作伙伴关系,正式成立中拉论坛。2005年1月中拉论坛第一届部长级会议在北京召开,通过了《中国与拉美和加勒比国家合作规划(2015—2019)》,并发表了《北京宣言》。宣言强调,中拉论坛是进一步深化中拉全面合作伙伴关系的新平台、新起点、新机遇。

与《巴西利亚会晤联合声明》《北京宣言》的发表基本同步,中国领导人提出了中拉务实合作新框架,该框架主要由3大要素构成,即5个领域"五位一体"指导思想、务实合作的"1+3+6"框架、产能合作的"3×3"模式。前两大要素是习近平主席2014年7月二访拉美期间提出的。5个领域"五位一体"指导思想是指中拉双方在政治领域，应真诚互信；在经贸领域，应合作共赢；在人文领域，应互学互鉴；在国际事务领域，应密切协作；在中拉关系领域，地区性、区域性合作与双边关系应相互促进。"1+3+6"务实合作框架中的"1"是指"一个规划"[即《中国与拉美和加勒比国家合作规划（2015—2019）》]；"3"是指"三大引擎"，即贸易、投资和金融合作；"6"是指"六大重点领域"，即能源资源、基础设施建设、农业、制造业、科技创新、信息技术。

2015年5月李克强总理应邀访问拉美，对巴西、智利、秘鲁、哥伦比亚4国进行正式访问，访问期间就中拉产能合作事宜提出了"3×3"模式。第一个"3"是指中拉产能合作的3大优先领域，即拉美地区的物流、电力、信息三大通道，合作方式是中拉共建。第二个"3"是指合作机制，双方通过企业与企业、社会与社会、政府与政府三层次沟通与互动，推进三大领域的共建。第三个"3"是指金融合作，通过拓展基金、信贷、保险三条融资渠道，丰富融资方式，增加融资来源。

截至2019年年底，中拉之间形成了"中拉全面合作伙伴关系+全面战略伙伴关系+战略伙伴关系+多种友好关系"立体化大格局，其中，中国与巴西、墨西哥、阿根廷、智利、秘鲁、委内瑞拉、厄瓜多尔7国建立了"全面战略伙伴关系"，与哥斯达黎加、乌拉圭、玻利维亚建立了"战略伙伴关系"。

二 中国发布第二份对拉政策文件

2016年11月中国政府发布《中国对拉美和加勒比政策文件》，这一文件被称作中国政府第二份对拉政策文件。在文件前言中，发展中拉关系的时代"定位"为：新兴市场国家和发展中国家的崛起成为不可阻挡的历史潮流，中国实现"两个一百年"奋斗目标离不开包括拉美和加勒比在内广大发展中国家的共同发展。文件第一部分"拉丁美洲和加勒比——充满活力与希望的热土"指出，拉美和加勒比地区是新兴经济体和发展中国家的重要组成部分，是国际格局中不断崛起的一支重要力量。第二部分"处于全面合作新阶段的中拉关系"指出，中拉论坛的成立为中拉合作提供了新的平台，中拉全面合作伙伴关系以平等互利为基础，以共同发展为目标。第三部分"推动中拉全面合作伙伴关系再上新台阶"指出，新阶段的总目标是中拉成为携手发展的命运共同体，基本指导思想是"五位一体"和"一个中国"原则。第四部分"深入推进中拉各领域合作"包括政治，经贸，社会，人文，国际协作，和平、安全、司法，整体合作，三方合作等八个方面。

三 中拉经贸合作迈上新台阶

如表 3—1 所示，2018 年中拉商品贸易额突破 3000 亿美元，2013—2019 年中拉商品贸易额由 2614 亿美元增至 3174 亿美元。[①]

截至 2018 年，中国在拉丁美洲的直接投资存量达到 4068 亿美元[②]，占中国对外直接投资存量的 21%（见图 3—3），稳居第二位。英属开曼群岛和英属维尔京群岛仍然是中国对拉直接投资的主要目的地，2018 年中国在英属开曼群岛的直接投资存量约为 2592 亿美元，英属维尔京群岛约为 1305 亿美元，二者合计约 3897 亿美元，约占中国在拉美和加勒比地区直接投资存量的 95.8%。[③]

截至 2016 年年底，中国在开曼群岛的直接投资存量约为 887.7 亿美元，在维尔京群岛约为 1042.1 亿美元，两地合计约 1929.8 亿美元，约占中国在拉美地区直接投资存量的 93%。[④]

截至 2017 年 6 月，中国企业在巴西电力领域的投资成效显著，国家电网巴西控股公司成为巴西主要的电力输送企业之一；三峡集团在巴西合资或控股的装机容量达到 827 万千瓦，成为巴西第二大电力生产企业。2016 年 3 月中国港湾工程有限责任公司（简称"中国港湾"）投资、建设和运营的牙买加南北高速公路全线竣工通车，这不仅是中国港湾的首个境外公路 BOT 项目，也是中国企业在拉美地区的首个交通基

---

① 根据 Wind 资讯数据计算。
② Wind 资讯。
③ 根据 Wind 资讯数据计算。
④ Wind 资讯数据。

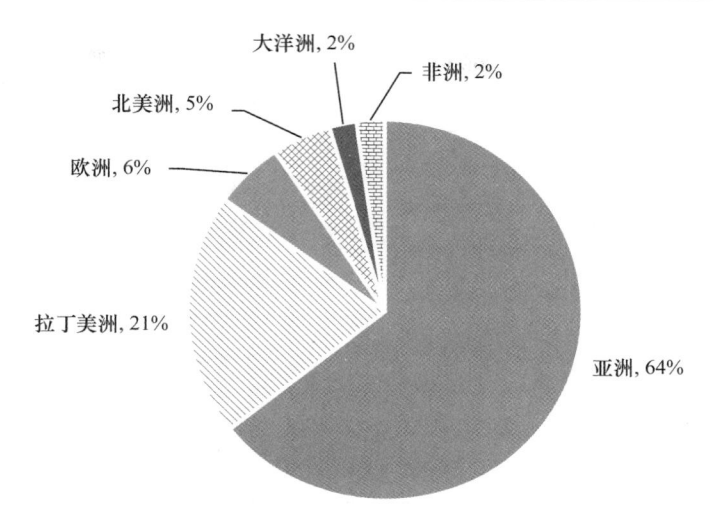

图 3—3　2018 年中国对外直接投资存量的全球分布

资料来源：根据 Wind 资讯数据计算并制作。

础设施 BOT 项目。牙买加自 20 世纪 60 年代开始计划修建这条公路，南北高速公路全线通车圆了牙买加半个世纪的梦想。

中拉贸易结构没有发生明显的改变，并出现了"量增额减"现象。中国主要从拉美地区进口初级产品，尤其是大豆、铁矿石、铜精矿、原油等 4 种大宗商品。2012—2016 年中国从部分拉美国家进口这 4 种大宗商品的数量均有较大幅度增长，例如铜精矿的进口量增幅高达 175.1%，原油为 98.4%，大豆为 55.2%，铁矿石为 30.7%。尽管中拉双边贸易量保持增长，但贸易额有所减少，2014—2016 年由 2633 亿美元减至 2166 亿美元。大宗商品价格下跌是导致贸易额减少的主要原因，例如 2012—2016 年中国从部分拉美国家进口铁矿石的平均价格下跌了 57.2%，铜精矿下跌了 44.2%，原油下跌了 43.3%，大豆下跌了 32.6%。[①]

四　中国与巴拿马、多米尼加、萨尔瓦多 3 国建交

中国与巴拿马（2017 年）、多米尼加（2018 年）、萨尔瓦多（2018

---

① 根据联合国商品贸易数据库数据计算。

年）3 国的建交使中国在拉美和加勒比地区的建交国增至 24 个。2017 年 11 月巴拿马总统巴雷拉应邀来华进行国事访问，习近平主席当面称赞巴雷拉总统"你毅然作出同中国建交的政治决断，又实现访华。这就是英雄好汉的壮举"。① 巴拿马位于中美洲，面积 7.5 万多平方千米，人口约 400 万。巴拿马因巴拿马运河而著称于世，该运河是沟通太平洋和大西洋、连接南美洲和北美洲的交通枢纽要道。美国是巴拿马运河的第一大用户，中国是第二大用户。1996 年中巴先后在对方首都设立商代处，双边贸易快速发展，巴拿马成为中国对拉商品出口的重要中转和集散地。中巴贸易促进了巴拿马航运、金融、保险、商贸、旅游等服务业的发展，创造了大量就业。近年来，巴拿马的经济增长速度一直高居拉美地区榜首。

五　中拉开始共建"一带一路"

2016 年 10 月乌拉圭通过中乌两国政府联合声明，表示将研究如何对接"一带一路"。2017 年 5 月智利总统巴切莱特表示，智利是沟通亚洲与拉美的桥梁国家，已经为参与"一带一路"做好了准备；同月，阿根廷通过中阿两国政府联合声明，明确表示参与"一带一路"合作。2017 年 9 月，习近平主席与墨西哥总统培尼亚在厦门会谈时，培尼亚总统表示，墨方愿意参加"一带一路"建设。

2017 年 11 月，中国与巴拿马签署"一带一路"建设备忘录，这是中国与拉美国家签署的第一份"一带一路"建设备忘录。截至 2019 年年底，中国已与 19 个拉美国家签署了共建"一带一路"的合作文件。在加入亚洲基础设施投资银行（简称"亚投行"）方面，厄瓜多尔（2019年）、乌拉圭（2020 年 4 月）已成为亚投行的成员国，阿根廷、玻利维亚、巴西（创始成员国资格）、智利、秘鲁、委内瑞拉 6 国为准成员国。

第四节　中拉关系发展的几点思考

关于改革开放以来中拉关系的发展，有以下两方面的思考。

---

① 《习近平同巴拿马总统巴雷拉举行会谈》，《人民日报》2017 年 11 月 18 日第 1 版。

一 中拉关系有两项突出成就

在中拉关系发展的诸多成就中,有两项较为突出,对当前及未来的中拉关系进一步发展具有基础性和指导性意义。

(一)准确把握拉美地区的三个特点

第一,绝大部分拉美国家独立较早。33个拉美和加勒比国家可以分为两组,第一组为19个"拉丁美洲国家",第二组为14个"加勒比地区国家"。第一组包括18个西班牙语国家和1个葡萄牙语国家(巴西),除巴拿马和古巴两个西班牙语国家于20世纪独立外,其他17个国家是1844年以前独立的。在第二组国家中,除海地(法语国家)于1804年独立外,其他国家基本上都是在20世纪60—80年代独立的。在200多年的发展进程中,拉美地区在许多方面和诸多领域是发展中国家的先行者、探路者,积累了可供包括中国在内的发展中国家借鉴的经验与教训。

第二,拉美和加勒比地区经济社会发展水平较高。如表3—2所示,1980年拉美和加勒比地区人均GDP约为2163美元,城市化率为64.5%,亚太地区发展中经济体的这两项指标分别为275美元和21.3%,撒哈拉以南非洲分别为708美元和22.3%。2018年拉美和加勒比地区人均GDP约为9073美元,城市化率为80.6%,亚太地区发展中经济体这两项指标分别为7822美元和55.6%,撒哈拉以南非洲分别为1589美元和40.2%。1980年拉美地区的人均GDP是中国(309美元)的7.6倍,2018年中国的人均GDP(9771美元)超过了拉美和加勒比地区的平均水平。[1] 除智利、乌拉圭等少部分拉美国家属于高收入经济体外,大部分拉美和加勒比国家长期滞留在中等收入阶段,中国与这些拉美和加勒比国家面临的一项共同任务是尽快跨越中等收入阶段,迈向高收入发展阶段。

---

[1] 世界银行"World Development Indicators"。

表 3—2　　　　1980 年、2018 年人均 GDP 和城市化率比较

	人均 GDP（美元）		城市化率（%）	
	1980 年	2018 年	1980 年	2018 年
拉美和加勒比地区	2163	9073	64.5	80.6
撒哈拉以南非洲	708	1589	22.3	40.2
亚太地区发展中经济体	275	7822	21.3	55.6

资料来源：世界银行"World Development Indicators"。

第三，拉美和加勒比地区较早成为国际格局中的一支重要力量。1945 年联合国成立时，在其 51 个创始成员国中有 20 个拉美国家。1948 年联合国设立"拉丁美洲经济委员会"。随着加勒比地区的独立国家不断增多，1984 年拉丁美洲经济委员会更名为"拉丁美洲和加勒比经济委员会"（简称拉美经委会），拉美地区和拉美国家的国际政治含义日益凸显。1984 年有 16 个拉美国家是关贸总协定成员国。1995 年有 30 个拉美国家成为 WTO 的创始成员国。在争取国际经济新秩序和发展中国家权益方面，拉美国家率先发起倡议和行动，并取得了一些显著成效。

（二）构建中拉关系的"四梁八柱"

中国拥有 5000 年的文明发展史，与拉美和加勒比地区有一定程度和规模的历史交集，尤其是 16 世纪中后期欧洲列强通过其殖民体系将古代海上丝绸之路延伸到拉美地区。自新中国成立至改革开放以前，中国与除古巴外的拉美和加勒比国家分属于社会主义、资本主义两大阵营，中拉政治交往、经贸往来、国际合作较少，但是保持着少量的社会交流。

毛泽东的"三个世界划分"理论和邓小平关于"和平与发展是时代主题"的论断是改革开放以来中国外交和对外关系的重要理论基础。以从实际出发、实事求是、经济基础决定上层建筑等基本原理为指导，中国明确了自己的世界定位、时代定位以及中心任务，即中国是一个发展中国家，经济建设是发展的中心任务。十几亿中国人民在解决了温饱和整体实现了小康后，更加需要美好生活。中国虽然地大物博，但人均资源拥有量难以完全满足美好生活的需要。基于这些理论基础、基本原理和基本国

情,中国的外交和对外关系理论完全不同于欧洲的传统"大国均衡理论",也完全不同于两大阵营、美苏争霸的"超级大国均势理论"。

中国的理论可以概括为"四观",即世界观、时代观、国家观、价值观。这"四观"也是中拉关系发展的"四梁"。三个世界划分、国际政治格局多极化、经济全球化等属于世界观范畴,和平与发展属于时代观范畴。"人民至上"是中国国家观的核心,中国尊重西方国家的主权观、人权观,但西方国家过于强调"权"而轻视"国"和"人",而"人民至上"则将主权和人权有机地统一起来。中国认可和接受和平、民主、平等、包容等普世价值,但中国更重视体现和实现这些普世价值的"秩序"。笔者曾多次谈到自己的一点体会,即美国民主是"一只在法制笼子里自由飞翔的小鸟",美国将"这只小鸟"送给了许多发展中国家,却没有把法治这个"笼子"或编织这个"笼子"的能力带给相关的发展中国家。中国传统文化的一个重要基因是"秩序",巴西国旗上印着"秩序与进步",民主社会是在法制和传统道德、宗教等行为规范约束下的有序社会。对于国际政治、经济、社会秩序,需要改革那些不合理、不合时宜的成分,使国际秩序能够更好地体现和实现普世价值,而不是凭借强权和实力随意打破或更改国际秩序。

"四层次利益"和"四领域合作"构成了中拉关系发展的"八柱"。前者是指中拉双方共同的全球利益、地区利益、双边利益以及各自的单边利益(如各自的发展战略);后者是指双方为了实现四层次利益而在国际、政治、经济、社会四大领域的交流与合作。中国的经济增长与发展以及由此带来的中拉经贸发展是"四梁八柱"的主要经济基础,中国共产党领导的中国改革开放和国家发展战略决定着中国阶段性发展目标的实现和勇往直前的发展进程。

二 中拉关系发展正在经历新一轮战略调适期

近年来,中拉关系发生了两方面的重大变化。一方面,中拉双方高层互访以及多层次、多渠道、多领域的交流和交往达到历史新高度,双方建立了全面合作伙伴关系,确立了务实合作的整体合作框架。另一方面,受全球经济复苏乏力,大宗商品价格下跌且持续低迷,中国经济进入新常态,部分拉美和加勒比国家政治、经济、社会形势发生变化等因素的影响,虽然中拉商品贸易量保持增长,但贸易额却停滞不前甚至有所减少,双边贸易结构不合理、不均衡的状况没有得到明显改善。笔者认为这些现象的出现是中拉正在进行新一轮战略调适的正常表现。同20世纪80年代中拉同处各自改革进程起步阶段相比,虽然时移世易,但中拉又同处新一轮改革与调整进程之中。

党的十八大以来,中国启动了新一轮广泛而深刻的改革开放进程,尤其是对国家发展思想和国家发展战略进行了重大调整。因此,在改革开放40多年来中拉关系发展成就基础上,尽可能缩短中拉战略调适期,应该是当前及今后一段时期中拉关系发展的重要命题之一。

(一) 阐明新时代中国发展思想和发展战略的经济意义

民族复兴、共同富裕、推进构建人类命运共同体是中国新时代国家发展战略的重要组成部分。"民族复兴、共同富裕"在较大程度上属于国内发展范畴,"推进构建人类命运共同体"在较大程度上属于国际合作范畴,两个范畴相互交融,相辅相成,协同促进。

在战略部署方面,"民族复兴"要在2020年全面建成小康社会的基础上,分两个阶段来实现。第一阶段为2020—2035年基本实现现代化,成为高收入经济体;第二阶段为2035—2050年实现现代化,成为发达经济体。以建设现代化经济体系为中心,实现可持续、高质量的经济增长。为了实现两大阶段性目标,仅就经济总量而言,到21世纪中期,较为保守的估计,中国经济总量还需要翻两番。

按人民币不变价格计,1978—2019年中国GDP由3593亿元增至89.2万亿元,增长了247倍,年均增长率高达14.4%。[①] 2020—2035年,年均GDP增长率在不低于4%的情况下,2035年的GDP可达160万亿元左右。2036—2050年,年均GDP增长率在不低于2%的情况下,2050年的GDP可达216万亿元左右。按2010年美元不变价格计,2013—2019年中国GDP由77514亿美元增至115372亿美元,对世界

---

① Wind资讯数据。

GDP 增长的贡献率为 28.6%。① 自 2010 年以来，中国 GDP 增长对全球经济增长的贡献率为 30% 左右。可以想见，2020—2050 年中国有充分的能力实现预期经济增长和发展，中国经济的全球普惠程度，尤其是对包括拉美和加勒比国家在内的广大发展中国家和地区的普惠程度，将大幅度提高。

"推进构建人类命运共同体"是经济增长外溢的自然要求，扩大开放、增加进口、加大对外投资力度、推进国际金融合作、推进人民币国际化等是重要的外溢机制。23 个主要发达国家以往的发展轨迹表明，随着发展水平的提高，商品进口额、对外直接投资存量、银行业对外金融资产占 GDP 比重的 3 个指标会相应提高，中国的这 3 个指标与主要发达国家相比还有较大差距。2016 年商品进口额占 GDP 的比重，中国为 13.4%，主要发达国家为 18.6%；对外直接投资存量占 GDP 的比重，中国为 11.4%，主要发达国家为 43.9%。截至 2017 年第 2 季度，银行业对外金融资产占 GDP 的比重，中国仅为 8.3%，主要发达国家则高达 185.7%。②

贸易、投资、金融合作是经济外溢的主要渠道，外溢效应的传递应该是双向和多边的，同时渠道也应该是畅通的。在提高市场开放程度和扩大商品进口方面，中国有较大自主权。在对外投资、对外金融合作等领域，无论是中国还是包括拉美和加勒比国家在内的其他发展中国家和地区，都受到现行国际政治经济秩序和全球治理机制中不合理因素的较多制约。因此，中国要有所作为，作为最大的发展中国家，在完善国际政治经济体制和优化全球治理机制的进程中将发挥引领作用，推进构建人类命运共同体，和世界各国人民，尤其是广大发展中国家和地区的人

---

① 根据世界银行"World Development Indicators"统计数据计算。
② 商品进口额占 GDP 的比重根据世界银行有关数据计算，对外直接投资存量占 GDP 的比重根据联合国贸发会议和世界银行有关数据计算，银行业对外金融资产占 GDP 的比重根据国际清算银行和国际货币基金组织的有关数据计算。本文选择了 23 个主要发达国家：澳大利亚、奥地利、比利时、加拿大、丹麦、芬兰、法国、德国、希腊、爱尔兰、以色列、意大利、日本、卢森堡、荷兰、新西兰、挪威、葡萄牙、西班牙、瑞典、瑞士、英国、美国。商品进口额占 GDP 的比重、对外直接投资存量占 GDP 的比重涉及全部 23 个国家，银行业对外金融资产占 GDP 的比重则不包括以色列和新西兰两国。

民共享发展成果。

（二）展现中国建设开放型大国的胸怀和气魄

党的十八大以来，中国采取了一系列扩大和深化改革的措施，其中具有深远影响和战略意义的是自由贸易试验区（简称"自贸试验区"）。2013—2019年中国设立了18个自贸试验区，即上海（2013年）、广东（2015年）、福建（2015年）、天津（2015年）、辽宁（2017年）、浙江（2017年）、河南（2017年）、湖北（2017年）、重庆（2017年）、四川（2017年）、陕西（2017年）、海南（2018年）、山东（2019年）、江苏（2019年）、广西（2019年）、河北（2019年）、云南（2019年）、黑龙江（2019年），这些自贸实验区奠定了中国新一轮全面开放格局。

按美元现价计，2017年中国的人均GDP约为8583美元，低于拉美地区的平均水平，仅相当于23个主要发达国家平均水平（47000美元）的18%。① 但中国政府以建设开放型大国的气魄向世界庄严承诺："中国开放的大门不会关闭，只会越开越大。"② 2017年10月党的十九大报告指出："赋予自由贸易试验区更大改革自主权，探索建设自由贸易港。"③ 2017年12月在北京召开的中央经济工作会议指出，"有序放宽市场准入，全面实行准入前国民待遇加负面清单管理模式，继续精简负面清单"。④

贸易需要有来有往，投资需要有进有出，金融需要双向流动，如果过于强调单向性，在日益充满全球竞争与合作的中国市场上是很难有竞争优势的。

（三）支持拉美一体化进程和拉美国家团结

从历史的角度看，拉共体的成立和发展受三方面因素的影响较大。

---

① 国际货币基金组织（IMF）预测数据。International Monetary Fund, *World Economic Outlook Database October 2017*, October 10, 2017, http：//www.imf.org/external/ns/cs.aspx? id = 28.
② 习近平：《决胜全面建成小康社会，夺取新时代中国特色社会主义伟大胜利——在中国共产党第十九次全国代表大会上的报告》（2017年10月18日），人民出版社2017年版。
③ 习近平：《决胜全面建成小康社会，夺取新时代中国特色社会主义伟大胜利——在中国共产党第十九次全国代表大会上的报告》（2017年10月18日），人民出版社2017年版。
④ 《中央经济工作会议在北京举行》，《人民日报》2017年12月21日第1版。

第一，团结反霸，维护和平。拉美国家长期坚持团结反霸，集体维护地区和平，例如集体签署无限期有效的《拉丁美洲禁止核武器条约》①，"孔塔多拉集团"和"孔塔多拉支持集团"为解决"中美洲危机"而进行努力和尝试，等等。第二，内协立场，外争权益。例如，拉美和加勒比国家集体发起争取 200 海里海洋权运动，"里约集团"（1986—2011年）在加强磋商、增强团结、协调立场等方面成效显著，等等。第三，经济发展，实力提升。拉共体成立之前，拉美和加勒比地区经历了进入 21 世纪以来的首轮经济繁荣，为拉共体的成立提供了较好的经济基础。

美国将南北美洲看作一个整体，即"西半球"。美国对拉政策有三条底线，即不允许西半球以外的大国在拉美地区谋求军事存在，不允许与美国不一致的价值观和意识形态进入拉美并在拉美传播，不允许动摇美元在拉美地区的主导地位。美国长期封锁古巴，在阿根廷与英国的马尔维纳斯群岛（英称福克兰群岛）主权争端中支持英国。拉共体将拉美和加勒比地区看作一个整体，用"一个立场、一个声音"反对美国对古巴、阿根廷的做法和主张。2017 年围绕是否认可委内瑞拉的制宪大会，拉美国家之间出现了意见分歧，尽管如此，当美国前总统特朗普扬言要对委进行军事干预时，仍遭到拉共体全体成员国的一致谴责和反对。拉美国家反对美国的霸权主义，但不影响绝大部分拉美国家同美国保持政治、经济、安全等领域的全面合作。

中国一贯支持拉美国家的团结和一体化进程，拉共体的成立是中拉建立全面合作伙伴关系、开展中拉整体合作的一项重要基础，中国是拉美和加勒比地区经济增长与繁荣的重要因素。2017 年 10 月中国社会科学院和智利外交部在位于智利首都圣地亚哥的联合国拉美经委会总部联合举办"首届中国—拉共体智库论坛"，笔者有幸参加。有与会的拉美学者认为，在 2015 年 1 月在北京召开中拉论坛首届部长级会议之前，拉共体一直没有引起拉美人的关注，但此届会议使拉美人日益意识到，

---

① 该条约于 1967 年由墨西哥、智利等 14 个拉美国家在墨西哥城签订，无限期有效，至 1999 年 33 个拉美国家已全部签署。中国一贯尊重和支持拉美国家建立无核区的主张，并于 1973 年在该条约第 2 附加议定书上签字。

中拉论坛使拉共体有了活力,希望中拉论坛在增强拉共体活力、促进拉美团结方面发挥更大作用。这些评价和建议得到了与会拉美学者的普遍共鸣和认可。中拉论坛增强了拉共体的活力。

美国乐见中拉经贸合作能够促进拉美经济发展。中国的对美政策立场是不对抗、不冲突、合作共赢,但在反对霸权主义,维护包括拉美和加勒比国家在内的发展中国家(地区)利益方面,中国坚定地站在拉美和加勒比国家一边。

截至2019年年底,拉美和加勒比地区还有9个国家与台湾当局保持所谓的"外交关系",即3个中美洲国家(尼加拉瓜、洪都拉斯、危地马拉),1个南美洲国家(巴拉圭),5个加勒比国家(伯利兹、圣卢西亚、圣基茨和尼维斯、圣文森特和格林纳丁斯、海地)。在中拉论坛这个平台上,这9个非建交国与中国交往不会受到台湾因素的影响,但会受到台湾当局因素的制约和影响。中国愿意以最大诚意,尽最大努力争取和平统一的前景,但不承诺放弃使用武力,保留采取一切必要措施的选项。

(四)总结合作经验,凝聚合作共识

近年来,中拉经贸合作的成功案例日益增多,但中拉双方对"成功"的理解不完全一致,对案例中蕴含的"合作内涵"意见不一,因此,可以选择部分典型案例,双方共同总结分析,理解差异,凝聚共识,共同完善合作机制,推进经贸合作。

在众多案例中,就受关注的程度而言,中委基金能够位居前列。前文提及,中委基金是一个成功典范,这一看法是基于三个层次的理解和认识。第一层次是基金本身。委内瑞拉拥有丰富的石油资源,委宪法规定石油资源归国家所有且授权国有石油公司专营。中国对石油的需求是长期性的,中委双方彼此的互补性和相互需求为基金的建立和运行提供了坚实的基础。根据两国政府间合作协议,中委两国各自的开发性金融机构联合设立基金,石油价格和委方石油产量是决定基金规模和基金可持续性的两大基础性因素。第二层次是中委双边务实合作。中委基金有力地促进了双方在贸易、投资、金融等重要领域的全面合作。第三层次是中委基金模式的启发意义。自中委基金正式实施以来,中国与巴西、厄瓜多尔、俄罗斯等国在石油天然气领域的合作快速发展,中国的对外能源合作形成了新格局。2018年3月中国期货交易市场推出人民币石油期货,这一期货正式推出时,中国与俄罗斯、巴西、委内瑞拉等国家的石油合作将在一定程度上起到压舱石的作用。

第四章

中国经济增长与中拉经贸合作

商品贸易是中拉经贸合作的重要内容。1995—2019年中国经济增长是拉动中拉商品贸易增长的重要因素,在此期间,中拉商品贸易额由61亿美元增至3174亿美元,年均增长率约为17.9%。受新冠肺炎疫情的影响,2020年1—5月中拉商品贸易额约为1131亿美元,与2019年同期相比减少了8.5%,其中,中国向拉美和加勒比地区出口商品514亿美元,同比减少了9.7%;中国从拉美和加勒比地区进口商品617亿美元,同比减少了7.5%。

第一节 经济增长拉动中拉经贸合作

2001—2012年中拉双边贸易额由149亿美元增至2612亿美元,年均增长率为29.7%,鉴于商品贸易是中拉经贸合作的主要引擎,这一阶段可称为"贸易驱动"阶段。2013—2019年中拉双边贸易额由2616亿美元增至3174亿美元,年均增长率为3.3%。[①] 中拉商品贸易增长与中国、拉美和加勒比地区的经济增长密切相关。

一 中国进口对中拉商品贸易增长的贡献较大

根据世界银行的统计,按2010年美元不变价格计,1995年拉美地区GDP(19217亿美元)是中国GDP(7345亿美元)的2.6倍。1995—2019年中国年均GDP增长率为13.2%,拉美地区为4.6%,前

[①] 根据Wind资讯数据计算。

第四章　中国经济增长与中拉经贸合作　125

者是后者的 2.9 倍。2019 年中国 GDP（143429 亿美元）是拉美地区 GDP（57193 亿美元）的 2.5 倍。

如图 4—1 所示，1999—2012 年中国 GDP 由 10940 亿美元增至 85322 亿美元，年均 GDP 增长率约为 17.1%，中国 GDP 每增长 1 亿美元，中国从拉美和加勒比地区进口商品可增加 0.0171 亿美元（见图 4—2）。2013—2019 年中国 GDP 由 95704 亿美元增至 143429 亿美元，年均增长率为 7.0% 左右，2019 年降至 6.1%，中国 GDP 每增长 1 亿美元，中国从拉美和加勒比地区进口商品可增加 103 万美元（见图 4—3）。

1999—2012 年拉美和加勒比地区 GDP 由 20755 亿美元增至 61437 亿美元，年均 GDP 增长率约为 8.7%，拉美和加勒比地区 GDP 每增加 1 亿美元，中国向拉美和加勒比地区出口商品可增加 284 万美元（见图 4—4）。2013—2019 年拉美和加勒比地区 GDP 由 62948 亿美元减至 57193 亿美元，年均 GDP 增长率为 -1.6%，拉美和加勒比地区 GDP 每增加 1 亿美元，中国向拉美和加勒比地区出口商品可增加 88 万美元左右。

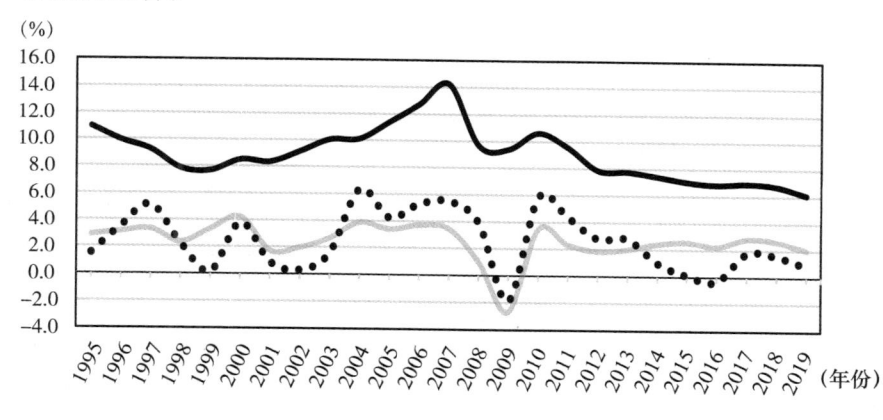

图 4—1　1995—2019 年中国、拉美地区、世界 GDP 增长率
（按 2010 年美元计）

资料来源：根据世界银行 "World Development Indicators" 数据制作。

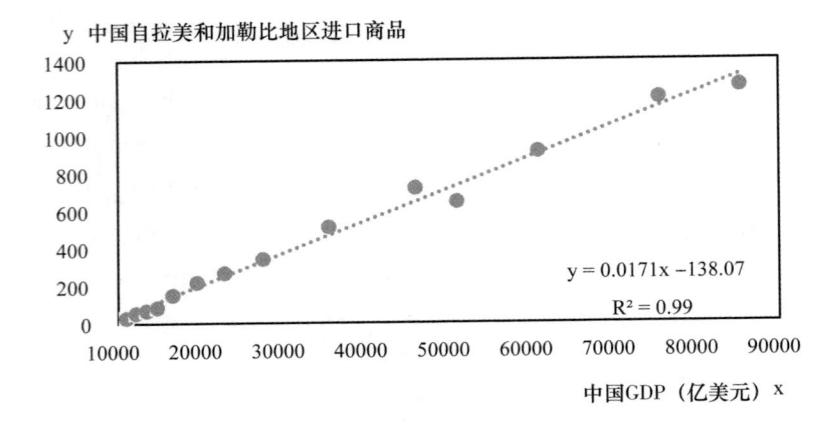

图 4—2　1999—2012 年中国 GDP、中国自拉美地区进口商品散点图

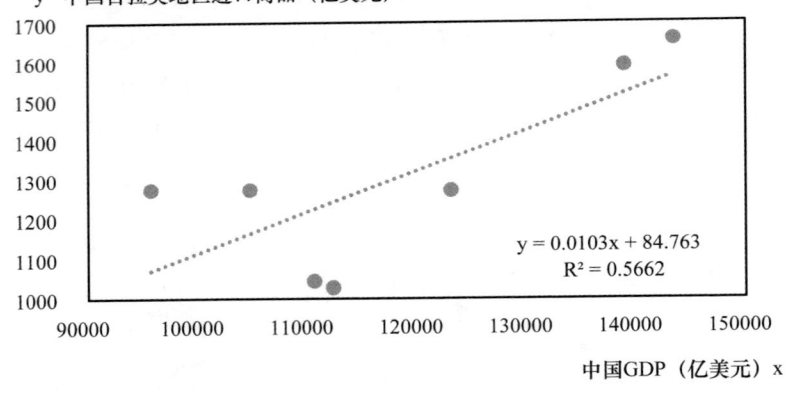

图 4—3　2013—2019 年中国 GDP、中国自拉美地区进口商品散点图

1999—2012 年中拉商品贸易额由 83 亿美元增至 2612 亿美元，增加了 2530 亿美元，其中，中国向拉美和加勒比地区出口商品额增加了 1299 亿美元（由 53 亿美元增至 1352 亿美元），约占中拉商品贸易增加额的 51.4%；中国自拉美和加勒比地区进口商品额增加了 1230 亿美元（由 30 亿美元增至 1260 亿美元），约占中拉商品贸易增加额的 48.6%。

2013—2019 年中拉商品贸易额由 2616 亿美元增至 3174 亿美元，增加了 558 亿美元，其中，中国向拉美和加勒比地区出口商品额增加了

177 亿美元（由 1343 亿美元增至 1520 亿美元），约占中拉商品贸易增加额的 31.7%；中国自拉美和加勒比地区进口商品额增加了 381 亿美元（由 1273 亿美元增至 1654 亿美元），约占中拉商品贸易增加额的 68.3%。换言之，2013—2019 年中国进口对中拉商品贸易额增长的贡献率为 68.3%。

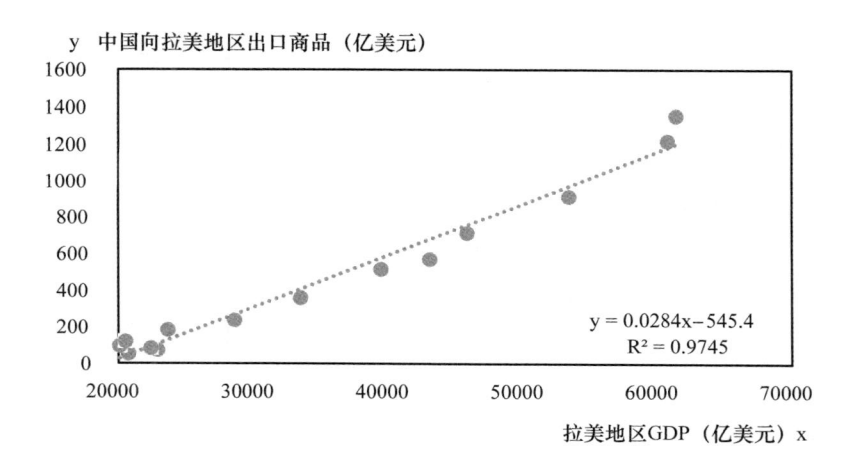

图 4—4　1999—2012 年拉美地区 GDP、中国向拉美地区出口商品散点图

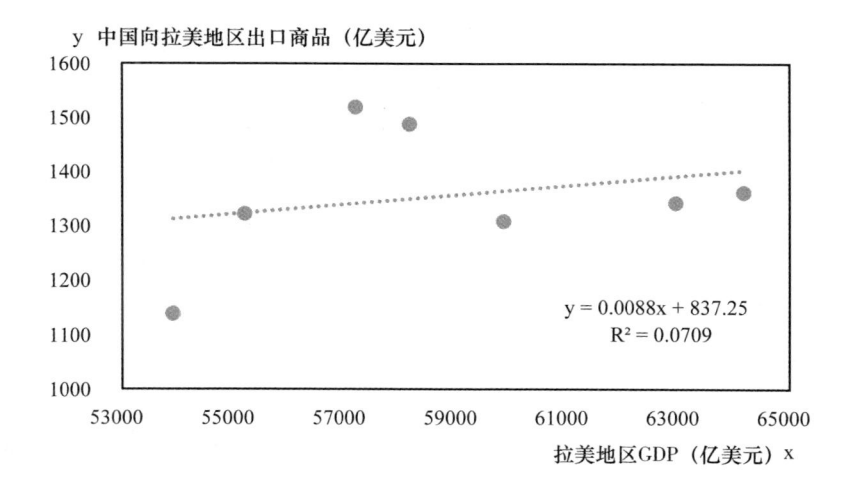

图 4—5　2013—2019 年拉美地区 GDP、中国向拉美地区出口商品散点图

二 资源类商品进口拉动中拉双边经贸合作

中国是世界上能源矿产资源较为丰富的国家之一,例如,截至2018年,中国的石油查明资源储量约为35.7亿吨,天然气约为57936亿立方米,页岩气约为2160亿立方米,煤炭约为17085.7亿吨,铁矿约为852亿吨,铜(金属含量)约为11443万吨,锂(氧化物)约为1092万吨,等等。[1] 尽管如此,中国的资源类商品供需矛盾仍将较为突出,中国经济发展与资源缺口之间的矛盾仍然较为严峻,例如2014—2019年原油进口量由30838万吨增至50572万吨,增幅为64.0%;铁矿石由93251万吨增至106895万吨,增幅为14.6%;铜精矿由1181万吨增至2199万吨,增幅为86.2%,等等。[2]

拉美和加勒比地区是中国进口资源类产品的重要合作伙伴。根据联合国贸易和发展会议(联合国贸发会议)的统计,如表4—1所示,中国自拉美和加勒比地区的资源类产品进口额1999年为24.8亿美元,占中国资源类产品进口总额的7.9%;2012年为1093.2亿美元,占15.8%;2018年为1500.6亿美元,占18.2%。1999年资源类产品占中国自拉美和加勒比地区商品进口总额的83.2%,2012年升至87.4%,2018年升至88.7%。2018年中国自拉美和加勒比地区的食品类产品进口额约为431.0亿美元,约占中国食品类产品进口总额的31.3%;中国自拉美和加勒比地区的矿产类产品进口额为682.7亿美元,约占中国矿产类产品进口总额的27.9%;中国自拉美和加勒比地区的能源类产品进口额为300.8亿美元,约占中国能源类产品进口总额的8.3%。据经济合作与发展组织、拉美经委会、CAF-拉丁美洲开发银行预测,2021—2030年部分拉美和加勒比国家对中国出口农产品、矿产品、原油的年均增长率分别为2.0%、2.8%和2.7%。[3]

---

[1] 中华人民共和国国土资源部:《中国矿产资源报告2019》,地质出版社2019年版,第2页。

[2] 中国海关2014年12月和2019年12月《统计月报》(进口主要商品量值表)。

[3] OECD/ECLAC/CAF, *Latin America Economic Outlook 2016: Towards a New Partnership with China*, p. 137, OECD Publishing, Paris, December 2015.

表4—1　　中国自拉美和加勒比地区进口资源类产品概况

	1999年	2012年	2018年
中国自拉美和加勒比地区的资源类产品进口额（亿美元）	24.8	1093.2	1500.6
占中国资源类产品进口总额比重（%）	7.9	15.8	18.2
资源类产品占中国自拉美和加勒比地区商品进口总额比重（%）	83.2	87.4	88.7
中国自拉美和加勒比地区的食品类产品进口额（亿美元）	11.9	271.6	431.0
占中国食品类产品进口总额比重（%）	17.6	30.0	31.3
中国自拉美和加勒比地区的矿产类产品进口额（亿美元）	8.9	537.8	682.7
占中国矿产类产品进口总额比重（%）	10.1	24.4	27.9
中国自拉美和加勒比地区的能源类产品进口额（亿美元）	0.1	234.4	300.8
占中国能源类产品进口总额比重（%）	0.1	7.5	8.3

资料来源：联合国贸发会议UNCTASTAT数据库。

南美地区自然资源较为丰富，因此，该地区是中国自拉美和加勒比地区进口资源类产品的主要来源地。如表4—2所示，2019年在中国自拉美和加勒比地区的商品进口总额中约有88.7%来自南美地区，其中巴西（48.3%）、智利（15.8%）、秘鲁（9.2%）、阿根廷（4.5%）、哥伦比亚（3.9%）5个南美国家合计约占81.7%。根据巴西经济部的统计，2020年1—5月，巴西与中国商品贸易总额约为418.6亿美元，同比增长了4.8%，其中，巴西自中国进口商品约143.6亿美元，同比减少了7.2%；巴西向中国出口商品约275.0亿美元，同比增长了12.4%，冷冻猪肉、冷冻牛肉、冷冻鸡肉、蔗糖、棉花、大豆、铁矿石等资源类产品对华出口较大幅度增长是巴西对华商品出口增长的主要原因。[1]

2019年中国在中拉商品贸易中约有136.57亿美元的贸易逆差，贸易逆差主要来自几个对华出口资源类产品较多的拉美和加勒比国家，如巴西（-444.24亿美元）、智利（-115.17亿美元）、秘鲁（-66.83亿美元）、委内瑞拉（-33.2亿美元）、乌拉圭（-10.19亿美元）、

---

[1] Ministério da Economia-Indústria, Comércio Exterior e Serviços, *comércio-exterior*, June 30, 2020.

表 4—2　　　　　　　　2019 年中拉商品进出口统计

	商品进出口（百万美元）				次区域和国别比重（%）		
	进出口	出口	进口	出口-进口	进出口	出口	进口
1. 中拉商品进出口总额	317625	151984	165641	-13657	100	100	100
2. 拉美国家	312001	148160	163841	-15681	98.2	97.5	98.9
2.1 墨西哥、中美洲、古巴、多米尼加	80720	63874	16846	47028	25.4	42.0	10.2
墨西哥	60717	46382	14335	32047	19.1	30.5	8.7
巴拿马	8397	7945	452	7493	2.6	5.2	0.3
危地马拉	2598	2400	198	2202	0.8	1.6	0.1
哥斯达黎加	2244	1521	723	798	0.7	1.0	0.4
萨尔瓦多	1115	1002	113	889	0.4	0.7	0.1
洪都拉斯	972	940	32	908	0.3	0.6	
尼加拉瓜	548	502	46	456	0.2	0.3	
多米尼加	2845	2391	454	1937	0.9	1.6	0.3
古巴	1284	791	493	298	0.4	0.5	0.3
2.2 南美国家	231281	84286	146995	-62709	72.8	55.5	88.7
巴西	115502	35539	79963	-44424	36.4	23.4	48.3
智利	40941	14712	26229	-11517	12.9	9.7	15.8
秘鲁	23709	8513	15196	-6683	7.5	5.6	9.2
哥伦比亚	15642	9234	6408	2826	4.9	6.1	3.9
阿根廷	14275	6884	7391	-507	4.5	4.5	4.5
厄瓜多尔	7271	3629	3642	-13	2.3	2.4	2.2
委内瑞拉	6400	1540	4860	-3320	2.0	1.0	2.9
乌拉圭	4917	1949	2968	-1019	1.5	1.3	1.8
巴拉圭	1448	1432	16	1416	0.5	0.9	
玻利维亚	1176	854	322	532	0.4	0.6	0.2
3. 加勒比国家	3806	2904	902	2002	1.2	1.9	0.5
特立尼达和多巴哥	1033	364	669	-305	0.3	0.2	0.4
牙买加	700	670	30	640	0.2	0.4	
海地	565	561	4	557	0.2	0.4	
巴哈马	434	355	79	276	0.1	0.2	

续表

	商品进出口（百万美元）				次区域和国别比重（%）		
	进出口	出口	进口	出口-进口	进出口	出口	进口
圭亚那	319	273	46	227	0.1	0.2	
苏里南	288	234	54	180	0.1	0.2	
巴巴多斯	176	156	20	136	0.1	0.1	
伯利兹	117	117	0	117			
安提瓜和巴布达	72	72	0	72			
多米尼克	34	34	0	34			
圣卢西亚	22	22	0	22			
圣文森特和格林纳丁斯	21	21	0	21			
格林纳达	15	15	0	15			
圣基茨和尼维斯	10	10	0	10			
4. 其他国家（地区）	1818	920	898	22	0.6	0.6	0.5

资料来源：Wind 资讯。

特立尼达和多巴哥（-3.05亿美元）。在中国与其他拉美和加勒比国家的商品贸易中，中国处于顺差地位，如墨西哥（320.47亿美元）、巴拿马（74.93亿美元）、哥伦比亚（28.26亿美元）、危地马拉（22.02亿美元）、多米尼加（19.37亿美元）等是中国拥有较多贸易顺差的国家。

美元是中拉贸易的主要结算和支付货币，中国与拉美和加勒比国家各自货币对美元的汇率波动存在差异。与此同时，拉美和加勒比国家对华出口的商品也存在国际竞争。这两方面的因素提高了拉美和加勒比国家资源类商品的价格风险，从而导致这些国家对华商品出口量的波动，例如，美国、巴西、阿根廷是中国进口大豆的三个主要来源国，国内学者的研究结果表明，美国大豆出口价格的变动对中国从阿根廷进口大豆数量的影响最大（价格弹性为2.08），其次是巴西（价格弹性为0.22）；阿根廷大豆的价格风险增加1%，中国对其大豆的进口数量下降1.11%。① 中国与美国的贸易摩擦使中国的一部分资源类产品进口来源地转向南美国家,例如大豆。2018年中国从美国进口大豆量为1664万吨,比2017年（3285.6万吨）减少了1621.6万吨;从巴西进口了6608.2万吨,比2017年（5092.7万吨）增加了1515.5万吨。2017年中国从巴西进口大豆的年均价格为411美元/吨,2018年升至436美元/吨,2019年中国从巴西进口大豆量减至5767.4万吨,年均进口价格降至399美元/吨。2020年1—3月,受新冠肺炎疫情影响,中国从巴西进口大豆723.9万吨,比2019年同期（971.2万吨）减少了25.5%,但平均进口体格升至409美元/吨。②

三 中国对拉直接投资存量超过4000亿美元

截至2018年,中国在拉美和加勒比地区的直接投资存量达到4068亿美元,其中,2592亿美元在英属开曼群岛,1305亿美元在英属维尔京群岛,这两个群岛合计3897亿美元,约占中国在拉美和加勒比地区直接投资存量的95.8%。剩余的171亿美元直接投资存量分布在26个拉美和加勒比国家,其中中国在巴西（38亿美元）、委内瑞拉（35亿美元）、阿根廷（16亿美元）、厄瓜多尔（12亿美元）、牙买加（12亿美元）、墨西哥（11亿美元）、秘鲁（9亿美元）、特立尼达和多巴哥（6亿美元）、智利（6亿美元）、巴拿马（5亿美元）等国家的直接投资存量较多。③

截至2019年年末,中国在拉美和加勒比地区的证券投资资产总额约1054亿美元,约占中国对外证券投资资产总额（6460亿美元）的16.3%。英属开曼群岛（551亿美元）和英属维尔京群岛（459亿美元）合计1010亿美元,约占中国在拉美和加勒比地区证券投资资产总额的95.8%。其他44亿美元的证券投资资产分布在18个拉美和加勒比国家,其中巴西和墨西哥分别为19亿美元和10亿美元,哥伦比亚、智

---

① 夏佩、孙江明:《进口价格波动风险对中国大豆进口来源布局的影响研究》,《国际贸易问题》2016年第2期。
② Wind资讯。
③ Wind资讯。

利、秘鲁各约 2 亿美元。①

四 中拉探索和实施"贸易+投资+金融"合作模式

中国与委内瑞拉的"中国—委内瑞拉联合融资基金"（简称"中委基金"）是该模式的典型。"中委基金"是以石油贸易为基础的、集"贸易、投资和金融合作"三大机制于一体的联合融资机制，分为"中委基金 I 期"（2008 年开始实施）、"中委基金 II 期"（2009 年开始实施）和"中委基金 III 期"（2013 年开始实施），每期 50 亿美元（I 期初始为 40 亿美元，后增至 50 亿美元），合作期限 15 年，3 年为一个滚动周期。通过"中委基金"的金融合作，在石油价格高涨时，中国增加了一个较为稳定的原油进口来源；在石油价格下跌时，委内瑞拉有稳定的石油出口市场。

参照"中委基金"模式，2010 年中国国家开发银行与巴西国家石油公司签订了 20 亿美元的"贷款换石油"协议，当年巴西对华原油出口量增至 829 万吨，比 2009 年（384 万吨）增加了 445 万吨。2015 年中国国家开发银行与巴西国家石油公司就 100 亿美元"石油换贷款"达成协议，巴西对华原油出口量增至 1316 万吨，比 2014 年（558 万吨）增加了 758 万吨。2017 年、2018 年、2019 年中国从巴西进口原油数量分别为 2308 万吨、3162 万吨和 4017 万吨，巴西成为中国的重要原油进口来源国之一。②

第二节 中拉经济增长的相互影响

自 2013 年以来，中国经济进入中高速增长阶段，2013—2019 年年均 GDP 增长率为 7.0%。2014 年拉美和加勒比地区出现经济衰退，根据世界银行的统计，按 2010 年美元不变价格计，2014—2019 年拉美和

---

① 中国国家外汇管理局统计数据，"中国对外证券投资资产（分国家/地区）（2019 年末）"，2020 年 5 月 29 日。

② Wind 资讯。

加勒比地区 GDP 由 64171 亿美元减至 57193 亿美元，年均 GDP 增长率为 -2.3%。中国经济进入中高速增长的原因较多，也较复杂，其中应对气候变化、外部需求变化、资源环境约束是三个较为重要的原因。中国经济增长对缓解拉美和加勒比地区经济衰退发挥着重要作用。

一 拉美和加勒比地区对中国经济增长的影响

（一）拉美和加勒比国家重视中国应对气候变化的目标和承诺

一方面，拉美和加勒比国家普遍理解、支持中国的减排承诺和减排目标；另一方面，中国与拉美和加勒比国家都积极参与并推动应对气候变化的全球行动。2009 年 11 月中国政府确定了温室气体减排目标并付诸实施。2015 年 6 月中国正式提交的《强化应对气候变化行动——中国国家自主贡献》，向国际社会承诺：以 2005 年为基期年，中国的单位 GDP 二氧化碳（CO_2）排放强度到 2020 年下降 40%—45%，到 2030 年下降 60%—65%；以 2005 年为基期年，2020 年非化石能源占一次能源消费的比重达到 15% 左右，森林面积增加 4000 万公顷，森林蓄积量增加 13 亿立方米；2030 年非化石能源占一次能源消费比重达到 20% 左右，森林蓄积量增加 45 亿立方米左右。[1]

为了履行自主减排承诺，中国需要适当降低经济增长速度，例如，中国要实现 2020 年的减排目标，经济增长速度需要下调 2.47%—3.15%。[2] 为了实现减排目标，中国需要降低能耗和 CO_2 排放强度。2005 年中国的 CO_2 排放量约为 59.7 亿吨（其中能源行业排放 54.0 亿吨，工业排放 5.7 亿吨）[3]。2005 年中国的 GDP 约为 18.5 万亿元人民币，当年的 CO_2 排放强度约为 3.2 吨/万元 GDP；根据减排目标，2020 年的排放强度为 1.8—1.9 吨/万元 GDP，2030 年为 1.1—1.3 吨/万元

---

[1] 《强化应对气候变化行动——中国国家自主贡献》，《人民日报》2015 年 7 月 1 日第 22 版。

[2] 曾繁华、吴立军、陈曦：《碳排放和能源约束下中国经济增长阻力研究——基于 2020 年减排目标的实证分析》，《财贸经济》2013 年第 4 期。

[3] 朱松丽：《中国二氧化碳排放数据比较分析》，《气候变化研究进展》第 9 卷第 4 期，2013 年 7 月。

GDP。能源行业是 CO_2 排放的主要来源，因此，受自主减排承诺和目标的约束，中国万元 GDP 的能耗将逐渐降低，每万元 GDP 的能耗量 2020 年可降至 0.6 吨标准煤，2030 年可进一步降至 0.4 吨标准煤。[①]

（二）拉美和加勒比地区对中国出口增长的拉动作用较弱

商品出口是影响中国经济增长和中国工业产能利用水平的首要因素，1985—2010 年中国经济增长波动的 40%—42% 归因于商品出口的变化；[②] 2000—2013 年商品出口波动能够解释中国工业产能利用水平 34.24%—52.95% 的波动，远高于国内固定资产投资的解释水平（3.20%—28.04%）。[③]

进入 21 世纪以来，中国向拉美和加勒比地区的出口有较大幅度增加，例如 2003 年中国对拉美和加勒比地区的商品出口额达到 118.8 亿美元，2011 年达到 1217.2 亿美元。尽管拉美和加勒比地区在中国对外经贸合作中的地位不断提高，但拉美和加勒比地区对中国商品出口增长的拉动作用较弱，主要表现在两个方面。一方面，中国对拉美和加勒比地区商品出口额占中国商品出口总额的比重仍然较低。2003—2005 年这一比重为 3.0%，2013—2015 年为 5.9%，2017—2019 年为 6.0%。另一方面，拉美和加勒比地区对中国商品出口额增长的拉动作用减弱。1999—2012 年，中国的商品出口总额由 1949 亿美元增至 20487 亿美元，增长了 18538 亿美元；同期，中国与拉美和加勒比地区的商品出口额由 53 亿美元增至 1352 亿美元，增长了 1299 亿美元，拉美和加勒比地区对中国商品出口增长的贡献率为 7.0%。2013—2019 年，中国的商品出口总额由 22090 亿美元增至 24995 亿美元，增长了 2905 亿美元；同期，中国和拉美和加勒比地区的商品出口额由 1343 亿美元增至 1520 亿美元，增长了 177 亿美元，拉美和加勒比地区对中国商品出口增长的贡献

---

① 张峰玮：《未来中长期全国能源消费需求预测研究》，《中国煤炭》第 41 卷第 6 期，2015 年 6 月。
② 马宇、王竹芹：《外部冲击、需求管理与经济增长——基于中国数据的实证研究》，《统计与信息论坛》第 29 卷第 1 期，2014 年 1 月。
③ 韩国高、曹白杨：《外部需求冲击与我国工业产能利用水平波动——基于 VAR 模型的实证分析》，《数学的实践与认识》第 45 卷第 22 期，2015 年 11 月。

率为6.1%。①

（三）拉美和加勒比地区是中国资源类商品进口的重要来源地

中国虽然是一个资源大国，但也是资源消费大国，随着经济社会发展水平的提高，本土资源的供需矛盾日益突出，例如土地资源较为有限，能源和矿产资源对外依存度较高，等等。中国93%的能源、80%的工业原料、70%的农业生产资料来源于矿产资源，中国对矿产资源的需求持续增加，矿产资源缺口不断扩大。②

中国从拉美和加勒比地区进口的商品以初级产品为主，但是，从重点进口商品来源的角度看，拉美和加勒比地区是中国进口大豆、铁精矿、铜精矿、原油的重要来源地之一。根据中国海关总署《统计月报》（2019年12月进口主要商品量值表），如表4—3所示，2019年从部分拉美国家进口的大豆6646万吨，约占中国大豆进口总量的75.1%；铁精矿25020万吨，约占中国进口总量的23.4%；铜精矿1491万吨，约占中国进口总量的67.8%；原油6766万吨，约占中国进口总量的13.4%。

表4—3　2019年中国从世界和部分拉美国家进口的4种主要资源类商品

	进口总量（万吨）	从拉美国家进口（万吨）	拉美国家占比（%）
大豆（巴西、阿根廷）	8851	6646	75.1
铁精矿（巴西、智利、秘鲁、委内瑞拉）	106895	25020	23.4
铜精矿（智利、秘鲁、墨西哥）	2199	1491	67.8
原油（巴西、哥伦比亚、委内瑞拉、厄瓜多尔、墨西哥、阿根廷）	50572	6766	13.4

资料来源：中国海关总署《统计月报》（2019年12月进口主要商品量值表），Wind资讯。

二　中国对拉美和加勒比地区经济增长的影响

国际社会有观点认为，中国经济由高速增长转入中高速增长导致资

---

① Wind资讯。
② 朱玉柱、陈孝劲：《中国矿产资源对外依存度研究》，《中国矿业》第24卷增刊2，2015年10月。

源类商品的国际市场价格下跌,由于拉美地区对华出口的商品以资源类商品为主,因此,中国经济增长速度放缓对拉美地区产生了较高程度的负面影响或冲击。笔者不完全否认这一观点,但认为实际情况应该是:供需格局的变化是资源类商品价格大幅波动的主要原因,中国在较大程度上稳定了这些商品的国际市场需求,拉动了拉美地区的出口。

(一) 中国稳定了资源类商品的国际市场需求

中国是世界农产品、燃料、矿产品等资源类商品的主要进口国之一。根据联合国贸发会议的统计,2018 年中国的食品类产品进口额(1378 亿美元)占全球食品类产品进口总额的 8.7%,大宗农产品(782 亿美元)占 26.1%,燃料类产品(3615 亿美元)占 14.1%,矿产类产品(2449 亿美元)占 29.0%。①

2013—2018 年全球农产品进口总额由 17315 亿美元增至 18044 亿美元,增加了 729 亿美元;同期,中国农产品进口额由 702 亿美元增至 828 亿美元,增加了 126 亿美元,中国对全球农产品进口额增长的贡献率为 17.3%。在此期间,全球能源和矿产类产品进口总额由 40513 亿美元减至 32515 亿美元,减少了 7998 亿美元;中国能源和矿产类产品进口额则由 598 亿美元增至 796 亿美元,增加了 198 亿美元。②

(二) 中国进口需求使拉美和加勒比地区资源类商品出口量继续保持增长

拉美地区的商品出口以初级产品为主,2018 年不包括墨西哥的拉美和加勒比地区商品出口总额合计约 5113 亿美元,其中初级产品出口额 4614 亿美元,初级产品占商品出口总额的 90.2%。③

2018 年南美地区初级产品出口额约为 3960 亿美元(见表 4—4),占南美地区商品出口总额(5519 亿美元)的 72%。南美地区是中国从拉美和加勒比地区进口初级产品的主要来源地。如表 4—4 所示,2016—2018 年南美地区对华商品出口额由 723 亿美元增至 1193 亿美元,

---

① 联合国贸发会议 UNCTADSTAT 数据库。
② 根据世界贸易组织统计数据,https://timeseries.wto.org/,2021 年 10 月 21 日。
③ 拉美经委会 CEPALSTAT 统计数据。

增加了 470 亿美元，约占南美地区商品出口总额增加额（1116 亿美元）的 42%。同期，南美地区对华初级产品出口额由 687 亿美元增至 1154 亿美元，增加了 467 亿美元，约占南美地区初级商品出口总额增加额（869 亿美元）的 54%。换言之，2016—2018 年在南美地区对华商品出口增加额中，99.4% 可归因于南美地区对华初级产品出口额的增长。

表 4—4　　　　　2016—2018 年南美地区商品出口概况

		2016 年	2017 年	2018 年	2016—2018 年增加值
商品出口	出口总额	4403	5069	5519	1116
	对中国出口	723	917	1193	470
	对其他国家（地区）出口	3680	4152	4326	646
初级产品出口	出口总额	3091	3640	3960	869
	对中国出口	687	878	1154	467
	对其他国家（地区）出口	2404	2762	2806	402

资料来源：UNCTADSTAT。

2018 年南美地区对华出口油籽 289 亿美元、原油 223 亿美元、铜精矿 186 亿美元、铁精矿 121 亿美元，4 项合计 819 亿美元，约占南美地区对华商品出口总额的 73%，约占南美地区对华初级产品出口额的 94%。[①]

如表 4—5 所示，2016—2019 年中国从巴西和阿根廷进口大豆由 4622 万吨增至 6646 万吨，增加了 2024 万吨，其中，巴西增加了 1946 万吨，阿根廷增加了 78 万吨。中国从智利、秘鲁进口铜精矿由 927 万吨增至 1367 万吨，增加了 440 万吨，其中智利增加了 299 万吨，秘鲁增加了 141 万吨。中国从委内瑞拉、巴西、哥伦比亚、阿根廷、厄瓜多尔 5 国进口原油由 5088 万吨增至 6719 万吨，增加了 1631 万吨，其中巴西、哥伦比亚、厄瓜多尔分别增加了 2101 万吨、431 万吨和 91 万吨，而委内瑞拉和阿根廷则分别减少了 877 万吨和 115 万吨。中国从巴西、

---

① 联合国贸发会议 UNCTADSTAT 数据库。

智利、秘鲁、委内瑞拉 4 国进口铁精矿由 24121 万吨增至 25021 万吨，增加了 900 万吨，其中巴西和秘鲁分别增加了 1289 万吨和 443 万吨，而智利和委内瑞拉则分别减少了 399 万吨和 433 万吨。

表 4—5　2016—2019 年中国人南美国家进口大豆、铜精矿、铁精矿、原油数量（万吨）

	2016 年	2017 年	2018 年	2019 年	2016—2019 年增加量
大豆	4622	5751	6736	6646	2024
阿根廷	801	658	128	879	78
巴西	3821	5093	6608	5767	1946
铜精矿	927	952	1119	1367	440
智利	474	460	581	773	299
秘鲁	453	492	538	594	141
原油	5088	5697	6198	6719	1631
委内瑞拉	2016	2177	1663	1139 [1]	−877
巴西	1916	2308	3162	4017	2101
哥伦比亚	881	923	1077	1312	431
阿根廷	161	143	109	46	−115
厄瓜多尔	114	146	187	205	91
铁精矿	24121	25308	25954	25021	900
巴西	21469	22910	23369	22758	1289
智利	1069	898	958	670	−399
秘鲁	1056	1148	1415	1499	443
委内瑞拉	527	353	212	94	−433

注：中国从委内瑞拉进口原油的 2019 年 1—9 月数据。
资料来源：Wind 资讯。

第三节　中拉产能合作迎来新一轮全球产业结构调整

2015 年 5 月中国政府颁布的《关于推进国际产能和装备制造合作的指导意见》指出，全球产业结构加速调整。这一判断表明，新一轮全球产业结构调整已经开始并正在加速推进。全球性产能过剩和发达国家再工业化是这一轮全球产业结构调整的主要原因，也是中国和拉美国家共同面临的挑战和机遇。中国一方面稳步化解过剩产能，推进《中国制造 2025》；另一方面推进国际产能和装备制造合作。从全球的角度看，产能合作在中拉经贸合作中的重要性和地位日益提高。

一 新一轮全球产业结构调整是中拉产能合作的全球背景

产能过剩和发达国家再工业化是新一轮全球产业结构调整的两大明显特征。

产能过剩是全球问题。一般情况下，产能利用率介于 79%—83% 较为合理，低于 79% 则意味着可能存在产能过剩。① 2020 年 1—5 月，除墨西哥、瑞士、日本、南非、加拿大等少部分国家的产能利用率在 79% 以上外，大部分国家则低于 79%，如意大利（76.8%）、澳大利亚（74.5%）、荷兰（74.2%）、印度尼西亚（74.1%）、德国（70.6%）、西班牙（70.0%）、欧元区国家（69.7%）、巴西（69.6%）、印度（68.6%）、法国（66.8%）、土耳其（66.0%）、美国（64.8%）、俄罗斯（59.0%）、英国（55.1%）、阿根廷（42.0%），等等。在拉美地区，除墨西哥（80.2%）外，巴西、阿根廷等国家均存在不同程度的产能过剩。②

发达国家掀起再工业化浪潮。美国于 2009 年率先发起了再工业化，重点发展先进制造业、生物技术、清洁能源等新兴产业。2011 年德国政府颁布了《工业4.0》，重点发展智能工厂和智能制造。2013 年法国提出了"新的工业法国"，重点发展能源、交通运输、数字技术、智能电网、纳米科技、医疗健康、生物等技术和产业。此外，2014 年 6 月韩国政府颁布《制造业创新 3.0 战略》，2015 年 1 月日本政府公布了《机器人新战略》，等等。

---

① 曲玥：《中国工业产能利用率——基于企业数据的测算》，《经济与管理评论》2015 年第 1 期。

② Trading Economics, *Indicators-Business-Capacity Utilization*, http://www.tradingeconomics.com/country-list/capacity-utilization，2020 年 7 月 1 日。

二 资本、技术密集型行业是中拉产能合作的主要行业

中国也存在产能过剩。一方面,中国稳步化解过剩产能,推进《中国制造2025》,其目标是到2025年基本实现工业化和信息化,到2035年达到世界中等制造强国水平,到2049年成为世界制造强国。另一方面,中国积极推进国际产能和装备制造合作。《关于推进国际产能和装备制造合作的指导意见》将轻纺、建材、钢铁、有色、化工、电力、铁路、汽车、通信、工程机械、航空航天、船舶和海洋工程等12个行业作为重点行业,开展对外产业转移和装备制造合作。

在上述12个重点行业中,轻纺属劳动密集型行业,建材、钢铁、有色、化工、电力、铁路6个行业的资本密集程度较高,汽车、通信、工程机械、航空航天、船舶和海洋工程5个行业的技术密集程度较高。因此,中国对外转移和合作的重点行业以资本、技术密集型行业为主。

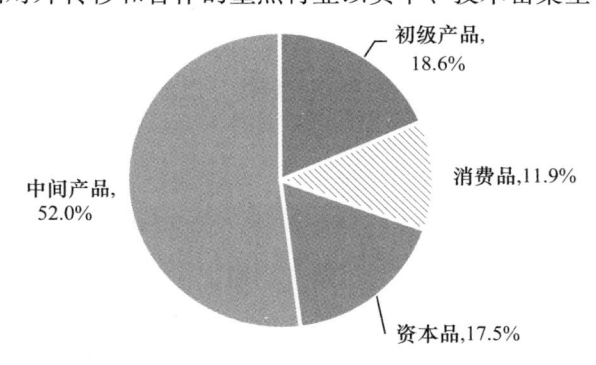

图4—6　2018年拉美和加勒比地区商品进口结构

资料来源:CEPAL, *Anuario Estadístico de América Latina y El Caribe de la CEPAL*, 2019, Santiago, Chile, 2019. 根据有关统计数据计算并制作。

一般情况下,资本、技术密集型行业的发展需要大量的投资和较为齐全的工业体系。拉美地区内部储蓄相对不足,例如,2016—2018年阿根廷、玻利维亚、巴西、智利、哥伦比亚、哥斯达黎加、厄瓜多尔、萨尔瓦多、危地马拉、洪都拉斯、墨西哥、尼加拉瓜、巴拉圭、秘鲁、多米尼加、乌拉圭等16个拉美国家的年均国内储蓄约为8236亿美元,

占 16 国年均 GDP 合计的比重为 16.7%；16 国年均固定资产投资约为 9029 亿美元，约占 16 国年均 GDP 合计的比重为 18.3。在此期间，16 国年均国内储蓄与年均固定资产投资之差约为 -793 亿美元，约占 16 国年均 GDP 合计的 -1.6%。① 因此，这些拉美国家的资本、技术密集型行业对外资的依赖程度较高。拉美和加勒比地区工业体系不齐全，其主要表现是中间产品和资本品是主要进口商品。2018 年拉美和加勒比地区商品进口总额约为 10611 亿美元，其中初级产品约为 1972 亿美元，消费品约为 1263 亿美元，中间产品约为 5520 亿美元，资本品约为 1856 亿美元。② 如图 4—6 所示，中间产品进口额占商品进口总额的比重为 52.0%，资本品所占的比重为 17.5%，消费品所占的比重为 11.9%，三者合计（工业制成品）占 81.4%。

国内储蓄和外汇储备充足、工业体系齐全是中国的突出优势，中国能够支持拉美国家多行业、多层次地发展制造业。面对新一轮全球产业结构调整和全球竞争格局的演变，拉美国家需要进行必要的政策调整，尤其是产业政策、贸易政策等方面的调整，以使中拉产能合作能够在全球"价值链"中充分发挥各自的优势。

三 主要拉美国家具备中拉产能合作的基础条件

2018 年拉美和加勒比地区的制造业增加值约为 6603 亿美元，约占地区 GDP 的 12.2%。拉美和加勒比地区的制造业主要集中在墨西哥（2115 亿美元）、巴西（1844 亿美元）、阿根廷（660 亿美元）3 国，3 国制造业增加值合计约为 4619 亿美元，约占拉美和加勒比地区制造业增加值的 70.0%。③

墨西哥制造业规模较大。2018 年制造业占墨西哥 GDP 的 17.2%，属于拉美地区较高水平。墨西哥制造业有 3 个显著特点。第一，产业集

---

① 拉美经委会：《2019 年拉丁美洲和加勒比统计年鉴》。
② CEPAL, *Anuario Estadístico de América Latina y El Caribe de la CEPAL*, 2019, Santiago, Chile, 2019.
③ CEPAL, *Anuario Estadístico de América Latina y El Caribe de la CEPAL*, 2019, Santiago, Chile, 2019. 根据有关统计数据计算。

中度较高。如表4—6所示，食品、饮料和烟草，交通运输设备，化工及石油化工，冶金及金属制品，计算机及其配件是墨西哥制造业的前5大产业，2018年这5大产业合计约占墨西哥制造业增加值的76.3%。第二，外向化程度较高。根据联合国工业发展组织（UNIDO）的统计，2018年墨西哥制造业总产值约为4436亿美元。根据拉美经委会的统计，2018年墨西哥工业制成品出口额约为3626亿美元，墨西哥工业制成品出口额占墨西哥工业总产值的82%。第三，墨西哥是拉美和加勒比地区第一大工业制成品出口国。根据拉美经委会统计，2018年拉美和加勒比地区工业制成品出口总额约为4960亿美元，墨西哥工业制成品出口（3626亿美元）占拉美地区工业制成品出口的73%。

2018年巴西制造业占巴西GDP的9.2%。食品和饮料、化工、机械设备、交通运输设备、金属制品为巴西制造业的前5大产业，这5大产业占制造业总产值的56.8%。汽车工业是巴西工业化的象征，主要集中在圣保罗州，其发展直接或间接影响许多工业部门的发展，素有巴西经济的晴雨表之称。钢铁工业主要集中在圣保罗、里约热内卢、米纳斯吉拉斯州。巴西是世界主要航空工业大国之一，巴西航空工业公司是全球主要中、小型商业飞机生产企业之一。纺织服装业是巴西的传统工业之一，主要集中在圣保罗。玛瑙斯自由贸易区是巴西主要的加工组装产业基地。巴西制造业的内向化程度较高，2018年巴西制造业总产值约为7583亿美元，巴西工业制成品出口额约为857亿美元，巴西工业制成品出口额占巴西工业总产值的11%。

2018年阿根廷制造业占阿根廷GDP的12.7%。食品和饮料、化工、金属制品、石油化工、交通运输设备是阿根廷制造业前5大产业，这5大产业合计占制造业总产值的67.5%。食品和饮料是阿根廷第一大制造业产业。根据阿根廷国家普查与经济统计局（INDEC）2020年2月发布的《2018年阿根廷统计年鉴》，2018年阿根廷肉牛宰杀量为1345.3万头，肉鸡宰杀量约为7.1亿只。化肥、乙烯是主要化工和石化产品，如2018年尿素产量约为101.6万吨，乙烯约为71.8万吨。交通运输设备以小型乘用车为主，2018年卡车产量为9883辆，拖拉机为4970台。2018年阿根廷摩托车产量约为53.1万辆。阿根廷拥有一定规模的电子和家用电器生产。2018年电视机产量约为329万台，手机产量约为803.8万部，洗衣机和干衣机产量约为124.8万台。阿根廷制造业的内向化程度较高，2018年阿根廷制造业总产值约为2208亿美元，阿根廷工业制成品出口额约为121亿美元，阿根廷工业制成品出口额占制造业总产值的5%。

表4—6　巴西、阿根廷、墨西哥制造业前5大产业概况

巴西制造业前5大产业（2018年）		阿根廷制造业前5大产业（2018年）		墨西哥制造业主要产业（2019年）	
主要产业	占制造业增加值比重（%）	产业	占制造业产值比重（%）	主要产业	占制造业增加值比重（%）
食品和饮料	22.6	食品和饮料	30.2	食品、饮料和烟草	26.0
化工	14.0	化工	16.1	交通运输设备	22.3
机械设备	7.8	金属制品	10.0	化工及石油化工	9.8
交通运输设备	6.2	石油化工	6.3	冶金及金属制品	9.2
金属制品	6.2	交通运输设备	4.9	计算机及其配件	9.0
合计	56.8	合计	67.5	合计	76.3

资料来源：巴西、阿根廷为联合国工业发展组织（UNIDO），墨西哥为墨西哥国家地理统计局（INEGI）。

中国与墨西哥两国之间已经形成了一定规模的产业内贸易。2000—2018年墨西哥向美国出口的计算机、电视机、通信设备、小汽车、卡车汽车由424亿美元增至1102亿美元。在此期间，为了生产这些产品，根据墨方统计，墨西哥进口的、原产地为中国的零配件和中间产品由8亿美元增至335亿美元。在中国与巴西的双边贸易中，中国从巴西的进口以产业内贸易为主，例如中国企业从巴西进口的大豆主要用于生产大豆油、豆粕，铁矿石用于生产钢铁，等等。中国对巴西的出口虽然以工业制成品为主，但零配件和中间产品、工业设备的地位有较大幅度提高，根据巴方统计，2000—2018年巴西从中国进口的零配件和中间产品由4亿美元增至86亿美元，占巴西同类产品进口总额的比重由4.6%

提高至44.3%。①巴、墨两国制造业的资本、技术密集化程度不断提高，中国与巴、墨两国的产业内贸易、成套设备贸易不断扩大，这些发展状况意味着中国与巴、墨两国的产能合作已具备一定基础。中国与阿根廷等其他拉美国家的产能合作也存在类似的基础。

第四节 中国经济增长支撑拉美—亚太经济一体化进程

2014年11月亚太经合组织第二十二次领导人非正式会议（"北京峰会"）批准的《亚太经合组织推动实现亚太自贸区北京路线图》、中国发起的"一带一路"倡议使亚太地区经济一体化进程有所加快。根据"十三五"规划，中国以"一带一路"倡议为统领，稳步推进自由贸易区战略，逐步构建高标准的、涵盖全球的自由贸易区网络。"一带一路"倡议主要面向亚洲、欧洲和非洲，而面向拉美地区的则是亚太自贸区。从亚太地区经济一体化的角度看，拉美地区是构建亚太自由贸易区的重要参与者，中拉经贸合作是推进亚太地区经济一体化进程的主要构成之一。由东盟十国发起，中国、日本、韩国、澳大利亚、新西兰、印度共同参加（10+6）的"区域全面经济伙伴关系"（Regional Comprehensive Economic Partnership，英语缩写为"RCEP"），除印度外，15个谈判国（10+5）于2019年11月结束了谈判并启动了法律文本审核。在此之前，由日本、新加坡、文莱、马来西亚、越南、智利、墨西哥、秘鲁、加拿大、澳大利亚、新西兰11个国家签署的"全面与进步跨太平洋伙伴关系协定"（Comprehensive Progressive Trans-Pacific Partnership，英语缩写为"CPTPP"）于2018年12月30日零时正式生效。

一 中国经济增长推动亚太经济一体化进程

2019年中国GDP达到99万亿元人民币，按2019年美元对人民币年均汇率（6.9∶1）折算，2019年中国GDP约为14.36万亿美元。在

---

① 根据联合国贸易与发展会议（UNCTAD）统计数据计算。

2019年GDP的基础上,中国GDP每增长1%,中国GDP可增加1436亿美元以上。面对新冠肺炎疫情的冲击和影响,2020年6月国际货币基金组织发布的世界经济增长预测指出,2020年中国GDP增长率预计为1.0%,中国是世界主要经济体中唯一能够实现正增长的国家;2021年中国GDP增长率预计可达8.2%。[①]

中国经济增长主要依靠国内因素。2013—2019年最终消费支出对中国GDP增长的贡献率为61.4%,其中居民为43.5%,政府为17.9%;资本形成总额的贡献率为38.5%,货物和服务净出口为0.1%。[②]

如表4—7所示,2013—2019年中国与东盟、日本、韩国、澳大利亚、新西兰的双边商品进出口额由11792亿美元增至14290亿美元,增幅为21%;中国出口由5273亿美元增至6676亿美元,增加了1403亿美元,增幅为27%;中国进口由6520亿美元增至7614亿美元,增加了1094亿美元,增幅为17%。

表4—7　2013—2019年中国与东盟、日、韩、澳、新商品进出口(亿美元)

	进出口		出口		进口	
	2013年	2019年	2013年	2019年	2013年	2019年
东盟	4436	6415	2441	3594	1995	2820
日本	3126	3150	1503	1433	1623	1718
韩国	2742	2846	912	1110	1831	1736
澳大利亚	1364	1696	376	482	988	1214
新西兰	124	183	41	57	83	126
合计	11792	14290	5273	6676	6520	7614

资料来源:Wind资讯。

二　基础设施一体化是拉美—亚太经济一体化的重要基础

进入21世纪以来,中拉贸易引领了东亚、东南亚与拉美地区的贸

[①] International Monetary Fund, *World Economic Outlook Update: A Crisis Like No Other, An Uncertain Recovery*, June 2020, p. 7.

[②] 根据Wind资讯数据计算。

第四章　中国经济增长与中拉经贸合作　　147

易增长。如表4—8所示，2000—2018年中拉贸易对东盟、日本、韩国与拉美和加勒比地区之间商品进出口贸易增长的贡献率为73.4%。2000年中国在"东盟+中、日、韩"与拉美和加勒比地区商品贸易额中所占的比重为18.8%，2018年这一比重提高至65.9%。因此，拉美和加勒比地区作为"21世纪海上丝绸之路"的自然延伸和"一带一路"的重要共建方，中拉经贸合作是推动拉美—亚太经济一体化进程的主要动力之一。

表4—8　200—2018年东盟、中国、日本、韩国对拉商品进出口（亿美元）

	进出口			出口			进口		
	2000年	2018年	增加值	2000年	2018年	增加值	2000年	2018年	增加值
东盟+中、日、韩	664	4799	4135	230	2428	2198	434	2371	1937
中国	125	3161	3036	54	1691	1637	71	1470	1399
中国比重（%）	18.8	65.9	73.4	23.5	69.6	74.5	16.4	62.0	72.2

资料来源：UNCTADSTAT。

基础设施滞后和基础设施一体化水平较低是制约拉美和加勒比地区经济社会发展的两大重要"瓶颈"。这两个瓶颈不仅制约着拉美和加勒比地区的区内贸易发展，也制约着拉美和加勒比地区与东亚、东南亚地区的贸易增长。例如，2018年拉美和加勒比地区的区内商品贸易占地区商品贸易总额的16%，而"东盟+中、日、韩"之间商品贸易占其商品贸易总额的34%。2018年在"东盟+中、日、韩"的商品进口总额中（48458亿美元）中，仅有5%来自拉美和加勒比地区（2428亿美元）。[①] 拉美经委会指出，拉美和加勒比地区基础设施明显滞后，严重制约着拉美和加勒比地区对中国以及亚太地区的贸易增长。[②]

基础设施合作是中拉整体合作的重点领域之一。2015年1月在北京举行的"中国—拉共体论坛"首届部长级会议通过了《中国与拉美和

---

① 根据联合国贸发会议（UNCTAD）统计数据计算。
② Commission for Latin America and the Caribbean（ECLAC）, *Latin America and the Caribbean in the World Economy*, Santiago, Chile, 2015, pp. 14 – 16.

加勒比国家合作规划（2015—2019）》，其中第四条（基础设施和交通运输）明确提出，中国与拉美和加勒比国家将加强交通运输、港口、公路、仓储设施、商贸物流、信息通信技术、宽带、广播电视、农业、能源、电力、住房和城市建设等领域基础设施建设合作。2015 年 5 月李克强总理访问拉美期间提出了中国与拉美国家产能合作的"3×3"模式，第一个"3"是指共建物流、电力、信息三大通道。巴西—秘鲁两洋铁路可行性研究是中国与拉美国家之间首个多边合作的重大基础设施项目，2014 年 7 月习近平主席访问拉美期间，中国、巴西、秘鲁三国元首联合发表了"关于开展两洋铁路合作的声明"；2015 的 5 月李克强总理访问拉美期间，中、巴、秘三国正式启动了巴西—秘鲁两洋铁路的可行性研究。

亚太地区基础设施一体化是亚太经合组织（APEC）的重要议题之一。2014 年 11 月在北京举行的亚太经合组织第二十二次领导人非正式会议批准了《亚太经合组织互联互通蓝图（2015—2025）》，各国决心在 2025 年前完成各方共同确立的倡议和指标，加强硬件、软件和人员交往互联互通，建设、维护和更新高质量的基础设施，包括能源、信息通信技术及交通运输基础设施。

第五章

中国发展新战略与中拉共建"一带一路"

本章将中国新时代发展战略解读为一个战略坐标,"一带一路"是其一项重要组成部分。

第一节 中国新时代发展战略坐标

如图 5—1 所示,坐标的原点是当前中国所处的经济发展阶段,即中高收入的发展中经济体。横轴为经济发展的两大主要目标,即实现中国国家现代化,提高中国经济的全球化水平。纵轴为经济发展的两大主要目的,即逐步实现共同富裕,推进构建人类命运共同体。经济建设的中心任务是建设现代化经济体系,追求质量型增长。在中国共产党的全面领导下,通过收入水平、法治建设、民主建设、民生改善、公平正义、社会文明、生态文明、国家统一、国家安全、世界和平等诸多领域的全面均衡发展,使人民普遍获得"美好生活"。

一 统合国家、政府和民生发展

根据党的十九大报告,在 2020 年全面建成小康社会的基础上,中国的两个阶段性发展目标为:2020—2035 年基本实现社会主义现代化,成为高收入经济体;2035—2050 年成为社会主义现代化强国和发达经济体。党的十九大报告没有明确提出经济增长速度(年均 GDP 增长率)目标,这主要有两方面的原因。一方面,中国不再强调经济增长的数量，而是强调增长的质量；另一方面，中国共产党和中国政府对经济增长前景有充分的信心。

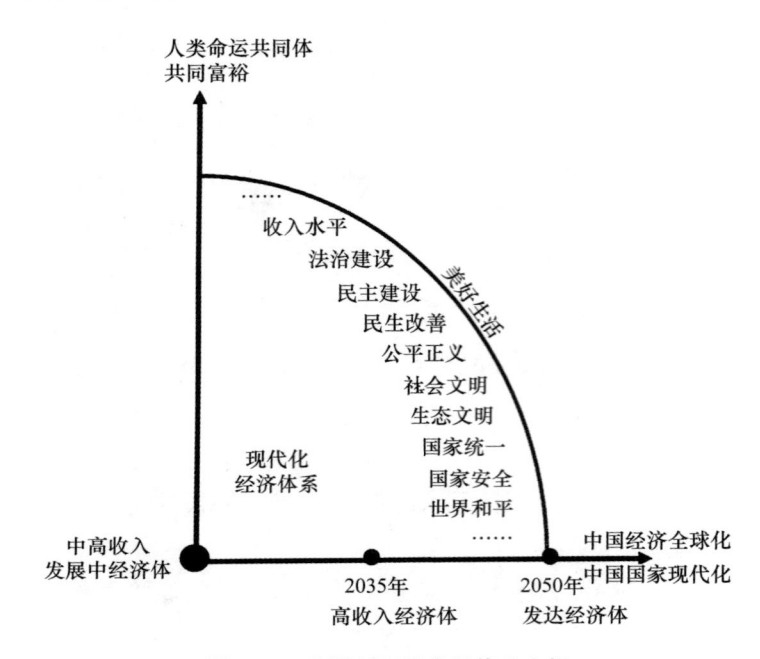

图 5—1 中国新时代发展战略坐标

根据"十三五"规划纲要，按人民币不变价计，2020 年中国 GDP 要达到 92.7 万亿元人民币以上。[①] 2017 年中国 GDP 约为 82.7 万亿元[②]，2018—2020 年年均 GDP 增长率不低于 6.0%，中国 2020 年的 GDP 已突破 100 万亿元。2020—2050 年实现两阶段发展目标，经济总量至少需要翻两番，所需的年均 GDP 增长率为 4.5% 左右。

新中国成立（1949 年 10 月 1 日）前夕，毛泽东指出，"我们还有百分之九十左右的经济生活停留在古代"。[③] 在 1949—1978 年的 30 年里，围绕着贫穷落后的农业国如何建设社会主义这一主线，中国建立了社会主义

[①] 《中华人民共和国国民经济和社会发展第十三个五年规划纲要》，《人民日报》2016 年 3 月 18 日第 1 版。
[②] 《中国经济总量突破 80 万亿元》，《人民日报》2018 年 1 月 19 日第 1 版。
[③] 《毛泽东选集》（第四卷），人民出版社 1991 年版，第 1430 页。

制度，建设了基本经济基础，但没有解决贫穷问题。改革开放初期，邓小平曾经感慨，"（中国）国家这么大，这么穷，不努力发展生产，（老百姓）日子怎么过？"①1982年中国正式确立中国特色社会主义，随后明确了"三步走"战略，即依次实现"温饱、小康、中等发达"三个阶段性目标。1978年以来，"经过改革开放近40年的发展，我国社会生产力水平明显提高；人民生活显著改善，对美好生活的向往更加强烈"。②在2018—2050年的33年里，在水平方向上，中国将向着"全面建成小康社会—基本实现现代化—成为现代化强国"稳步前进；在纵向上，将向着"共同富裕—共同美好"目标前进，持续提高人民的幸福水平。

二 兼具开放、包容、共享的自然属性

中国的经济发展战略具有开放、包容、共享属性，"中国开放的大门不会关闭，只会越开越大"③。中国增加进口和扩大对外投资与金融合作的空间还很大，例如2016年商品进口额占GDP的比重，中国为13.4%，23个主要发达国家为18.6%④；对外直接投资存量占GDP的比重，中国为11.4%，23个主要发达国家为43.9%。⑤截至2017年第2季度，银行业对外金融资产占GDP的比重，中国仅为8.3%，而21

---

① 《邓小平文选》（第三卷），人民出版社1993年版，第10页。括号内的"中国"和"老百姓"为笔者为本文所加。

② 《习近平谈治国理政》（第二卷），外文出版社2017年版，第61页。

③ 习近平：《决胜全面建成小康社会，夺取新时代中国特色社会主义伟大胜利——在中国共产党第十九次全国代表大会上的报告》（2017年10月18日），人民出版社2017年版，第34页。

④ 根据世界银行"World Development Indicators"中的GDP、商品进口额统计数据计算。World Bank, *World Development Indicators* (*WDI*), Last Updated: 12/14/2017, http://databank.worldbank.org/data/reports.aspx? source = world-development-indicators. 23个主要发达国家为：澳大利亚、奥地利、比利时、加拿大、丹麦、芬兰、法国、德国、希腊、爱尔兰、以色列、意大利、日本、卢森堡、荷兰、新西兰、挪威、葡萄牙、西班牙、瑞典、瑞士、英国、美国。

⑤ 根据联合国贸发会议的外国直接投资存量数据和世界银行"World Development Indicators"中的GDP统计数据计算。联合国贸发会议的外国直接投资存量数据来源为：United Nations Conference on Trade and Development, *Foreign Direct Investment*, *UNCTADSTAT*, 2017 - 08 - 11, http://unctadstat.unctad.org/wds/TableViewer/tableView.aspx? ReportId = 96740. 23个主要发达国家为：澳大利亚、奥地利、比利时、加拿大、丹麦、芬兰、法国、德国、希腊、爱尔兰、以色列、意大利、日本、卢森堡、荷兰、新西兰、挪威、葡萄牙、西班牙、瑞典、瑞士、英国、美国。

个主要发达国家高达186.7%。① 开放应该是双向性和多边性的,因此,中国明确提出,"对外开放深入发展,倡导和推动共建'一带一路',积极引导经济全球化朝着正确方向发展"②。

美好生活是中国和拉美国家的共同追求,贸易、投资、金融是中拉合作的重要领域,拉美是提高中国经济的全球化水平、推动共建"一带一路"、推进构建国际经济新秩序、推进构建人类命运共同体的重要合作伙伴。

第二节 中国三层次推进共建"一带一路"

"五通"是"一带一路"的主要内容,即政策沟通、设施联通、贸易畅通、资金融通、民心相通。近年来,中国推进和开展"一带一路"建设的实践可以归纳为三个层次,以前"两通"为例简要归纳如下。

一 推进中国自身开放与建设

为了便于"政策沟通",中国全面推进改革开放。例如自贸试验区是中国全面推进改革开放的"试验田",不仅在沿海、中部和西部布局,而且遍及中国的东西南北中。自2013年开始在上海自贸试验区实施负面清单,目录从最初的190项缩减到95项。自2018年起,中国"有序放宽市场准入,全面实行准入前国民待遇加负面清单管理模式,

---

① 根据国际清算银行的银行业对外金融资产统计数据(截至2017年第2季度)以及国际货币基金组织的2017年GDP预测数据计算。
国际清算银行的银行业对外金融资产和负债统计数据来源为:Bank for International Settlement, *International Banking, Locational Statistics*, Updated 3 December 2017, https://www.bis.org/statistics/bankstats.htm. 国际货币基金组织预测数据来源为:International Monetary Fund (IMF), *World Economic Outlook Database*, October 2017, http://www.imf.org/external/ns/cs.aspx?id=28。
21个主要发达国家为:澳大利亚、奥地利、比利时、加拿大、丹麦、芬兰、法国、德国、希腊、爱尔兰、意大利、日本、卢森堡、荷兰、挪威、葡萄牙、西班牙、瑞典、瑞士、英国、美国。
② 《中央经济工作会议在北京举行》,《人民日报》2017年12月21日第1版。

继续精简负面清单"。①

为了提高"设施联通"能力,中国全面展开国内"一带一路"建设,提高国内"互联互通"水平。围绕"一带一路",中国正在执行一系列的专项"十三五"基础设施规划,例如《铁路"十三五"发展规划》②、《全国海洋经济发展"十三五"规划》③,等等。铁路"十三五"规划的目标是到 2020 年全国铁路营业里程达到 15 万公里,其中高速铁路 3 万公里,复线率和电气化率分别达到 60% 和 70% 左右。"一带一路"建设是海洋经济发展"十三五"规划的主要依据之一,围绕"一带一路",北部海洋经济圈着力打造现代港口集群,东部海洋经济圈是"一带一路"建设与长江经济带发展战略的交汇区域,南部海洋经济圈是"21 世纪海上丝绸之路"重要枢纽,等等。

各省、自治区、直辖市全力参与"一带一路"建设,例如位于中部的河南省着力拓展郑州—卢森堡"空中丝绸之路",位于西北部的新疆大力建设丝绸之路经济带核心区,等等。

二 推进次区域互联互通

其重点是中国同周边国家(地区)以及亚洲地区的互联互通,海、陆、空、石油、天然气、电力、通信、信息等领域的一批项目正在建设,中蒙俄、新亚欧大陆桥、中国—中亚—西亚、中国—中南半岛、中巴、孟中印缅六大经济走廊的规划日渐成熟,其中中国境内、中国与周边国家的部分项目正在实施。

三 推进洲际互联互通

截至目前,亚欧大陆是重点。中欧班列(China Railway Express,缩写为"CR express")是亚欧大陆互联互通的一个缩影,2011 年 3 月

---

① 《中央经济工作会议在北京举行》,《人民日报》2017 年 12 月 21 日第 1 版。
② 国家发展改革委、交通运输部、国家铁路局、中国铁路总公司:《铁路"十三五"发展规划》,2017 年 11 月 20 日。
③ 国家发展改革委、国家海洋局:《全国海洋经济发展"十三五"规划》,2017 年 5 月 4 日。

至 2017 年 12 月累计开行班列 6235 列（其中 2017 年开行 3271 列），运行线路 57 条，覆盖中国城市 35 个和欧洲（12 国）城市 34 个，年运输货物的货值由不足 6 亿美元增至 145 亿美元。① 《中欧班列建设发展规划（2016—2020 年）》认为，2020 年中欧班列每年的开行量预计可达到 5000 列。实际上，2019 年中欧班列的年开行量就达到了 8225 列。

在非洲大陆众多的"一带一路"建设项目中，肯尼亚的蒙巴萨—内罗毕铁路②是 2017 年度的"旗舰项目"之一，铁路长度约 472 千米，总投资约 38 亿美元，建设期 3 年半，累计创造 30000 多个就业机会，其中 90% 左右是当地劳动力。肯尼亚政府计划修建 3500 千米的铁路，将肯尼亚、乌干达、南苏丹、埃塞俄比亚四国连接起来，蒙巴萨—内罗毕铁路是实施该计划的第一步。

第三节 中拉共建"一带一路"的基本指导思想

2017 年 5 月和 11 月习近平主席同阿根廷总统马克里、巴拿马总统巴雷拉会谈时先后指出，拉美是 21 世纪海上丝绸之路的自然延伸，中方把拉美看作"一带一路"建设不可或缺的重要参与方。2017 年 11 月 17 日中国政府和巴拿马政府发表联合声明："双方将本着开放、包容、互利、普惠的原则共商共建'一带一路'，共享合作成果，造福两国人民。"③

一 "共商共建"先惠拉美

有拉美学者认为，中拉相距遥远，陆路不通，"一带一路"合作需要超乎寻常的想象力。中拉共建"一带一路"以首先惠及拉美为主要目标，这一指导思想能够解决拉美学者的疑虑，例如中国与巴拿马的政府间联合声明提出了"共商共建"在前、"共享"在后的指导思想。

尽管拉美地区与欧亚非大陆被太平洋和大西洋隔离开，但 33 个拉

---

① 中国一带一路网："中欧班列六年开行 6235 列，年运送货物总值达 145 亿美元"，2017 年 12 月 27 日，https://www.yidaiyilu.gov.cn/xwzx/gnxw/41273.htm。
② Mombasa-Nairobi Railway.
③ 《中华人民共和国和巴拿马共和国联合声明》，《人民日报》2017 年 11 月 18 日第 3 版。

美国家、10多个未独立地区连同美国、加拿大是一片广袤的美洲大陆和美洲地区。拉美地区一体化、次区域一体化进程正在从两个方面加速推进，一方面是以政策沟通、政治对话等为主要方式的制度安排，另一方面是以基础设施一体化为主的次区域互联互通，这为中拉共商共建"一带一路"提供了良好基础。

二 "自然延伸"不是"殖民延伸"

在中方看来，在西、葡两国的殖民统治时期，中国与美洲之间的古丝绸之路止航于马尼拉，马尼拉至西属、葡属美洲则属于延伸航段，这些航段分别归西、葡两国王室所有，贸易专营，可称之为"殖民延伸"。

"一带一路"源于历史，习近平等中国领导人多次指出，太平洋海上丝绸之路源远流长。尊重历史又有别于历史，当习近平主席指出拉美是21世纪海上丝绸之路的自然延伸时，"自然延伸"有两层含义。第一层是指21世纪海上丝绸之路向拉美的延伸不是"殖民延伸"，而是中拉经贸关系发展和经济全球化进程的自然结果。第二层是指"一带一路"合作是中拉双方相互尊重、平等沟通与磋商的自然结果，中国没有将自己置于"一带一路"的中心位置，更没有将拉美看作"一带一路"的外围。

三 "一带一路"零霸权

巴西（葡萄牙语国家）和墨西哥、阿根廷、智利、秘鲁、哥斯达黎加等16个西班牙语国家是在1844年以前独立的，在长期的发展进程中积累了丰富的国际合作经验与教训，尤其对以扩张势力范围或以掌控拉美地区为主要目的的国际合作较为敏感。1866年英国经济学家达德利·巴克斯特（R. Dudley Baxter, 1827—1875年）在其《铁路扩张及其效果》一文中指出，修建铁路是为了扩展大英帝国的势力范围。[1] 1916年美国学者弗莱德里克·哈尔西出版了《拉丁美洲的铁路扩展》一书，指出英法等欧洲列强通过修建铁路掌控拉丁美洲，美国应利用（第一次世界）大战期间欧洲列

---

[1] R. Dudley Baxter, "Railway Extension and its Results", *Journal of the Statistical Society of London*, Vol. 29, No. 4, Dec., 1866, p. 549.

强暂时无暇顾及拉美而拉美急需资金、市场之机,与拉美开展贸易、投资、金融领域的全面合作,以达到取代欧洲势力来掌控拉美的目的。①

中华民族有五千多年的历史,自有文字记载以来,一直都是大国。但是在 1840—1949 年的 110 年时间里,中国连续遭受欧美列强以及日本军国主义的侵略,他们在中国瓜分势力范围,致使中国战争不止,国家凋敝,饿殍遍野。在 1949—1978 年的 30 年时间里,美苏争霸、两大阵营的对立使中国的社会主义建设历经艰难,数亿人口难以温饱。1974 年 4 月 10 日邓小平在联合国大会第六届特别会议上的发言中向全世界庄严承诺,"中国现在不是,将来也不做超级大国"。② 自 20 世纪 80 年代初中国总理首访拉美以来,中国一直强调中拉类似或相同的历史经历和发展使命,并反复承诺中国永远站在发展中国家一边,永不称霸。

中国是一个发展中国家。"发展中"一词作为形容词时,它通常表示一个国家的发展水平或所处的发展阶段。对于中国而言,"发展中"是动词,中国十几亿人口稳定地解决了温饱并整体达到小康水平后,更加需要为逐步实现共同富裕和美好生活而努力发展。

四 "一带一路"强调生产与发展

中拉贸易结构一方面反映了双方的互补性,另一方面反映了产业结构差异。中拉整体合作、产能合作、"一带一路"合作的主要目标不仅仅是促进经贸合作,更重要的是促进双方生产和发展能力的合作。19 世纪 90 年代美国人抱怨从拉美进口的初级产品太多,向拉美出口的工业产品太少。③ 20 世纪 30 年代普雷维什(Raúl Prebisch,1901—1986 年)从阿根廷与英国不公平的贸易谈判中领悟出了"中心—外围"这一思想认识,构建了拉美经委会的发展主义理论,拉美地区主动开展了

---

① Frederic M. Halsey, *Railway Expansion in Latin America*, The Moody Magazine and Book Company, New York, 1916, pp. 1-6.

② 《中华人民共和国代表团团长邓小平在联大特别会议上的发言》,《人民日报》1974 年 4 月 11 日第 1 版。

③ Frederick R. Clow, "South American Trade", *The Quarterly Journal of Economics*, Vol. 7, No. 2, Jan., 1893.

长达数十年的进口替代工业化。由于两大阵营的对立和以美国为首的西方国家对中国进行封锁,中国被动地进行了进口替代工业化。20世纪70年代末至80年代,中国一度向拉美地区出口初级产品,从拉美地区进口工业制成品。在随后的年份里,中国以设立经济特区、工业园区等方式,挖掘"土地的储蓄替代功能"①,弥补国内储蓄的不足,以市场和资源换取外资和技术,构建完整齐全的工业体系,仅用30年左右的时间发展成为全球第一制造业大国。

拉美地区基础设施相对完善,产业基础比较雄厚,经济社会发展水平居发展中国家(地区)前列,拥有较强的生产和发展能力。大部分拉美国家在经济特区、产业园区等的开发和建设方面,拥有较长的历史和较丰富的经验,挖掘土地储蓄替代功能的潜力较大。

第四节 中拉整体合作与共建"一带一路"

中拉整体合作虽然没有明确提及"一带一路",但前者已经包含着后者的部分内容,并且中国与部分拉美国家在自贸协定方面的政策沟通以及在能源、交通等领域的合作涌现了一些较为典型的成功案例。

一 中拉整体合作包含"一带一路"内容

2017年5月习近平主席在首届"一带一路"国际合作高峰论坛开幕式上的演讲中,系统回顾与总结了"五通"的主要措施和实践。②《中国与拉美和加勒比合作规划(2015—2019)》[简称"中拉合作规划

---

① 2015年9—11月,受中国社会科学院"高端智库交流项目"的资助,笔者在巴西瓦加斯基金会的巴西经济研究所访学,根据中国改革开放初期创办经济特区的经验,提出了"土地的储蓄替代功能"之说,即在国内储蓄和外汇收入严重不足的情况下,规划出一片地域,向该地域尽可能地集中使用各项产业政策和优惠政策。提高优惠政策的强度,增加地上的产值,进而增加土地价值和升高土地价格,从而弥补储蓄的不足。拉美各国普遍储蓄不足,但土地资源丰富,可以借鉴中国的这一经验。访学期间,得到了巴西经济研究所的丽雅·佩雷拉(Lia Valls Pereira)、费尔南多·韦洛索(Fernando Veloso)、利维奥·里贝罗(Livio Ribeiro)等学者的关心和帮助,在此表示感谢。

② 习近平:《携手推进"一带一路"建设——在"一带一路"国际合作高峰论坛开幕式上的演讲》,《人民日报》2017年5月15日第3版。

(2015—2019)"]、《中国对拉美和加勒比政策文件》（简称"中国对拉政策文件"）是中拉整体合作的两份重要指导性文件（合称"两份文件"），其中部分内容属于"一带一路"的"五通"范畴。

（一）政策沟通

"政策沟通"主要有三项措施，即次区域多边政策对接、双边规划对接、签署"一带一路"合作文件。截至2017年年底，中国分别与乌拉圭、阿根廷、巴拿马发表了涉及"一带一路"的联合声明或签订了谅解备忘录。两份文件均强调要完善双方对话磋商机制，促进政府间对话与合作。中拉合作规划（2015—2019）强调要充分发挥中拉论坛的平台作用。

（二）设施联通

"设施联通"的近期主要措施可概括为铁路先行，港口连接，管道畅通。中远期目标是：以陆、海、空通道和信息高速路为骨架，以铁路、港口、管网等重大工程为依托，建设复合型基础设施网络。

港口连接是中拉设施联通的主要方式，但由于距离较远，运输成本较高。截至2017年5月，中国已同14个拉美国家签署了航空运输协定或谅解备忘录，中拉之间已有4条定期航线。两份文件均强调加强拉美地区的基础设施建设，促进拉美地区基础设施互联互通。中拉合作规划（2015—2019）提出了选择重点项目的"两个有利于"原则，即有利于拉美一体化，有利于改善中国与拉共体成员国之间互联互通；同时，提出增设连接中拉的民航航线。中国对拉政策文件较为重视拉美地区物流、电力、信息三大通道的规划与建设合作，以及拉美地区基础设施建设的技术咨询、建设施工、装备制造、运营管理的"全业务链"合作。

（三）贸易畅通

"贸易畅通"重点推动贸易和投资便利化，扩大贸易额，促进投资合作。中国已与智利、秘鲁、哥斯达黎加3个拉美国家签订自贸协定。在投资合作方面，中资企业已在30个拉美国家开展基础设施建设合作，在部分国家开展了基础设施、能源等领域的投资合作。

两份文件均强调要加强服务贸易和电子商务合作，加强海关和质检合作。中拉合作规划（2015—2019）较为重视"力争10年内双方贸易额达到 5000 亿美元，双方投资存量达到至少 2500 亿美元"的贸易和投资合作目标。中国对拉政策文件较为重视包括自贸协定在内的各类贸易便利化安排。

对于产能合作，对于高科技和高附加值商品生产以及重点领域，两份文件的不同表述所表达的含义大体一致。中拉合作规划（2015—2019）提出了中拉共建三类园区，即工业园区、经济特区、高技术产业园。中国对拉政策文件提出要商签更多投资保护、避免双重征税、防止偷税漏税等协定。

（四）资金融通

"资金融通"的重点是增加融资方式，拓展融资渠道。在融资方式方面，除贷款这一传统的间接融资方式外，作为直接融资方式之一，用于"一带一路"建设的熊猫债、专项债开始增多。在融资渠道方面，银行、保险、基金等金融机构正在建设"一带一路"金融服务网络。

中拉金融合作的主要方式是贷款，银行是主要融资渠道，中拉产能合作基金等开始发挥作用。两份文件有两项共识，一是加强中央银行间和金融监管部门间对话与合作；二是利用中方金融资源，支持中国和拉共体成员国之间双边重点领域和重大合作项目。中国对拉政策文件较为重视扩大跨境本币结算、商讨人民币清算安排，稳步推进货币合作等重要事宜。

（五）民心相通

"民心相通"重在人员往来。由于中拉相距较远，制约着人员往来，例如 2016 年中国接待入境旅游外国游客 2813 万人次，其中来自拉美地区的约 39 万人次①，仅占总人次的 1.4%。

两份文件的共识程度较高，尤其是在教育和人力资源培训，文化和体育，新闻、媒体、出版，旅游，环保，灾害风险管理和减灾，消除贫困，卫生，民间友好等方面，但中国对拉政策文件增加了"学术和智库交流、领事合作、社会治理与社会发展"等内容。

---

① 中华人民共和国国家统计局编：《2017 中国统计摘要》，中国统计出版社 2017 年版，第 141 页。

二 智利是"政策沟通、贸易畅通"的典范

自20世纪90年代起,智利就将自由贸易确立为一项国策。中智政策沟通主要体现在自由贸易协定方面,中智贸易畅通包括贸易和产能合作两部分。

(一) 中智自由贸易

智利不仅是第一个与中国签订自由贸易协定的拉美国家,也是第一个与中国完成自由贸易协定升级的拉美国家。智利出口到中国的商品有97.2%(7336种)实现了零关税,其货值占对华商品出口总额的99%。智利从中国进口的商品有98.1%实现了零关税,其货值占从中国进口商品总额的97%。

2005—2019年中智双边贸易额由71亿美元增至409亿美元,年均增长率为13.3%。在此期间,中国对智利商品出口额由21亿美元增至147亿美元,年均增长率为14.9%;中国自智利进口商品额由50亿美元增至262亿美元,年均增长率为12.6%。[①] 尽管冶炼铜是智利对华出口的主要商品,但农产品、鱼类产品的对华出口也有较大幅度增长,如腌制三文鱼、葡萄酒等。[②]

受铜价下跌的影响,2015年、2016年中智双边贸易额略有减少,中方统计的年度贸易额分别约为318亿美元和313亿美元,中方贸易逆差分别约为53亿美元和57亿美元。2017年1—11月约为316亿美元,同比增长12.6%,中方贸易逆差约为55亿美元[③]。

(二) 中智铜业产能合作

中智两国之间形成了一定规模的铜冶炼产能合作,智利的铜业企业向中国铜冶炼厂供应铜精矿、支付加工费,委托后者为其生产精炼铜。通过这种合作,智利的铜业企业降低了生产成本,例如2017年1—9月智

---

① Wind 资讯数据。
② DIRECON, "Análisis de las Relaciones Comerciales entre Chile y China en el Marco del Tratado de Libre Comercio", Departamento de Estudios de la Dirección General de Relaciones Económicas Internacionales del Ministerio de Relaciones Exteriores de Chile, agosto 2015.
③ Wind 资讯数据。

利国家铜业公司精炼铜的平均现金成本为 131.7 美分/磅[①]，同期中国铜冶炼厂收取的精炼铜加工费平均约为 8.1 美分/磅[②]，后者仅相当于前者的 6%。

这种合作提高了智利精炼铜的国际竞争力，巩固了中国市场。根据智方统计，2007—2016 年智利对华出口铜精矿由 113 万吨增至 276 万吨，增加了 163 万吨。[③] 根据中方统计，2007—2016 年中国从智利进口精炼铜的数量由 73.8 万吨增至 130.5 万吨[④]，增加了 56.7 万吨。

中智两国企业间的铜业产能合作，从表面上看，是中国从智利进口的铜精矿这一初级产品大幅度增加，但实际上，大部分进口增加量主要用于产能合作，巩固和提高智利精炼铜的在华市场地位，2014—2016 年中国进口的智利精炼铜占精炼铜进口总量的比重一直保持在 35% 以上。与此同时，智利铜业案例也反映出中拉产能合作是双方向的，人们较多地强调中国向拉美地区转移产能，较少地关注拉美地区利用中国本土的产能扩大对华出口。

第五节 中拉共建"一带一路"的对接与合作

中拉贸易存在着"两个不均衡"。一是贸易关系不均衡，绝大多数拉美国家对华贸易逆差，只有巴西、智利等少数国家对华贸易顺差。二是贸易结构不均衡，尽管中拉贸易结构正在改善，但中国主要从拉美地区进口大宗商品，向拉美地区出口工业制成品。消除"两个不均衡"是中拉经贸合作的重要目标之一，但完全依靠市场机制，难以实现这一目标，需要政府与市场相结合，以市场和资本为主要领域，探索和创新合作模式。

[①] Corporación Nacional del Cobre (CODELCO), "CODELCO: Beyond copper price recovery", October 2017, p. 10.

[②] 根据 Wind 资讯数据计算。

[③] Comisión Chilena del Cobre (CODELCO), *Anuario de Estadísticas del Cobre y Otros Minerales 1997–2016*, Santiago de Chile, 2017, p. 39.

[④] Wind 资讯数据。

一　多元化市场对接

提高贸易自由化程度并非只有签订自由贸易协定一条途径。拉美地区在经济特区、自贸区的建设与发展方面拥有较长的历史和较丰富的经验，中国正在大力推进自贸试验区和建设海南自由贸易港[①]，因此，中国与拉美国家可以探索"区对区、港对港"的"窗口自贸区"。这些窗口自贸区或位于海边，或深入内陆，或沿江而建，不仅能够在一定程度上提高中拉市场对接程度，还能促进拉美地区互联互通和中拉产能合作。

拉美国家普遍希望中拉在工业园区、经济特区、高技术产业园等方面深化合作，这三类园区均可作为窗口自贸区。窗口自贸区可根据拉美地区的互联互通和经济社会发展规划选择位置，至少有助于实现3个目标。第一，提高初级产品的出口加工程度，增加附加值和就业。第二，促进拉美地区的再工业化，减少工业制成品的进口。第三，配套基础设施建设有助于促进互联互通。

鉴于巴拿马特殊的国际枢纽地位，中国与巴拿马可以签订更高水平的自贸协定，建设集商品贸易、服务贸易、投资、产能合作、"一带一路"等于一体的高水平自贸区。考虑到巴拿马是中国向拉美出口商品的重要中转地，巴拿马也可以作为拉美向中国出口商品的中转地，通过商定较低要求、较宽范围的原产地条件，巴拿马可以起到促进中拉双向商品流通的作用。

根据中拉论坛首届部长级会议发表的《北京宣言》，中拉双方均同意在论坛的政策和合作项目方面给予加勒比国家特殊待遇。位于加勒比海的国家绝大部分是小型经济体，对于其中的建交国，我国可以考虑通过中拉论坛向其单方面开放市场。虽然这些国家能够向中国出口的商品数量有限，但只要能够带来对华贸易增长，就能够对当地的经济社会发

---

① 2018年4月党中央决定支持海南全岛建设自由贸易试验区，分步骤、分阶段建立自由贸易港政策和制度体系。2020年6月中共中央、国务院印发了《海南自由贸易港建设总体方案》，海南自由贸易港11个重点园区同时挂牌。2020年9月28日海南自由贸易港首条洲际（洋浦—南太平洋—澳大利亚）海运航线正式开通运营。

展起到一定的促进作用。

二 加强国有资本合作

拉美地区的城市化率已达80%，78%的人口流动发生在2万人以上的城市之间[①]，而城市的住房、交通、就业"三重非正规化"（triple informalidad）严重制约着生产力水平的提高。[②] 投资不足，尤其是基础设施领域的投资不足，是导致"三重非正规化"的重要因素。

投资不足有两大主要根源。一是绝大多数拉美国家存在三项赤字，即储蓄赤字（总储蓄少于总投资），资本相对稀缺，投资率较低；政府收支赤字，除少部分拉美国家外，绝大多数拉美国家的政府收支均处于赤字状态，制约着政府的发展性投资能力；经常账户赤字，绝大多数拉美国家的经常账户赤字需要由资本和金融账户来平衡，制约着拉美国家的外部融资能力。二是政府承担着基础设施领域的大部分投融资责任，例如南美洲基础设施一体化倡议的562个项目中，政府负责投资或融资的项目447个，约需投资1190亿美元；政府与私人联合投融资项目44个，约需投资491亿美元；私人投资项目71个，约需投资308亿美元。[③]

将政府在基础设施领域的投融资职责转换为国有资本的投融资职责，加强中拉双方国有资本的合作，有助于探索和创新投融资合作模式，缓解或解决拉美地区基础设施领域的投资不足和融资难的问题。在这一方面，拉美国家之间、中国与部分拉美国家之间已积累了成功经验。例如，"中美洲国家电网互联工程"[④] 是由巴拿马、哥斯达黎加、洪都拉斯、尼加拉瓜、萨尔瓦多、危地马拉6个中美洲国家的国有电力公司联合主导，在中美洲一体化和发展项目框架内成功实施的一个多边国有资本合作项

[①] Jorge Rodríguez Vignoli, "Efectos de la migración interna sobre el sistema de asentamientos humanos de América Latina y el Caribe", *Revista de la CEPAL*, N° 123 · diciembre de 2017.

[②] CAF, *Crecimiento urbano y acceso a oportunidades: un desafío para América Latina*, Bogotá, Colombia, agosto 2017, p. 72, Prólogo.

[③] UNASUR, COSIPLAN, *Cartera de Proyectos 2017*, diciembre de 2017, Buenos Aires, Argentina, p. 41.

[④] 中美洲国家电网互联工程的西班牙语全称为"Sistema de Interconexión Eléctrica de los Países de América Central"，缩写为"SIEPAC"。

目，中美洲6国各自的国有电力公司仅出资数百万美元，与墨西哥、哥伦比亚、西班牙的电力公司共同成立电网运营公司，经授予特许经营权，负责中美洲电网的投资、建设与运营。2002—2015年电网运营公司建设了1800千米左右的输电电网，累计完成投资约5.05亿美元，其中资本金0.585亿美元，项目融资4.465亿美元①，投融资比为1∶13左右。再例如，巴西美丽山输电线路Ⅰ期是中国、巴西两国国有资本的一个合作项目，截至2016年年底在累计完成的43亿雷亚尔投资中，3家国有企业向项目公司注入资本金13.6亿雷亚尔，完成各类融资29.4亿雷亚尔，投融资比为1∶2.2左右，这主要是受国产化率偏低的影响，尤其是特高压远距离输电线路所需的设备基本需要进口。

按照"五权"分置的原则，对于实施特许经营模式的各类基础设施项目，政府作为特许方始终拥有资产的所有权、处置权和剩余索取权。国有资本或国有资本参与的项目公司作为受许人，在特许经营期限内，拥有经营权和收益权。通过政府间投资保护、避免双重征税、国有资产处置和剩余索取等方面的制度性安排，国有资本可以联合搭建较为有效的投融资平台，国有土地可以发挥土地的储蓄替代功能和国有资本作用，从而吸引和动员更多私人资本、国际资本参与基础设施领域的投资和建设。特许经营为拉美地区的基础设施发展发挥了重要作用，对包括中国在内的发展中国家（地区）具有参考和借鉴意义，但实践证明，单纯依靠私人资本和国际资本是不能满足投资需求的，主要表现在三个方面。第一，难以弥补基础设施投资缺口。第二，不能减轻政府在项目中的负担和职责，甚至要求政府满足苛刻的条件。第三，大部分项目不能按期完工，导致实施项目的时间成本和经济成本大幅度提高。

三 互联互通对接与合作

互联互通可以作为"一带一路"在拉美的优先对接与合作领域，

---

① Portal Oficial del Projecto Mesoamérica, "Sistema de Interconexión Eléctrica de los Países de América Central (SIEPAC)", September 19, 2017, http：//www.proyectomesoamerica.org/joomla/index.php? option = com_ content&view = article&id =171.

而项目合作和项目融资是其两大焦点问题。

（一）推进双边对接与合作

正如中国以自己为支点带动"一带一路"建设与合作，中拉双方也可以以"国家"为支点，带动中拉互联互通合作。

从双边层次看，拉美国家可以分为 4 种合作类型，即全球枢纽型、区域带动型、双边合作型和项目合作型，大部分拉美国家属于全球枢纽型和区域带动型这两种合作类型。

巴拿马因其运河而属于全球枢纽型。巴拿马当地有媒体评论担心巴拿马与中国建交和加入"一带一路"会引发中国、美国在拉美地区的地缘竞争，美国方面也渲染这种论调。中国对美国的政策立场是不冲突，不对抗，互利共赢，中国与巴拿马建交并将巴拿马作为"一带一路"的重要参与国家正是这一政策立场的反映。笔者将美国的全球战略定义为"两圈战略"，即以美洲大陆为纵轴，构建"国家防卫安全圈"和"经济利益安全圈"，巴拿马运河是"两圈"的关键枢纽，尼加拉瓜能否修建运河是"两圈"的不稳定因素。[①] 与此同时，美国是巴拿马运河的第一大用户，因此，美国对巴拿马运河看护得非常认真和仔细。中国是巴拿马运河的第二大用户，中国选择巴拿马就如同将中拉贸易航线置于美国的"看护"之下。如果中国想与美国在拉美地区开展地缘竞争，选择与尼加拉瓜建交并援建尼加拉瓜运河即可。美国一直怀疑中国政府在背后支持尼加拉瓜运河，笔者在华盛顿乘坐出租车时，连出租车司机都这么认为。美国和有关拉美国家的朋友应该能够从中国与巴拿马的建交与合作中看出中国的合作诚意与态度，打消地缘政治思维的顾虑。

墨西哥、委内瑞拉、巴西、阿根廷、智利等国家属于区域带动型。墨西哥是拉美大国之一，同时也是中美洲一体化和发展项目的常任主席国，其他 9 个国家轮流担任主席国。委内瑞拉是加勒比石油计划的发起国，近两年来，由于原油价格下跌和原油产量下降等原因，该计划在艰难中前进。巴西是拉美第一大国，其国土面积约占南美大陆的一半，其

---

① 谢文泽：《美国的"两圈战略"与美拉整体合作》，《美国研究》2016 年第 4 期。

国内基础设施建设和发展对南美地区基础设施互联互通有直接影响。阿根廷和智利均是南美大国或主要国家，在南美洲基础设施一体化倡议框架内，两国加速推进双边互联互通建设，如加速推进黑水（Agua Negra）隧道、拉斯莱纳斯（Las Leñas）隧道的建设计划以及智利安托法加斯塔港—阿根廷萨尔塔铁路的货物运输安排，等等。

（二）项目合作应考虑5个因素

从国家和政府的角度看，一个重大基础设施项目是否可行，主要受国际、政治、社会、环境、经济5方面因素的影响。

国际因素有两大类。第一类是拉美地区之外的国际因素，如果拉美国家的区外重要合作伙伴国不愿意看到中国参与其基础设施项目投资与建设，这会让拉美国家很为难，甚至不能或不敢与中国开展项目合作。对于此种情景假设，中国政府的态度很明确，"一带一路"没有地缘政治因素，开放、自愿是基本原则，中国理解并尊重有关国家的关切和选择。第二类是拉美地区内部的国际因素，如果中国与一个拉美国家的项目合作遭到该国其他拉美邻国的反对，则该项目也难以实施，甚至会影响中拉整体合作。

中美洲一体化和发展项目、加勒比石油计划、南美洲基础设施一体化倡议等次区域合作机制，本着"集体规划，分别实施"的原则，基本实现了拉美国家之间的国际共识，所筛选的项目不仅是各自国家自己的国家项目，也是次区域各国集体磋商、规划并达成共识的项目。例如2017年南美洲基础设施一体化倡议框架内的铁路一体化规划在凝聚国际共识方面取得重大进展，尤其表现在两条两洋铁路的线路规划上。第一条是巴西—秘鲁两洋铁路，2017年7月正式纳入铁路一体化备选方案，并提出了选择秘鲁北部的巴约瓦尔港作为太平洋沿岸港口的倾向性意见。第二条是贯穿玻利维亚的中部两洋铁路，玻方曾坚持以秘鲁南部的伊洛港为太平洋沿岸港口，并称之为秘鲁—玻利维亚—巴西两洋铁路。铁路一体化规划方案初步确定以智利阿里卡港和安托法加斯塔港作为这条两洋铁路的太平洋沿岸港口，玻利维亚境内需修建科恰班巴至圣克鲁斯路段，投资估算约70亿美元。

各国国内的政治共识和社会共识对项目实施具有直接影响。政治共识的标志之一是项目实施是否得到国会/议会的批准。例如墨西哥城至克雷塔罗州高铁项目（简称"墨高铁项目"），2014年11月3日墨西哥通信与交通部宣布中国铁建牵头的国际联合体中标，将作为总承包商负责该项目的建设，由于墨国内存在对竞标程序的质疑和民众反对项目建设的压力，3天后墨政府宣布取消中标结果。2015年1月14日墨政府宣布启动第二轮招标，但16天后又宣布无限期搁置项目。墨西哥联邦政府是墨高铁项目的发起人、业主和投资方，因此，项目投资和融资是联邦政府的职责。该项目的失败，首先是因为缺少政治共识，在联邦政府准备实施该项目时，项目建设方案、投融资预算等重大事项尚未得到国会的批准。其次是缺少社会共识，墨民众在项目的必要性、土地征收等问题上与政府的分歧较大。最后，石油收入是墨联邦政府的一项重要财政收入来源，当时原油价格出现大幅度下跌，联邦政府的财政信心不足。

巴西—秘鲁两洋铁路可行性研究是中国在拉美地区的首个重大基础设施项目多边合作研究和规划，尽管南美洲铁路一体化规划提出了倾向性意见，但秘鲁国内仍存在巴约瓦尔和利马两个港口的方案分歧。选择后者，可以有"三利两弊"。"一利"是受益人口较多，利马的人口近千万。"二利"是凝聚政治共识和社会共识，利马是秘鲁的首都，在"一人一票"的民主体制下，"政治正确"和"社会正确"的阻力相对较小。"三利"是环境保护，铁路远离亚马孙雨林，环保压力较小。"一弊"是经济成本较高，由于地形、地貌等因素，投资规模较大。"二弊"是国际共识程度低，不是"集体规划"的倾向性选项。当然，倾向性意见不代表最终意见，最终意见由秘鲁政府和人民来决定。

经济因素对项目实施与合作有两个方面的直接影响。一方面，决定着项目的商业可行性和融资能力，特别是技术标准、技术方案、施工管理、施工工期等对项目的建设成本有直接影响。中国的特高压输电技术在巴西美丽山输电线路工程中的应用是技术标准、技术方案对接的少有案例之一，其他大部分项目，无论是工程承包类合作项目（例如厄瓜多尔辛克雷水电站），还是特许经营项目投资（例如牙买加南北高速公路),甚至包括工业生产项目,中国与拉美国家的技术标准和技术方案对接程度普遍较低,这种局面不利充分发挥中国企业的综合优势。另一方面,其他 4 个方面的因素都有可能引发经济风险。笔者和其他中国学者曾经向多位拉美学者提出一个疑问,即对于基础设施项目建设,拉美国家如何在"如期完工、降低成本"与"拖延工期、增加成本"之间进行选择,拉美学者们普遍难以回应,认为这个问题非常复杂。对此,笔者的理解是,在大部分拉美国家,经济因素仅影响基础设施项目建设的 20%,其他方面影响 80%。

(三) 资金融通应考虑 4 个要素

融通方式、融通渠道、融通管理、风险识别与管控可以作为资金融通的 4 个要素。

"金融驱动"对中拉经贸关系的发展日益重要,但中拉金融合作仍处于起步阶段。资金融通方式较少,贷款是主要方式。资金融通渠道较窄,尤其是中拉之间的直接融资渠道欠缺。中国与拉美国家需要构建政府间双边资金融通管理、风险识别与管控机制。

同中国相比,拉美国家融入国际金融市场的历史较为悠久,国际金融合作的经验较为丰富,融资方式相对较多,除银行贷款外,还包括国际债券、企业间借款等方式。据拉美经委会估计,2017 年拉美地区的外债总额约为 18117 亿美元。① 根据国际清算银行的统计,截至 2017 年 6 月底,拉美地区的国际债券余额约 7920 亿美元,其中政府债券 3830 亿美元,企业债券 2970 亿美元。② 根据世界银行对部分国家的外债统计,截至 2017 年 9 月底,巴西、智利、哥伦比亚三国的企业间借款余额合计约 3085 亿美元。③

同发达国家相比,中国的国际金融合作规模较小。截至 2017 年第 2

---

① CEPAL, *Balance Preliminar de las Economías de América Latina y el Caribe*, 2017, Santiago, Chile, noviembre de 2017, p. 114.

② Bank for International Settlements, "Summary of debt securities outstanding", amounts outstanding at end-June 2017, http://stats.bis.org/statx/srs/table/c1, 2017 年 9 月 13 日。

③ World Bank, "Quarterly External Debt Statistics", http://datatopics.worldbank.org/debt/qeds, 2017 年 12 月 22 日。

季度，21个主要发达国家的银行业对外金融资产占GDP比重高达186.7%，对外金融负债占179%，而中国的这两个比重分别仅为8%和10%。[①] 主要发达国家已经构建了完善的融通方式、融通渠道和融通管理体制，其银行业对外金融资产和负债的总规模是其GDP的3.5倍以上，因此，他们的主要注意力集中在风险识别与管控领域。中国的对外金融合作刚刚起步，需要同步推进4项要素的建设，在此进程中，既要借鉴发达国家成熟的风险识别与管控经验，又不能被其捆住手脚。

中国国家开发银行、中国进出口银行等开发性金融机构和政策性金融机构在中拉金融合作中发挥了重要作用，中国国家开发银行可以适时发起成立中拉开发性金融机构联合体，以促进和深化中拉金融合作。美洲开发银行、CAF-拉丁美洲开发银行、东加勒比开发银行、中美洲经济社会一体化银行等是地区或次区域多边开发性金融机构，中国是美洲开发银行和东加勒比开发银行的成员国，中国国家开发银行与CAF-拉丁美洲开发银行有合作经验，中国台湾省是中美洲经济社会一体化银行的成员。21个拉美国家有开发性金融机构，其中13个国家与中国建交，包括墨西哥、2个中美洲国家（哥斯达黎加、巴拿马）、9个南美洲国家（阿根廷、玻利维亚、巴西、哥伦比亚、智利、厄瓜多尔、秘鲁、乌拉圭、委内瑞拉）和1个加勒比海国家（古巴）。在这13个国家中，中国国家开发银行与巴西、哥伦比亚、厄瓜多尔、委内瑞拉等国家的开发性金融机构合作时间较长，合作项目较多。未与中国建交的11个国家中，8个国家有开发性金融机构，包括5个中美洲国家（伯利兹、萨尔瓦多、危地马拉、洪都拉斯、尼加拉瓜）、2个加勒比国家（海地、多米尼加）和1个南美洲国家（巴拉圭）。这些未建交国的开发性金融机构可以通过中拉论坛参与联合体，与中国国家开发银行开展

---

① 根据联合国贸发会议的外国直接投资存量数据和世界银行"World Development Indicators"中的GDP统计数据计算。联合国贸发会议的外国直接投资存量数据来源为：United Nations Conference on Trade and Development, *Foreign Direct Investment*, *UNCTADSTAT*, http://unctadstat.unctad.org/wds/TableViewer/tableView.aspx?ReportId=96740，2017年8月11日。

21个主要发达国家为：澳大利亚、奥地利、比利时、加拿大、丹麦、芬兰、法国、德国、希腊、爱尔兰、意大利、日本、卢森堡、荷兰、挪威、葡萄牙、西班牙、瑞典、瑞士、英国、美国。

合作。联合体在项目筛选、资金融通、风险识别与管控等方面可以建立更加直接、有效的合作机制,中国国家开发银行向联合体成员提供授信,支持项目融资和金融合作。

第六节　几点思考与建议

一　凝聚"思维共识"

在当今世界错综复杂的诸多关系中,有3对关系较为重要,即国家与世界、政府与市场、劳动与资本之间的关系。以这3对关系为出发点,可以探索出寻求"思维共识"的一个方法,以期达到同向理解"国家主导"的目的。

图5—2将劳动、政府、国家和资本、市场、世界分列为两组。一方面,资本、市场的世界性日益提高,而劳动、政府的国家化不断加强。另一方面,劳动和资本的多元化、复杂化程度不断提高,这要求市场的资源配置功能不断提高,同时要求政府发挥更大的作用。这两个方面如同一枚硬币的两面,而硬币自身就是"国家",这一比喻可以作为理解"国家主导"的逻辑起点。

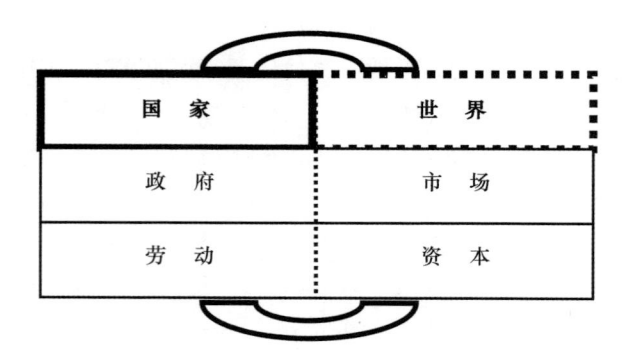

国　家	世　界
政　府	市　场
劳　动	资　本

图5—2　国家与世界、政府与市场、劳动与资本关系

在中国共产党的全面领导下,中国辩证地处理国家与世界、政府与市场、劳动与资本的关系,取得了改革开放的巨大成就。党的十八大以来,中国的改革开放进一步深入和全面展开。作为发展中国家,中国强

调"发展中"一词的动词含义。过于强调3对关系中的对立性是不利于发展的，因此，中国新时代发展战略重视和强调统一性。

绝大多数拉美国家信奉公民社会理论，在理论方面，强调3对关系的对立性；在实践中，3对关系纵横交错，错综复杂。与此同时，绝大多数拉美国家的社会分为三大社会阶层（精英阶层、正规阶层和非正规阶层），经济分为四个部门（农村经济部门、外资经济部门、城市正规经济部门、城市非正规经济部门），政治表现为"五化"（经济国际化、利益集团化、社会分层化、政治精英化、政府社会化）。[①] 因此，绝大多数拉美国家对3对关系的思想认识、价值判断、政治取向存在着较高程度的多元化。

中国对3对关系的辩证认识可以概括为"四观"，即世界观、时代观、国家观、价值观。国际政治格局多极化、经济全球化是世界观的主要内容，和平与发展是时代观的主要内容。"人民至上"是中国国家观的核心内容之一，体现着主权和人权的有机统一。欧美发达国家对自己"主权至上"，对其他国家，尤其是发展中国家，则"人权至上"。在价值观方面，中国主张和平、民主、平等、包容等普世价值，但更重视体现和实现这些普世价值的"秩序"，"秩序"是中国传统文化中的一个重要基因。

美国将中国定义为"威权模式"，将自己标榜为"自由、民主"的典范。但是，美国民主是一只在编织严密的法制笼子里的"自由之鸟"。一方面，美国将这只"自由之鸟"放飞到许多发展中国家，却没有把法制这个"笼子"或编织这个"笼子"的能力带给相关国家。另一方面，美国国内3对关系的对立使美国的政治、经济、社会分裂日趋严重，特朗普政府采取了"亲劳动"（Pro-Labor）、"亲国家"（Pro-State）选项。不仅美国如此，部分欧洲国家也出现了"亲国家"倾向。欧美主要发达国家的新趋势、新倾向增加了世界的不确定性。

[①] 谢文泽：《城市化率达到50%以后：拉美国家的经济、社会和政治转型》，载吴白乙主编《拉美黄皮书：拉丁美洲和加勒比发展报告（2013—2014）》，社会科学文献出版社2014年版。

同亚洲和非洲的发展中国家（地区）相比，拉美地区有三个明显特点。第一，绝大部分拉美国家独立较早。第二，拉美地区经济社会发展水平较高。第三，拉美地区长期团结反霸，是构建国际政治经济新秩序的重要力量。面对不确定性，2017年拉美经委会关于拉美地区"2030年可持续发展议程"报告从两个视角提出了应对主张和建议。[①]第一个是拉美地区的整体性视角，主张加强地区一体化，使之成为促进拉美各国产业结构多元化和能力建设的重要政策工具。第二个是行为主体视角，即"国家"视角，建议发挥"国家"的行为主体作用，凝聚政府和各利益相关方的共识，在技术创新与进步、经济结构多元化、减少贫困和不平等、经济一体化发展4个领域，制定和实施新一轮结构性改革或调整。

二 凝聚"发展共识"

尽管拉美国家之间国情差异较大，但在3项赤字方面，即储蓄赤字（总储蓄少于总投资）、政府收支赤字、经常账户赤字，绝大多数拉美国家普遍存在3个明显特点。第一，资本相对稀缺，其表现之一是存在储蓄缺口，投资率较低。2015—2017年32个拉美国家（不包括古巴）年均总储蓄率（总储蓄占GDP的比重）为18%，总投资率（总投资占GDP的比重）为20.7%，储蓄赤字（总储蓄－总投资）占GDP的比重为－2.7%。[②] 根据拉美经委会的统计，2010—2014年拉美地区的固定资产投资率（固定资产投资占GDP的比重）在20%以上，2015年降至20%以下，2017年降至17.9%。第二，除少部分拉美国家外，绝大多数拉美国家的政府收支均长期处于赤字状态，2017年政府收支赤字占地区GDP的－2.8%。第三，绝大多数拉美国家的经常账户，国际收支

---

① Economic Commission for Latin America and the Caribbean (ECLAC), *Annual report on regional progress and challenges in relation to the 2030 Agenda for Sustainable Development in Latin America and the Caribbean*, Santiago, 2017.

② 根据国际货币基金组织数据计算。International Monetary Fund, World Economic Outlook Database October 2017, http://www.imf.org/external/pubs/ft/weo/2017/02/weoselagr.aspx, 2017年10月10日。

第五章 中国发展新战略与中拉共建"一带一路" 173

主要靠资本和金融账户来平衡。例如2017年19个拉美国家的经常账户逆差合计约-863亿美元，资本和金融账户净流入量约1158亿美元，实现国际收支盈余约286亿美元（误差-9亿美元）。[①]

以3项赤字为分子，以GDP为分母，将3项赤字占GDP的比重之和称作"宏观均衡值"，如图5—3所示，拉美地区的宏观均衡值与地区经济增长之间存在着明显的同步性。1996—2016年，拉美地区的宏观均衡

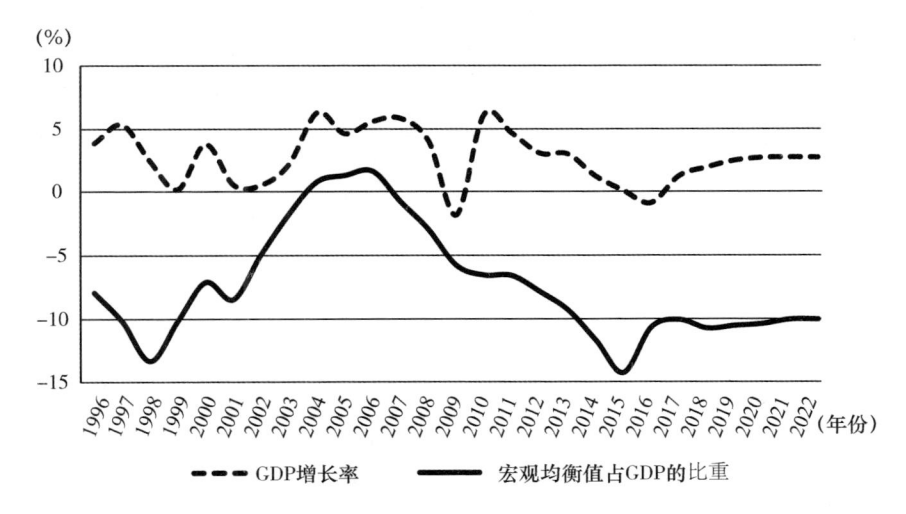

图5—3 1996—2022年拉美地区宏观均衡值与GDP增长率曲线

注：（1）为32个拉美国家的数据，不包括古巴；（2）2017—2022年的数据根据IMF预测数据计算。

资料来源：根据国际货币基金组织（IMF）"World Economic Outlook Database October 2017"中的有关数据计算。

值仅在2004—2006年为正值。根据国际货币基金组织的预测数据，2018—2022年拉美地区的宏观均衡值占GDP的-10%左右，拖累着GDP低速增长。3项赤字既是拉美地区结构性失衡的重要原因，也是结构性失

---

① CEPAL, *Balance Preliminar de las Economías de América Latina y el Caribe*, 2017, Santiago, Chile, noviembre de 2017, pp. 106, 108, 109, 129. 19个拉美国家为：阿根廷、玻利维亚、巴西、智利、哥伦比亚、哥斯达黎加、厄瓜多尔、萨尔瓦多、危地马拉、海地、洪都拉斯、墨西哥、尼加拉瓜、巴拿马、巴拉圭、秘鲁、多米尼加、乌拉圭、委内瑞拉。

衡的明显表现，缩小或消除结构性失衡是拉美国家的主要发展目标之一。

从"分子"的角度看，对于大部分拉美国家而言，缩小商品贸易逆差的主要措施有两项，一是增加大宗商品的出口，大宗商品是商品贸易顺差的主要来源，2012—2016 年拉美地区初级商品年均贸易顺差约 2885 亿美元；二是实施再工业化战略，减少工业制成品进口，2012—2016 年工业制成品年均贸易逆差约 3200 亿美元。[①] 减少或消除中拉商品贸易中的"两个不均衡"是中国对拉经贸合作的主要目标之一，单纯依靠市场机制和价格上涨难以实现这一目标，还需要发挥政府间政策沟通与协调的作用。关于政策沟通与协调，有拉美学者建议拉美国家借鉴，甚至"移植"中国的产业政策。当然，不存在"移植"的必要性和可行性，但局部"无缝"对接还是有可能的。

从"分母"的角度看，拉美地区需要提高投资水平，增加 GDP 总量。尽管国有企业存在一系列问题且备受诟病，但从"五权分置"的角度看，国有企业、国有资产、国有资本之间有明显区别和不同，例如国有资本的属性是"国有"，而其本质是"资本"。拉美地区的杠杆率相对较低，国有资本发挥杠杆作用的空间和余地较大。同时，国有土地，也包括私人土地，能够发挥"土地的储蓄替代功能"。

旅游、劳务、金融、航运等服务业是加勒比地区和中美洲地区国家经常项目的重要顺差来源，但是，一些霸权主义行径，例如限制甚至禁止合法的人员往来等，正在对加勒比地区和中美洲地区的服务业产生负面影响。2017 年 1 月加勒比共同体峰会首次将旅游业确定为关键性经济部门，地区各国正在制订区域性旅游业、通信、能源等与旅游业密切相关的一体化发展计划，除委内瑞拉外，墨西哥也有望支持和加入加勒比地区的能源一体化规划。中国与这两个地区虽然相距较远，人员往来不便，但可以间接地支持区域能源一体化，以直接投资、人道主义援助等方式促进区域旅游业的发展。

---

① 根据联合国贸发会议统计数据（UNCTADSTAT）计算。UNCTADSTAT, "Trade structure by partner, product or service-category", http://unctadstat.unctad.org/wds/ReportFolders/reportFolders.aspx, 2018 年 1 月 9 日。

第六章

互联互通与中拉共建"一带一路"

进入 21 世纪以来，以交通、能源、通信为三大重点领域的互联互通在拉美和加勒比地区一体化发展战略中的重要性日益凸显。近年来，以南美洲基础设施一体化倡议①、中美洲一体化和发展项目②、加勒比石油联盟③为主要代表的次区域互联互通加速推进，拉美和加勒比地区进入了其历史上第 3 轮基础设施建设高峰。拉共体成立于 2011 年 12 月，33 个拉美国家均为其成员国。2014 年 7 月中拉论坛（即中国—拉共体论坛）正式成立，该论坛是深化中拉全面合作伙伴关系，推进中拉整体合作的主要平台。

---

① "南美洲基础设施一体化倡议"的西班牙语全称为"Iniciativa para la Integración de la Infraestructura Regional Suramericana"，缩写为"IIRSA"。

② "中美洲一体化和发展项目"的西班牙语全称为"Proyecto de Integración y Desarrollo de Mesoamérica"，缩写为"PM"。2001 年伯利兹、哥伦比亚、哥斯达黎加、萨尔瓦多、危地马拉、洪都拉斯、墨西哥、尼加拉瓜、巴拿马 9 国发起了"普埃布拉—巴拿马计划"（Plan Puebla Panamá）。2009 年"普埃布拉—巴拿马计划"更名为"中美洲一体化和发展项目"，位于加勒比地区的多米尼加共和国正式加入并成为第 10 个参与国。

③ "加勒比石油联盟"的西班牙语名称为"Petro Caribe"，2000 年委内瑞拉发起倡议，2005 年正式启动，2013 年加勒比石油联盟与"美洲人民玻利瓦尔联盟"（Alianza Bolivariana para los Pueblos de Nuestra América，缩写为"ALBA"）进行对接，并提出了"加勒比石油联盟经济区"倡议（Petrocaribe Economic Zone，缩写为"PEZ"）。美洲人民玻利瓦尔联盟成立于 2004 年，现有 11 个成员国，即安提瓜和巴布达、玻利维亚、古巴、多米尼克、厄瓜多尔、格林纳达、尼加拉瓜、圣基茨和尼维斯、圣卢西亚、圣文森特和格林纳丁斯、委内瑞拉。

第一节　拉美和加勒比地区三层次一体化和互联互通规划

20世纪60年代以来，拉美和加勒比地区认真推进一体化进程，涉及政治、经济、社会等多方面，主要宗旨之一是实现市场、资本、劳动领域的制度一体化。进入21世纪以来，拉美和加勒比地区加速推进以交通、能源、通信为重点领域的基础设施互联互通，主要目标之一是实现基础设施一体化。

一　制度一体化：三层次推进市场、资本、劳动领域的一体化进程

市场、资本、劳动领域的一体化主要是指商品和服务贸易、投资、人员流动的一体化。

在地区层次上，拉美经委会和拉共体是较为重要的国际机构或地区组织。拉美经委会对拉美和加勒比地区至少有三个方面的重要意义。第一，拉美经委会在一定程度上赋予拉美和加勒比地区国际政治含义。第二，拉美经委会的发展理论、政策主张对拉美和加勒比国家的发展政策、发展战略具有重大影响。第三，拉美经委会积极支持和参与拉美和加勒比地区的一体化进程。

拉共体是拉美和加勒比地区一体化进程的一项重要成就，在加强地区内部团结，促进地区政治、经济、社会和文化一体化建设，推进区域和次区域一体化组织的对话与合作，以及对内协调共同立场，对外发出"拉美声音"等方面，发挥着积极而重要的作用。从历史的角度看，拉共体的成立和发展受三方面因素的影响较大。第一，团结反霸，维护和平。第二，内协立场，外争权益。第三，经济发展，实力提升。拉共体成立之前，拉美和加勒比地区经历了进入21世纪以来的首轮经济繁荣，为拉共体的成立提供了较好的经济基础。

在次区域层次上，截至2017年年底，拉美和加勒比地区有十多个地区和次区域一体化组织，例如，拉丁美洲经济体系（27个成员国）、加勒比国家联盟（25个成员国）、加勒比共同体（15个成员国/地区）、拉丁美洲一体化协会（13个成员国）、南美洲国家联盟（12个成员国）、美洲玻利瓦尔联盟（11个成员国）、东加勒比国家组织（9个成员国/地区）等7个以促进政策协调和政治对话为其主要宗旨之一且影响较大的地区和次区域一体化组织；南方共同市场（巴西、阿根廷、乌拉圭、乌拉圭）和安第斯共同体（哥伦比亚、厄瓜多尔、秘鲁、玻利维亚）在较大程度上是属于关税同盟性质的贸易集团；中美洲一体化体系（8个成员国）的主要宗旨之一是促进次区域政治、经济、社会全面一体化；太平洋联盟（墨西哥、哥伦比亚、秘鲁、智利）的主要目标是实现商品、服务、投资和人员的自由流动，等等。

在双边层次上，签订双边自由贸易协定或经济互补协议是重要方式。例如智利是签订自由贸易协定或经济互补协议较多的拉美国家之一，除了作为太平洋联盟成员国外（该联盟成员国之间均互相签订自贸协定），还与巴拿马签订了双边自由贸易协定，与哥斯达黎加、萨尔瓦多、危地马拉、洪都拉斯、尼加拉瓜5国集体签订了自由贸易协定；分别与玻利维亚、古巴、厄瓜多尔、委内瑞拉、南方共同市场签订了经济互补协议，等等。

表面上看，次区域一体化组织使拉美和加勒比地区一体化呈现"碎片化"态势。实际上，一方面，不同的次区域组织通过成员国的相互交叉而彼此沟通，例如位于拉美和加勒比地区北端的墨西哥和位于地区南端的智利均是拉丁美洲经济体系、拉丁美洲一体化协会、太平洋联盟等次区域组织的成员国；另一方面，拉美国家之间的制度性安排将不同的次区域一体化组织联系起来，例如2017年11月智利、阿根廷签订自由贸易协定，这将对加强太平洋联盟和南方共同市场之间的经济联系起到助推作用。总之，拉美和加勒比国家正在通过不同的组织和方式稳步推进地区一体化进程。

二 基础设施一体化：三层次推进交通、能源、通信领域的互联互通

与一体化进程有所不同，拉美和加勒比地区的互联互通主要集中在三大次地理区域，即墨西哥和中美洲、加勒比海、南美洲，"中美洲一

体化和发展项目"①、"加勒比石油计划"②、"南美洲基础设施一体化倡议"分别是 3 个次地理区域较为重要、影响较大的基础设施一体化合作机制。这三大合作机制有以下两个明显特点。

（一）三个次地理区域互联互通各有侧重

中美洲一体化和发展项目于 2001 年开始实施，主要涉及墨西哥和中美洲 7 国，基础设施一体化的重点是中美洲国家电网互联工程以及中美洲地区的公路路网、港口、两洋铁路等。

加勒比石油计划于 2005 年正式实施，主要涉及委内瑞拉和加勒比海 11 国，能源、基础设施为重点领域，委内瑞拉向其他参与国按国际市场价格供应原油或成品油，将部分货款转换为长期低息贷款，用于支持参与国的经济社会发展和基础设施建设。

南美洲基础设施一体化倡议于 2000 年开始实施，全面推进交通、能源、通信三大领域的一体化。截至 2017 年 8 月累计完成投资 485 亿美元，完成项目 153 个。截至 2017 年年底，该倡议的项目篮子有 562 个项目，投资估算总额 1989 亿美元，其中公路项目 258 个，约需投资 694 亿美元；铁路项目 53 个，约需投资 521 亿美元；电站项目 25 个，约需投资 435 亿美元。③ 公路、铁路、电站项目合计 336 个，占项目总数的 59.8%；约需投资合计 1650 亿美元，占投资估算总额的 83.0%。

（二）基础设施互联互通可分为三个层次

三个层次是指国内互联互通、次区域互联互通、地区和洲际互联互通。本着"集体规划，分别实施"的原则，互联互通项目的筛选和确定都是由有关各国集体磋商和规划的。第 1 层次项目较多，第 2 层次项目较

---

① "中美洲一体化和发展项目"的西班牙语全称为"Proyecto Integración y Desarrollo Mesoamericana"，有 10 个参与国，即墨西哥、中美洲 7 国（伯利兹、哥斯达黎加、萨尔瓦多、洪都拉斯、危地马拉、巴拿马、尼加拉瓜）以及南美洲的哥伦比亚、加勒比海的多米尼加。

② "加勒比石油计划"的西班牙语名称为"Petrocaribe"，有 18 个参与国，即委内瑞拉、加勒比海 11 国（安提瓜和巴布达、巴哈马、古巴、多米尼克、多米尼加、格林纳达、海地、牙买加、圣基茨和尼维斯、圣文森特和格林纳丁斯、圣卢西亚）、中美洲 4 国（伯利兹、危地马拉、洪都拉斯、尼加拉瓜）以及南美洲 2 国（苏里南、圭亚那）。

③ UNASUR, COSIPLAN, *Cartera de Proyectos 2017*, diciembre de 2017, Buenos Aires, Argentina, pp. 41, 56.

少，第 3 层次项目（尤其是洲际互联互通项目）相对欠缺。以南美洲基础设施一体化倡议为例，在 562 个项目中，属于第 1 层次的有 468 个，约占项目总数的 83.3%；属于第 2 层次的有 94 个，约占项目总数的 16.7%。①

三 "6+4" 两洋通道规划格局基本形成

（一）中美洲 6 条两洋高速公路规划

"6" 是指中美洲一体化和发展项目在建或规划的 6 条两洋高速公路，自北向南依次为：

1. 萨尔瓦多拉乌尼翁（La Unión）—洪都拉斯科尔特斯（Cortés）；

2. 萨尔瓦多拉利伯塔德（La Libertad）—洪都拉斯科尔特斯（Cortés）；

3. 萨尔瓦多阿卡胡特拉（Acajutla）—危地马拉巴里奥斯（Barrios）/圣托马斯（Santo Tomás de Castilla）；

4. 危地马拉盖特萨尔（Quetzal）—圣托马斯（Santo Tomás de Castilla）；

5. 哥斯达黎加利蒙（Limón）—卡尔德拉（Caldera）；

6. 巴拿马城（Ciudad de Panamá）—科隆（Colón）。

（二）南美洲 4 条两洋铁路规划

"4" 是指南美洲基础设施一体化倡议框架内南美洲铁路一体化规划方案中的 4 条东西向两洋铁路，自北向南依次为：巴西伊列乌斯—秘鲁巴约瓦尔、中部两洋铁路、巴西桑托斯—智利阿里卡和安托法加斯塔、巴西帕拉那瓜—智利安托法加斯塔、阿根廷布宜诺斯艾利斯—智利瓦尔帕莱索。南美地区初步形成了 "4 横 4 纵" 的铁路一体化规划和建设格局。"4 横" 是指 4 条东西向的两洋铁路。"4 纵" 是指 4 条南北向或大致南北走向的铁路，其中 3 条列入南美洲铁路一体化规划方案，即玻利维亚（圣克鲁斯）—阿根廷（布宜诺斯艾利斯）、巴拉圭（亚松森）—阿根廷（布宜诺斯艾利斯）、巴西（圣保罗）—乌拉圭（蒙得维的亚）；第 4 条为

---

① UNASUR, COSIPLAN, *Cartera de Proyectos 2017*, diciembre de 2017, Buenos Aires, Argentina, p. 41.

巴西南北大铁路（阿莱格里—贝伦），虽未列入南美洲铁路一体化规划，但巴西正在建设。此外，南美洲铁路一体化规划方案中还包括巴西、巴拉圭、乌拉圭、阿根廷4国之间的几条铁路连接路段规划。

第二节 基础设施一体化是共建"一带一路"的重要基础

一 三个次地理区域坚定推进基础设施一体化进程

（一）南美洲基础设施一体化倡议

该一体化倡议涵盖交通、能源、通信三大领域，但以公路、铁路、电站等项目为主。该倡议于2000年开始实施，包括南美地区的12个国家，即阿根廷、玻利维亚、巴西、智利、哥伦比亚、厄瓜多尔、圭亚那、巴拉圭、秘鲁、苏里南、乌拉圭、委内瑞拉。截至2017年8月，南美洲基础设施一体化倡议累计竣工项目153个，累计完成投资额约485亿美元；在建项目409个，约需投资1504亿美元。[1] 随着投资的增加，南美洲基础设施一体化倡议进入项目竣工高峰期，2018年竣工的项目预计有97个，2019年有123个，2020—2027年每年有141—159个。[2]

2017年南美洲国家联盟"南美洲基础设施和计划委员会"[3] 批准的南美洲基础设施一体化倡议项目篮子有562个项目，投资总额约1989亿美元。按照投资规模，南美洲基础设施一体化倡议的前5大项目及其投资估算、项目状态分别为：①厄瓜多尔货运铁路电气化项目，178亿美元，正在进行可行性研究；②阿根廷—巴拉圭两国的科尔普斯·克里斯蒂（Corpus Christi）水电站，80亿美元，拟开工建设；③玻利维亚境内两洋铁路路段，70亿美元，拟开工建设；④巴西的库亚巴—桑塔伦

---

[1] UNASUR, COSIPLAN, *Actividades Informe 2017*, Argentina, Noviembre 2017, p. 24.

[2] UNASUR, COSIPLAN, *Cartera de Proyectos 2017*, diciembre de 2017, Buenos Aires, Argentina, p. 56.

[3] 南美洲国家联盟的西班牙语全称为"Unión de Naciones Suramericanas"，缩写为"UNASUR"。南美洲基础设施和计划委员会的西班牙语全称为"Consejo Suramericano de Infraestructura y Planeamiento"，缩写为"COSIPLAN"。

(Cuiabá-Santarém）高速公路，65 亿美元，正在建设；⑤玻利维亚—巴西水电站项目，50 亿美元，正在进行可行性研究。

（二）中美洲一体化和发展项目重点建设公路路网和电网

中美洲一体化和发展项目于 2001 年开始实施，包括 10 个国家，即伯利兹、哥伦比亚、哥斯达黎加、多米尼加、萨尔瓦多、洪都拉斯、危地马拉、墨西哥、巴拿马和尼加拉瓜。

中美洲一体化和发展项目有两个"轴心"，即"经济轴心"和"社会轴心"，前者包括交通、能源、通信、贸易和竞争便利化政策 4 个领域，后者包括医疗、环境保护、灾害防控、住房、食品和粮食安全 5 个领域。

交通和能源是中美洲一体化和发展项目的两大主要领域。2008 年 1 月至 2015 年 6 月中美洲一体化和发展项目累计完成了 62 个项目，完成投资总额约 6.1 亿美元。在 62 个项目中，交通项目 19 个，投资额约 3.4 亿美元，占完成投资总额的 55.7%；能源项目 10 个，投资额约 2.6 亿美元，占完成投资总额的 42.6%。交通项目和能源项目的投资额合计占完成投资总额的 98.4%。截至 2015 年 6 月，在建项目 45 个，投资总额约 25 亿美元，其中交通项目 10 个，投资额约为 17 亿美元；能源项目 7 个，投资额约为 6 亿美元；交通项目和能源项目投资额合计 23 亿美元，占投资总额的 92.0%。[1]

能源项目的重点是"中美洲国家电网互联工程"[2]，以巴拿马、哥斯达黎加、洪都拉斯、尼加拉瓜、萨尔瓦多、危地马拉 6 个中美洲国家为主体，墨西哥和哥伦比亚于 2014 年正式加入。该工程的目的是建设连接 8 个国家的输电线路。输电线路的建设工作于 2002 年正式开始，并取得明显成效。2010—2015 年萨尔瓦多、危地马拉、尼加拉瓜、巴拿马 4 国的平均零售电价由 17.2 美分/度降至 8.9 美分/度，降幅约为 48%。[3]

---

[1] Portal Oficial del Projecto Mesoamérica, "Resumen Ejecutivo del Proyecto de Integración y Desarrollo de Mesoamérica: años 2008 - 2015", Agosto de 2015, http://www.proyectomesoamerica.org/joomla/images/XV%20Cumbre/RESUMEN%20EJECUTIVO.pdf.

[2] 中美洲国家电网互联工程的西班牙语全称为"Sistema de Interconexión Eléctrica de los Países de América Central"，缩写为"SIEPAC"。

[3] Manuel Eugenio Rojas Navarrete, *Estadísticas del subsector eléctrico de los países del Sistema de la Integración Centroamericana（SICA）*, 2016, Comisión Económica para América Latina y el Caribe (CEPAL), Ciudad de México, 2017, p.28. 根据第 28 页表 7（Cuadro 7）中的数据计算。

针对中美洲国家电网互联工程，中美洲 6 国较为成功地实施了多国联合特许经营模式。中美洲 6 国于 1987 年提出这一工程倡议，经过近 10 年的研究和磋商，1996 年中美洲 6 国签订了《中美洲电力市场框架条约》①，于 1999 年正式生效。根据该条约，6 国政府共同成立了"区域电网监管委员会"②（简称"电监会"，总部设在危地马拉）和"区域电力运营公司"③（简称"电力公司"，总部设在萨尔瓦多），前者主要负责电网、电力市场、电价等的规划和监管，后者主要负责电力购买和零售。中美洲 6 国的各国国有电力公司与墨西哥、哥伦比亚、西班牙的电力公司共同成立了电网运营公司④（简称"电网公司"），电监会根据《中美洲电力市场框架条约》授权该电网公司负责输电线路的融资、建设和运营。根据中美洲一体化和发展项目官网公布的信息，截至 2015 年 6 月，电网公司完成投资总额累计约 5.05 亿美元，其中自有资金 0.585 亿美元，占投资总额的 11.6%；电网公司向美洲开发银行、中美洲经济一体化银行⑤、CAF—拉丁美洲开发银行等金融机构贷款 4.465 亿美元，约占投资总额的 88.4%。

交通项目的重点是中美洲高速公路路网工程，全长超过 1.3 万千米，包括太平洋沿岸高速公路（3152 千米）、大西洋沿岸高速公路（2906 千米）、中美洲 6 条两洋高速公路（合计 1374 千米）、加勒比海沿岸旅游公路（1446 千米）、支线公路（4255 千米）⑥，其中前 3 项是主要部分。太平洋沿岸高速公路北起墨西哥的普埃布拉，向东经大西洋沿岸的（墨西哥）韦拉克鲁斯，然后一路南下，直至巴拿马的首都——巴拿马城。大西洋沿岸高速公路北起韦拉克鲁斯，向东经大西洋

---

① 《中美洲电力市场框架条约》的西班牙语全称为"Tratado Marco del Mercado Eléctrico de América Central"。

② 区域电网监管委员会的西班牙语全称为"Comisión Regional de Interconexión Eléctrica"，缩写为"CRIE"。

③ 区域电力运营公司的西班牙语全称为"Ente Operador Regional"，缩写为"EOR"。

④ 电网运营公司的西班牙语全称为"Empresa Propietaria de la Red"，缩写为"ERP"。

⑤ 中美洲经济一体化银行的西班牙语全称为"Banco Centroamericano de Integracion Economica"，缩写为"BCIE"。

⑥ Portal Oficial del Projecto Mesoamérica, "Red Internacional de Carreteras Mesoamericanas (RICAM)", http://www.proyectomesoamerica.org/joomla/index.php?option=com_content&view=article&id=179&Itemid=108，2017 年 7 月 21 日。

沿岸的（墨西哥）切图马尔，然后一路南下，直至巴拿马的米拉马尔。

（三）加勒比石油计划在困境中努力推进

加勒比石油计划于 2000 年由委内瑞拉发起，2005 年正式实施，现有 18 个参与国，即委内瑞拉、安提瓜和巴布达、巴哈马、伯利兹、古巴、多米尼克、多米尼加、格林纳达、危地马拉、圭亚那、海地、洪都拉斯、牙买加、尼加拉瓜、圣基茨和尼维斯、圣文森特和格林纳丁斯、圣卢西亚、苏里南。委内瑞拉向其他 17 个参与国按国际市场价格供应原油或成品油，当原油价格在 40 美元/桶以上时，货款的 30%—70% 转换为长期低息贷款（25 年，年利率 1%），[①] 用于支持 17 国的经济社会发展和基础设施建设。2005—2014 年委内瑞拉向有关国家累计供应原油 3 亿桶，货款总额约 280 亿美元，其中 120 亿美元转换为长期低息贷款。[②]

根据委内瑞拉—加勒比石油计划的货款转贷款方案，原油货款转换的贷款金额取决于委内瑞拉的原油现货价格，例如，原油现货价格在 15—40 美元/桶时，5%—25% 的原油货款可以转换为贷款；原油现货价格在 40—150 美元/桶时，30%—60% 的原油货款可以转换为贷款；原油现货价格超过 150 美元/桶时，70% 的原油货款可以转换为贷款。[③] 委内瑞拉分配给古巴、多米尼加、牙买加、尼加拉瓜、海地、圭亚那、安提瓜和巴布达、格林纳达、圣基茨和尼维斯、多米尼克、圣文森特和格林纳丁斯、伯利兹、苏里南、萨尔瓦多等 14 个国家的原油供应配额约为 22.3 万桶/日，其中古巴 9.8 万桶/日，其他 13 个国家合计 12.5 万桶/日。[④] 2005—2014 年委内瑞拉的原油现货价格大幅上涨，2005 年的年均现货价格约为 46 美元/桶，2011—2013 年达到 100 美元/桶以上。2007—2014 年委内瑞拉向其他 13 个国家日均原油供应量由 5.63 万吨增

[①] Petrocaribe Development Fund, *Annual Report 2014–2015*, Jamaica, September 2015, p. 3.

[②] tele SUR, "Petrocaribe: a 12 años del acuerdo integracionista del Caribe", https://www.telesurtv.net/news/Petrocaribe-A-12-anos-del-acuerdo-integracionista-del-Caribe-20170628-0055.html, 2017 年 6 月 29 日。

[③] Permanent Secretariat of SELA (Systema Económico Latinoamericano y del Caribe), *Evolution of the PETROCARIBE Energy Cooperation Agreement*, p. 13, Caracas, Venezuela, June 2015.

[④] Petro Caribe, *Petro Caribe Management Report*, Quarter 1, 2014, p. 7.

至 10.45 万吨。① 因此,2005—2014 年加勒比石油计划成效显著,例如其他 13 个国家 1/3 左右的能源供应来自加勒比石油计划,原油货款转换的长期低息贷款总额约 39 亿美元,支持了 432 个经济社会发展和基础设施项目②,加勒比石油计划对 13 个国家的经济社会发展发挥了重要作用。2014 年下半年以来,委内瑞拉原油现货价格大幅度下跌,2015 年年均现货价格为 44.65 美元/桶,2016 年为 35.15 美元/桶,2017 年 1—8 月略回升至 43.85 美元/桶。③ 与此同时,委内瑞拉的原油产量有所减少,加勒比石油计划的执行力度有较大幅度下降,例如 2017 年 4 月委内瑞拉将牙买加的原油配额由 23000 桶/日减至 1300 桶/日④。

二 铁路是拉美和加勒比地区基础设施一体化的重要组成部分

绝大部分拉美国家高度重视铁路的重要性,有些国家制定了或正在实施铁路复兴和发展计划。南美洲基础设施一体化倡议已有 67 个铁路项目,约需投资 470 亿美元。⑤

(一) 铁路为拉美国家的发展发挥过重大作用

拉美和加勒比地区的绝大部分铁路是第一次世界大战(1914—1918 年)以前修建的。继古巴于 1837 年修建拉美和加勒比地区的第一条铁路后,墨西哥、巴西、阿根廷等拉美国家自 19 世纪中期开始大规模修建铁路,1912 年拉美和加勒比地区的铁路总长度达到 10 万公里,拉美和加勒比地区的铁路路网基本形成。铁路的大规模修建对拉美和加勒比地区的

---

① PetroCaribe, *PetroCaribe Management Report*, Quarter 1, 2014, p. 8.
② Permanent Secretariat of SELA (Systema Económico Latinoamericano y del Caribe), *Evolution of the PETROCARIBE Energy Cooperation Agreement*, pp. 17, 18, 19, 20, Caracas, Venezuela, June 2015.
③ Ministerio del Poder Popular de Petróleo y Minería, Venezuela, "Evolución de Precios 2015 – 2017", http://www.mpetromin.gob.ve/portalmenpet/secciones.php?option=view&idS=45, 2017 年 11 月 9 日。
④ The Gleaner, Jamaica, "Petro Caribe Quota To Ja Falls Dramatically... Down From 23,000 To 1,300 Barrels Per Day", April 21, 2017, http://jamaica-gleaner.com/article/lead-stories/20170421/petrocaribe-quota-ja-falls-dramatically-down-23000-1300-barrels-day.
⑤ IIRSA, "Integración Ferroviaria", July 18, 2016, http://www.iirsa.org/Page/Detail?menuItemId=101.

经济增长与发展发挥了重要作用,如 1864—1913 年铁路对巴西 GDP 增长的贡献率为 61.6%—84.2%,墨西哥(1873—1910 年)为 24.3%,阿根廷(1865—1913 年)为 21.6%,乌拉圭(1874—1913 年)为 8.4%。①

20 世纪 50 年代以后,随着公路的大规模兴建,铁路在陆路交通中的地位迅速下降并衰落,不少铁路路段被废弃,2007 年拉美和加勒比地区的铁路总长度为 94370 公里,② 比 1912 年少了 5000 多公里。尽管如此,学者的研究结果表明,铁路对经济增长的重要性仍然很高,如 1950—1995 年巴西的铁路建设投资每增加 1%,可以带动该国 GDP 增长 0.643%,仅次于电力(0.683%),远高于通信(0.428%)和公路(0.399%)。③

(二)现有铁路路网主要分布在南美地区

根据拉美经委会的统计,截至 2007 年拉美和加勒比地区的铁路总长度约为 9.4 万公里,其中约 7.2 万公里分布在南美地区。南美地区的铁路主要集中在阿根廷(29339 公里)、巴西(28102 公里)、智利(8688 公里)、玻利维亚(2438 公里)、乌拉圭(1641 公里)等国家。④

南美地区的铁路有三个明显特点。一是南美地区的铁路以货运为主。如表 6—1 所示,截至 2012 年,巴西、阿根廷、智利、玻利维亚、秘鲁、乌拉圭、哥伦比亚、委内瑞拉、巴拉圭等南美国家的货运铁路总长度为 69995 公里,占南美地区铁路总长度(约 7.2 万公里)的 97%。巴西的货运铁路长度 3 万多公里,居拉美和加勒比地区第一位;其次是阿根廷,2.8 万多公里。二是轨距不统一,例如巴西、阿根廷、智利、秘鲁、哥伦比亚有两种或三种轨距。巴西的货运铁路以米轨为主,其长度约为 2.3 万公里,约占该国货运铁路总长度的 76%。阿根廷则以

---

① Alfonso Herranz-Loncán, "Transport Technology and Economic Expansion: the Growth Contribution Of Railways in Latin America before 1914", *Revista de Historia Económica*, Vol. 32, No. 1, 2014.
② CEPAL, *Anuario Estadístico de América Latina y el Caribe 2013*.
③ Ferreira P. C., J. V. Issler, "Times Series Properties and Empirical Evidence of Growth and Infrastructure", *Revista de Econometria*, Vol. 18, No. 1, 1998.
④ CEPAL, *Anuario Estadístico de América Latina y el Caribe* 2012. Santiago, Chile, diciembre de 2012, cuadro 3.8.1.4.

1676毫米轨距的铁路为主，约占货运铁路总长度的65%。三是部分铁路路段不能有效运行，例如截至2015年阿根廷实际运行的铁路为17965公里（其中货运铁路12516公里）[①]，有1万多公里铁路处于停运或废止状态，其他几个国家程度不同地存在类似情况。

表6—1　　2012年拉美和加勒比地区货运铁路（公里）

国家		轨距（毫米）				合计
		1000毫米	1435毫米	1600毫米	1676毫米	混合	
南美地区	巴西	22884		6687		523	30094
	阿根廷	7347	2704		18475		28526
	智利	1163			1991		3154
	玻利维亚	2438					2438
	秘鲁	136	1738				1874
	乌拉圭		1641				1641
	哥伦比亚	1311	150				1461
	委内瑞拉		804				804
	巴拉圭		3				3
	小计	35279	7040	6687	20466	523	69995
墨西哥			17787				17787
巴拿马			73				73
合计		35279	24900	6687	20466	523	87855

注：哥伦比亚的1000毫米轨距实际为914毫米。

资料来源：Asociación Latinoamericana de Ferrocarriles（ALAF），www.alaf.int.ar，2015年9月21日。

（三）拉美和加勒比地区历史上修建的两洋铁路和跨越安第斯山铁路大多中断或废弃

在拉美和加勒比地区的铁路建设历史上，曾经形成过7条两洋铁路和3条跨越安第斯山的铁路。在7条两洋铁路中，2条位于墨西哥，3条位于中美洲（危地马拉、哥斯达黎加和巴拿马），2条位于南美洲

[①] Comision Nacional de Regulacion del Transporte（CNRT），Argentina，*Informe Estadístico Anual 2015 – Red Ferroviaria de Cargas*，2015，p.4.

(哥伦比亚、智利、阿根廷)。除墨西哥、巴拿马两国的两洋铁路还能通行外,其他两洋铁路均已中断。3条跨越安第斯山的铁路要么暂停使用,要么货运能力有限。

1. 7条两洋铁路概况

墨西哥西临太平洋,东临大西洋,其铁路路网较为密集,因此其两洋铁路通道在2条以上,但是建成时间较早、影响和作用较大的有2条。第一条是曼萨尼约港(太平洋沿岸)—墨西哥城—韦拉克鲁斯港(大西洋沿岸)铁路,全长约2250公里,1870—1910年分段建成,目前仍在运行。第二条是萨利纳克鲁斯港(太平洋沿岸)—墨西哥港(大西洋沿岸),1913年建成通车,全长约310公里,目前部分路段仍在运行。

巴拿马铁路于1855年建成通车,是美洲地区的第一条两洋铁路。1904—1912年美国修建巴拿马运河时改建了巴拿马铁路,其长度为73公里,因此,这条铁路是美洲地区路程最短的两洋铁路,其最大运力为200万TEU(20英尺长的集装箱)。

哥斯达黎加的蓬塔雷纳斯港(太平洋沿岸)—利蒙港(大西洋沿岸)铁路是中美洲地区的第二条两洋铁路,于1871年开始修建,1890年全线通车,全长约300公里。1991年以利蒙为震中的7.5级地震和1996年的飓风使圣何塞(首都)—利蒙港铁路路段全线中断,至今仍没有修复。

危地马拉的圣何塞港(太平洋沿岸)—巴里奥斯港(大西洋沿岸)铁路是中美洲地区的第三条两洋铁路,全长约725公里,于1892年开始修建,1908年全线通车。目前,绝大部分路段处于瘫痪状态。

哥伦比亚的布埃纳文图拉港(太平洋沿岸)—哥伦比亚港(大西洋沿岸)铁路全长约1400公里,于1874年开始修建,20世纪30年代全线通车。目前大部分已经废弃,只有500公里左右的路段还能通行。

智利瓦尔帕莱索港(太平洋沿岸)—阿根廷布宜诺斯艾利斯(大西洋沿岸)铁路是南美地区的第一条两洋铁路,全长1430多公里,于1854年提出设想,1887年开始修建,1910年全线通车。这条铁路的洛斯安第斯(智利)—门多萨(阿根廷)路段长约243公里,于1984年关闭，自 2004 年以来智、阿两国计划修复该段铁路，目前正在做准备工作。

2.3 条跨越安第斯山脉的铁路概况

3 条跨越安第斯山脉的铁路，其主要目的是解决玻利维亚的出海通道问题。这三条铁路自北向南分别为：

（1）莫延多港（秘鲁的太平洋港口城市）—拉巴斯（玻利维亚的首都）铁路，1910 年建成通车，火车从莫延多行驶至普诺（秘鲁），换乘轮渡渡过的的喀喀湖至瓜基（玻利维亚），再走铁路至拉巴斯。目前，莫延多至普诺铁路仍在通车；瓜基至拉巴斯也能通车，但仅用于旅游列车。

（2）阿里卡港（智利）—拉巴斯（玻利维亚的首都）铁路，1904 年开工，1913 年建成通车，全长 440 公里，其中智利境内 207 公里，玻利维亚境内 233 公里。2005 年运输中断。2010—2012 年，智利境内路段进行了修复，但玻利维亚境内路段仍未恢复通车。

（3）安托法加斯塔港（智利）—奥鲁罗（玻利维亚）铁路，1873 年开工，1888 年建成通车，全长 1537 公里。目前仍在通车，主要运输铜矿砂。

这 3 条铁路翻越安第斯山脉后，可以通过阿根廷的铁路通向大西洋。但是在通往巴西的方向上，玻利维亚的苏亚雷斯港与巴西的科伦巴之间有 24 公里的距离，至今未修建铁路。

（四）南美地区持续推进两洋铁路

根据 2017 年 7 月南美洲基础设施和计划委员会铁路一体化工作组[①]（简称"南美铁路一体化工作组"）提出的南美洲铁路一体化预选方案，4 条两洋铁路自北向南分别为巴西—秘鲁两洋铁路、中部两洋铁路、（智利）安托法加斯塔—（巴西）帕拉纳瓜两洋铁路、（智利）瓦尔帕莱索—（阿根廷）布宜诺斯艾利斯两洋铁路。

中国、巴西、秘鲁联合发起的巴西—秘鲁两洋铁路正式纳入南美洲

---

① 铁路一体化工作组的西班牙语名称为"Grupo de Trabajo sobre Integración Ferroviaria"。

铁路一体化预选方案。该两洋铁路是中国在拉美和加勒比地区参与的首个多边重大基础设施可行性研究项目,巴西、秘鲁两国的可行性研究工作正在进行。巴西境内的铁路路段被称作"巴西东西大铁路",2008年以来巴西的国有企业——巴西铁路工程建设总公司(Valec,简称"巴铁")对这条铁路进行规划和研究,东起坎波斯港或伊列乌斯港(Ilhéus),西至巴西、秘鲁边境。根据巴铁和南美洲基础设施一体化倡议官网信息,巴西东西大铁路将分4段进行规划、研究和建设,其中东部路段和西部路段为远期规划;中部有两段,一段为在建铁路,另一段已完成可行性研究。秘鲁境内的铁路路段存在北线和南线的分歧,北线贯穿秘鲁北部,以秘鲁的巴约瓦尔港为出海口;南线以秘鲁首都利马为出海口。

中部两洋铁路有两个备选方案。第一个备选方案是玻利维亚政府的方案,以秘鲁的伊洛港或马塔拉尼港为太平洋沿岸出海口,东至巴西的桑托斯港,涉及秘鲁、玻利维亚、巴西3个国家。第二个备选方案是铁路一体化工作组的方案,利用既有铁路,以智利阿里卡港和安托法加斯塔港为太平洋沿岸出海口,涉及秘鲁、智利、玻利维亚、巴西4个国家。安托法加斯塔—帕拉纳瓜铁路的工作组于2014年正式成立,巴西、阿根廷、巴拉圭、智利四国已经达成了共识,原计划于2020年建成通车,现调整为2027年前建成通车。瓦尔帕莱索—布宜诺斯艾利斯铁路的大部分路段为既有铁路,需修复洛斯·安第斯—门多萨铁路路段。

智利瓦尔帕莱索港—阿根廷布宜诺斯艾利斯铁路需要修复智利洛斯安第斯—阿根廷门多萨路段。智利、阿根廷两国政府把修复这条铁路作为双边合作的重点项目之一,2009年两国政府共同授权拉斯莱纳斯隧道双边实体负责洛斯安第斯—门多萨铁路路段工程。根据2015年8月的可行性研究,这段铁路长度为204公里,其中隧道长度52公里,工程投资预算约为89亿美元,工期需10—12年。隧道工程有3个,即铁路隧道、拉斯莱纳斯隧道和黑水隧道,这些隧道统称为"两洋隧道"。黑水隧道的工程方案基本确定,长度为13.9公里,阿根廷一侧的海拔高度为4000—4800米,智利一侧为3600米,投资预算约14亿美元,其中智利出资28%，阿根廷出资72%。① 2015年5月，李克强总理访问智利时，智利总统明确表示欢迎中国企业参与两洋隧道工程。

智利安托法加斯塔—巴西帕拉纳瓜铁路涉及巴西、阿根廷、巴拉圭、智利四国，全长约3222公里。四国在南美洲基础设施一体化倡议框架内达成了共识，计划于2020年建成通车。根据运营和建设情况，可分为7段。智利境内为1段，安托法加斯塔—智利、阿根廷边境的索科姆帕，长约370公里，目前由智利的安托法加斯塔—玻利维亚铁路公司负责运营。阿根廷境内有2段：索科姆帕—雷西斯腾西亚，长约1467公里，目前由阿根廷贝尔格拉诺铁路公司负责运营；雷西斯腾西亚—库鲁巴蒂（阿根廷、巴拉圭边境），为新建路段，约60公里。巴拉圭境内有1段，库鲁巴蒂—伊瓜苏（巴拉圭、巴西边境），为新建路段，约583公里。2015年6月，两洋铁路分组的巴西、巴拉圭、阿根廷、智利四国代表在玻利维亚的圣克鲁斯召开第二次安托法加斯塔—帕拉纳瓜铁路会议，评审并通过了巴拉圭政府编制的库鲁巴蒂—伊瓜苏铁路可行性研究报告。② 巴西境内为3段：伊瓜苏—卡斯卡韦尔，新建路段，约140公里；卡斯卡韦尔—瓜拉普瓦，现有窄轨铁路（1000毫米），约247公里；瓜拉普瓦—帕拉纳瓜港（或南圣弗兰西斯科港），长约355公里，现有宽轨铁路（1676毫米）。

第三节 拉美互联互通与"一带一路" 契合程度较高

"互联互通"是拉美和加勒比地区基础设施一体化的主要内容。"设施联通"是"一带一路"的"五通"之一（另外四通是政策沟通、贸易畅通、资金融通、民心相通）。拉美和加勒比地区互联互通与"一带一路"设施联通的契合程度较高。

---

① Chile, "A ley tres protocolos que fortalecerán la conexión con Argentina", August 11, 2015, www.iirsa.org.

② Subgrupo de Trabajo Corredor Bioceánico/COSIPLAN/UNASUR, "II Reunión Del Subgupo De Trabajo Corredor Bioceánico Antofagasta-Paraguaná", Santa Cruz de la Sierra, 10 de junio de 2015.

一 "集体规划，分别实施"是基本原则

一方面，三大次区域一体化确定的项目，都是有关各国集体规划的结果，均属于第 1 层次和第 2 层次的互联互通。对于第 1 层次的互联互通，有关国家各自负责实施。对于第 2 层次的互联互通，有关国家各自负责其本国境内部分的实施。另一方面，在次区域一体化之外，各国完全能够选择和实施自己的项目。以南美洲地区为例，截至 2016 年 9 月，南美洲 12 个国家的基础设施项目数量、约需投资总额分别为 686 个和 2240 亿美元，均多于南美洲基础设施一体化倡议的 581 个和 1914 亿美元。从项目数量来看，阿根廷的项目数量最多，为 178 个，约需投资 486 亿美元；其次是巴西，有 94 个项目，约需投资 824 亿美元。[①]

二 经过长期酝酿，项目准备和实施条件较好

以玻利维亚铁路一体化、中美洲国家电网互联工程、智利洛斯·安第斯—阿根廷门多萨铁路路段修复工程为例。玻利维亚的铁路一体化计划已酝酿了一个世纪之久，该国铁路系统形成于 20 世纪初叶，由于地形原因，分为东、西两部分，二者在阿根廷北部连接。自 20 世纪初以来，玻利维亚政府一直努力使两部分铁路在本国境内实现连接，2013 年在南美洲基础设施一体化倡议框架内，玻利维亚政府提出了秘鲁—玻利维亚—巴西两洋铁路计划。中美洲国家电网互联工程历时长达 30 年，其中 1987—1996 年的 10 年为磋商期，危地马拉、萨尔瓦多、尼加拉瓜、洪都拉斯、哥斯达黎加、巴拿马等中美洲 6 国完成了多边磋商并签订多边条约；1997—1999 年的 3 年为条约批准期，各签字国完成了各自国内的批准程序，条约得以正式生效；2000—2002 年的 3 年为施工准备期，包括设立电网公司，完成项目融资等工作；2003—2014 年的 12 年为 I 期工程的建设期，工程目标基本实现；2015 年以来，在继续完成 I 期工程的同时，准备实施 II 期工程，II 期工程的目标是将中美洲 6 国的电网与墨西哥、哥伦比亚两国的电网连接起来。智利、阿根廷两

---

① COSIPLAN, *Cartera de Proyectos 2016*, Diciembre 2016, p.18.

国就修复洛斯·安第斯—门多萨铁路路段已进行了 20 多年的双边磋商和准备，1996 年智利向阿根廷提出了修复该段铁路的倡议，2004 年两国开始正式磋商，2009 年两国政府决定设立政府间双边实体——"拉斯莱纳斯跨国隧道公司"① 负责该段铁路的修复工作。根据 2015 年 8 月的可行性研究，这段铁路长约 204 千米，工程投资预算约为 89 亿美元，建设期为 10—12 年。② 2016 年 5 月和 7 月，智利和阿根廷两国各自的议会先后完成了关于组建这一双边实体的批准工作，由智利公共工程部和阿根廷内政、公共工程和住房部负责组建双边实体。

三　建立第一层次互联互通的对接和合作机制

第 1 层次的对接与合作机制主要是双边合作。拉美和加勒比地区推进基础设施一体化进程的"集体规划，分别实施"、中拉整体合作框架与"一带一路"建设的原则高度相符，即整体与双边并行，多边与双边相互促进。一方面，以中拉论坛为重要平台，中国与 33 个拉美国家推进和深化全面合作伙伴关系、中拉整体合作；另一方面，中国与部分拉美国家建立了全面战略伙伴关系或战略伙伴关系，确立了政府间双边沟通和磋商机制，双边对接的基础较好。例如中国与巴西、墨西哥、阿根廷、智利、秘鲁、委内瑞拉、厄瓜多尔 7 国建立了全面战略伙伴关系，与哥斯达黎加、乌拉圭 2 国建立了战略伙伴关系，中国—巴西副总理—副总统级的"中巴高层协调与合作委员会"、中国—墨西哥外长级常设委员会、中国—委内瑞拉高级混合委员会等双边磋商和对话机制已运行多年且运行良好。

四　与次区域一体化建立第二层次互联互通的对接和合作机制

三大次区域一体化不仅是拉美和加勒比地区较有影响和成效的基础设施一体化规划，也是拉美各国发展战略的重要内容，同时也是拉美国

---

① 拉斯莱纳斯跨国隧道公司的西班牙语全称为"Entidad Binacional Túnel Las Leñas"。
② IIRSA, "A ley tres protocolos que fortalecerán la conexión con Argentina", www.iirsa.org, 2015 年 11 月 8 日。

家政府间的磋商、协调与合作机制。经过长期的酝酿和实践，实施这些规划所需的政治共识、社会共识、多边共识基本具备。

各次区域一体化正在实施或准备实施一批优先项目，中国与这些次区域一体化可以围绕其各自的优先项目建立对接机制。以南美洲基础设施一体化倡议为例，该计划推出了一批成熟型的优先项目。根据《2012—2022 年战略行动计划》[①]，26 个优先项目需在 2027 年以前完成，投资总额预计为 231 亿美元。在这 26 个项目中，有 14 个将在 2022 年以前完成，可称之为"2022 年优先项目"，其中投资规模较大的 5 个项目是秘鲁的卡亚俄—拉奥罗亚—普卡尔帕公路项目，公路总长度约 770 千米，约需投资 26.7 亿美元；哥伦比亚境内的两个高速公路项目，即波哥大—布埃纳文图拉高速公路项目和库库塔 — 布卡拉曼加公路改扩建项目，前者约需投资 19.5 亿美元，后者约需 8.8 亿美元，这两个高速公路项目均为加拉加斯—波哥大—布埃纳文图拉—基多高速公路的组成部分；阿根廷和玻利维亚的"阿根廷东北部天然气管道项目"，包括两国合作建设 1500 千米的天然气输气干线和 1500 千米的天然气输气支线，约需投资 18.7 亿美元；巴西和巴拉圭的伊泰普—亚松森—亚塞瑞塔 500 千伏（500KV）输电线路项目，约需投资 8.5 亿美元。这 5 个"2022 年优先项目"约需总投资 82.2 亿美元。有 12 个项目将在 2027 年前完成，可称之为"2027 年优先项目"，其中投资规模较大的 2 个项目是智利安托法加斯塔—巴西帕拉纳瓜铁路，约需投资 55.3 亿美元；智利和阿根廷的黑水（Agua Negra）公路隧道项目，包括 12 千米的隧道和 40 千米的公路，约需投资 16 亿美元。这两个"2027 年优先项目"约需总投资 71.3 亿美元。

五　建立第三层次互联互通的对接和合作机制

拉美大陆西临太平洋，东濒大西洋，因此，贯穿拉美大陆、沟通两大洋的通道被称为"两洋通道"，目前拉美和加勒比地区 10 条两洋通

[①] 《2012—2022 年战略行动计划》的西班牙语名称为"Plan de Acción Estratégico 2012 - 2022"。

道的建设和规划格局基本形成。这 10 条两洋通道是拉美和加勒比地区互联互通的"3 层次叠加"项目，将其纳入"一带一路"，符合以铁路、港口等重大项目为支撑构建互联互通网络的"一带一路"建设举措。

中美洲一体化和发展项目规划了 6 条两洋高速公路通道。6 条两洋高速公路通道分别位于危地马拉（1 条）、萨尔瓦多（2 条）、洪都拉斯（1 条）、哥斯达黎加（1 条）、巴拿马（1 条）5 个国家。中美洲有 7 个国家，即伯利兹①、危地马拉、萨尔瓦多、尼加拉瓜、洪都拉斯、哥斯达黎加、巴拿马，其中哥斯达黎加是中国的建交国且与中国签订了自由贸易协议，巴拿马于 2017 年 6 月与中国建交。哥斯达黎加计划修建卡尔德拉港（太平洋沿岸）至利蒙港（太平洋沿岸）的两洋高速公路通道。截至目前，巴拿马是拉美和加勒比地区以及西半球唯一拥有两洋水路通道（巴拿马运河）和铁路通道（巴拿马铁路）的国家，且两洋通道的路程最短，例如巴拿马运河仅为 65 千米，巴拿马铁路约为 76 千米。如果巴拿马两洋高速公路能够建成，则巴拿马将拥有运河、铁路、高速公路"三位一体"的两洋通道，提高该国在西半球和亚太地区的枢纽地位。

六　以提高项目融资能力为主线构建金融合作机制

三大次区域一体化的投资规模预计在 2000 亿美元以上，其中大部分将由各国政府负责投资或融资，例如在南美洲基础设施一体化倡议中，由中央或联邦政府负责投融资的项目 367 个，约需投资 820 亿美元。② 绝大多数拉美国家国内储蓄率低于投资率，中央或联邦政府财政长期处于赤字状态，基础设施项目的国内融资基础较弱，政府的投资能力较为有限，因此，主权债务融资是拉美国家基础设施建设的主要外部融资来源。美洲开发银行、拉丁美洲开发银行、中美洲经济一体化银

---

①　伯利兹是英语国家，其他 6 个国家是西班牙语国家，因此，伯利兹虽然位于中美洲，但被看作加勒比地区国家。

②　COSIPLAN, *Cartera de Proyectos 2016*, Diciembre 2016, p. 29.

行、普拉塔基金（FONPLATA）等是向拉美和加勒比地区基础设施领域提供贷款的主要多边金融机构。2015 年美洲开发银行批准的基础设施领域的贷款金额约为 43.3 亿美元[1]，拉丁美洲开发银行为 32.7 亿美元。[2] 截至 2016 年 11 月，中美洲经济一体化银行向基础设施领域发放贷款 7.7 亿美元。[3] 阿根廷、玻利维亚、巴西、巴拉圭、乌拉圭 5 国政府出资设立的普拉塔基金提供了约 8.1 亿美元的基础设施贷款。[4] 这 4 家金融机构在 2015 年批准或发放的基础设施贷款合计约为 90.6 亿美元。

据笔者不完全统计，截至 2017 年 10 月，中国向拉美和加勒比地区提供的各类贷款承诺超过 2000 亿美元，贷款余额超过 800 亿美元，其中相当一部分用于支持拉美和加勒比地区的基础设施投资和建设，例如 200 亿美元的拉美和加勒比地区基础设施专项贷款，等等。

金融合作的主线是提高项目的融资能力，而不是由中国单方面解决拉美和加勒比地区融资瓶颈。一方面，通过中国因素的加入，可以提高有关项目的可实施性，进而提高其融资能力，例如提高项目所在国的对华出口能力，中国技术的先进性和低成本优势、中国企业的施工管理与建设优势均比较大，等等；另一方面，明确风险识别和管控机制，尤其是时间风险（项目实施周期较长）、政治风险（政策的稳定性和连续性）、社会与环境风险等。

---

[1] Inter-American Development Bank, *Annual Report 2015*, December 2016, p. 6.
[2] CAF-Banco de Desarrollo de América Latina, *Informe Anual 2015*, pp. 42 – 45, mayo 2016. 2015 年拉丁美洲开发银行批准了 122.55 亿美元的贷款，其中基础设施领域的贷款占批准总额的 26.7%，约为 32.7 亿美元。
[3] Banco Centroamericano de Integración Económica, *Estadísticas Resultados Operaciones*, Noviembre 2016, https：//www.bcie.org/operaciones/estadisticas-operaciones/，2017 年 9 月 2 日。
[4] Fondo Financiero para el Desarrollo de la Cuenca del Plata, *Annual Report 2015*, FONPLATA, 2016, p. 38.

第七章

中拉基础设施合作

长期以来，中国与拉美国家的基础设施建设合作以中国企业的工程承包为主。近几年来，中国交通建设集团（简称"中国交建"）、国家电网公司（简称"国家电网"）、中国长江三峡集团公司（简称"三峡集团"）等以并购、直接投资等方式，获得或参与了牙买加和厄瓜多尔的高速公路、巴西的电网和水电站等基础设施项目的长期特许经营权。

第一节 中拉基础设施合作取得突破

一 金融合作助推中国企业在拉美和加勒比地区的工程承包

根据中国国家统计局的统计数据，中国对拉丁美洲承包工程完成营业额 2000 年仅为 1.7 亿美元左右，2012 年超过 100 亿美元（达到 113.2 亿美元），2015 年达到 164.0 亿美元。根据中国商务部公布的数据，2016 年中国企业在拉美和加勒比地区签订的承包工程合同金额 191.2 亿美元，完成营业额 160.3 亿美元（见图 7—1）。

中国企业已在 30 个拉美国家开展工程承包业务，但绝大部分工程承包集中在委内瑞拉、厄瓜多尔、阿根廷、巴西等 4 个拉美国家。根据国家统计局的统计数据，2009—2015 年中国企业在这 4 个拉美国家工程承包完成营业额合计占中国企业对拉丁美洲承包工程完成营业额的 74.0%。

如图 7—1 所示，2009—2015 年中国企业在拉美和加勒比地区完成的工程承包营业额出现了较大幅度的增长，中国与委内瑞拉、厄瓜多尔、阿根廷的金融合作对这一增长起到了重要作用。例如，中国与委内瑞拉的大规模金融合作于 2008 年正式开始，支持委内瑞拉的住房、交通等基础设施项目建设，有力地带动了中国企业在委内瑞拉的工程承包业务，2009—2015 年中国企业在委内瑞拉的工程承包营业额增加了 25.5 亿美元（由 9.3 亿美元增至 34.8 亿美元），同期中国企业的拉美和加勒比地区的工程承包营业额增加了 26.3 亿美元（由 36.4 亿美元增至 62.7 亿美元），前者对后者的贡献率高达 96.9%。

厄瓜多尔、阿根廷、牙买加、巴哈马等拉美国家也存在与委内瑞拉类似的情况。例如，在中国进出口银行、中国国家开发银行的支持下，厄瓜多尔建设了一批水电站、公路等基础设施项目，中国企业在该国的工程承包营业额由 2010 年的 2.2 亿美元增至 2012 年的 16.1 亿美元，2015 年进一步增至 32.9 亿美元，等等。

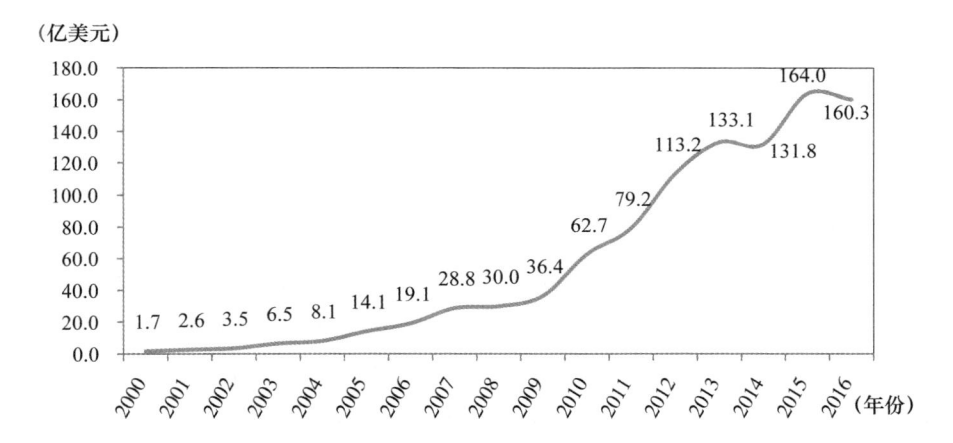

图 7—1　2000—2016 年中国对拉丁美洲承包工程完成营业额

资料来源：Wind 资讯。

二　中国企业在巴西电力领域的并购成效显著

2017 年 1 月国家电网巴西控股公司完成了巴西 CPFL 能源公司 54.64% 股权的交割，收购金额为 141.9 亿雷亚尔（约 45 亿美元）。这是国家电网巴西控股公司在巴西成功实施的第 15 起股权并购，在此之前该公司已在巴西先后收购 14 家拥有输电特许经营权的项目公司。2016 年 12 月三峡集团完成了杜克能源巴西公司 100% 股权的交割，收购金额为 12 亿美元，使三峡集团在巴西合资或控股拥有的装机容量达到 827 万千瓦。

国家电网主营电网业务，该集团通过收购拥有输电线路特许经营权的项目公司进入巴西电力领域。2009 年 5 月国家电网的合资子公司——国网国际发展有限公司与西班牙 ACS 公司签订协议，拟收购后者在巴西的 7 个子公司，其 7 个子公司在巴西拥有 16 条 138 千伏—500 千伏输电线路的特许经营权，输电线路总长度 2792 千米，收购金额 10.5 亿雷亚尔（约 5.3 亿美元）。2010 年 12 月，国网国际发展有限公司在里约热内卢正式成立"国家电网巴西控股公司"，并完成了与西班牙 ACS 公司的股权交割。2011 年以来，国家电网巴西控股公司投资和收购并举，迅速扩大业务规模。在投资方面，联合投资和独立投资并举，例如 2012 年 12 月国家电网巴西控股公司（51%）与两家巴西企业（合计 49%）组成联营体，成功中标巴西 2012 年 07 号输电特许权 G 标段项目，共同投资建设和运营 953 千米 500 千伏的输电线路，运营期 30 年。2014 年 2 月国家电网巴西控股公司（51%）与巴西国家电力公司（49%）组成联营体，成功中标巴西美丽山特高压输电线路 II 期特许经营项目，共同投资建设和运营 2092 千米的输电线路，运营期 30 年。2016 年 4 月国家电网巴西控股公司独立中标巴西特里斯皮尔斯水电送出二期输电特许经营权项目，投资建设和运营 1280 千米的输电线路，运营期 30 年。在收购方面，对巴西 CPFL 能源公司控股性收购不仅是国家电网规模较大的一起海外并购业务，也使国家电网巴西控股公司在巴西电力领域的地位大幅度提升。根据巴西的法律规定，每个特许经营项目需设立一个项目公司。因此，截至 2016 年年底，国家电网巴西控股公司在巴西全资或控股拥有 16 家子公司。

三峡集团的主营业务是发电，该集团通过收购水电站项目公司的股权进入巴西电力领域。2011 年 12 月三峡集团与葡萄牙电力公司签订战略伙伴关系协议，前者收购后者 21.35% 的股份，并约定双方开展全球范围的电力合作开发。2013 年 6 月三峡集团的全资子公司——中水电国际投资有限公司与葡萄牙电力公司的控股子公司——葡萄牙电力巴西公司签订了谅解备忘录，前者收购后者在巴西两座水电站各 50% 的运营权，收购金额为 7.84 亿雷亚尔，两座水电站装机容量合计为 59.2 万千瓦。2013 年 10 月中国三峡（巴西）有限公司成立，开启了大踏步的并购之路，除完成了前述两座水电站各 50% 运营权的收购外，2014 年收购了葡萄牙电力巴西公司一座在建水电站 33.3% 的建设权，2015 年收购了巴西 Triunfo 公司的两座水电站，等等。2016 年中国三峡（巴西）有限公司不仅完成了巴西朱比亚水电站和伊利亚水电站 30 年特许经营权的收购交割，也完成了美国杜克能源巴西公司的收购，中国三峡（巴西）有限公司一跃成为巴西第二大电力生产企业。

三　中国企业在牙买加、厄瓜多尔成功实施公路特许经营项目

2016 年 3 月中国港湾工程有限责任公司（简称"中国港湾"）投资建设和运营的牙买加南北高速公路全线竣工通车，这不仅是中国港湾的首个境外公路 BOT 项目，也是中国企业在拉美和加勒比地区的首个基础设施 BOT 项目。同月，中国路桥工程有限责任公司（简称"中国路桥"）与厄瓜多尔基多市正式签订基多市国际机场进城通道投资协议，这是中国路桥在拉美和加勒比地区的首个 PPP 项目。中国港湾和中国路桥均为中国交通建设集团的合资子公司。

中国港湾在工程承包的基础上实施牙买加南北高速公路 BOT 项目。2010 年中国港湾作为 EPC 总承包商，承建牙买加机场路修复与护岸工程。2011 年牙买加政府批准中国港湾投资建设南北高速公路的申请，特许经营期 50 年。牙买加自 20 世纪 60 年代开始计划修建纵贯南北的公路，2000 年该国政府正式颁布"高速公路 2000"计划，南北高速公路是重要组成部分。中国港湾投资建设的南北高速公路长 66 千米，总投资约 7.3 亿美元。南北高速公路全线通车圆了牙买加半个世纪的梦想。

中国路桥 2012 年中标厄瓜多尔的 7 个道路改扩建工程，这些工程由中国国家开发银行提供贷款。此后，中国路桥先后独自或联合承包毕福—帕帕拉克塔公路扩建、厄瓜多尔雅查伊大学城教学楼及配套设施修建、圣文森特城市道路改造、基多市城市立交、ITTS 高等技术学院修建等项目。基多市国际机场进城通道项目采用 PPP 模式建造，长约 4.6

千米，其中含有两座大桥（总长约 500 米），建设期 28 个月，特许经营期 30 年。

四 中拉基础设施合作迎来历史新机遇

拉美和加勒比地区已经经历了两轮基础设施建设高峰期，第一轮是 19 世纪中后期至 20 世纪初叶以铁路建设为代表的基础设施建设，第二轮是 20 世纪 50—70 年代以公路建设为代表的基础设施建设。目前，随着拉美和加勒比地区基础设施一体化进程的加速推进，拉美和加勒比地区正在掀起第三轮基础设施建设高峰。

（一）拉美和加勒比地区基础设施一体化的协调和合作机制趋于成熟

南美洲基础设施一体化倡议和中美洲一体化和发展项目是政府间的磋商、协调与合作。一方面，拉美国家具备良好的政治、经贸磋商与合作基础，区域性多边合作机制较为健全，例如 20 世纪 50 年代以来，拉美和加勒比地区持续推进一体化进程，先后成立了一系列区域性和次区域性组织，并相应地设立了对话、磋商和协调机构，签订了相关条约或协议，等等。

另一方面，南美洲基础设施一体化倡议和中美洲一体化和发展项目中的项目经历了长期酝酿，实施这些项目所需的政治共识、社会共识、多边共识基本具备。例如"中美洲国家电网互联工程"历时长达 30 年，其中 1987—1996 年的 10 年为磋商期，危地马拉、萨尔瓦多、尼加拉瓜、洪都拉斯、哥斯达黎加、巴拿马等中美洲 6 国完成了多边磋商并签订多边条约；1997—1999 年的 3 年间为条约批准期，各签字国完成了各自国内的批准程序，条约得以正式生效；2000—2002 年的 3 年为施工准备期，包括设立电网运营公司（ERP），完成项目融资等工作；2003—2014 年的 12 年为 I 期工程的建设期，工程目标基本实现；2015 年以来，在继续完成 I 期工程的同时，准备实施 II 期工程，II 期工程的目标是将中美洲 6 国的电网与墨西哥、哥伦比亚两国的电网连接起来。

智利和阿根廷两国关于修复洛斯·安第斯—门多萨铁路路段的双边

磋商和准备已历时 20 余年。1996 年智利向阿根廷提出了修复该段铁路的倡议，2004 年两国开始正式磋商，2009 年两国政府决定设立政府间双边实体——拉斯·莱纳斯隧道双边实体负责该段铁路的修复工作。2016 年 5 月和 7 月，智利和阿根廷两国各自的议会先后完成了关于组建这一双边实体的批准工作，由智利公共工程部和阿根廷内政、公共工程和住房部负责组建双边实体。拉斯·莱纳斯隧道双边实体的首项工程是拉斯·莱纳斯隧道，根据南美洲基础设施一体化倡议官网的信息，该隧道长约 13 千米，总投资预计为 12 亿美元。

巴西东西大铁路是巴西自己的单边项目，东起坎波斯港，西至巴西、秘鲁边境。2008 年以来巴西联邦政府交通部下属的国有企业——巴西铁路工程建设公司对这条铁路进行规划和研究，至今已历时近 10 年。根据巴铁和南美洲基础设施一体化倡议官网信息，巴西东西大铁路将分 4 段进行规划、可行性研究和建设，其中东部和西部为远期规划路段；中部有两段，一段为在建铁路，另一段已完成可行性研究。

"集体规划，分别实施"是南美洲基础设施一体化倡议和中美洲一体化和发展项目的基本原则之一。一方面，南美洲基础设施一体化倡议和中美洲一体化和发展项目包含各有关国家的重要项目和重点项目。另一方面，各国自己的项目不受南美洲基础设施一体化倡议和中美洲一体化和发展项目的影响，例如巴西—秘鲁两洋铁路的秘鲁境内路段尚未列入南美洲基础设施一体化倡议项目篮子，但秘鲁完全可以对该段铁路进行规划、研究甚至建设。

政府是基础设施项目的融资和投资主体，例如在 2016 年的南美洲基础设施一体化倡议项目篮子中，政府负责融资或投资的项目 475 个，约占项目总数的 82%；投资额合计约 1177 亿美元，约占投资总额的 61%。[①] 2016 年巴西、阿根廷等拉美国家加大基础设施对外开放力度，以吸引外资。2016 年 9 月巴西总统特梅尔宣布，2017—2018 年巴西政府将转让和出售 30 个基础设施建设项目，拟转让的项目包括 4 座机场、2 个专用港口、2 条国道公路改造项目、3 条铁路干线等 11 个交通项

---

① UNASUR, COSIPLAN, *Cartera de Proyectos 2016*, Diciembre 2016, p. 17.

目，招标工作将于 2017 年启动，总投资约 366 亿雷亚尔。同月，阿根廷交通部宣布，2016—2019 年阿根廷将在基础设施领域投资 330 亿美元，其中约有 270 亿美元用于公路和铁路建设。

（二）11 条两洋通道的建设和规划格局基本形成

拉美大陆西临太平洋，东濒大西洋，因此，贯穿拉美大陆、沟通两大洋的通道称为"两洋通道"。中美洲一体化和发展项目的两洋通道以公路为主，有关国家有 7 条两洋公路通道，墨西哥、危地马拉、萨尔瓦多、洪都拉斯、尼加拉瓜、哥斯达黎加、巴拿马各有 1 条，除墨西哥的两洋公路通道已经全线通车外，其他 6 国的两洋公路通道正在建设。

南美洲基础设施一体化倡议的两洋通道以铁路为主，有关国家正在规划 4 条两洋铁路通道。自北向南，这 4 条两洋铁路通道分别为巴西—秘鲁两洋铁路、智利安托法加斯塔—巴西帕拉纳瓜铁路、秘鲁—玻利维亚—巴西两洋铁路、智利瓦尔帕莱索港—阿根廷布宜诺斯艾利斯铁路。

巴西—秘鲁两洋铁路是中国在拉美和加勒比地区参与的首个多边重大基础设施可行性研究项目，巴西、秘鲁两国的可行性研究工作仍在进行中。巴西境内的铁路线路已经基本明确，但秘鲁境内路段存在北线和南线的分歧，北线贯穿秘鲁北部，南线则以秘鲁首都利马为出海口。巴方倾向于北线，而秘方则侧重南线，秘鲁总统、副总统明确表示南线可以使更多的秘鲁人口受益。

秘鲁—玻利维亚—巴西两洋铁路于 2013 年 9 月由南美洲基础设施建设和规划委员会铁路一体化工作组第一次会议正式提出。这条铁路可谓是玻利维亚的"世纪梦想"。玻利维亚的铁路分为东部铁路和西部铁路两部分，于 20 世纪初建成通车。由于地形问题，玻利维亚的东部和西部铁路需要在阿根廷北部连接。自 1912 年以来，玻利维亚政府一直在积极启动玻利维亚东部、西部铁路路网的连接工程。20 世纪 70 年代，在美国、巴西的支持下，玻利维亚政府进行了初步研究。2011—2014 年在美洲开发银行的支持下，玻利维亚政府再次进行了预可行性研究。2015 年 6 月，阿根廷、玻利维亚、智利、巴拉圭、秘鲁 5 国代表以及南美洲国家联盟等机构的代表在玻利维亚的圣克鲁兹市召开会议，通过了玻政府提交的预可行性研究；8月，正式成立"秘鲁—玻利维亚—巴西两洋铁路"工作组，开始进行可行性研究。

智利安托法加斯塔—巴西帕拉纳瓜铁路工作组于2014年正式成立，巴西、阿根廷、巴拉圭、智利4国已经达成了共识，计划于2020年建成通车。

智利瓦尔帕莱索港—阿根廷布宜诺斯艾利斯铁路的大部分路段为既有铁路，需修复智利洛斯·安第斯—阿根廷门多萨路段。根据2015年8月的可行性研究，这段铁路长约204千米，工程投资预算约为89亿美元，建设期10—12年。①

（三）中国用于支持拉美和加勒比地区基础设施发展的金融资源近1000亿美元

美洲开发银行、拉丁美洲开发银行、中美洲经济一体化银行、普拉塔基金（FONPLATA）等是向拉美和加勒比地区基础设施领域提供贷款的主要金融机构。2015年美洲开发银行批准的基础设施领域的贷款金额约为43.3亿美元②，拉丁美洲开发银行为32.7亿美元。③ 中美洲经济一体化银行向基础设施领域发放贷款6.5亿美元。④ 阿根廷、玻利维亚、巴西、巴拉圭、乌拉圭5国政府出资设立的普拉塔基金提供了约8.1亿美元的基础设施贷款。⑤ 这4家金融机构在2015年批准或发放的基础设施贷款合计约为90.6亿美元。

截至2015年年底，中国向拉美和加勒比地区提供的金融资源至少有930亿美元，主要有3部分。如表7—1所示，第一是中国通过双边

---

① "A ley tres protocolos que fortalecerán la conexión con Argentina", www.iirsa.org, August 11, 2015.
② Inter-American Development Bank, *Annual Report 2015*, December 2016, p.6.
③ CAF-Banco de Desarrollo de América Latina, *Informe Anual 2015*, pp.42-45, mayo 2016. 2015年拉丁美洲开发银行批准了122.55亿美元的贷款，其中基础设施领域的贷款占批准总额的26.7%，约为32.7亿美元。
④ Banco Centroamericano de Integración Económica, *Memoria Anual de Labores Annual Report 2015*, CABEI, 2016, p.20.
⑤ Fondo Financiero para el Desarrollo de la Cuenca del Plata, *Annual Report 2015*, FONPLATA, 2016, p.38.

联合融资机制提供的金融资源，约为 200 亿美元，其中包括中国—巴西产能合作基金（200 亿美元，中方出资 150 亿美元）、中国—委内瑞拉联合融资基金（每年可用融资额度 50 亿美元）。第二是中国单方面出资设立的基金，约为 400 亿美元，其中包括中拉合作基金（100 亿美元）、中拉产能合作投资基金（300 亿美元）。第三是中国单方面对拉美和加勒比地区的贷款承诺，约为 330 亿美元，其中包括中国对拉美和加勒比地区基础设施专项贷款 200 亿美元，对拉美和加勒比地区优惠贷款 100 亿美元，对加勒比地区优惠贷款 30 亿美元。

除上述 3 部分金融资源外，中国还可以通过美洲开发银行、亚洲基础设施投资银行、金砖国家开发银行等多边金融机构向拉美和加勒比地区提供金融支持。

表 7—1　　　　中国可用于拉美和加勒比地区的金融资源

金融资源	中方出资（亿美元）
I. 双边联合融资机制	200
中国—巴西扩大产能合作基金	150
中国—委内瑞拉联合融资基金（每年可用融资额度）	50
II. 中国单方面出资设立的基金	400
中拉合作基金	100
中拉产能合作投资基金	300
III. 中国单方面对拉美和加勒比地区的贷款承诺	330
拉美和加勒比地区基础设施专项贷款	200
拉美和加勒比地区优惠贷款	100
加勒比地区优惠贷款	30
合计（I + II + III）	930

资料来源：谢文泽：《"一带一路"视角的中国—南美铁路合作》，《太平洋学报》2016 年第 10 期；谢文泽：《中国经济中高速增长与中拉经贸合作》，《拉丁美洲研究》2016 年第 4 期。

第二节　中国—巴西基础设施合作

经过 20 年的发展，巴西的特许经营主要集中在基础设施和民生工程两大领域。基础设施领域的特许经营项目较多，累计吸引了5000多亿美元的境内外私人投资。2015年下半年以来，面对经济持续衰退，巴西联邦政府连续颁布了3份文件，计划未来几年在基础设施领域投资4000亿美元左右，其中交通物流、电力两大类基础设施拟以特许经营模式吸引投资1000多亿美元。无论巴西的政局如何变化，鼓励和吸引基础设施投资将是巴西各级政府的重中之重，这为中巴两国利用特许经营模式开展基础设施合作提供了机遇。

一 巴西特许经营历程

以1995年的《特许经营法》（第8987号联邦法律）和2004年的《公私合作关系法》（第11079号联邦法律，也称作"PPP法"）为标志，巴西的特许经营经历了两个发展阶段。

（一）1995—2004年为第一阶段，基础设施经营权"变现"是首要目标

作为财政改革和私有化的重要配套措施，1995年的《特许经营法》确立了两类特许经营项目，即"基础设施特许经营"和"公共管理许可经营"。基础设施特许经营将通信、电力、石油、天然气、港口、公路、铁路、供水、污水处理等向私人部门开放，1995—2003年实施了297个特许经营项目，吸收私人投资约1531亿美元。公共管理许可经营主要涉及医院、学校、监狱等公共服务和管理领域，在此阶段实施的许可经营项目较少。

第一，减轻政府负担，缓解财政压力。1995年以前，政府部门是基础设施的投资主体，例如20世纪70年代中期至80年代中期基础设施投资占GDP的比重约为5.2%，其中69%为政府部门的投资（占GDP的3.6%）。举借外债是政府投资的主要资金来源，1975—1985年联邦、州、市各级政府部门的外债总额由148亿美元增至730亿美元。20世纪80年代中后期，为了应对席卷拉美和加勒比地区的债务危机，巴西政府一方面进行财政改革，压缩投资，政府部门在基础设施领域的投资大幅度减少，20世纪90年代中期政府部门的基础设施投资占GDP

的比重仅为1%左右。另一方面，巴西政府部门无力继续举借外债，且偿债压力巨大，如1995年政府部门的外债总额达到988亿美元，当年需偿还外债本息132亿美元。

第二，基础设施特许经营是主要私有化收入来源。例如，1995—2000年电力（300亿美元）、通信（239亿美元）、燃气（55亿美元）、铁路（11亿美元）、水处理（6亿美元）等5大基础设施领域的特许经营收入合计约610亿美元，约占在此期间国有企业和国有资产私有化总收入（894亿美元）的68%。

第三，私人投资主要用于购买既有基础设施的经营权。例如，1995—2002年私人在巴西基础设施领域的投资累计约1485亿美元，其中61%（约905亿美元）用于购买既有基础设施的经营权，15%（约220亿美元）为向政府部门缴纳的特许权费，只有24%（约360亿美元）用于投资建设新的基础设施。

（二）2004年至今为第二阶段，吸引投资是主要目标

2004年是卢拉总统（2003—2006年和2007—2010年）上台执政的第二年，巴西经济开始步入新一轮增长周期，卢拉政府制订了规模庞大的投资计划，尤其是在基础设施、公共服务和管理领域。

第一，特许经营类型多元化。2004年的《公私合作关系法》及后来的有关法律、法令，确定了4类特许经营项目，即特许经营、基础设施PPP、公共管理PPP和私人发起PPP。

特许经营类项目分为两种。第一种是1995—2003年根据《特许经营法》实施的特许经营项目，大多数项目的特许经营期限为30年，到期可再延长30年。第二种是根据2004年《公私合作关系法》的规定，合同金额少于2000万雷亚尔（巴西货币），或者特许期限不足5年，或者特许期限超过35年的项目仍沿用1995年的《特许经营法》。这两种项目被称作"特许经营项目"。

后3类（基础设施PPP、公共管理PPP和私人发起PPP）是根据《公私合作关系法》实施的特许经营项目，被称作"PPP项目"。截至2016年5月底已经实施、正在实施或准备实施的PPP项目都是由政府

部门发起的。

由于政府部门缺乏必要的人力资源和专业知识,巴西各级政府鼓励私人部门发起 PPP 项目。截至 2016 年 5 月底,私人部门完成了 200 多个 PPP 项目的项目建议书、可行性研究或方案设计,但均未进入实施阶段。

第二,基础设施是主要投资领域。2004 年至 2016 年 5 月底,累计实施了 469 个基础设施 PPP 项目,吸收私人投资 3505 亿美元,其中电力 1289 亿美元,通信 1005 亿美元,公路 399 亿美元,机场 287 亿美元,铁路 261 亿美元,水处理 122 亿美元,港口 103 亿美元,燃气 39 亿美元。

第三,公共管理 PPP 项目增多。公共管理 PPP 主要涉及民生工程领域,如市政交通、医院、教育、监狱、低成本住房等,州政府和市政府是此类 PPP 项目的主要发起人。圣保罗市地铁 4 号线是巴西首个 PPP 项目,于 2003 年开始实施,目前圣保罗市地铁 6 号线和 18 号线、萨尔瓦多市地铁等正在采用 PPP 模式。2010 年至 2016 年 5 月底,累计实施了 21 个医疗 PPP 项目,其中成立于 2011 年的"巴西医疗服务公司"对 20 所国立大学的附属医院进行 PPP 模式管理。圣保罗等个别州还计划与医生个人签订 PPP 合同,向城市和农村社区提供医疗服务。教育类 PPP 项目以公立的中小学校为主,同时还涉及军校,如马瑙斯军事学院。米纳斯吉拉斯州的监狱 PPP 项目规模较大,可以关押 3360 名犯人。巴西的首都巴西利亚对一个低成本住房项目采用了 PPP 模式。

二 巴西特许经营评价

(一)继承和发扬了巴西的特许经营传统

早在 19 世纪中后期,特许经营对巴西的铁路建设发挥过重要作用,20 世纪 60 年代特许经营推广至自来水、通信等诸多领域。20 世纪 70 年代至 90 年代初,特许经营陷入停滞。1995 年的《特许经营法》不仅借鉴了国际经验,而且继承和发扬了巴西的特许经营传统。

(二)基础设施特许经营取得了一定成效

1995—2016 年 5 月实施了 742 个基础设施特许经营项目,吸收私人投资5000多亿美元。1999年以前，输电线路总里程的年均增长率仅为0.8%，1999年以来为3.8%。1998—2012年固定电话用户由2000万户增至4000万户，手机用户由740万个增至2.5亿个。特许经营的高速公路项目21个，总里程9971公里；特许经营的铁路总里程2.55万多公里，新建铁路2509公里，铁路货运量由3.89亿吨增至4.65亿吨（增长了19.5%），等等。

（三）"两大领域、三级政府、四类项目"的特许经营格局基本形成

"两大领域"是指基础设施和民生工程，前者主要包括能源、通信、交通等，后者主要包括公共交通、教育、医疗、监狱等。联邦、州和市三级政府是特许经营项目的主要发起人，联邦政府是基础设施特许经营项目的主要发起人，州、市两级政府是民生工程特许经营项目的主要发起人。

（四）政府担保和政策性贷款是特许经营的两大支柱

可营利性是巴西各级政府筛选和发起特许经营项目的首要原则，并为项目提供最低营利水平的担保。不同性质的项目，担保的方式有所不同，例如地铁等市政交通项目和铁路等交通运输项目，政府部门对最低运输量提供担保，实际运输量达不到设计能力的90%时，政府部门对不足部分进行补贴；对于医院、学校、监狱等公共服务项目，政府部门为唯一用户，按照特许经营合同向项目运营商支付服务费，照付不议。为了降低特许经营项目的融资成本和运营成本，巴西经济社会发展银行（BNDES）向特许经营项目提供政策性贷款。

（五）鼓励和吸引私人投资的目标远未实现

自20世纪90年代中期以来，巴西年均基础设施和民生工程投资占GDP的比重仅为2.3%，不仅低于90年代以前的历史水平，也远远不能满足经济社会发展的需要，年均基础设施和民生工程的投资占GDP的比重应不低于5.5%才能满足经济社会发展的基本需要，这意味着巴西基础设施和民生工程投资缺口占GDP的比重超过3%。基础设施和民生工程投资严重不足是制约经济社会发展的瓶颈，如城市污水处理设施的投资缺口约4000亿雷亚尔（约1100亿美元），50%的城市垃圾处理

设施不足；巴西 60% 的货物通过公路运输，特许经营的公路里程占沥青公路总里程（约 22 万公里）的比重不足 5%，等等。

绝大部分已有的特许经营项目没有按照合同规定如期实施，例如 2007—2012 年实施了 491 个污水处理特许经营项目，其中 57.6% 的项目延期、推迟或未实施，按期实施和完工的仅占 11.8%；2007 年开始实施的、总投资约 45 亿雷亚尔的巴西东北部引水工程，按照特许经营合同应在 2010 年年底完工并向 1200 万人口供水，但至 2015 年 5 月才完成了 70%，等等。卢拉政府对特许经营的态度较为消极，以及项目实施过程中的社会、环境等不可控因素较多是许多特许经营项目不能顺利实施的主要原因。

三　中巴两国特许经营合作机遇

巴西联邦政府于 2015 年连续发布了三份大规模投资计划，即《2016—2019 年多年度计划》《2015—2018 年交通物流投资计划》《2015—2018 年电力投资计划》。第一份文件是总纲，后两份文件是落实总纲中交通物流、电力两大重点基础设施的投资目标和任务。

（一）2016—2019 年基础设施领域计划投资 14350 亿雷亚尔（约 4000 亿美元）

根据《2016—2019 年多年度计划》，巴西联邦政府计划在基础设施领域投资 14350 亿雷亚尔（按 2016 年 5 月对美元的月均汇率 3.6∶1 计，约 4000 亿美元），其中 52%（约 2080 亿美元）用于城市建设，20%（约 800 亿美元）用于发展石油天然气产业，15%（约 600 亿美元）用于发展电力产业，8%（约 320 亿美元）用于发展交通物流产业，其他方面 5%（约 200 亿美元）。

（二）交通和电力是特许经营的重点

根据《2015—2018 年交通物流投资计划》，公路、铁路、港口、机场等 PPP 项目的总投资约 1984 亿雷亚尔（约 550 亿美元），其中新建和改扩建公路 7000 公里，总投资约 661 亿雷亚尔（约 184 亿美元）；新建和改扩建铁路 7500 公里，总投资约 864 亿雷亚尔（约 240 亿美元）；新租和续租港口码头 113 个，总投资约 374 亿雷亚尔（约 103 亿美元）；机场 PPP 项目总投资约 85 亿雷亚尔（约 23 亿美元）。

根据《2015—2018 年电力投资计划》，巴西联邦政府计划以 PPP 模式新增 2500 万—3150 万千瓦发电能力，约需投资 1160 亿雷亚尔（约 322 亿美元）；新建和改扩建 37600 公里输电线路，约需投资 700 亿雷亚尔（约 194 亿美元）；两项合计约 1860 亿雷亚尔（约 516 亿美元）。

（三）巴西国家经济社会发展银行大力支持交通物流、电力两大领域的 PPP 项目

为了支持《2015—2018 年交通物流投资计划》和《2015—2018 年电力投资计划》，巴西国家经济社会发展银行可以为铁路提供 90% 的项目贷款，为公路、港口、机场、小水电、风电、光伏发电等提供 70% 的项目贷款，为大中型水电站提供 50% 的项目贷款，期限为 19—25 年，年利率为"长期利率（TJLP，目前为 6.5%）+1.2%"。

（四）南北大铁路和两洋铁路巴西段是主要铁路特许经营项目

南北大铁路的特许经营权已授予巴西交通部下属的国有企业——巴西铁路工程建设公司，2015—2018 年南北大铁路计划完成投资 226 亿雷亚尔（约 63 亿美元）。

巴铁是巴西—秘鲁两洋铁路巴西境内路段（巴西段）的主要发起人，其已有的基础研究和可行性研究是中国、巴西、秘鲁三国联合工作组开展两洋铁路可行性研究的重要参考。根据巴铁已有的研究成果，该条两洋铁路巴西段预计需投资 400 亿雷亚尔（约 110 亿美元）。两洋铁路巴西段也被称作"巴西东西大铁路"，它与南北大铁路将构成巴西"十"字形铁路干线架构。

四　中巴两国特许经营合作建议

中国与巴西在电网、石油、水电等能源行业的特许经营合作已取得良好成效，积累了成功经验，如中国国家电网通过股权并购直接进入巴西国家电网的特许经营体系，将中国的先进技术和管理融入巴西，合作规模迅速扩大，市场地位迅速提高，项目合作与实施成为巴西特许经营的典范。

（一）股权合作较为可行且时机较好

中国国家电网的股权并购和合作经验可以向铁路、公路、港口等特许经营项目推广。巴西的法律规定，每个特许经营项目必须有一个项目公司，如巴西南北大铁路的特许经营权属于巴铁的子公司——南北铁路公司。自2014年下半年以来，巴西经济陷入衰退，预计衰退将持续至2017年。经济衰退使许多基础设施特许经营项目的投资陷入困境，尤其是资本金不足严重制约着项目融资；加之巴西货币雷亚尔大幅贬值，股权等资产的美元价格大幅度下跌，这些因素为中巴两国企业的股权并购和合作提供了机遇。

（二）以较低成本进入巴西市场为主要目的，不必过于追求控股地位

巴西的基础设施建设项目，其前期的基础研究和可行性研究需花费和投入大量的时间，因此，经济成本和时间成本均较高，潜在风险和不可控因素较多。与已有的特许经营项目进行合作，时间成本较低，风险和不可控因素也已基本暴露，便于风险识别和防控。

（三）支持基础设施PPP项目的股权并购与合作

目前，中国企业参与巴西铁路、公路、港口等基础设施建设的方式以工程承包为主，属短期行为。中国的金融机构、中拉产能合作基金等可支持中国企业与巴西基础设施领域的PPP项目公司进行股权并购与合作，这些支持不仅可以为中国企业创造更多的工程承包机会，而且有助于引导中国企业由"工程承包"短期行为向"项目投资和经营"长期行为转变。

（四）合资企业应由"法律共同体"向"利益共同体"转变

在中巴合资企业中，中方已经遇到"利润赚不多，责任担不完"的情况。欧、美、日等发达国家的企业在处理这一情况方面积累了大量经验，其中较为典型的经验是与合作方、利益相关方共同发展。以中国国家电网为例，如果将在巴西产生的利润用于再投资，借助输电线路网

络建设农产品收储设施，不仅能够带动相关产业的发展，培育新用户和增加电力销售量，更能够将难以带走的利润转换为实物出口，在增加经济效益的同时，还可以规避汇率波动造成的损失，等等。

（五）优先考虑技术和管理输出，不必过于追求资本输出

巴西的国内储蓄不足，对外资的依赖程度较高。但是巴西政府部门和学术界对外部债务融资较为敏感，认为借外债搞基建是巴西最惨痛的历史教训之一，因此，巴西国家经济社会发展银行以较低的利率、较长的期限向特许经营项目提供贷款。许多特许经营项目无法获得巴西的政策性贷款，主要原因有两个。一是自有资本不足，多数情况下，自有资本占项目总投资的比例不低于30%。二是建设成本和运营成本超出预期，致使项目现金流不足，财务指标达不到政策性贷款的要求。

中国企业可以充分发挥自身优势，降低建设成本和运营成本，提高项目的盈利能力和水平。在不追求控股地位的情况下，通过股权并购和合作输出的资本相对有限，例如对新建项目而言，这部分资本占项目投资的比重一般不超过15%。

第三节　中拉基础设施合作的三种典型模式

厄瓜多尔辛克雷水电站、巴西美丽山输电线路Ⅰ期、牙买加南北高速公路是近几年来诸多中拉基础设施合作项目中的3个较为典型的成功案例，分别成功探索和实施了新型合作模式。

一　厄瓜多尔辛克雷水电站的"EPC总承包+出口信贷"模式

辛克雷水电站是中国水利水电建设集团公司（简称"中国水电"）"EPC总承包+融资"的成功案例之一，涉及"两个关键""六个当事方"。

辛克雷水电站是厄瓜多尔的国家级高度优先发展项目。建设辛克雷水电站的设想于1927年提出，历经82年的多国、多机构长期论证和前期准备，2008年1月厄瓜多尔政府拉开了建设工作的序幕。

第七章　中拉基础设施合作

（一）两个关键

中厄双方采用了"EPC 总承包 + 出口信贷"模式来完成项目融资和建设。该模式的"两个关键"为：第一，《EPC 总价承包合同》，中国水电与厄方 2009 年 10 月签订该合同，合同金额约 20 亿美元，合同工期 66 个月；第二，厄瓜多尔主权担保，2010 年 6 月中国进出口银行与厄瓜多尔财政部正式签署出口买方信贷贷款协议，贷款金额约 17 亿美元[1]，占《EPC 总价承包合同》金额的 85% 左右。

（二）六个当事方

辛克雷水电站属于厄瓜多尔国家所有，投资方是厄瓜多尔中央政府。围绕着辛克雷水电站的融资和建设，主要有 6 个当事方。第一是业主（EPC 总合同签约甲方），即厄瓜多尔国家电力公司的全资子公司——辛克雷水电公司。第二是建设方（EPC 总合同签约乙方），即中国水电。第三是技术方案提供方，即意大利 ELC 电力咨询公司，在其 1992 年可研报告基础上，2009 年 1 月正式确定为最终方案。第四是工程咨询和监理方，是由两家墨西哥公司和两家厄瓜多尔公司组成的联合体，主导公司是墨西哥联邦电力公司。第五是融资方，即厄瓜多尔财政部。第六是贷款方，即中国进出口银行。

（三）五项收益

辛克雷水电站总装机容量 150 万千瓦。2010 年 7 月正式开工建设，2016 年 11 月 18 日 8 台机组全部正式并网发电。辛克雷水电站为厄瓜多尔至少带来了 5 方面的收益。第一，工程建设为厄瓜多尔创造了 7739 个直接就业机会。第二，道路、净水设施等基础设施修缮和建设使水电站附近村镇 20000 人口长期直接受益。第三，每年可减少 CO_2 排放量 345 万吨。[2] 第四，水电在厄瓜多尔一次能源中所占的比重由 4% 提高至

---

[1] 中国进出口银行："中国进出口银行与厄瓜多尔财政部签署科多—辛克雷水电站项目"，2010 年 6 月 7 日，http：//www. eximbank. gov. cn/tm/Newdetails/index. aspx? nodeid = 343& page = ContentPage&categoryid = 0&contentid = 16222。

[2] Ministerio de Electricidad y Energía Renovable, "Programas y Servicios > Coca Codo Sinclair", November 19, 2017, http：//www. energia. gob. ec/coca-codo-sinclair/.

33%左右①,为实现厄瓜多尔国家能源发展战略发挥重要作用。第五,能够满足全国 1/4 左右的电力需求,每年可节省 6 亿—8 亿美元的电力进口支出,同时还可以将富余的电力出口到哥伦比亚。

二 巴西美丽山特高压输电线路 I 期的"特许经营"模式

美丽山输电线路 I 期是(中国)国家电网巴西控股公司(简称"国网巴西公司")主导的"特许经营项目融资"案例之一,涉及"四方""五权"。

美丽山输电线路 I 期是巴西联邦政府的国家级特许经营项目,2014 年 7 月正式开始建设,工期 44 个月,原计划于 2018 年 2 月投入运营。2017 年 12 月 12 日该项目正式投入运营,比计划工期提前了近两个月,这在巴西是非常罕见的。

(一)四类当事方

该项目涉及的"四方"是指四类当事方。

第一类是巴西联邦政府机构,如巴西国家能源政策委员会、矿产与能源部、国家电力能源管理局等。巴西联邦政府的这些机构在项目中有三重身份,即项目发起方、资产所有方、特许方,其中国家电力能源管理局是实际特许方。

第二类是投资方,国网巴西公司(51%)与巴西电力集团旗下的两家企业——福赫纳斯(Furnas,24.5%)和北方电力(Eletronorte,24.5%)在里约热内卢注册设立项目公司——美丽山电力输送有限责任公司(BMTE,简称"美丽山电网 I 期公司")。

第三类是建设方和供应商。项目公司将建设工程分为 8 个标段,经过竞标,中国山东电建中标 3 个,巴西塔博卡斯(Tabocas)中标 2 个,巴西圣西芒(São Simão)中标 2 个,玻利维亚印杰莱克集团(Grupo INGELEC)巴西分公司——印科米萨(Incomisa)中标 1 个。巴西冶金

---

① Empresa Pública Corporación Eléctrica del Ecuador (CELEC EP)," Coca Codo Sinclair cumple un año de inauguración", November 18, 2017, https://www.celec.gob.ec/cocacodosinclair/index.php/noticias/cumple/248.

(Brametal)等10余家巴西企业以及西门子、萨埃（SAE）、菲尔普斯·道奇（Phelps Dodge）等跨国公司通过公开竞标成为美丽山电网Ⅰ期公司的产品和服务供应商。截至2016年年底，巴西冶金、西门子、萨埃、菲尔普斯·道奇供应了近27亿雷亚尔的机械设备，约占完成投资总额（约43亿雷亚尔）的63%。[1]

第四类是融资方，以巴西国开行（即巴西国家经济社会发展银行，Banco Nacional de Desenvolvimento Econômico e Social，缩写为BNDES）为主要融资行，多家银行共同参与，为项目建设提供了融资支持。

（二）"五权"分置

"五权"是指特许经营项目的所有权、经营权、收益权、处置权、剩余索取权。"五权分置"是指巴西联邦政府拥有项目的所有权、处置权、剩余索取权，在特许经营期内项目公司——美丽山电网Ⅰ期公司拥有项目的经营权、收益权。

项目公司是特许经营权的受许方，负责美丽山输电线路Ⅰ期的投融资、建设和运营，特许经营期限为30年。特许经营期届满时，项目公司需将项目完好无损地原样移交给巴西联邦政府有关机构。

（三）基于预期现金流的项目融资

现金流的可预期性和稳定性是项目融资的主要基础，主要有两方面的保障。一是流量保障，依据巴西的特许经营法等有关法律，在特许经营期内，项目公司享有联邦政府有关机构的最低电力流量保障，而电力流量是产生现金流的基础。二是技术保障，特高压输电技术是中国拥有完全自主知识产权的、全球领先水平的重大创新成果，已在中国全面推广应用，实践已经充分证明了该技术的高效率、低损耗特性，能够较大幅度地提高电力流量和现金流量。

项目公司融资来源可分为四种。第一种是资本金，截至2016年年底三个投资方按照各自的股份比例向项目公司注入资本金约13.6亿雷亚尔。第二种是债券融资，在巴西国开行的支持下，项目公司向联邦储蓄银行

---

[1] Belo Monte Transmissora de Energia SPE S. A., *Demonstrações financeiras em 31 de dezembro de 2016*, Rio de Janeiro, 23 de janeiro de 2017, p. 18.

(CEF)、桑坦德银行（Santander）等金融机构发行公司债券，截至2016年年底债券余额约3.7亿雷亚尔。第三种是流动资金贷款，截至2016年年底中国银行、中国建设银行、中国工商银行等在巴西的分行以及其他两家当地银行，向项目公司提供流动资金贷款约5.7亿雷亚尔。①

第四种是巴西国开行的项目融资贷款。2014年年初，巴西国开行向国际社会公告了该银行对美丽山输电线路Ⅰ期的融资支持政策。2015年年初巴西国开行向美丽山电网Ⅰ期公司提供了7.18亿雷亚尔的过桥资金贷款。2017年1月巴西国开行批准了项目公司的项目融资额度，即25.6亿雷亚尔，其中包括前期发放的7.18亿雷亚尔过桥资金贷款。美丽山输电线路Ⅰ期的投资预算为50亿雷亚尔，受通货膨胀、汇率波动等因素的影响，实际投资额预计为56亿雷亚尔左右。因此，巴西国开行的项目融资额度约占总投资的45.7%。②

美丽山输电线路Ⅰ期全长2076千米，可以使2200万人受益。工程建设创造了2200个直接就业机会。该项目是拉美和加勒比地区的第一条特高压远距离输电线路，也是中国特高压输电技术首次"走出"国门。在美丽山电网Ⅰ期的激励下，国网巴西成功中标美丽山电网Ⅱ期，2017年9月已开工建设。

三　牙买加南北高速公路BOT模式

牙买加南北高速公路是牙买加政府用1200英亩（约合485.6公顷）国有土地撬动的国家级基础设施特许经营项目。该项目由中国港湾工程有限责任公司（简称"中国港湾"）投资建设，2016年3月全线通车。

作为牙买加国家发展战略的重要组成部分，也是该国历史上规模最大的基础设施建设项目，"高速公路2000"约需13亿美元的总投资③，建设分

---

① Belo Monte Transmissora de Energia SPE S. A., *Demonstrações financeiras em 31 de dezembro de 2016*, Rio de Janeiro, 23 de janeiro de 2017, pp. 10, 17, 20.

② BNDES, "BNDES aprova R $ 2, 56 bilhões para sistema de transmissão da Usina Hidrelétrica Belo Monte", 20 de fevereiro de 2017, https：//www.bndes.gov.br/wps/portal/site/home/imprensa/noticias/conteudo/bndes-aprova-2-bi-para-belo-monte.

③ Caribbean Development Bank, *Jamaica Highway 2000 Case Study*, 11 DEC 2017.

为两期四段,即I期A段(46千米)和B段(37.7千米)、II期A段(66千米)和B段(待定)。牙买加政府授权国有独资企业——国家公路运营和建设公司(NROCC,简称"牙买加国家公路公司")全权负责实施。

牙买加虽然是加勒比地区规模较大的岛国,但其高速公路项目对国内外投资者的吸引力相对偏低。牙买加国家公路公司以"邀标"的方式,将"高速公路2000"的特许经营权授予法国布依格公共工程公司和法国南部高速公路公司联合成立的项目公司——牙买加高速公路公司(Transjamaica Highway)。2002—2012年牙买加高速公路公司完成了I期A段和B段的建设,其间(2002—2003年)牙买加国家公路公司向牙买加高速公路公司提供了3580万美元的过桥资金借款,该笔借款是由牙买加政府提供担保、牙买加国家公路公司发行公路债券筹集的9140万美元中的一部分。[①] 2007年II期A段的项目建设工作启动,由于实际投资远远超过预算且与政府的商务谈判破裂,2009年法国布依格公共工程公司退出项目建设。

2012年牙买加国家公路公司将II期A段(即牙买加南北高速公路)的特许经营权授予项目公司——牙买加南北高速公路公司,特许期限为50年,建设期3年,中国港湾为实际投资方、建设方和运营方。投资预算为6亿美元,其中中国港湾自筹资本金1.5亿美元,中国国家开发银行提供4.255亿美元和2亿人民币的贷款。鉴于投资规模较大,经中国港湾与牙买加政府协商,牙买加政府将位于旅游城市——奥乔里奥斯以东的1200英亩国有土地以2000万美元的价格出售给牙买加南北高速公路公司,由该公司用于旅游地产和房地产项目开发。

当南北高速公路项目建设陷入绝境之时,牙买加政府用1200英亩土地不仅激活了南北高速公路,而且还撬动了更多的投资,尤其是牙买加南北高速公路公司的旅游地产、房地产项目开发还能够带动牙买加旅游业、地产业的发展。

---

① Jamaica Information Service,"US $91.4 Million Spent on Highway 2000 Project",March 10,2004,http://jis.gov.jm/us91-4-million-spent-on-highway-2000-project/.

第八章

中拉产能与产业合作

"产能合作"的基本含义是中国的产业优势和资金优势与其他国家的需求相结合，以提高有关合作对象国的自主生产和发展能力。2015年5月中国国务院出台《关于推进国际产能和装备制造合作的指导意见》，国际产能合作的重要内容包括：将我国产业优势和资金优势与国外需求相结合，以企业为主体，以市场为导向，加强政府统筹协调，创新对外合作机制。

《关于推进国际产能和装备制造合作的指导意见》明确了产能合作的主要对象国是发展中国家，并确立了筛选重点合作对象国的3条基本标准，即与中国装备和产能契合度高，合作愿望强烈，合作条件和基础好。

产能合作需要在宏观、中观、微观三个层面进行对接和合作。在宏观层面，中国与有关国家需要建立产能合作机制。中国已经与一些重点国家基本建立产能合作机制，一批重点产能合作项目取得明显进展，若干境外产能合作示范基地基本形成。为促进产业合作和企业合作，中国与有关国家还要签订双边投资保护、避免双重征税等协定，商讨和签订包括自贸协定在内的各类贸易便利化安排、标准化合作、签证便利化等合作文件。在中观层面，中国将本国拥有比较优势的产业整体输出到有需要的其他国家，帮助这些国家建立更加完整的工业体系，提高这些国家的加工和制造能力。在微观层面，企业在产能合作中居主导地位，中国政府鼓励中国企业和有关国家的企业深挖双边贸易增长潜力，鼓励中国企业在有关国家增加投资；同时，鼓励有关国家的企业到中国进行投资，以巩固和扩大中外企业间进行产能合作的基础。

产能合作是"一带一路"建设的重要内容。截至2016年年底，中国同30多个沿线国家及其他国家签订了产能合作文件，把产能合作纳入机制化轨道。在贸易合作方面，2014—2016年中国同"一带一路"沿线国家贸易总额超过3万亿美元。在投资合作方面，中国对"一带一路"沿线国家投资累计超过500亿美元，中国企业已经在20多个国家建设56个经贸合作区，为有关国家创造近11亿美元税收和18万个就业岗位。中国将加大对"一带一路"建设的资金支持，向丝路基金增资1000亿元人民币；鼓励金融机构开展人民币海外基金业务，规模预计约3000亿元人民币；中国国家开发银行、进出口银行将分别提供2500亿元和1300亿元等值人民币专项贷款，用于支持"一带一路"基础设施建设、产能、金融合作。[①]

产能合作涵盖拉美和加勒比地区。中国国家发展和改革委员会提出了"一轴两翼"的国际产能合作布局，即以中国周边的重点国家为"主轴"，以非洲、中东和中东欧重点国家为"西翼"，以拉美重点国家为"东翼"。

第一节 基于宏观均衡的国别分类

一 经济增长与宏观均衡密切相关

所谓宏观均衡，其基本内容是指政府净收入（政府收入 – 政府支出）占GDP的比重、国内净储蓄（储蓄率 – 投资率）、国际净收入（国际收入 – 国际支出）占GDP的比重三者之和接近于零。当政府收支出现赤字时，可以用国内净储蓄进行平衡；当国内净储蓄不足以平衡政府收支赤字时，则需要国际收支盈余进行平衡。宏观均衡水平可以用宏观均衡值来反映，宏观均衡值 = 政府净收入占GDP的比重 + 净储蓄率 + 国际净收入占GDP的比重。GDP增长率是反映发展生产和能力的重要指标之一，GDP增长率与宏观均衡水平之间存在着密切关系。如

[①] 习近平：《携手推进"一带一路"建设——在"一带一路"国际合作高峰论坛开幕式上的演讲》，《人民日报》2017年5月15日第3版。

图 8—1 所示，2011—2015 年 180 个经济体年均 GDP 增长率和年均宏观均衡值的趋势线表明，GDP 增长率趋势线随着宏观均衡值的下降而降低。

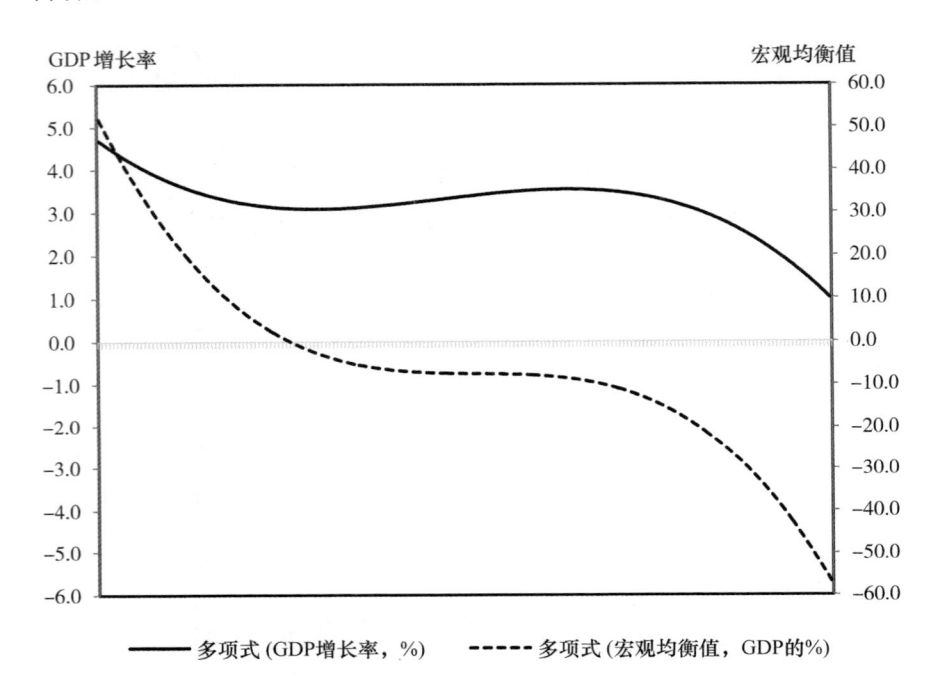

图 8—1　2011—2015 年 180 个经济体年均 GDP 增长率与年均宏观均衡值的 3 次多项式趋势线

注：180 个经济体为阿富汗、阿尔巴尼亚、阿尔及利亚、安哥拉、安提瓜和巴布达、阿根廷、亚美尼亚、澳大利亚、奥地利、阿塞拜疆、巴林、孟加拉、巴巴多斯、白俄罗斯、比利时、伯利兹、贝宁、不丹、玻利维亚、波黑、博茨瓦纳、巴西、文莱、保加利亚、布基纳法索、布隆迪、佛得解、柬埔寨、喀麦隆、加拿大、中非、乍得、智利、中国、哥伦比亚、科摩罗、哥斯达黎加、克罗地亚、塞浦路斯、捷克、科特迪瓦、刚果（金）、丹麦、吉布提、多米尼克、多米尼加、厄瓜多尔、埃及、萨尔瓦多、赤道几内亚、厄立特里亚、爱沙尼亚、埃塞俄比亚、斐济、芬兰、法国、马其顿、加蓬、格鲁吉亚、德国、加纳、希腊、格林纳达、危地马拉、几内亚、几内亚比绍、圭亚那、海地、洪都拉斯、匈牙利、冰岛、印度、印度尼西亚、伊朗、伊拉克、爱尔兰、以色列、意大利、牙买加、约旦、哈萨克斯坦、肯尼亚、基里巴斯、韩国、科索沃、科威特、吉尔吉斯斯坦、老挝、拉脱维亚、黎巴嫩、莱索托、利比里亚、利比亚、立陶宛、卢森堡、马达加斯加、马拉维、马来西亚、马尔代夫、马耳他、毛

里塔尼亚、毛里求斯、墨西哥、密克罗尼西亚、摩尔多瓦、黑山、摩洛哥、莫桑比克、缅甸、纳米比亚、瑙鲁、尼泊尔、荷兰、新西兰、尼加拉瓜、尼日尔、尼日利亚、挪威、阿曼、巴基斯坦、帕劳、巴拿马、巴布亚新几内亚、巴拉圭、秘鲁、菲律宾、波兰、葡萄牙、卡塔尔、刚果（布）、罗马尼亚、俄罗斯、卢旺达、萨摩亚、沙特阿拉伯、塞内加尔、塞尔维亚、塞舌尔、塞拉利昂、新加坡、斯洛伐克、斯洛文尼亚、所罗门群岛、南非、南苏丹、西班牙、斯里兰卡、圣基茨和尼维斯、圣卢西亚、圣文森特和格林纳丁斯、苏丹、苏里南、斯威士兰、瑞典、瑞士、圣多美和普林西比、塔吉克斯坦、坦桑尼亚、泰国、巴哈马、冈比亚、东帝汶、多哥、汤加、特立尼达和多巴哥、突尼斯、土耳其、土库曼斯坦、图瓦卢、乌干达、乌克兰、阿拉伯联合酋长国、英国、美国、乌拉圭、瓦努阿图、委内瑞拉、越南、也门、赞比亚、津巴布韦。

资料来源：根据国际货币基金组织和世界银行的统计数据计算。国际货币基金组织 World Economic Outlook Databases：政府收入占 GDP 的比重、政府支出占 GDP 的比重、总储蓄率、总投资率，其中，政府净收入占 GDP 的比重 = 政府收入占 GDP 的比重 − 政府支出占 GDP 的比重；净储蓄率 = 总储蓄率 − 总投资率。世界银行 World Development Indicators：GDP 增长率、商品和服务净出口占 GDP 的比重、外资净流入占 GDP 的比重，其中，国际净收入占 GDP 的比重 ≈（商品和服务净出口占 GDP 的比重 + 外资净流入）/GDP。宏观均衡值 = 政府净收入占 GDP 的比重 + 净储蓄率 + 国际净收入占 GDP 的比重。

拉美和加勒比地区的 GDP 增长受到宏观失衡的制约。如图 8—2 所示，1996—2018 年拉美和加勒比地区的 GDP 增长与宏观均衡值基本同步波动，在此期间，年均 GDP 增长率为 2.5%，宏观均衡值的平均值为 −2.0%。1998—2002 年宏观均衡值由 −5.0% 左右在波动中逐步改善至 −2.4% 左右，拉美和加勒比地区的年均 GDP 增长率为 1.3%。2002—2008 年宏观均衡值由 −2.4% 稳步改善至 0.4%（2007 年达到 1.2%），拉美和加勒比地区的年均 GDP 增长率为 4.5%。2008—2014 年宏观均衡值由 0.4% 减至 −2.6%，拉美和加勒比地区的年均 GDP 增长率降至 2.6%。2014—2018 年宏观均衡值在波动中由 −2.6% 恶化至 −3.2%，拉美和加勒比地区的年均 GDP 增长率降至 0.3%。从较长的时间来看，2003—2013 年宏观均衡值的平均值为 −0.6%，明显优于 1996—2018 年的平均值（−2.0%）；在此期间，拉美和加勒比地区的年均 GDP 增长率为 3.9%，明显高于 1996—2018 年的年均增长率（2.5%）。

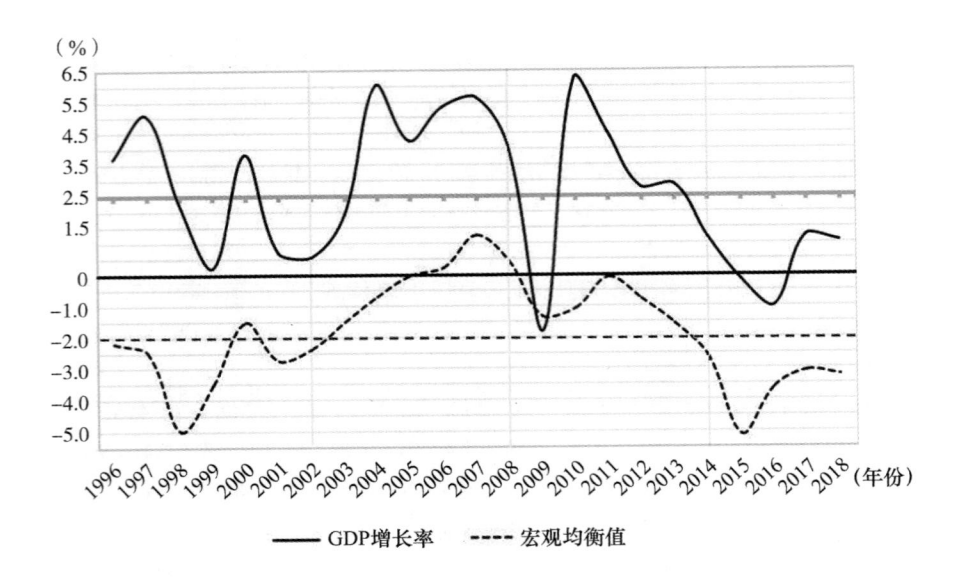

图 8—2　1996—2018 年拉美和加勒比地区 GDP 增长率、宏观均衡值曲线

资料来源：根据国际货币基金组织 World Economic Outlook Databases、拉美经委会 CEPAL-STAT 统计数据计算。

二　绝大多数拉美和加勒比国家存在宏观失衡

2016—2018 年除巴拉圭、危地马拉、牙买加等个别国家外，其他拉美和加勒比国家均存在宏观失衡。如表 8—1 所示，2016—2018 年在 32 个拉美和加勒比国家中，宏观均衡值介于 -10.0%— -20.0% 的有 9 个国家，即委内瑞拉（-18.7%）、玻利维亚（-17.1%）、多米尼克（-16.9%）、苏里南（-15.4%）、伯利兹（-14.8%）、圭亚那（-14.3%）、圣文森特和格林纳丁斯（-13.0%）、巴哈马（-13.0%）和巴拿马（-10.0%）。宏观均衡值介于 -10.0%— -5.0% 的有 9 个国家，即阿根廷（-9.8%）、巴巴多斯（-8.9%）、哥斯达黎加（-8.7%）、安提瓜和巴布达（-8.7%）、巴西（-8.5%）、格林纳达（-7.0%）、尼加拉瓜（-6.4%）、哥伦比亚（-6.2%）、圣基茨和尼维斯（-5.1%）。宏观均衡值介于 -5.0%— -1.0% 的有 11 个国家，即厄瓜多尔（-4.9%）、萨尔瓦多（-4.6%）、智利（-4.5%）、秘鲁（-4.5%）、墨西哥（-4.0%）、多米尼加（-2.8%）、乌拉圭（-2.4%）、圣卢西亚（-2.3%）、海地（-2.3%）、特立尼达和多巴哥（-1.7%）、洪都拉斯（-1.7%）。

表8—1 2016—2018年32个拉美和加勒比国家宏观均衡概况
（占GDP的比重） 单位：%

	宏观均衡值	政府净收入	国内净储蓄	国际净收支			
				净收入	商品净出口	服务净出口	外资净流入
苏里南	-15.4	-8.5	-9.4	2.5	16.3	-12.0	0.8
特立尼达和多巴哥	-1.7	-9.7	11.4	-3.4	11.8	-8.1	-1.8
委内瑞拉	-18.7	-19.3	1.4	-0.8	6.5	-2.5	-0.3
巴拉圭	2.9	-0.9	2.4	1.4	4.3	-0.7	1.2
乌拉圭	-2.4	-2.6	0.3	-0.1	3.9	1.7	-2.4
巴西	-8.5	-8.0	-0.8	0.3	2.8	-1.8	3.2
秘鲁	-4.5	-2.4	-1.8	-0.3	2.5	-1.0	3.0
智利	-4.5	-2.2	-2.3	0.1	2.0	-1.3	1.2
厄瓜多尔	-4.9	-4.6	-0.2	-0.1	0.5	-0.9	0.9
安提瓜和巴布达	-8.7	-2.0	-6.1	-0.6	-31.4	35.3	8.5
圣卢西亚	-2.3	-1.7	0.0	-0.6	-24.9	31.8	3.7
圣基茨和尼维斯	-5.1	3.3	-10.9	2.5	-31.2	28.7	8.5
格林纳达	-7.0	3.3	-11.4	1.1	-28.5	27.9	11.6
伯利兹	-14.8	-4.2	-8.0	-2.6	-23.8	19.1	3.2
巴巴多斯	-8.9	-3.3	-3.9	-1.7	-13.3	15.9	4.8
圣文森特和格林纳丁斯	-13.0	-0.5	-12.4	-0.1	-32.4	15.3	13.7
巴拿马	-10.0	-1.9	-7.9	-0.2	-15.9	13.7	7.6
巴哈马	-13.0	-3.8	-10.2	1.1	-12.8	9.0	7.2
哥斯达黎加	-8.7	-5.8	-2.7	-0.2	-7.5	8.8	3.9
牙买加	0.1	0.5	-1.9	1.5	-15.3	7.8	5.2
多米尼加	-2.8	-2.9	-0.9	1.0	-10.1	6.8	3.5
多米尼克	-16.9	0.8	-21.6	4.0	-34.0	6.7	4.7
尼加拉瓜	-6.4	-2.1	-3.6	-0.7	-16.3	3.3	4.5

续表

	宏观均衡值	政府净收入	国内净储蓄	国际净收支			
				净收入	商品净出口	服务净出口	外资净流入
萨尔瓦多	-4.6	-2.6	-3.0	1.0	-20.5	3.1	2.8
圭亚那	-14.3	-4.0	-8.0	-2.3	-4.7	-16.1	15.0
洪都拉斯	-1.7	-0.2	-2.9	1.4	-12.9	-2.7	4.1
哥伦比亚	-6.2	-2.6	-3.8	0.2	-2.0	-1.2	2.8
墨西哥	-4.0	-2.0	-1.9	-0.1	-1.1	-0.8	2.5
海地	-2.3	-0.6	-1.9	0.2	-32.4	-5.5	2.3
危地马拉	2.3	-1.4	1.3	2.4	-8.8	-0.6	1.4
阿根廷	-9.8	-6.2	-4.3	0.7	-0.1	-1.6	1.3
玻利维亚	-17.1	-7.7	-5.4	-4.0	-1.7	-4.4	1.2

资料来源：根据国际货币基金组织 World Economic Outlook Databases、拉美经委会 CEPAL-STAT 统计数据计算。

三 根据国际净收入的国家分组

商品净出口（商品出口额－商品进口额）、服务净出口（服务出口额－商品进口额）、外资净流入（外资流入额－外资流出额）是国际净收入的 3 大主要来源。

根据国际净收入的主要来源，可以将拉美和加勒比国家分为三组。如表 8—1 所示，第一组为以商品净出口和外资净流入为主要国际净收入来源的国家，如苏里南、特立尼达和多巴哥、委内瑞拉、巴拉圭、乌拉圭、巴西、秘鲁、智利、厄瓜多尔等 9 个国家，其中，除特立尼达和多巴哥属于加勒比国家外，其他 8 个国家均位于南美洲。以巴西为例，2016—2018 年巴西年均经常账户净收入为 -269 亿美元，其中年均商品净出口额约为 539 亿美元，年均服务净出口额约为 -691 亿美元，要素转移支付（股息、利息、劳动所得等）年均净收入 -478 亿美元；巴西资本账户和金融账户年均净收入约为 327 亿美元，其中非金融类 FDI 净流入量约为 611 亿美元，金融类 FDI 净流入量约为 -284 亿美元；经常账户、资本账户、金融账户合计,巴西国际收支的年均净收入约为 58 亿美元,约占巴西 2016—2018 年 GDP 平均值的 0.3%。

第二组为以服务净出口和外资净流入为主要国际净收入来源的国家,如安提瓜和巴布达、圣卢西亚、圣基茨和尼维斯、格林纳达、伯利兹、巴巴多斯、圣文森特和格林纳丁斯、巴拿马、巴哈马、哥斯达黎加、牙买加、多米尼加、多米尼克、尼加拉瓜、萨尔瓦多等 15 个国家。2016—2018 年服务净出口占安提瓜和巴布达 GDP 的年均比重高达 35.3%,圣卢西亚(31.8%)、圣基茨和尼维斯(28.7%)、格林纳达(27.9%)的这一比重也比较高。这一组国家有两个明显特点。第一,绝大部分国家是加勒比国家,除巴拿马、哥斯达黎加、尼加拉瓜、萨尔瓦多 4 国位于中美洲外,安提瓜和巴布达、圣卢西亚、圣基茨和尼维斯、格林纳达、伯利兹、巴巴多斯、圣文森特和格林纳丁斯、巴哈马、牙买加、多米尼克、多米尼加 11 国位于加勒比海域。第二,各国的服务净出口、外资净流入均为正值,商品净出口均为负值,这意味着这一组国家的商品贸易逆差普遍较大。

第三组为以外资净流入为主要国际净收入来源的国家,如圭亚那、洪都拉斯、哥伦比亚、墨西哥、海地、危地马拉、阿根廷、玻利维亚等 8 个国家,其中 2016—2018 年外资净流入占圭亚那 GDP 的年均比重为 15.0%。2016—2018 年墨西哥年均经常账户净收入为 -221 亿美元,其中年均商品净出口额约为 -126 亿美元,年均服务净出口额约为 -93 亿美元,要素转移支付(股息、利息、劳动所得等)年均净收入约为 -2 亿美元;墨西哥资本账户和金融账户年均净收入约为 206 亿美元,其中非金融类 FDI 净流入量约为 285 亿美元(FDI 流入量约为 357 亿美元,流出量约为 72 亿美元),金融类 FDI 净流入量约为 -79 亿美元;经常账户、资本账户、金融账户合计,2016—2018 年墨西哥国际收支的年均净收入约为 -15 亿美元,约占墨西哥 2016—2018 年 GDP 平均值的 -0.1%。FDI 和侨汇收入是墨西哥平衡其国际收支的两大重要来源,2016—2018 年墨西哥年均 FDI 流入量约为 357 亿美元,侨汇收入流入量约为 300 亿美元。

四 各组国家的主要出口商品或服务

（一）初级产品出口在第 1 组国家居重要地位

2016—2018 年初级产品占商品出口的比重，苏里南为 95.8%，厄瓜多尔为 93.4%，巴拉圭为 89.2%，秘鲁为 88.1%，智利为 85.5%，乌拉圭为 78.5%，巴西为 62.1%，特立尼达和多巴哥为 59.0%。

如表 8—2 所示，这一组国家可以分为两类。第一类为以少数几种产品为主要出口初级产品的国家。苏里南、乌拉圭两国的初级产品出口主要是农牧产品，如木材、稻米、冷冻鱼等是苏里南的主要出口产品，冷冻牛肉、乳制品、木材、稻米、羊毛等是乌拉圭的主要出口产品，原油、铁矿石等是委内瑞拉的主要出口产品。

第二类为出口多种初级产品的国家。厄瓜多尔主要出口海洋产品、香蕉、鲜花、可可豆等农产品和原油等能矿产品。巴西主要出口大豆、木浆、蔗糖、豆粕、冷冻鸡肉、冷冻牛肉等农牧产品和原油、铁矿石等能矿产品。智利主要出口冷冻鱼、木浆、水果、木材等农产品以及铜精矿，精铜、钛、钒、钼、钽、锆及其精矿，铁矿石等能矿产品。秘鲁主要出口鱼粉、水果、咖啡等农产品和铜精矿、锌精矿、精铜、天然气、铅精矿、锌等能矿产品。巴拉圭主要出口大豆、冷冻牛肉、豆粕、豆油、玉米、稻米、小麦等农牧产品以及水电等能矿产品。巴拉圭与巴西联合建设的伊泰普水电站是仅次于中国三峡电站的世界第二大水电站，装机容量 1400 万千瓦，年均发电量约为 900 亿千瓦·时，巴拉圭与巴西两国按 50∶50 的比例平均分配电力。巴拉圭的实际用电量约为伊泰普电站发电量的 5%，剩余的 45% 出口到巴西。

表 8—2　　2016—2018 年第 1 组国家的主要出口初级产品

国家	农牧产品	能矿产品
苏里南	木材、稻米、冷冻鱼	
乌拉圭	冷冻牛肉、乳制品、木材、稻米、羊毛	
委内瑞拉		原油、铁矿石

续表

国家	农牧产品	能矿产品
特立尼达和多巴哥		天然气、原油、铁矿石
厄瓜多尔	海洋产品、香蕉、鲜花、可可豆	原油
巴西	大豆、木浆、蔗糖、豆粕、冷冻鸡肉、冷冻牛肉	原油、铁矿石
智利	冷冻鱼、木浆、水果、木材	铜精矿、精铜、钛、钒、钼、钽、锆及其精矿、铁矿石
秘鲁	鱼粉、水果、咖啡	铜精矿、锌精矿、精铜、天然气、铅精矿、锌
巴拉圭	大豆、冷冻牛肉、豆粕、豆油、玉米、稻米、小麦	水电

（二）服务业在第 2 组国家居重要地位

如表 8—3 所示，2016—2018 年巴拿马年均服务净出口额约为 84.9 亿美元，受益于巴拿马运河，巴拿马的运输、旅游以及金融、保险等其他服务业均有贸易顺差。除巴拿马外，多米尼加、哥斯达黎加、牙买加、巴哈马、巴巴多斯、萨尔瓦多、圣卢西亚、安提瓜和巴布达、尼加拉瓜、伯利兹、格林纳达、圣基茨和尼维斯、圣文森特和格林纳丁斯、多米尼克 14 国的服务净出口主要来自旅游业，如多米尼加旅游业贸易顺差约为 66.3 亿美元，哥斯达黎加为 28.8 亿美元，牙买加为 25.4 亿美元，巴哈马为 23.7 亿美元，巴巴多斯为 10.8 亿美元，等等。

表 8—3　2016—2018 年第 2 组国家服务净出口概况（百万美元）

	净出口额	运输	旅游	其他
巴拿马	8489	4325	3496	657
多米尼加	5459	-985	6628	-247
哥斯达黎加	5118	-643	2882	2624
牙买加	1164	-631	2542	-747
巴哈马	1098	-368	2367	-902
巴巴多斯	790	——	1082	——
萨尔瓦多	781	-201	481	-167

续表

	净出口额	运输	旅游	其他
圣卢西亚	532	-83	775	-163
安提瓜和巴布达	529	38	651	-145
尼加拉瓜	446	-390	464	-27
伯利兹	343	-39	382	1
格林纳达	322	-39	479	-118
圣基茨和尼维斯	294	-35	311	-7
圣文森特和格林纳丁斯	120	-35	198	-44
多米尼克	62	-18	148	-58

资料来源：拉美经委会 CEPALSTAT。

在第 2 组国家中，巴拿马、哥斯达黎加、萨尔瓦多、尼加拉瓜 4 国为中美洲国家，其他 11 个国家位于加勒比海地区。除服务贸易外，巴拿马也是一个主要出口工业制成品的国家，工业制成品出口占巴拿马商品出口的 90% 左右。2016 年巴拿马的商品出口额约为 114.5 亿美元，主要出口商品有药品、化妆品、鞋、服装等。巴拿马的工业制成品出口以转口贸易为主，巴拿马城、科伦自由贸易区是主要转口贸易区。2018 年萨尔瓦多的商品出口额约 59 亿美元，其中工业制成品约占 76.6%，主要出口产品有服装、针织品、蔗糖、电容器、电线和电缆等。2018 年尼加拉瓜的商品出口额约 46 亿美元，其中工业制成品约占 49%，主要出口产品有针织品、服装、绝缘电线和电缆、雪茄、蔗糖、奶酪和凝乳等工业制成品以及冷冻牛肉、冷冻海鲜、咖啡等农牧产品。2017 年哥斯达黎加的商品出口额约为 112.6 亿美元，其中初级产品约占 65%，主要出口产品有香蕉、水果、咖啡、果汁、蔬菜汁、冷冻牛肉等农牧产品以及医疗仪器及设备、药品、橡胶轮胎和车轮、电路保护和开关装置等工业制成品。2017 年多米尼加的商品出口额约 73 亿美元，其中工业制成品约占 68.7%，主要出口产品有医疗仪器及设备、雪茄、电路保护及开关装置、服装、鞋等工业制成品以及香蕉、可可豆等农产品。

多米尼加、萨尔瓦多、尼加拉瓜 3 国的国际收支平衡对侨汇收入的依赖程度较高。2016—2018 年，多米尼加的年均侨汇收入约为 61.6 亿美元，侨汇收入约占多米尼加 GDP 的 8.1%；同期，萨尔瓦多、尼加拉瓜的年均侨汇收入分别为 50.4 亿美元和 13.9 亿美元，侨汇收入占 2 国 GDP 的比重分别为 20.2% 和 10.4%。

（三）第 3 组国家大多以出口初级产品为主

2018 年圭亚那的商品出口额约 9 亿美元，其中初级产品约占 62%，主要出口商品有集装箱、铝精矿、稻米、蔗糖、冷冻海鲜、酒精饮料、冷冻鱼、木材等。2017 年洪都拉斯的商品出口额约 48 亿美元，其中初级产品约占 68%，主要出口产品有咖啡、绝缘电线和电缆、冷冻海鲜、棕榈油、香蕉、包装用纸袋和纸箱、水果、机动车零件等。2018 年哥伦比亚的商品出口额约 404 亿美元，其中初级产品约占 67%，主要出口产品有原油（34%）、煤炭（16%）、咖啡（6%）、鲜花（4%）、乙烯、香蕉、棕榈油、金属制品、小汽车等。2017 年危地马拉的商品出口额约 110 亿美元，工业制成品占 42%，主要出口产品有香蕉、蔗糖、咖啡、针织品和服装、棕榈油、肉豆蔻、水果等。2018 年阿根廷的商品出口额约 593 亿美元，其中初级产品约占 75%，主要出口产品有豆粕（15.2%）、玉米（7.1%）、卡车和货车（5.9%）、豆油（4.6%）、小麦（4.1%）、冷冻牛肉（3.3%）、原油（2.5%）、大豆（2.3%）、冷冻海鲜等。2018 年玻利维亚的商品出口额约 79 亿美元，其中初级产品约占 92%，主要出口产品有天然气、锌精矿、铅精矿、锡及其合金、含铂矿物和铂族金属、豆粕、坚果和腰果、豆油、贵金属（黄金、白银）等。[1]

墨西哥以出口工业制成品为主。2018 年墨西哥的商品出口额约 4462 亿美元，其中工业制成品约占 82%，主要出口产品有小汽车（11%）、内燃机和机动车辆零配件（9.0%）、卡车和货车以及拖车（7.5%）、计算机（6.6%）、原油（5.9%）、电视机（2.8%）、绝缘

---

[1] CEPAL, "Exportación de los 10 productos principales conforme a la CUCI rev. 4, según participación porcentual en cada año", https://estadisticas.cepal.org/cepalstat/web_cepalstat/estadisticasIndicadores.asp? idioma = e, 2021 年 10 月 21 日。

电线和电缆（2.6%）、电路保护和开关装置（2.3%）等。如表8—4所示，2018年墨西哥的小汽车、卡车、拖挂车、机动车零配件出口额合计约1132亿美元，其中908亿美元出口到美国，占比约为80.2%，其中卡车出口到美国的占比约为90.9%。

表8—4　2018年墨西哥机动车及其零配件出口概况（亿美元）

	世界	美国	美国占比
小汽车	494	349	70.6
卡车	242	220	90.9
拖挂车	97	86	88.7
机动车零配件	299	253	84.6
小计	1132	908	80.2

资料来源：UNCTADSTAT。

侨汇收入是危地马拉、洪都拉斯、海地3国的重要外汇收入来源。2016—2018年危地马拉的年均侨汇收入约为85.0亿美元，侨汇收入约占多米尼加GDP的11.4%；同期，洪都拉斯、海地的年均侨汇收入分别为43.1亿美元和26.9亿美元，侨汇收入占2国GDP的比重分别为18.9%和31.7%。

第二节　中拉产能合作的重点领域

中拉产能合作强调将中国拥有比较优势的产业整体输出到有需要的拉美和加勒比国家，帮助这些拉美和加勒比国家建立更加完整的工业体系，提高这些国家的加工和制造能力。

一　六大重点领域

根据中拉"1+3+6"务实合作新框架，能源资源、基础设施、农业、制造业、科技创新、信息技术为中拉产能合作的6大重点领域。根据国务院《关于推进国际产能和装备制造合作的指导意见》（2015年5月）、《中国与拉美和加勒比国家合作规划（2015—2019）》（2015年1

月)、《中国对拉美和加勒比政策文件》(2016年11月)等文件，如表8—5所示，中拉产能合作在能源资源领域的重点行业有两大类，一是电力，包括发电、高压及超高压输电以及生物能、太阳能、地热和风能等。二是矿产资源勘探开发，尤其是石油、天然气等能源和各类矿产资源的勘探、开发。基础设施领域的重点行业是交通运输、住房和城市建设，公路、港口、铁路、仓储设施、商贸物流是交通运输的重点。农业领域的重点是种植业和养殖业。制造业领域涉及17个重点行业，其中劳动密集型行业有3个，即农产品加工、食品加工、纺织服装；资本密集型行业有5个，即冶炼加工、建筑装备、石化、电力、交通装备；技术密集型行业有9个，即机械设备、汽车、航空、船舶及海洋工程装备、电子设备、数字医疗设备、信息通信技术、生物技术、医药。科技创新领域有信息产业、民用航空、民用核能、新能源等重点行业，信息技术领域有互联网、数字电视、信息通信产业、通信和遥感卫星、卫星数据应用、航天基础设施等重点行业。

表8—5　　　　　　　　　中拉产能合作重点领域和行业

重点领域	重点行业
能源资源	1. 电力（包括发电、高压及超高压输电以及生物能、太阳能、地热和风能）
	2. 矿产资源勘探、开发
基础设施	交通运输（包括公路、港口、铁路、仓储设施、商贸物流等）、住房和城市建设
农业	种植业、养殖业
制造业	1. 劳动密集型：农产品加工、食品加工、纺织服装
	2. 资本密集型：冶炼加工、建筑装备、石化、电力、交通装备
	3. 技术密集型：机械设备、汽车、航空、船舶及海洋工程装备、电子设备、数字医疗设备、信息通信技术、生物技术、医药
科技创新	信息产业、民用航空、民用核能、新能源
信息技术	互联网、数字电视、信息通信产业、通信和遥感卫星、卫星数据应用、航天基础设施

资料来源：笔者根据国务院《关于推进国际产能和装备制造合作的指导意见》（2015年5月）、《中国与拉美和加勒比国家合作规划（2015—2019）》（2015年1月）、《中国对拉美和加勒比政策文件》（2016年11月）等文件整理。

二 以市场为导向

"以市场为导向"是中拉产能合作的重要指导思想,中国市场、本土市场、第三方市场是3个主要导向方向。

以中国市场为导向的中拉产能合作主要有农产品加工、矿产资源勘探开发与冶炼加工、石油天然气勘探开发等,重点合作对象国包括阿根廷、巴西、智利、哥伦比亚、秘鲁、委内瑞拉等6个南美国家。根据联合国贸发会议的统计数据,2018年中国自拉美和加勒比地区商品进口总额约为1691亿美元,其中自阿根廷、巴西、智利、哥伦比亚、秘鲁、委内瑞拉6国的进口合计1461亿美元,约占进口总额的86.4%。在农产品领域,中国是巴西、阿根廷两国的主要大豆、豆粕、豆油等产品的出口市场。在矿产品领域,中国是巴西、智利、委内瑞拉、秘鲁四国的主要铁矿砂出口市场,是智利、秘鲁的主要铜出口市场。在能源产品领域,中国是巴西、委内瑞拉、阿根廷、哥伦比亚的重要原油出口市场,等等。

以本土市场为导向的中拉产能合作重点是资本密集型制造业、技术密集型制造业以及科技创新、信息技术两大重点领域,重点合作对象国包括巴西、阿根廷、智利、秘鲁、厄瓜多尔、哥伦比亚、委内瑞拉、乌拉圭、古巴等9个国家。工业制成品是拉美和加勒比地区的主要进口商品,根据联合国贸发会议的统计,2013—2015年地区年均进口额约为8040亿美元,约占地区商品进口总额的74%;在此期间,拉美和加勒比地区从中国进口工业制成品的年均进口额约1699亿美元,约占地区工业制成品进口总额的21%。中国是拉美和加勒比地区工业制成品贸易逆差的主要来源国,2013—2015年拉美和加勒比地区工业制成品年均贸易逆差约3289亿美元,其中约49%(年均约1621亿美元)来自中国。阿根廷、智利、哥伦比亚、厄瓜多尔、乌拉圭30%以上的技术密集型商品进口来自中国,例如秘鲁2013—2015年从中国进口的技术密集型商品占该类商品进口总额的45.6%。巴西、古巴等国家25%以上的技术密集型商品进口来自中国,委内瑞拉的这一比重约为15%。

以第三方市场为导向的中拉产能合作重点是加工组装业、农产品加工以及服装等劳动密集型产业,重点合作对象国包括墨西哥、尼加拉瓜、洪都拉斯、危地马拉等4个国家。墨西哥的机动车、家用电器、计算机、通信设备等加工组装业是该国的重要出口产业，2013—2015年这4大产业的年均商品出口额约为1440亿美元，贸易顺差约960亿美元；在此期间，4大产业年均进口半成品、零配件480亿美元左右，其中220亿美元左右来自中国。危地马拉的4大类出口商品水果、纺织服装、蔗糖、咖啡，2013—2015年这4类商品的年均出口额约42亿美元，占该国年均商品出口总额的40%左右，这4类商品对华年均出口额仅1亿美元左右。洪都拉斯的3大类出口商品是服装、咖啡和水果，2013—2015年年均出口额约37亿美元，约占该国年均商品出口总额的46%。尼加拉瓜的两大类出口商品是服装和咖啡，2013—2015年这两大类商品年均出口额约17亿美元，占该国年均商品出口总额的36%。

三　中拉产能合作的实施策略

产能合作需要双边或多边的政策协调与对接，中国需与有关拉美和加勒比国家开展三方面的工作。第一，中国与有关拉美和加勒比国家商签投资保护、避免双重征税等协定，为企业投资与合作创造良好环境。中国分别与巴哈马、哥斯达黎加、古巴、墨西哥、特立尼达和多巴哥、牙买加、巴巴多斯、阿根廷、秘鲁、玻利维亚、哥伦比亚、厄瓜多尔、圭亚那、智利等14个拉美和加勒比国家签订了双边投资保护协定，分别与古巴、墨西哥、特立尼达和多巴哥、牙买加、巴巴多斯、巴西、厄瓜多尔、智利、委内瑞拉等9个拉美和加勒比国家签订了双边避免双重征税协定。第二，中国与有关拉美和加勒比国家商讨包括自贸协定在内的各类贸易便利化安排。中国分别与智利、秘鲁和哥斯达黎加签订了双边自由贸易协定，安提瓜和巴布达、巴哈马、多米尼克、哥斯达黎加、格林纳达、特立尼达和多巴哥、牙买加、巴巴多斯、圭亚那、苏里南、智利等11个拉美和加勒比国家承认中国完全市场经济地位。第三，中国与有关拉美和加勒比国家签订双边产能合作框架协议，2015年和2016年中国分别与哥伦比亚、巴西、古巴、乌拉圭4国签订了此类框架性文件。

以中国市场为主要导向的产能合作，可通过铁路、公路、港口等交通基础设施建设合作等举措挖掘中拉双边贸易潜力。近几年来，中国对大豆、铁矿砂、铜矿砂、原油等大宗商品的进口需求持续增长,根据中国国家统计局和中国海关总署的统计,2012—2016年中国的大豆进口量由5838万吨增至8169万吨,年均增长率为5.7%;铁矿砂由7.4亿吨增至10.2亿吨,年均增长率为6.6%;铜矿砂由783万吨增至1329万吨,年均增长率为10.9%;原油由2.7亿吨增至3.4亿吨,年均增长率为4.4%,等等。同期,根据联合国商品贸易统计,中国从巴西进口大豆由2389万吨增至3804万吨,阿根廷由590万吨增至801万吨;巴西对华铁矿砂出口量由1.6亿吨增至2.1亿吨,等等。中国与巴西、阿根廷等拉美和加勒比国家距离较远,使中国从拉美和加勒比国家进口大宗商品的价格高于平均进口价格,例如2016年中国进口大豆的平均价格为408美元/吨,而从巴西进口大豆的平均价格为409美元/吨;中国进口铁矿砂的平均价格约为56美元/吨,从巴西进口的平均价格约为58美元/吨,等等。因此,中国与巴西、阿根廷等拉美和加勒比国家加强交通基础设施建设合作,提高大宗商品的外运能力,降低运输成本,有助于提高拉美和加勒比国家对华出口大宗商品的能力和竞争力,有助于增加对华出口。

通过加强金融合作促进中国企业在拉美和加勒比地区的工程承包和基础设施投资。长期以来,中国与拉美和加勒比国家的基础设施建设合作以中国企业的工程承包为主。根据中国国家统计局的统计数据和中国商务部公布的数据,2000—2016年中国企业在拉美和加勒比地区承包工程完成营业额由1.7亿美元增至160.3亿美元。中国企业已在30个拉美和加勒比国家开展工程承包业务,但绝大部分工程承包集中在委内瑞拉、厄瓜多尔、阿根廷、巴西等4个拉美和加勒比国家。根据国家统计局的统计数据,2009—2015年中国企业在这4个拉美和加勒比国家工程承包完成营业额合计占中国企业对拉丁美洲承包工程完成营业额的74.0%。中国与委内瑞拉、厄瓜多尔、阿根廷的金融合作为促进中国企业在这3个国家的承包工程业务发挥了重要作用,例如中国与委内瑞拉的金融合作于2008年正式开始,支持委内瑞拉的住房、交通等基础设施项目建设,有力地带动了中国企业在委内瑞拉的工程承包业务,2009—2015年中国企业在委内瑞拉的工程承包营业额增加了25.5亿美元(由9.3亿美元增至34.8亿美元)。厄瓜多尔、阿根廷、牙买加、巴哈马等拉美和加勒比国家也存在与委内瑞拉类似的情况。例如，在中国进出口银行、中国国家开发银行的支持下，厄瓜多尔建设了一批水电站、公路等基础设施项目，中国企业在该国的工程承包营业额由 2010 年的 2.2 亿美元增至 2012 年的 16.1 亿美元，2015 年进一步增至 32.9 亿美元，等等。近年来，中国交通建设集团、国家电网公司、中国长江三峡集团公司等中国企业以并购、直接投资等方式，获得或参与了牙买加和厄瓜多尔的高速公路、巴西的电网和水电站等基础设施项目的长期特许经营权。截至 2016 年年底，中国长江三峡集团在巴西合资或控股拥有的装机容量达到 827 万千瓦，国家电网巴西控股公司在巴西全资或控股拥有 16 家子公司，二者均成为巴西的主要电力企业。2016 年 3 月中国港湾工程有限责任公司（简称"中国港湾"）投资建设和运营的牙买加南北高速公路全线竣工通车，这不仅是中国港湾的首个境外公路 BOT 项目，也是中国企业在拉美和加勒比地区的首个基础设施 BOT 项目。同月，中国路桥工程有限责任公司（简称"中国路桥"）与厄瓜多尔基多市正式签订基多市国际机场进城通道投资协议，这是中国路桥在拉美和加勒比地区的首个 PPP 项目。中国港湾和中国路桥均为中国交通建设集团的合资子公司。

第三节 中拉产业合作

产业合作是指两国之间某一产业的整体合作。中国与拉美和加勒比国家之间的产业合作虽处于起步阶段，但已取得显著成效，有些合作还受到国内外的广泛关注。本节选择中国与巴西的电力产业合作、中国与委内瑞拉的石油产业合作、中国与智利的铜业产业合作 3 个案例，简要分析 3 个案例中的合作成效，并针对如何推进中拉产业合作提出几点看法。选择这 3 个案例的主要原因是其合作时间较长，规模较大，成效较为明显。

一 中国与巴西电力产业合作

巴西是电力市场大国。在西半球，巴西是第三大电力生产国，位居美国和加拿大之后。2016 年巴西发电设施的装机容量约 1.37 亿千瓦，年发电量约 5600 亿千瓦·时。在世界范围内，巴西是第二大水力发电国，仅次于中国。巴西的水电装机容量约 8700 万千瓦，水力发电量约占发电总量的 70%。①

电力事关国计民生，因此，巴西的电力管理体制是"国家所有，特许经营"。自 20 世纪 90 年代中期以来，巴西以特许经营模式鼓励私人资本和外国资本投资电力生产领域，但联邦政府和地方政府的国有企业仍是电力运营主体。例如，巴西联邦政府所属的巴西电力公司（Eletrobras）是巴西第一大电力运营企业，根据该公司官网②上的信息，截至 2019 年，该公司的发电设施装机容量约 5100 万千瓦，约占全国装机容量的 30%；电网总长度 7.1 万千米。圣保罗电力公司（Companhia Energética de São Paulo）是圣保罗州政府控股的电力企业，装机容量 165.5 万千瓦，等等。

中国与巴西的电力合作取得重大进展。截至 2017 年 5 月（中国）国家电网巴西控股公司在巴西拥有合资和控股子公司 16 家，运营和在建输电线路超过 10000 千米，成为巴西第二大电力输送企业。国家电网主营电网业务，该集团通过收购拥有输电线路特许经营权的项目公司进入巴西电力领域。2009 年 5 月国家电网的合资子公司——国网国际发展有限公司与西班牙 ACS 公司签订协议，拟收购后者在巴西的 7 个子公司，其 7 个子公司在巴西拥有 16 条 138 千伏—500 千伏输电线路的特许经营权，输电线路总长度 2792 千米，收购金额 10.5 亿雷亚尔（约 5.3 亿美元）。2010 年 12 月，国网国际发展有限公司在里约热内卢正式成立"国家电网巴西控股公司"，并完成了与西班牙 ACS 公司的股权交割。2011 年以来，国家电网巴西控股公司投资和收购并举，迅速扩大业务规模。在投资方面，联合投资和独立投资并举，例如 2012 年 12 月国家电网巴西控股公司（51%）与两家巴西企业（合计 49%）组成联营体，成功中标巴西 2012 年 07 号输电特许权 G 标段项目，共同投资建设和运营 953 千米 500 千伏的输电线路，运营期 30 年。2014 年 2 月国

---

① U. S. Energy Information Administration, "Brazil has the third-largest electricity sector in the Americas", March 23, 2017, https://www.eia.gov/todayinenergy/detail.php?id=30472.

② Eletrobras, " Corporate Profile ", https://eletrobras.com/en/ri/Paginas/Corporate-Profile.aspx, 2021 年 10 月 21 日。

家电网巴西控股公司（51%）与巴西国家电力公司（49%）组成联营体，成功中标巴西美丽山特高压输电线路Ⅱ期特许经营项目，共同投资建设和运营2092千米的输电线路，运营期30年。2016年4月国家电网巴西控股公司独立中标巴西特里斯皮尔斯水电送出二期输电特许经营权项目，投资建设和运营1280千米的输电线路，运营期30年。在收购方面，2017年1月国家电网巴西控股公司完成了巴西CPFL能源公司（CPFL Energia）54.64%股权的交割，收购金额141.9亿雷亚尔（约45亿美元），对巴西CPFL能源公司控股性收购不仅是国家电网规模较大的一起海外并购业务，也使国家电网巴西控股公司在巴西电力领域的地位大幅度提升。

2016年中国三峡（巴西）有限公司不仅完成了巴西朱比亚水电站和伊利亚水电站30年特许经营权的收购交割，也完成了美国杜克能源巴西公司的收购，中国三峡（巴西）有限公司一跃成为巴西第二大电力生产企业。2016年12月三峡集团完成了杜克能源（Duke Energy）巴西公司100%股权的交割，收购金额12亿美元，使三峡集团在巴西合资或控股拥有的装机容量达到827万千瓦。三峡集团的主营业务是发电，该集团通过收购水电站项目公司的股权进入巴西电力领域。2011年12月三峡集团与葡萄牙电力公司（Energias de Portugal，EDP）签订战略伙伴关系协议，前者收购后者21.35%的股份，并约定双方在全球范围开展电力开发合作。2013年6月三峡集团的全资子公司——中水电国际投资有限公司与葡萄牙电力公司的控股子公司——葡萄牙电力巴西公司签订了谅解备忘录，前者收购后者在巴西两座水电站各50%的运营权，收购金额为7.84亿雷亚尔，两座水电站装机容量合计为59.2万千瓦。2013年10月中国三峡（巴西）有限公司成立，开启了大踏步的并购之路，除完成了前述两座水电站各50%运营权的收购外，2014年收购了葡萄牙电力巴西公司一座在建水电站33.3%的建设权，2015年收购了巴西Triunfo公司的两座水电站，等等。

二 中国与委内瑞拉石油产业合作

委内瑞拉是拉美和加勒比地区的主要石油生产和出口国。该国已探明的石油储量超过 3000 亿桶，居世界第一位。石油出口收入占委内瑞拉商品出口总收入的 95% 以上。石油产业是委内瑞拉国民经济的支柱产业，由委内瑞拉国家石油公司代表国家负责石油的勘探、开发、加工、销售等全产业链业务。

早在 20 世纪 90 年代初，中国的石油企业就已经在委内瑞拉开展业务与合作，以提供石油勘探、开采等技术服务和劳务服务为主。中国与委内瑞拉的"中国—委内瑞拉联合融资基金"（简称"中委基金"）开启了两国间的石油产业合作。"中委基金"自设立之初就备受关注。"中委基金"是以石油贸易为基础、集"贸易、投资和金融合作"三大机制于一体的联合融资机制。中国政府与委内瑞拉政府签订的双边协议是中委基金的基础。根据协议，中国国家开发银行、委内瑞拉经济社会发展银行（简称"委内瑞拉国开行"）分别代表中国政府和委内瑞拉政府出资，共同设立中委基金。中委基金于 2008 年正式开始实施，起步期的资金规模为 60 亿美元，中国国家开发银行出资 40 亿美元，占基金总额的 2/3；委内瑞拉国开行出资 20 亿美元，占总额的 1/3，其作用相当于委方的自有资本金。委方利用中委基金投资本国经济、社会发展所需的工程和项目。

通过贸易机制，委方的石油流向中方的石油贸易公司。委内瑞拉政府授权委内瑞拉国家石油公司（PDVSA）与中方的石油贸易公司——中国联合石油公司安排石油贸易。根据石油的国际市场价格和偿还中方融资资金的需要来确定石油贸易量。当石油价格在 100 美元/桶以上时，日均石油贸易量仅数万桶；当石油价格下降时，日均石油贸易量就相应地增加。

中委基金分为三期，可分别称为"中委基金 I 期"（2008 年开始实施）、"中委基金 II 期"（2009 年开始实施）和"中委基金 III 期"（2013 年开始实施）。每期 50 亿美元（I 期初始为 40 亿美元，后增至 50 亿美元），合作期限 15 年，3 年为一个滚动周期。在合作期内，第 III 期的最后一个滚动周期为 2025—2027 年，因此，2017—2025 年中国每年可以向委内瑞拉提供 50 亿美元的融资，9 年内的融资总额可达 450 亿美元。

中委基金带动了中、委两国的石油贸易。根据联合国商品贸易统计数据（UN COMTRADE Database），2009 年中国从委内瑞拉进口石油 527 万吨，2010 年增至 755 万吨，2010 年达到 1529 万吨，2016 年达到 2016 万吨。通过"中委基金"的金融合作，在石油价格高涨时，中国增加了一个较为稳定的原油进口来源；在石油价格下跌时，委内瑞拉有稳定的石油出口市场。到目前为止，基金运行良好，风险可控。只要委方不单方面终止合作，中方将继续执行合作协议。

中委基金带动了中、委两国的石油产业合作，例如委内瑞拉 MPE3 油田开发项目（简称"MPE3 项目"）。MPE3 项目是委内瑞拉国家石油公司与中石油的一个合资项目，双方按 60∶40 的比例设立合资公司，中国国家开发银行提供项目贷款，贷款人为合资公司，委内瑞拉国家石油公司和中石油按照各自在合资公司的股份比例为贷款提供担保，中联油为合资公司油品的贸易商和采购方。为确保项目建设按期、按质完工，双方共同指定寰球公司为 EPC 承包商。MPE3 项目的设计产能超过 30 万桶/日，一期目标为 4 万桶/日。一期目标已经实现，双方正在向达产目标发展。近年来，由于委国内政治、经济、社会形势出现了一些不稳定因素，许多外国石油公司要么撤离委内瑞拉，要么减少在委的原油产量，甚至暂时停止原油生产。中国企业不仅没有撤离委内瑞拉，而且一直努力扩大在委项目的生产能力，这对于中、委两国的合作具有重要意义。与此同时，中、委双方一直没有放弃在中国广东建立合资炼油厂的计划，计划年冶炼原油 2000 万吨以上。

中委基金在拉美和加勒比地区产生了一定的示范效应。例如，2010 年巴西国家石油公司与中国国家开发银行签订了 20 亿美元的"贷款换石油"协议，当年巴西对华原油出口量增至 829 万吨，比 2009 年（384 万吨）增加了 445 万吨。2015 年中国国家开发银行与巴西国家石油公司就 100 亿美元"贷款换石油"达成协议，巴西对华原油出口量增至 1316 万吨，比 2014 年（558 万吨）增加了 758 万吨；2016 年对华原油出口量增至 1546 万吨。[1]

---

[1] 根据联合国"UN Comtrade Database"统计数据计算。

三 中国与智利的铜产业合作

智利是世界第一铜储量国,其铜储量预计超过 2 亿吨。2016 年智利铜精矿产量 555 万吨,为世界第一大铜精矿生产国,其产量远高于第二大国(秘鲁,237 万吨)和第三大国(中国,182 万吨)。同年,智利冶炼铜产量 261 万吨,居全球第二位,但远低于第一大国——中国(844 万吨)的产量。

铜业是智利的主要支柱产业,其占智利 GDP 的比重在 2006—2007 年高达 19.5%。因铜价下跌,2015 年降至 9% 左右。2006 年智利政府财政收入约有 12.1% 来自铜业(约 83 亿美元)。2015 年铜业对智利政府的财政贡献约为 11 亿美元,仅占财政收入的 3.9%。① 铜业是智利的第一大出口产业,根据联合国商品贸易统计数据,2016 年智利商品出口总额约 599 亿美元,其中冶炼铜 127 亿美元,粗铜 21 亿美元,铜精矿 113 亿美元,三者合计 261 亿美元,占商品出口总额的 46%。

中国不仅是智利的主要铜出口市场,而且也是智利主要的铜冶炼产能合作伙伴。中、智两国之间的冶炼铜贸易量较大,铜冶炼产能合作也形成了一定的规模。中智两国的铜冶炼产能合作得益于两国铜产品贸易的快速增长。在出口额方面,2003—2015 年智利铜业部门对华出口额由 14 亿美元增至 128 亿美元,占其出口总额的比重由 18.4% 提高至 42.7%。② 在出口量方面,2003—2016 年智利对华冶炼铜出口量由 56 万吨增至 123 万吨,铜精矿由 23.9 万吨增至 126 万吨;2010—2016 年粗铜出口量由 9 万吨增至 27 万吨。③

以江西铜业为代表的中国企业和以智利国家铜业公司(CODELCO)为代表的智利企业之间形成了一定规模的铜冶炼产能合作,2016 年的产能合作规模超过 100 万吨。据中国有色网网站消息,④ 2015 年底江西

---

① Comisión Chilena del Cobre, *Anuario de Estadísticas del Cobre y otros Minerales 1996 – 2015*, pp. 65, 71.

② Comisión Chilena del Cobre, *Anuario de Estadísticas del Cobre y otros Minerales 1996 – 2015*, pp. 40, 41, 44, 45.

③ Comisión Chilena del Cobre, http://www.cochilco.cl:4040/boletin-web/pages/tabla23/buscar.jsf, 2017 年 4 月 12 日。

④ 中国有色网:《江西铜业与智利铜矿敲定明年铜加工费,国内进口铜精矿需求或继续放缓》,2015 年 12 月 16 日,http://www.cnmn.com.cn/ShowNews1.aspx?id=334271。

铜业与智利国家铜业公司就铜加工费达成协议，2016年铜精矿长单加工费（TC/RCs）确定为97.35美元/吨和9.735美分/磅，比2015年的107美元/吨和10.7美分/磅下降了9%。本文根据2010—2016年智利铜业部门对华出口的结构变化、智利国内冶炼铜生产结构和产量变化、智利国内冶炼铜产能缺口等3方面的数据来估算中、智两国之间铜冶炼产能合作的规模。如表8—6所示，2010—2016年智利对华铜精矿出口量增加了75万吨，而对其他贸易伙伴的出口量减少了128万吨；粗铜对华出口增加了18万吨，对其他贸易伙伴减少了18万吨；冶炼铜对华出口增加了5万吨，对其他贸易伙伴出口减少了38万吨。同期，如表8—7所示，智利国内冶炼铜年产量减少了63万吨。笔者假设，智利对华增加的75万吨铜精矿主要用于冶炼铜，同时，铜冶炼产能转移到中国。如图8—3所示，2016年智利国内冶炼铜产能缺口约37万吨，笔者估计约30万吨产能转移到中国。根据这3个方面的估算，2016年中、智两国之间铜产业的产能合作规模达到100万吨以上。

通过铜产业的产能合作，智利铜业企业降低了生产成本，提高了产品的国际竞争力，巩固了中国市场。根据智利国家铜业公司2015年年报数据，2015年该企业在智利国内生产冶炼铜189万吨，冶炼铜的平均成本为203美分/磅[①]；当年，江西铜业收取的加工费为9.735美分/磅，仅占智利国家铜业公司冶炼铜平均成本的4.8%。2010—2016年智利铜业部门对其他贸易伙伴的出口量出现了较大程度的减少，但对中国的出口保持增长。

中国与智利的铜业产能合作在一定程度上可以修正人们对中拉贸易的传统认识，即中国从拉美和加勒比国家进口初级商品不是传统意义上的、单纯的初级产品进口，而是具有产能合作的内容和性质。在中国与智利的铜业产业合作这一案例中，从表面上看，中国从智利进口的铜精矿这一初级产品大幅度增加，但实际上，大部分进口增加量主要用于产能合作。与此同时，智利铜业案例也反映出中拉产能合作是双方向的，人们较多地强调中国向拉美和加勒比地区转移产能，较少地关注拉美和加勒比地区向中国转移产能。

---

① CODELCO, *Annual Report 2015*, pp. 71, 73.

表8—6 2010年、2016年智利铜业部门对中国及其他贸易伙伴的出口（万吨）

	中国			其他贸易伙伴		
	2010年	2016年	变化值	2010年	2016年	变化值
铜精矿	51	126	75	265	137	-128
粗铜	9	27	18	33	15	-18
冶炼铜	118	123	5	198	160	-38

资料来源：根据Comisión Chilena del Cobre（Cochilco）统计数据计算。

表8—7 2010年、2016年智利冶炼铜产量（万吨）

	2010年	2016年	变化值
阴极铜	209	166	-43
电解铜	105	95	-10
火法铜	10	0	-10
合计	324	261	-63

资料来源：根据Comisión Chilena del Cobre（Cochilco）统计数据计算。

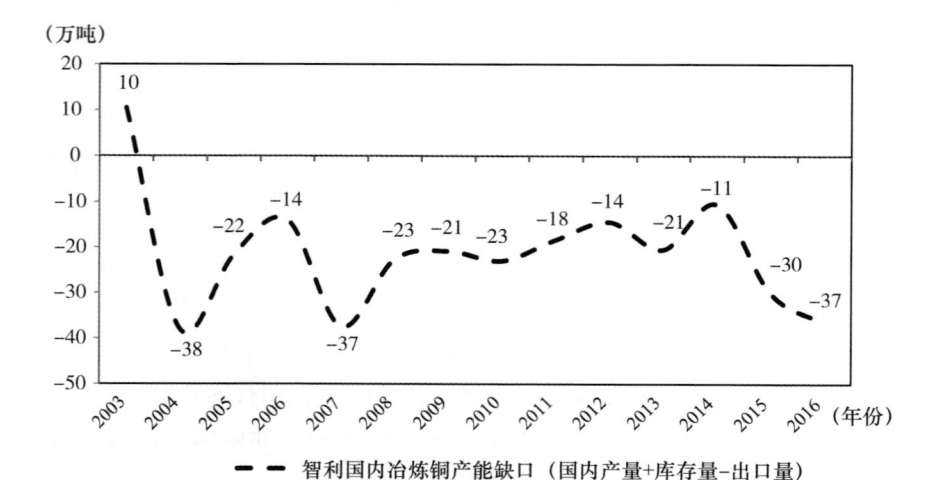

图8—3 2003—2016年智利国内冶炼铜产能缺口

资料来源：根据Comisión Chilena del Cobre（Cochilco）统计数据计算。

四 案例简析

"以市场为导向,以企业为主体"是中拉产能合作的两大基本原则,这3个案例充分反映了这些原则。

(一)巴西电力案例主要以巴西本土市场为导向

中国国家电网的股权并购和合作经验可以向铁路、公路、港口等特许经营项目推广。巴西的法律规定,每个特许经营项目必须有一个项目公司,如巴西南北大铁路的特许经营权属于巴铁的子公司——南北铁路公司。自2014年下半年以来,巴西经济陷入衰退。经济衰退使许多基础设施特许经营项目的投资面临困境,尤其是资本金不足严重制约着项目融资;加之巴西货币雷亚尔大幅度贬值,股权等资产的美元价格大幅度下降,这些因素为中巴两国企业的股权并购和合作提供了机遇。

第一,主要目的是以较低的成本进入巴西市场,不必过于追求控股地位。巴西的基础设施建设项目,其前期的基础研究和可行性研究需花费和投入大量的时间,因此,经济成本和时间成本均较高,潜在风险和不可控因素较多。与已有的特许经营项目进行合作,时间成本较低,风险和不可控因素也已基本暴露,便于风险识别和防控,因此,重点是经济可行性是否充分。

第二,中拉产能合作基金可优先支持基础设施特许经营项目的股权并购与合作。目前,中国企业参与巴西铁路、公路、港口等基础设施建设的方式以工程承包为主,属短期行为。产能基金的股权并购与合作不仅可以为中国企业创造更多的工程承包机会,而且有助于引导中国企业由"工程承包"短期行为向"项目投资和经营"长期行为转变。

第三,合资企业应由"法律共同体"向"利益共同体"转变。在中巴合资企业中,中方已经遇到"利润赚不多,责任担不完"的情况。欧、美、日等发达国家的企业在处理这一情况方面积累了大量经验,其中较为典型的经验是与合作方、利益相关方共同发展。以中国国家电网为例,如果将在巴西产生的利润用于再投资,借助输电线路网络建设农产品收储设施,不仅能够带动相关产业的发展,培育新用户和增加电力销售量，更能够将难以带走的利润转换成实物出口，在增加经济效益的同时，还可以规避汇率波动造成的损失，等等。

第四，优先考虑技术和管理输出，不必过于追求资本输出。巴西的国内储蓄不足，对外资的依赖程度较高。但是巴西政府部门和学术界对外部债务融资较为敏感，认为借外债搞基建是巴西最惨痛的历史教训之一。因此，巴西国家开发银行、巴西联邦储蓄银行（CAIXA）等金融机构以较低的利率、较长的期限向特许经营项目提供贷款，鼓励有关项目优先使用巴西国内的这些政策性贷款。许多特许经营项目无法获得巴西的政策性贷款，主要原因有两个。一是自有资本不足，一般情况下，自有资本占项目总投资的比例不低于30%。二是建设成本和运营成本超出预期，致使项目现金流不足，财务指标达不到政策性贷款的要求。中国企业可以充分发挥自身优势，降低建设成本和运营成本，提高项目的盈利能力和水平。在不追求控股地位的情况下，通过股权并购和合作输出的资本相对有限，例如对新建项目而言，这部分资本占项目投资的比重不超过15%。

（二）委内瑞拉石油案例主要以第三方市场为导向

根据联合国商品贸易统计数据，中国是委内瑞拉第三大原油出口市场，其第一和第二大出口市场国分别为美国和印度，2016年美国从委内瑞拉进口原油约3770万吨，印度进口2307万吨。根据石油输出国组织的估计，委内瑞拉原油产量有所下降，2015年日均产量约237.5万桶，2016年为215.9万桶，2017年5月196.3万桶。[①] 原油价格低迷和产量、出口量的减少使委内瑞拉经济出现困难。因此，促进委内瑞拉原油增产是中委石油产业合作的重要目标之一。

（三）智利铜业案例主要以中国市场为导向

对于智利方面而言，中、智两国的铜业产业合作达到了稳固出口市场的首要目的。以中国市场为导向的中拉产业合作主要有农产品加工、矿产资源勘探开发与冶炼加工、石油天然气勘探开发与冶炼等，除智利

---

① OPEC, *Monthly Oil Market Report*, 13 June 2017, p.53. 委内瑞拉官方统计数据为：2015年265.4万桶/日，2016年237.3万桶/日，2017年5月218.9万桶/日。

外，其他重点合作对象国还包括巴西、秘鲁、阿根廷、哥伦比亚、古巴等其他拉美和加勒比国家，这些国家对华出口的商品以初级产品为主。例如，在农产品领域，中国是巴西、阿根廷两国的主要大豆出口市场，也是巴西、秘鲁、阿根廷、古巴的纸浆、蔗糖、鱼粉、水果等的主要或重要出口市场。在矿产品领域，中国是巴西、秘鲁的主要铁矿出口市场，是秘鲁的主要铜矿出口市场，是古巴的重要镍矿出口市场。在能源产品领域，中国是巴西、哥伦比亚的重要原油出口市场，等等。

五 几点认识

（一）中国对资源类商品的进口需求是拉动双边产业合作的重要动力之一

中国虽然是一个资源大国，但也是资源消费大国，随着经济社会发展水平的提高，本土资源的供需矛盾日益突出，例如 2016—2020 年铁精矿供需缺口预计由 13.78 亿吨增至 17.87 亿吨，铜精矿供需缺口由 1259 万吨增至 1492 万吨，这些缺口主要通过进口来弥补。[①] 拉美和加勒比地区是中国进口大豆、铁矿石、铜矿石、原油等初级产品的重要来源地，根据经济合作与发展组织、拉美经委会、CAF – 拉丁美洲开发银行的预测，2016—2020 年部分拉美和加勒比国家对华出口农产品、矿产品、原油的年均增长率分别为 3.8%、5.8% 和 6.1%，2021—2030 年分别为 2.0%、2.8% 和 2.7%。[②]

（二）中拉产业合作需要政府间政策协调

尽管中拉产业合作快速发展，取得了显著成绩，但双方之间的产业合作仍处于起步阶段，产业合作需要双边或多边的政策协调与对接。例如，中国政府与委内瑞拉政府签订的双边合作协议为中委基金建立了坚实的基础，保障了中委两国石油产业的合作。巴西政府的电力产业政策改革和中国政府的鼓励与支持为中巴两国电力产业合作提供了机遇、动

---

① 渠慎宁：《工业化中后期中国矿产资源供需预测研究》，《学习与探索》2016 年第 3 期。
② OECD/ECLAC/CAF, *Latin America Economic Outlook 2016: Towards a New Partnership with China*, OECD Publishing, Paris, December 2015, p.137.

力和保障。中国与智利的良好双边关系和双边自由贸易协定等贸易便利化政策是两国铜冶炼产能合作迅猛发展的重要条件。

为进一步促进中拉产业合作,中国与有关拉美和加勒比国家需要开展三方面的工作。第一,商签投资保护、避免双重征税等协定,为企业投资与合作创造良好环境。中国分别与巴哈马、哥斯达黎加、古巴、墨西哥、特立尼达和多巴哥、牙买加、巴巴多斯、阿根廷、秘鲁、玻利维亚、哥伦比亚、厄瓜多尔、圭亚那、智利等14个拉美和加勒比国家签订了双边投资保护协定,分别与古巴、墨西哥、特立尼达和多巴哥、牙买加、巴巴多斯、巴西、厄瓜多尔、智利、委内瑞拉等9个拉美和加勒比国家签订了双边避免双重征税协定。第二,签订包括自贸协定在内的各类贸易便利化安排。中国分别与智利、秘鲁和哥斯达黎加签订了双边自由贸易协定,安提瓜和巴布达、巴哈马、多米尼克、哥斯达黎加、格林纳达、特立尼达和多巴哥、牙买加、巴巴多斯、圭亚那、苏里南、智利等11个拉美和加勒比国家承认中国完全市场经济地位。第三,签订双边产能合作框架协议,中国分别与哥伦比亚、巴西、古巴、乌拉圭4国签订了此类框架性文件。

(三) 基础设施建设与产业合作相互促进

技术服务、工程承包在中委石油合作、中巴电力合作中发挥了重要作用。在产业合作开始以前,中国企业已通过技术服务、工程承包等方式与委内瑞拉、巴西开展了长期合作。产业合作也促进了工程承包业务,例如委内瑞拉MPE3项目,为了确保项目建设近期完工,由寰球公司作为EPC承建商;国家电网巴西公司的电网投资与建设也带动了中国企业在巴西的工程承包业务。

长期以来,中国与拉美和加勒比国家的基础设施建设合作以中国企业的工程承包为主。根据中国国家统计局的统计数据和中国商务部公布的数据,2000—2016年中国企业在拉美和加勒比地区承包工程完成营业额由1.7亿美元增至160.3亿美元。中国企业已在30个拉美和加勒比国家开展工程承包业务,但绝大部分工程承包集中在委内瑞拉、厄瓜多尔、阿根廷、巴西等4个拉美和加勒比国家。根据国家统计局的统计数据,

2009—2015年中国企业在这4个拉美和加勒比国家工程承包完成营业额合计占中国企业对拉丁美洲承包工程完成营业额的74.0%。中国与委内瑞拉、厄瓜多尔、阿根廷的金融合作为促进中国企业在这3个国家的承包工程业务发挥了重要作用，例如中国与委内瑞拉的金融合作于2008年正式开始，支持委内瑞拉的住房、交通等基础设施项目建设，有力地带动了中国企业在委内瑞拉的工程承包业务，2009—2015年中国企业在委内瑞拉的工程承包营业额增加了25.5亿美元（由9.3亿美元增至34.8亿美元）。厄瓜多尔、阿根廷、牙买加、巴哈马等拉美和加勒比国家也存在与委内瑞拉类似的情况。例如，在中国进出口银行、中国国家开发银行的支持下，厄瓜多尔建设了一批水电站、公路等基础设施项目，中国企业在该国的工程承包营业额由2010年的2.2亿美元增至2012年的16.1亿美元，2015年进一步增至32.9亿美元，等等。

在长期开展承包工程业务的基础上，2016年3月中国港湾工程有限责任公司（简称"中国港湾"）投资建设和运营的牙买加南北高速公路全线竣工通车，这不仅是中国港湾的首个境外公路BOT项目，也是中国企业在拉美和加勒比地区的首个基础设施BOT项目。同月，中国路桥工程有限责任公司（简称"中国路桥"）与厄瓜多尔基多市正式签订基多市国际机场进城通道投资协议，这是中国路桥在拉美和加勒比地区的首个PPP项目。中国港湾和中国路桥均为中国交通建设集团的合资子公司。

（四）围绕重点产业推进产业合作

绝大多数拉美和加勒比国家长期受到财政赤字和国内储蓄不足的困扰，主要依赖外汇收入来平均财政赤字，弥补国内储蓄缺口。净出口收入（商品和服务出口－商品和服务进口）、外国直接投资、外债是三大主要外汇来源。除这三大主要来源外，侨汇收入也是部分拉美和加勒比国家的重要外汇收入来源。

作为外汇收入的两大主要来源，外国直接投资和外债在拉美各国之间没有明显差异，但各国在净出口收入来源方面存在较大差异。根据净出口收入的主要来源，可以将拉美和加勒比国家分为5类。

第一类为以多种初级产品为商品净出口主要来源的国家,主要有巴西、智利、秘鲁、阿根廷4国,巴西和智利两国的商品净出口收入主要来源于初级农产品和矿产品、农产品加工产品以及矿产品加工产品,秘鲁和阿根廷的主要来源为初级农产品和矿产品、以及矿产品加工产品。对于这一类国家,以面向中国市场为主的初级产品加工产业和以面向本土市场的基础设施领域可作为重点合作产业。

第二类以单一产品为商品净出口收入主要来源的国家,主要有委内瑞拉、哥伦比亚、厄瓜多尔、玻利维亚、特立尼达和多巴哥、巴拉圭、乌拉圭7国,石油是委内瑞拉、哥伦比亚、厄瓜多尔3国商品净出口的主要来源,天然气是玻利维亚、特立尼达和多巴哥2国商品净出口的主要来源,初级农产品是巴拉圭、乌拉圭2国商品净出口的主要来源。石油天然气产业及其相关配套产业(基础设施等)可作为重点合作产业。

第三类是以墨西哥为代表的国家,其商品净出口收入主要来源于少数几种工业制成品和初级产品,例如墨西哥以机动车和石油为主要来源;危地马拉、洪都拉斯、尼加拉瓜3国以初级农产品以及服装、鞋等劳动力密集型产品为其主要来源,哥斯达黎加以初级农产品、(芯片等)电子产品为主要来源,萨尔瓦多以纺织品、服装、鞋等劳动力密集型产品为主要来源。以面向第三方市场(主要是美国市场)为主的出口加工业可作为重点合作产业,例如家电、手机、计算机、服装等行业。

第四类为旅游业和航运业并重的国家,如巴拿马、多米尼加等国家,2013—2015年巴拿马旅游业和航运业出口净收入占GDP的比重年均分别为5.9%和6.4%,多米尼加的这两个比重分别为9.2%和2.8%。[1]

第五类为以旅游业为主要来源的国家,如圣卢西亚、巴哈马、安提瓜和巴布达、巴巴多斯、伯利兹、牙买加、格林纳达、圣基茨和尼维斯、圣文森特和格林纳丁斯等9个加勒比地区国家,其旅游业出口净收入占GDP的10%—25%。

---

[1] 根据联合国拉美经委会(CEPAL)"Anuario Estadístico de América Latina y El Caribe, 2016, Versión electronic"中的有关统计数据计算。

第九章

中拉农业种植业合作

拉美地区农业资源丰富，开发潜力巨大，中拉农业种植业合作前景广阔。农业种植业合作不仅是共同维护中拉谷物安全的重要措施，同时也是改善全球谷物安全状况的战略举措。本节以大豆、玉米、小麦和水稻4种作物为例，简要分析拉美地区谷物增产前景及中拉谷物和油料作物合作战略。

第一节 拉美地区农业种植业概况

根据联合国谷物与农业组织（简称"粮农组织"，FAO）的统计数据（FAOSTAT），2018年拉美地区谷物收获面积约5726万公顷，谷物产量约25045万吨；油料作物收获面积约6145万公顷，收获量约19396亿吨。

拉美地区的农业种植业有以下几个明显特点。

第一，各国之间差异较大。

按美元现价计，2016年拉美地区的农业种植业总产值约为2012亿美元。从3个次地理区域来看，南美地区的农业种植业产值约为1634亿美元，约占拉美和加勒比地区的农业种植业总产值的81.2%。从国家来看，巴西农业种植业产值约为985亿美元，约占拉美和加勒比地区的农业种植业总产值的48.9%；其次是墨西哥，约为242亿美元；其后依次为阿根廷（191亿美元）、智利（114亿美元）、哥伦比亚（104亿美元）、秘鲁（87亿美元）。巴西、墨西哥、阿根廷、智利、哥伦比亚、秘鲁6国农业种植业产值合计约1722亿美元，约占地区农业种植业总产值的85.6%。

第二，大豆、玉米、小麦和水稻居主导地位。

2018年拉美地区玉米收获面积约为3613万公顷，产量约为17162万吨，水稻分别为495万公顷和2859万吨，小麦分别为962万公顷和3003万吨。玉米、水稻、小麦种植面积合计约为5070万公顷，约占拉美地区谷物收获面积的88.5%；产量合计约为23024万吨，约占拉美地区谷物产量的91.9%。大豆收获面积约为5734万公顷，约占拉美地区油料作物收获面积的93.3%；大豆产量约为17150万吨，约占拉美地区油料作物产量的88.4%。

拉美地区是玉米的原产地，墨西哥被认为是玉米的主要原产国之一。玉米在拉美地区的种植较为广泛，但主要集中在巴西、阿根廷、墨西哥、巴拉圭4国。2018年巴西的玉米收获面积约为1612万公顷，玉米产量约为8229万吨，阿根廷的玉米收获面积和玉米产量分别约为714万公顷和4346万吨，墨西哥分别约为712万公顷和2717万吨，巴拉圭分别约为107万公顷和534万吨。4国的玉米收获面积合计约为3145万公顷，约占拉美地区玉米收获面积的87.0%。4国玉米产量合计约为15827万吨，约占拉美地区玉米产量的92.2%。小麦主要集中在阿根廷、巴西、墨西哥、智利、巴拉圭、乌拉圭6国，6国小麦收获面积合计约为929万公顷，约占地区小麦收获面积的96.6%；6国小麦产量合计约为2951万吨，约占地区小麦产量的98.3%。阿根廷是拉美地区的第一大小麦生产国，其2018年的小麦收获面积和小麦产量分别约为582万公顷、1852万吨。水稻主要集中在巴西、哥伦比亚、秘鲁、厄瓜多尔、阿根廷、乌拉圭、圭亚那、巴拉圭、多米尼加、玻利维亚、委内瑞拉、古巴12国，2018年这12个国家的水稻收获面积、稻米产量合计分别为452万公顷和2669万吨，分别约占拉美地区水稻收获面积、稻米产量的91.3%和93.3%。

大豆主要集中在巴西、阿根廷、巴拉圭、玻利维亚、乌拉圭5国。2018年巴西的大豆收获面积约为3477万公顷，大豆产量约为11789万吨，阿根廷的收获面积和产量分别约为1632万公顷、3779万吨，巴拉圭分别约为351万公顷、1105万吨。5国大豆收获面积合计约为5706万公顷，约占拉美地区大豆收获面积的99.5%；5国大豆产量合计约为

17100万吨，约占拉美地区大豆产量的99.7%。

第三，土地占有不公。

拉美地区约有1860万户农户（农业生产单位），墨西哥约有450万户，南美洲约有1068万户。① 60%左右的农户是小农户，拥有全地区30%左右的耕地，以满足家庭消费和面向国内市场为主；40%左右是大中型农户，拥有全地区70%左右的耕地，商品化或外向化程度较高，大多为农场或种植园。

根据巴西地理统计局2017年的巴西农业普查数据，如表9—1所示，巴西约有494万户农户，其中无地农户和小农户（0—10公顷）约有254万户，约占农户总数的51.5%；中型农户（10—100公顷）约有198万户，约占农户总数的40.1%；大型农户（100—10000公顷）约有41万户，约占农户总数的8.1%；特大型农户（10000公顷以上）有2450户，仅占农户总数的0.05%。

根据阿根廷2002年的农业统计，全国约有29.7万户农户，其中拥有土地5公顷以下的农户约4万户，约占农户总数的16%，仅拥有0.1%的土地；拥有5—100公顷土地的农户约有9.6万户，占农户总数的37%，拥有1.3%的土地；拥有100—1000公顷土地的农户约有6.9万户，占农户总数的27%，拥有全国4.8%的土地；拥有1000—10000公顷土地农户约有4.8万户，占农户总数的19%，拥有全国54.9%的土地；拥有10000公顷以上土地的农户仅有2787户，占农户总数的1.0%，但却拥有全国38.8%的土地。这意味着阿根廷全国94%以上的土地集中在20%的农户手中（1000公顷以上），80%的农户仅耕种全国6%的土地。②

---

① Octavio Sotomayor, Adrián Rodríguez, Mônica Rodrigues, *Competitividad, sostenibilidad e inclusión social en la agricultura: Nuevas direcciones en el diseño de políticas en América Latina y el Caribe*, CEPAL, Santiago de Chile, diciembre de 2011, p. 47.

② Julio A. Berdegué and Ricardo Fuentealba, "Latin America: The State of Smallholders in Agriculture", Paper presented at the International Fund for Agricultural Development (IFAD) Conference on New Directions for Smallholder Agriculture 24–25 January, 2011, Rome, Italy. 根据有关数据计算。

表9—1　　　　　　　　　　巴西农户的土地拥有状况

土地规模（公顷）	总量（户）	有土地证	无土地证					
			小计	正在确权	租赁土地	分成制	佃农制	侵占土地	无地
	4941409	4058580	882829	257960	157287	114601	249053	103928	77037
0—1	606432	435414	171018	26721	27215	24063	59315	33704	
1—10	1937249	1541915	395334	83257	63571	63553	137571	47382	
10—50	1586527	1345860	240667	127731	38554	18861	39178	16343	
50—100	394157	354785	39372	14658	10867	3802	6892	3153	
100—500	365841	334016	31825	5379	14226	3549	5671	3000	
500—10000	48753	44395	4358	208	2688	717	417	328	
10000 以上	2450	2195	255	6	166	56	9	18	

资料来源：巴西地理统计局（IBGE）2017年农业普查数据。

第四，绝大多数国家为谷物净进口国。

尽管拉美地区有"世界粮仓"之称，但除阿根廷、巴拉圭两国外，其他拉美国家均不能谷物自给。如表9—2所示，2015—2017年谷物进口量占消费量的比重，阿根廷仅为0.1%，巴拉圭为3.1%，这意味着阿、巴两国能够实现谷物自给。其他31个拉美和加勒比国家的谷物进口量占各国消费量的比重均在10%以上，圣文森特和格林纳丁斯的这一比重高达57.1%，这一比重越高，谷物自给率越低。

第五，2020—2030年谷物需增产1/3左右。

根据拉美经委会的统计，2000—2018年拉美地区人口由5.22亿人增至6.42亿人，增加了1.2亿人，增幅为23%。根据FAO统计，2000—2018年拉美地区谷物产量由10396万吨增至20725万吨，增加了10329万吨，增幅为99%。从人口增长的角度看，拉美地区人口每增长1%，谷物产量需增长4%。根据FAO的统计，2010—2018年拉美地区谷物产量的实际年均增长率约为3.9%。

根据联合国的预测，2020—2030年拉美地区人口将由6.54亿人增至7.06亿人，增加约5229万人，增长幅度约为8%，这意味着2020—2030年拉美地区的谷物产量需要至少增加32%。

第二节 拉美地区农业种植业增产潜力较大

根据 FAO 的统计和分析，2020—2030 年拉美地区约有 1.7 亿公顷耕地可用于生产玉米、水稻、小麦和大豆 4 种作物，4 种作物的潜在产量合计约为 6.3 亿吨。2018 年 4 种作物收获面积合计约为 1.1 亿公顷，产量合计约为 4 亿吨。按此测算，2020—2030 年拉美地区 4 种作物的收获面积可增加 0.6 亿公顷，产量可增加 2.3 亿吨。

一 土地资源较为丰富

根据拉美经委会的统计，如表 9—3 所示，2017 年拉美地区约有 70920 万公顷土地为农业用地，其中南美洲约有 57151 万公顷，中美洲约有 12513 万公顷，加勒比地区约有 1108 万公顷。2000—2017 年拉美地区的农业用地增加了 2783 万公顷，其中 99.4% 集中在南美洲（2766 万公顷），中美洲仅增加了 54 万公顷，加勒比地区减少了 33 万公顷。

截至 2017 年，拉美地区的可耕地总量约为 15080 万公顷，其中南美洲约有 11679 万公顷，约占地区可耕地总量的 77.4%；中美洲约有 2892 万公顷，约占地区可耕地总量的 19.2%；加勒比地区约有 1108 万公顷，约占地区可耕地总量的 7.3%。2000—2017 年拉美地区的可耕地增加了 2208 万公顷，其中南美洲增加了 2247 万公顷，中美洲增加了 16 万公顷，加勒比地区减少了 56 万公顷。

从国别概况来看，拉美地区的可耕地主要集中在巴西（5538 万公顷）、阿根廷（3920 万公顷）、墨西哥（2391 万公顷）3 国，3 国合计（11849 万公顷）约占地区可耕地总量的 78.6%。可耕地超过 100 万公顷的其他国家有巴拉圭（486 万公顷）、玻利维亚（424 万公顷）、秘鲁（349 万公顷）、古巴（291 万公顷）、乌拉圭（243 万公顷）、哥伦比亚（178 万公顷）、尼加拉瓜（150 万公顷）、智利（128 万公顷）、海地（107 万公顷）、厄瓜多尔（103 万公顷）、洪都拉斯（102 万公顷）等 11 个国家。

2000—2017 年 12 个国家的耕地面积有所增加，如阿根廷增加了

1156万公顷，巴西增加了993万公顷，其后依次为巴拉圭（184万公顷）、玻利维亚（110万公顷）、乌拉圭（106万公顷）、墨西哥（100万公顷）、海地（17万公顷）、萨尔瓦多（7万公顷）、哥斯达黎加（4万公顷）、伯利兹（3万公顷）、巴拿马（2万公顷）、苏里南（1万公顷）。巴哈马、多米尼克、圣基茨和尼维斯、圣文森特和格林纳丁斯、安提瓜和巴布达、格林纳达、圣卢西亚等7个加勒比国家的耕地面积没有明显增减。13个国家的耕地面积有不同程度的减少，如特立尼达和多巴哥（-1万公顷）、巴巴多斯（-1万公顷）、牙买加（-2万公顷）、圭亚那（-3万公顷）、洪都拉斯（-5万公顷）、多米尼加（-10万公顷）、尼加拉瓜（-42万公顷）、智利（-47万公顷）、危地马拉（-54万公顷）、古巴（-59万公顷）、厄瓜多尔（-59万公顷）、秘鲁（-92万公顷）、哥伦比亚（-104万公顷）。

表9—2　2015—2017年拉美国家年均谷物消费量和进口量（万吨）

	1. 国内供应量	2. 进口量	消费量（1+2）	进口量/消费量（%）
阿根廷	2447	3	2450	0.1
巴拉圭	250	8	258	3.1
巴西	8458	1066	9524	11.2
玻利维亚	366	65	431	15.1
圭亚那	41	10	51	19.6
苏里南	19	5	24	20.8
乌拉圭	151	42	193	21.8
伯利兹	12	3	15	20.0
厄瓜多尔	421	123	544	22.6
墨西哥	5232	2145	7377	29.1
尼加拉瓜	141	61	202	30.2
智利	638	320	958	33.4
危地马拉	372	195	567	34.4
秘鲁	1068	567	1635	34.7
委内瑞拉	561	331	892	37.1

续表

	1. 国内供应量	2. 进口量	消费量（1+2）	进口量/消费量（%）
萨尔瓦多	186	112	298	37.6
哥伦比亚	1148	738	1886	39.1
巴拿马	135	87	222	39.2
洪都拉斯	171	112	283	39.6
海地	148	98	246	39.8
多米尼加	276	197	473	41.6
多米尼克	0.5	0.4	0.9	44.4
古巴	334	247	581	42.5
巴哈马	2	2	4	50.0
哥斯达黎加	144	139	283	49.1
特立尼达和多巴哥	30	29	59	49.2
安提瓜和巴布达	1	1	2	50.0
圣基茨和尼维斯	1	1	2	50.0
牙买加	56	57	113	50.4
圣卢西亚	2	2	4	50.0
巴巴多斯	6	7	13	53.8
格林纳达	2	3	5	60.0
圣文森特和格林纳丁斯	3	4	7	57.1

资料来源：根据FAOSTAT数据计算。

表9—3 2000—2017年拉美地区农业用地和可耕地概况（万公顷）

	农业用地			可耕地		
	2000年	2017年	增减值	2000年	2017年	增减值
拉美地区	68137	70920	2783	12872	15080	2208
南美洲	54385	57151	2766	9432	11679	2247
巴西	22832	23592	760	4545	5538	993
阿根廷	12851	14870	2019	2764	3920	1156
巴拉圭	2033	2195	162	302	486	184
玻利维亚	3714	3749	35	314	424	110
秘鲁	2312	2367	55	441	349	-92

续表

	农业用地			可耕地		
	2000 年	2017 年	增减值	2000 年	2017 年	增减值
委内瑞拉	2164	2150	-14	260	—	—
乌拉圭	1496	1447	-49	137	243	106
哥伦比亚	4486	4469	-17	282	178	-104
智利	1511	1575	64	175	128	-47
厄瓜多尔	807	559	-248	162	103	-59
圭亚那	171	170	-1	45	42	-3
苏里南	9	9	0	6	7	1
中美洲	12459	12513	54	2876	2892	16
墨西哥	10633	10696	63	2291	2391	100
尼加拉瓜	514	507	-7	192	150	-42
洪都拉斯	294	348	54	107	102	-5
危地马拉	447	386	-61	140	86	-54
萨尔瓦多	150	157	7	65	72	7
巴拿马	223	226	3	55	57	2
哥斯达黎加	184	177	-7	21	25	4
伯利兹	15	17	2	6	9	3
加勒比	1141	1108	-33	552	496	-56
古巴	655	630	-25	350	291	-59
海地	169	184	15	90	107	17
多米尼加	252	235	-17	90	80	-10
牙买加	48	44	-4	14	12	-2
特立尼达和多巴哥	7	5	-2	4	3	-1
巴哈马	1	1	0	1	1	0
巴巴多斯	2	1	-1	2	1	-1
多米尼克	2	3	1	1	1	0
圣基茨和尼维斯	1	1	0	1	1	0
圣文森特和格林纳丁斯	1	1	0	1	1	0
安提瓜和巴布达	1	1	0	0	0	0
格林纳达	1	1	0	0	0	0
圣卢西亚	1	1	0	0	0	0

资料来源：CEPALSTAT。

二　玉米、稻米、小麦、大豆合计可增产 2.3 亿吨

根据 FAO 的统计数据和分析，如表 9—4 所示，拉美地区约有 6030 万公顷可耕地适于种植玉米，潜在玉米产量可达 2.9 亿吨。适于种植稻米的可耕地约有 918 万公顷，潜在稻米产量可达 5345 万吨。适于种植小麦的可耕地约有 2175 万公顷，潜在小麦产量可达 6798 万吨。适于种植大豆的可耕地约有 7473 万公顷，潜在大豆产量可达 2.2 亿吨。

表 9—4　拉美地区玉米、水稻、小麦、大豆中近期增产潜力

	可耕地资源（万公顷）			产量（万吨）		
	（1）面积	（2）2018年收获面积	（1）－（2）	（3）潜在产量	（4）2018年产量	（3）－（4）
玉米	6030	3613	2417	29447	17162	12285
南美洲	4856	2661	2195	25734	13989	11745
中美洲	1034	903	131	3516	3107	409
加勒比	140	49	91	197	66	131
稻米	918	496	422	5345	2859	2486
南美洲	799	428	371	4875	2607	2268
中美洲	69	28	41	312	125	187
加勒比	50	40	10	158	127	31
小麦	2175	962	1213	6798	3003	3795
南美洲	2062	908	1154	6186	2708	3478
中美洲	113	54	59	612	295	317
大豆	7473	5734	1739	22018	17150	4868
南美洲	7139	5712	1427	21417	17111	4306
中美洲	334	22	312	601	39	562
合计	16596	10805	5791	63608	40174	23434

资料来源：（1）可耕地、潜在产量：根据 FAO, *Global Agro-ecological Assessment for Agriculture in 21st Century* 有关数据计算。（2）2018 年收获面积、产量：FAOSTAT 数据。

（一）玉米可增产 1.2 亿吨

2018 年拉美地区的玉米收获面积约为 3613 万公顷，这意味着这一地

区仍有 2417 万公顷可耕地可以用于扩大玉米种植面积。2018 年拉美地区的玉米产量约为 1.7 亿吨,与潜在玉米产量相比,约有 1.2 亿吨的增产量。南美洲的玉米产量可增加 1.1 亿吨,约占地区玉米增产量的 95.6%。

(二) 稻米可增产 2486 万吨

拉美地区水资源较为丰富,拥有优越的水稻种植条件。2018 年拉美地区的水稻收获面积约为 496 万公顷,这意味着这一地区仍有 422 万公顷可耕地可以用于扩大水稻种植面积。2018 年拉美地区的稻米产量约为 2859 万吨,与潜在稻米产量相比,约有 2486 万吨的增产量。南美洲的稻米产量可增加 2286 万吨,约占地区稻米增产量的 91.2%。

(三) 小麦可增产 3795 万吨

2018 年拉美地区的小麦收获面积约为 962 万公顷,这意味着这一地区仍有 1213 万公顷可耕地可以用于扩大小麦种植面积。2018 年拉美地区的小麦产量约为 3003 万吨,与潜在小麦产量相比,约有 3795 万吨的增产量。南美洲的小麦产量可增加 3478 万吨,约占地区小麦增产量的 91.6%。

(四) 大豆可增产 4868 万吨

2018 年拉美地区的大豆收获面积约为 5734 万公顷,这意味着这一地区仍有 1739 万公顷可耕地可以用于扩大大豆种植面积。2018 年拉美地区的大豆产量约为 17150 万吨,与潜在大豆产量相比,约有 4868 万吨的增产量。南美洲的大豆产量可增加 4306 万吨,约占地区大豆增产量的 88.5%。

三 2020—2030 年谷物增产和消费趋势

人口增加,尤其是城市人口增加,是导致谷物消费增长的根本性因素。利用 FAO 的统计数据 (2000—2018 年)、联合国的人口预测数据 (2020—2030 年)、世界银行的"世界发展指标数据库"(World Development Indicators),用 SPSS 的线性回归分析,以谷物产量为因变量,以总人口、城市人口、农业人口以及世界总人口为变量,对谷物产量进行预测;以谷物消费量为因变量,以总人口、城市人口、人均 GDP 为自变量,对谷物消费量进行预测分析。分析结果如表 9—5 所示,2020—

2030年19个拉美国家的谷物产量预计将增加9392万吨（由26775万吨增至36167万吨），谷物消费预计将增加2756万吨（由17283万吨增至20039万吨）。

表9—5　2020—2030年部分拉美国家谷物产量和消费量趋势

	年均产量（万吨）		年均消费量（万吨）		产量/国内消费量（%）	
	2020—2022年	2028—2030年	2020—2022年	2028—2030年	2020—2022年	2028—2030年
阿根廷	7590	10145	1090	1201	696	845
巴拉圭	819	1477	178	216	460	684
乌拉圭	364	485	97	107	375	453
玻利维亚	358	517	172	195	208	265
巴西	11192	15565	7530	8592	149	181
墨西哥	3801	4689	3296	3568	115	131
厄瓜多尔	287	363	345	405	83	90
智利	388	488	498	567	78	86
尼加拉瓜	85	101	111	131	77	77
巴拿马	45	56	74	75	61	75
秘鲁	602	777	819	998	74	78
萨尔瓦多	85	100	142	168	60	60
哥伦比亚	502	622	898	1031	56	60
洪都拉斯	83	103	171	235	49	44
委内瑞拉	188	198	571	645	33	31
多米尼加	70	84	249	295	28	28
古巴	84	98	297	382	28	26
危地马拉	215	282	610	1065	35	26
哥斯达黎加	17	17	135	163	13	10
合计	26775	36167	17283	20039		

资料来源：利用FAO的统计数据（2000—2018年）、联合国的人口预测数据（2020—2030年）、世界银行的"世界发展指标数据库"（World Development Indicators），用SPSS的线性回归分析，以谷物产量为因变量，以总人口、城市人口、农业人口以及世界总人口为变量，对谷物产量进行预测；以谷物消费量为因变量，以总人口、城市人口、人均GDP为自变量，对谷物消费量进行预测分析。

表9—6 2005—2007年、2015—2017年拉美国家谷物净进口概况

国家	谷物进口量（万吨） 2005—2007年	谷物进口量（万吨） 2015—2017年	2005—2007年/2015—2017年 年均增长率（%）
阿根廷	-2515.8	-3523.3	
巴西	224.2	-1914.3	
巴拉圭	-191.9	-365.3	
乌拉圭	-81.8	-115.9	
圭亚那	-14.4	-9.6	
苏里南	2.0	-4.6	
多米尼克	0.7	0.3	-8.1
圣基茨和尼维斯	0.4	0.3	-2.8
安提瓜和巴布达	0.8	0.7	-1.3
巴哈马	2.0	1.4	-3.5
伯利兹	1.8	1.5	-1.8
圣卢西亚	1.7	1.8	0.6
圣文森特和格林纳丁斯	0.8	1.9	9.0
格林纳达	1.0	2.0	7.2
巴巴多斯	6.2	5.4	-1.4
特立尼达和多巴哥	19.8	23.3	1.6
尼加拉瓜	28.7	44.7	4.5
玻利维亚	35.8	46.9	2.7
牙买加	51.8	48.1	-0.7
巴拿马	49.3	70.1	3.6
海地	59.4	78.2	2.8
洪都拉斯	57.5	86.3	4.1
萨尔瓦多	83.7	91.4	0.9
厄瓜多尔	91.3	113.3	2.2
哥斯达黎加	82.8	117.7	3.6
多米尼加	156.5	173.2	1.0
危地马拉	124.5	175.2	3.5
古巴	210.1	235.2	1.1
智利	246.7	270.6	0.9

续表

国家	谷物进口量（万吨）		2005—2007年/2015—2017年
	2005—2007年	2015—2017年	年均增长率（%）
委内瑞拉	158.5	321.1	7.3
秘鲁	312.6	535.0	5.5
哥伦比亚	470.0	716.8	4.3
墨西哥	1314.0	1760.9	3.0

注："-"号表示净出口。

资料来源：根据 FAOSTAT 统计数据计算。

阿根廷、巴拉圭、乌拉圭、玻利维亚、巴西、墨西哥的谷物产量增加较多，如 2020—2030 年巴西的谷物产量预计可增加 4373 万吨，阿根廷的增产量约为 2555 万吨，其后依次为墨西哥（888 万吨）、巴拉圭（658 万吨）、玻利维亚（159 万吨）、乌拉圭（121 万吨）。随着谷物产量增加，阿根廷的谷物产量将由国内消费量的 7 倍左右提高至 8.5 倍左右，巴拉圭将由 4.6 倍提高至 6.8 倍，乌拉圭由 3.7 倍左右提高至 4.5 倍，玻利维亚由 2.1 倍提高至 2.6 倍，巴西、墨西哥的这一倍数也将会有所提高。

绝大多数拉美国家的谷物不能自给，需要进口谷物以弥补国内供需缺口。如表 9—6 所示，2015—2017 年，除南美洲的阿根廷、巴西、巴拉圭、乌拉圭、圭亚那、苏里南 6 国是谷物净出口国外，其他拉美国家均为谷物净进口国，墨西哥的年均净进口量约为 1761 万吨，哥伦比亚、秘鲁、委内瑞拉、智利、古巴等国家的谷物净进口量也较大。

第三节 谷物增产的主要制约因素

土地、农业人口、基础设施、气候变化与环境、土地制度与政策等是影响拉美地区谷物增产的主要因素。

一 谷物种植以旱地为主

根据灌溉条件，可耕地可以分为旱地和水浇地。拉美地区的耕地资源以旱地为主。根据 FAO 的统计，2017 年拉美地区的水浇地约有 2625 万公顷，约占可耕地面积（15080 万公顷）的 17.4%。拉美地区用于种植玉米、水稻、小麦、大豆等农作物的耕地，绝大部分为旱地，种植时间基本上集中在雨季。旱地的单位面积产量相对较低，如表 9—7 所示，2018 年南美洲、中美洲、加勒比地区的玉米单位面积产量分别约为 5.3 吨/公顷、3.4 吨/公顷、1.4 吨/公顷，均明显低于世界平均水平（5.9 吨/公顷）。南美洲的稻米单产量（6.1 吨/公顷）高于世界平均水平（4.7 吨/公顷），而中美洲（4.5 吨/公顷）和加勒比地区（3.2 吨/公顷）低于世界平均水平。中美洲的小麦单产（5.4 吨/公顷）高于世界平均水平（3.4 吨/公顷），南美洲（3.0 吨/公顷）低于世界平均水平。南美洲的大豆单产（3.0 吨/公顷）略高于世界平均水平，中美洲（1.8 吨/公顷）明显低于世界平均水平。

表 9—7　　2018 年世界与拉美地区玉米、稻米、小麦、大豆单产比较（吨/公顷）

	玉米	稻米	小麦	大豆
世界	5.9	4.7	3.4	2.8
中美洲	3.4	4.5	5.4	1.8
加勒比	1.4	3.2		
南美洲	5.3	6.1	3.0	3.0
阿根廷	6.1	6.9	3.2	2.3
玻利维亚	2.7	3.2	1.5	2.2
巴西	5.1	6.3	2.6	3.4
智利	12.5	6.5	6.2	
哥伦比亚	3.5	5.2	1.6	2.8
厄瓜多尔	3.6	4.5	1.7	1.1
巴拉圭	5.0	6.3	1.7	3.1
秘鲁	3.4	8.1	1.5	1.8
乌拉圭	7.6	8.5	2.4	1.2

资料来源：FAOSTAT。

二 农村人口趋于减少

农村人口减少，尤其是农村劳动力减少，不利于农业生产与农业发展，例如2018年墨西哥54%的农村人口从事农业生产，玻利维亚的这一比重高达83%。[①] 如表9—8所示，2020—2030年拉美地区的农村人口预计将减少705万人。加勒比地区的农村人口将减少127万人，多米尼加、古巴两国的农村人口减少量较多。中美洲的农村人口预计减少136万人，墨西哥的减少量较大，约为146万人；危地马拉的农村人口预计增加61万人。南美洲的农村人口将减少442万人，巴西、哥伦比亚、阿根廷3国的减少量较大，委内瑞拉、厄瓜多尔等国家略有增加。

表9—8　　2020—2030年拉美地区农村人口变化趋势（万人）

	2020年	2030年	增减值
拉美地区	12505	11800	-705
加勒比地区	1243	1116	-127
多米尼加	194	148	-46
古巴	262	245	-17
中美洲	4536	4400	-136
墨西哥	2580	2434	-146
萨尔瓦多	172	142	-30
哥斯达黎加	97	77	-20
洪都拉斯	405	398	-7
巴拿马	136	136	0
尼加拉瓜	263	266	3
危地马拉	863	924	61
南美洲	6726	6284	-442
巴西	2765	2418	-347
哥伦比亚	933	833	-100
阿根廷	359	333	-26

---

① FAOSTAT。

续表

	2020 年	2030 年	增减值
智利	227	219	-8
秘鲁	723	716	-7
乌拉圭	16	13	-3
玻利维亚	345	346	1
巴拉圭	267	269	2
委内瑞拉	389	403	14
厄瓜多尔	621	651	30

资料来源：United Nations, Department of Economic and Social Affairs, *World Population Prospects 2019*。

三　基础设施滞后

巴西、阿根廷、巴拉圭、玻利维亚等增产潜力较大的国家，交通运输设施和仓储设施不足是制约谷物增产的重要因素。随着农业开发日益向内地推进，巴西中部和西部、阿根廷东北部和西北部地区的谷物产量迅速增加，运输主要依靠铁路。虽然两国铁路路网较为完美，但矿产品、工业制成品的运输占用了绝大部分运输能力，只有少部分运力分配给谷物运输。玻利维亚、巴拉圭是两个内陆国家，人口规模较小，如果没有充足的出口外运能力，则其谷物增产潜力将受到很大压制。在一定程度上，这4个国家中远期的谷物增产能力取决于运输能力。

四　环境和气候变化影响较大

农业生产会直接和间接地增加碳排放。拉美地区表层土壤的有机碳含量（土壤重量的百分比）比较高，南美洲地区的平均含量为3.1%，中美洲为2.1%，加勒比地区为2.4%，均高于1.9%的世界平均水平，其农业生产的直接碳排放量比较多。以有机土为例，根据粮农组织的数据测算，南美洲、中美洲和加勒比地区耕种的有机土地共约22万公顷，净碳排放总量约40亿吨，平均净排放量约为18300吨/公顷。

谷物和油料作物种植面积的扩大是以减少草原和森林为代价的。以巴西大豆为例，1997—2017年巴西大豆收获面积由1149万公顷扩大至

3396万公顷，增加了2247万公顷。大豆产量由2639万吨增至11473亿吨，增加了8834万吨；大豆出口量由834万吨增至6815万吨，增加了5981万吨，出口增加量占产量增加量的67.7%。换言之，1997—2017年巴西增产的大豆，其中2/3用于出口。

在气候变化方面，据预测，2020—2040年，阿根廷北部地区的气温将升高1℃，蒸发量增加，干旱和土壤沙化问题趋于加重；东北部地区和安第斯山区的降水量将会减少；中部地区夏秋季的降水量将会增加，洪涝灾害的发生频率会有所提高。[1] 据粮农组织预测，到21世纪20年代末，受气候变化的影响，巴哈马、巴拉圭、乌拉圭、古巴等国家的谷物平均单产水平将下降25%—48%，圭亚那、阿根廷、危地马拉、海地、玻利维亚等将下降4%—11%，墨西哥、巴西、洪都拉斯、尼加拉瓜等将下降1%左右。[2]

五　土地制度抑制农业投资

目前，除古巴外，其他拉美国家基本上都实行土地私有化制度。尽管如此，大部分国家的土地可分为三大类，即：私人土地、国有土地和集体土地（主要包括印第安人聚居区的土地以及墨西哥的部分村社土地）。此外，在巴西、阿根廷等国家还存在一定数量的"未确权"土地。在巴西，私人土地约占土地面积的73%，集体土地约占12%，公共土地约占15%；私人土地的集中程度较高，1%的人口拥有45%的土地，部分农户（主要是小型农户）耕种着没有产权的土地，土地纠纷较多。[3] 在阿根廷，私人土地约占土地面积的87%，国有或公共土地约占13%；但值得指出的是，约有12%的土地产权不明。[4] 在这种情况下，土地市场不发达，非正规土地买卖和租赁现象较为普遍。

---

[1] World Bank, "Country Note on Climate Change Aspects in Agriculture: Argentina", December, 2009.

[2] FAO, *AEZ-Agro-ecological Zoning System*, Appendix XIV, 2002.

[3] USAID, "Property Rights and Resource Governance: Brazil", 2011.

[4] Marcelo Sili, Luciana Soumoulou, "The Issue of Land in Argentina: Conflicts and Dynamics of Use, Holdings and Concentration", International Fund for Agricultural Development (IFAD), Rome, Italy, 2011.

为了遏制外资大量购买土地的势头，巴西、阿根廷等国家先后制定了限制性政策，例如：阿根廷联邦政府规定，外资购买土地的上限为 2000 公顷，各州出售给外资的土地不得超过本州耕地面积的 20%；[①] 巴西联邦政府规定，外资购买土地的上限为 5000 公顷，各州出售给外资的土地不得超过本州耕地面积的 25%。[②] 2012 年，粮农组织通过了《国家谷物安全范围内土地、渔业及森林权属负责任治理自愿准则》，其目标是改善权属治理。从中远期来看，该准则有利于改善和完善土地产权和土地市场，但也可能会提高外资进入拉美农业的土地成本。

第四节 中拉农业种植业合作对策

长期以来，拉美地区主要依靠扩大收获面积来增产谷物产量，例如 1990—2012 年收获面积对阿根廷大豆产量的贡献率为 93%，单产的贡献率仅为 7%；巴西的大豆产量，前者的贡献率为 68%，后者为 32%。[③] 粮农组织预测，2012—2030 年，扩大耕地面积对谷物增产的贡献率为 34%，提高单产的贡献率为 66%。[④] 尽管如此，各国之间仍存在较大差异。

一 两种合作类型：外向型增产和内需型增产

根据产量与国内消费量的比值，可以分为外向和内需两大增产类型。如果比值大于 100%，一般情况下意味着有剩余产量用于出口，比值越大，出口的潜力越大；相反，如果比值小于 100%，则意味着国内的供给不足，需进口谷物以弥补缺口，比值越小，缺口越大。如表 9—5 所示，巴拉圭、阿根廷、乌拉圭、玻利维亚、巴西 5 国的这一比值不

[①] USAID, "Property Rights and Resource Governance: Brazil", 2011.
[②] USAID, "Property Rights and Resource Governance: Brazil", 2011.
[③] 根据 FAO 统计数据计算。
[④] Jelle Bruinsma（Edited），*World agriculture towards 2015/2030: An FAO Perspective*, Earthscan Publications Ltd, London, 2003.

仅远远超过100%，而且还趋于上升，2028—2030年阿根廷的这一比值可能会高达845%，其谷物的增产主要不是因为国内消费的增加，而是国际需求的增长，为外向型增产。

一般认为，95%是谷物安全线，低于这一水平则视为不安全。其他13个国家的比值小于95%。在表9—5中，厄瓜多尔、智利、尼加拉瓜、巴拿马、秘鲁、萨尔瓦多、哥伦比亚、洪都拉斯、委内瑞拉、多米尼加、古巴、危地马拉、哥斯达黎加等国家的谷物自给率均低于90%，哥斯达黎加的自给率甚至仅为10%。尼加拉瓜、委内瑞拉、秘鲁、古巴、哥斯达黎加的比值将会有所上升，但远没有达到安全线；其他国家则会有所下降，谷物安全状况难以明显改善。谷物增产基本上用于国内消费，为内需型增产。墨西哥的谷物虽然总量能够自给，但由于种植结构差异，如墨西哥的玉米种植以白玉米为主，需要从美国大量进口黄玉米，进口的黄玉米主要用作饲料和工业原料。

二 与外向型增产国家加强贸易合作

第一类为外向型增产的5个国家，即巴西、阿根廷、乌拉圭、玻利维亚、巴拉圭，5国扩大谷物种植面积的空间较大。以中国市场为主要导向，以贸易合作为主要机制，促进5国谷物、油料作物等农业种植业的增产与发展。以巴西为例，如图9—1所示，自20世纪60年代起，巴西开始出口大豆，1961—1996年巴西大豆出口缓慢增长。1996年巴西对中国的大豆出口量大幅度增长，1996—2017年巴西对华大豆出口量由1.5万吨增至5380万吨，增加了约5378.5万吨；同期，巴西大豆产量由4244万吨增至11798万吨，增加了7554万吨。1996—2017年巴西对华大豆出口增加量约占巴西大豆增产量的71%。

外向型增产国家的谷物、油料作物增产主要依靠扩大种植面积，而制约扩大面积的主要因素是投资和基础设施，因此，贸易、仓储、运输是农业合作的重点。目前，大豆贸易是中国与巴西、阿根廷等南美洲国家的重要农业合作领域，大豆进口量的增加与我国的城市化进程、人均GDP的增长密切相关。在中远期，中国从南美地区进口大豆的数量还将继续以较大的幅度增加，大豆贸易仍将是农产品贸易和农业合作的主体。无论是谷物增产，还是贸易增长，都需要仓储和运输能力有相应的增长。

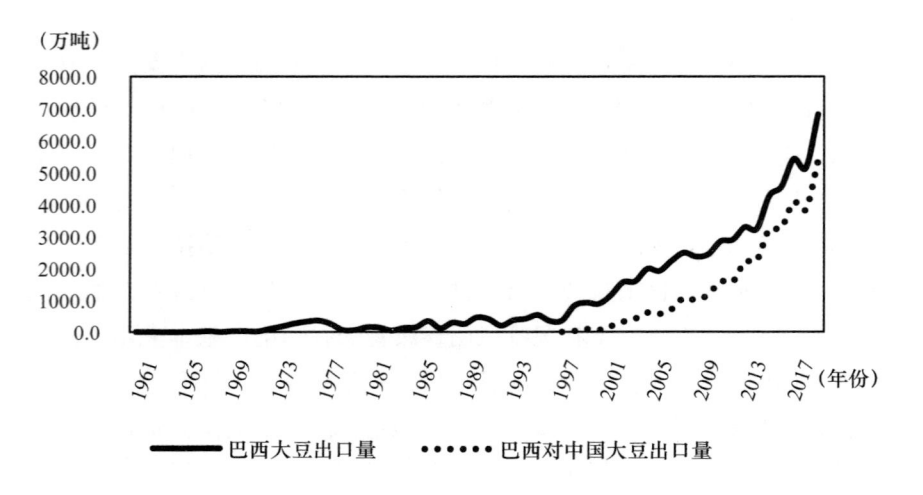

图 9—1 1961—2017 年巴西大豆出口增长曲线

资料来源：根据 FAOSTAT 数据计算并制作。

三　与内需型增产国家加强技术合作

这一类型的国家，其谷物增产主要依靠提高单产，而制约单产水平提高的主要因素有生产格局、生产成本、农业人口减少等。在这些国家，从事谷物生产的主要是小型农户，主要利用 II 级和 III 级旱地种植谷物作物，且生产成本较高，除危地马拉等个别国家外，其他国家的农业人口将不同程度地趋于减少。

针对旱地为主、规模较小、成本较高、劳动力减少等制约因素，农业合作的重点是旱作农业和中小型农机具的推广，以提高农户的生产效率和单产水平，降低单位成本。

委内瑞拉和古巴有较好的水稻种植条件且增产潜力较大，中小型机械化作业应该是水稻合作的重点。

第十章

中国—巴西经贸合作

作为中国的主要经贸合作伙伴之一,巴西在中国可持续经济增长、参与全球治理、推进中拉整体合作等方面,均具有重要的地位和作用。推进世界贸易组织(WTO)多边贸易谈判、改革和完善国际金融体系、促进南美地区基础设施一体化等是两国在全球和地区范围的重要经贸合作议题,基础设施与产业政策和产能对接是双边经贸合作实现突破的两个重点领域,同时探讨双边贸易协定的可能性也开始出现。截至2019年,中巴双边经贸合作创造了"3个1000亿",引人瞩目。中国与巴西双边商品贸易额超过1000亿美元,根据中方统计,2018年双边商品贸易额达到1111.8亿美元。中国企业在巴西的直接投资累计接近1000亿美元,中国成为巴西第二大外国直接投资来源国。中国与巴西双边金融合作规模接近1000亿美元。①

第一节 巴西在中国新发展战略中的地位

一 巴西是中国实现可持续经济增长的主要合作伙伴之一

资源短缺已成为制约中国可持续经济增长的"硬约束"。以土地资源为例,中国的土地资源较为有限,用全球1/10的耕地,生产全球1/4的粮食,养活全球1/5的人口。2015年12月习近平总书记在《中共中央关于制定国民经济和社会发展第十三个五年规划的建议》的说明中指

---

① 谢文泽:《创造3个"1000亿",中国巴西是这样的"好伙伴"》,《人民日报》海外网官网,http://opinion.haiwainet.cn/n/2019/1113/c353596-31663703.html。

出,"经过长期发展,我国耕地开发利用强度过大,一些地方地力严重透支,水土流失、地下水严重超采、土壤退化、面源污染加重已成为制约农业可持续发展的突出矛盾"。①

巴西土地资源丰富,尚有 1 亿多公顷适于种植大豆等农作物的土地没有开垦,粮食增产潜力巨大。王云凤等中国学者认为进口农产品相当于进口土地(虚拟土地),2000—2012 年随着农产品进口量增加,中国的虚拟土地进口量由 811.4 万公顷/年增至 3366 万公顷/年,其中食用油籽的虚拟土地进口量由 736.5 万公顷/年增至 2764.8 万公顷/年,约占虚拟土地进口总量的 86%。②

二 巴西是中国参与全球治理,提高经济全球化程度的重要伙伴之一

巴西是"关税及贸易总协定(1947—1994 年)"、世界贸易组织(1995 年 1 月 1 日成立)的创始成员国,奉行多边贸易政策,在推动 WTO 多边贸易谈判进程方面,与中国的立场基本一致。

进入 21 世纪以来,科技创新、信息技术、国际资本流动、金融衍生、全球化生产、新兴经济体崛起、消费者权益膨胀等一系列因素正在重塑世界经济格局和世界经济秩序。第二次世界大战之后诞生的、欧美发达国家主导的联合国、世界贸易组织(1995 年以前为"关税及贸易总协定")、国际货币基金组织、世界银行等多边治理机构已不能有效应对这些挑战。以中国为代表的新兴经济体不仅要求在多边治理机构中拥有与其实力相匹配的地位,而且要求在多边治理机制中拥有与其实力相匹配的发言权和决策权。换句话说,从新兴经济体的角度看,多极化与多边主义是一枚硬币的两面,缺一不可,扩大多边治理机构的代表性和增加新兴经济体的投票权正是硬币的两面。

WTO 的多边贸易谈判面临着严峻挑战。一方面"多哈回合"谈判分裂为两大阵营,即发达国家阵营与发展中国家阵营,双方的利益冲突

---

① 中共中央文献研究室编:《十八大以来重要文献选编》(中),中央文献出版社 2016 年版,第 783 页。
② 王云凤、冯瑞雪、郭天宝:《我国主要农产品的虚拟土地进口效益分析》,《农业技术经济》2015 年第 4 期。

和博弈使谈判进程陷入僵局。新兴经济体和大部分发展中国家主张继续推进多哈回合谈判，而欧美发达国家则努力寻求替代方案，如"跨太平洋伙伴关系协议"（Trans-Pacific Partnership，缩写为 TPP）和"跨大西洋贸易和投资伙伴关系协议"（Transatlantic Trade and Investment Partnership，缩写为 TTIP）。巴西学者认为，这两大超级协议将是 21 世纪的超级自由贸易协定，将会改变国际政治和经济格局，会给金砖国家带来负面影响或冲击。①

三 中巴两国深化全球和地区多边经贸合作

WTO 的多边贸易规则是中巴两国的主要经贸合作机制。尽管两国之间仍存在差异和分歧，但在推进多边贸易谈判、改善全球贸易治理机制等方面的目标还是一致的。

（一）两国关于多边贸易机制的差异和分歧

主要差异是两国的自由贸易政策导向不同。中国是单边、双边、多边并举，巴西则侧重多边贸易政策。即使是在拉美地区，巴西也以多边贸易政策为主，如 1991 年 3 月阿根廷、巴西、乌拉圭和巴拉圭四国成立的"南方共同市场"是巴西在拉美地区最为重要的多边贸易安排。在拉美地区，中国已与智利、秘鲁、哥斯达黎加三国签订了自由贸易协定，2015 年 1 月在北京举行的"中国—拉共体论坛"首届部长级会议通过了《中国与拉美和加勒比国家合作规划（2015—2019）》和《中国—拉共体论坛首届部长级会议北京宣言》，进一步明确了"双边与多边并行不悖"的经贸合作原则。

主要分歧是对中国入世承诺书第 15 条的理解。维拉·托斯腾森等学者 2012 年出版了《WTO 中的"金砖国家"》一书②，2012 年、2013 年先后发表了《认可中国的市场经济地位：2016 年的选择》③、

---

① Vera Thorstensen, Lucas Ferraz, "The Impacts of the Mega-agreements on the BRICS: in search for a new global governance for trade at the WTO", Center on Global Trade and Investment, São Paulo Economic School of FGV.

② Vera Thorstensen, Ivan Tiago Machado Oliveira, *Os BRICS na OMC: políticas comerciais comparadas deBrasil, Rússia, índia e áfrica do Sul*, Brasília: Ipea, 2012.

③ Vera Thorstensen, Daniel Ramos, Carolina Müller, "O Reconhecimento da China como Economia de Mercado: o dilema de 2016", *Revista Brasileira de Comércio Exterior*, ano XXVI, n. 112, jul/set 2012.

《WTO——市场和非市场经济体：中国的混合案例》[1]两篇论文，认为按照巴方对中国入世承诺书第 15 条的理解，即使 2016 年以后巴西仍然可以依据国内有关法律，参照 WTO "非市场经济体" 待遇，对中国商品发起反倾销调查或制裁，因为在巴西看来，中国的市场经济体制尚未充分完善，是一个非完全市场经济体。这些学者甚至认为，中国的 "非市场经济地位" 对 WTO 贸易规则产生了巨大影响，如关于非市场经济体的界定、非市场经济体的入世承诺与兑现、针对非市场经济体的贸易保护措施等，多哈回合谈判陷入僵局，在较大程度上与中国入世有关。

（二）金砖国家集体发挥带头作用，推进多边贸易谈判

金砖国家是新兴经济体和发展中国家的主要代表，应尽快形成有效的多边磋商和协调机制。丽娅·佩雷拉等学者认为，世界贸易组织及其现有规则是金砖国家的主要磋商和协调机制，因此，金砖国家一方面需要巩固和维护世界贸易组织，另一方面五国之间应当尽快达成行之有效的磋商和协调机制，以便采取共同行动。无论是在金砖国家还是在发展中国家（地区），中国都是第一大国，中国应当充分发挥其大国地位和影响力。

维拉·托斯腾森等学者主张金砖国家等新兴经济体和发展中国家要坚守世界贸易组织这一舞台，坚持多边贸易主义原则。世界贸易组织有 161 个成员国，其中有 121 个国家被排除在 TTIP 和 TPP 之外，而这些国家基本上都是新兴经济体和发展中国家。因此，在世界贸易组织框架内，新兴经济体和发展中国家拥有 3∶1 的优势。新兴经济体和发展中国家应当充分发挥这一优势，一方面推进多哈回合谈判进程；另一方面适时推出世界贸易组织的 "升级版"。第一轮升级可以把服务贸易、知识产权保护纳入世界贸易组织的多边贸易规则，第二轮升级将多边贸易规则扩展至环境保护、气候变化、劳工政策、投资政策、竞争政策等方面。

---

[1] Vera Thorstensen, Daniel Ramos, Carolina Muller, Fernanda Bertolaccini, "WTO – Market and Non-market Economies: the hybrid case of China", *Latin American Journal of International Trade Law*, Vol. 1, Issue 2, 2013.

(三) 在中拉整体合作中发挥巴西的大国作用

2015年中国与拉美地区正式跨入整体合作新阶段，整体合作的构想和框架基本明确，主要包括："五位一体"指导思想（政治上真诚互信、经贸上合作共赢、人文上互学互鉴、国际事务中密切协作、整体合作和双边关系相互促进）、一个规划［《中国与拉美和加勒比国家合作规划（2015—2019）》］、两大目标（2025年中拉双边贸易额达到5000亿美元，中国在拉美地区的直接投资存量达到2500亿美元）、三大机制（贸易、投资和金融）、六大重点领域（能源资源、基础设施建设、农业、制造业、科技创新、信息技术）、3×3产能合作模式（共建物流、电力、信息三大通道，实行企业、社会、政府三者良性互动，拓展基金、信贷、保险三条融资渠道），以及以巴西—秘鲁两洋铁路为代表的一批重大合作项目，等等。

基础设施不仅是中拉整体合作的重点之一，也是拉美地区亟须投资和发展的领域，如拉共体的《2020年议程》将"基础设施和互联互通"确定为五大"轴心"之一，南美洲国家联盟正在大力实施和推进"南美洲基础设施一体化倡议"（IIRSA），等等。与此同时，巴西—秘鲁两洋铁路是中国与巴西在拉美地区的首个重大基础设施多边合作项目（中国、巴西、秘鲁三国），引发了阿根廷、智利、玻利维亚等其他南美国家高度重视和积极呼应。

巴西国土辽阔，约占南美大陆的一半，南美地区的基础设施一体化项目相当一部分与巴西有关，巴西政府也正在实施规模庞大的铁路、公路等交通设施发展计划，因此，在中国与拉美国家的双边或多边基础设施建设合作方面，巴西具有不可替代的大国地位。以铁路建设合作为例，铁路一体化是南美洲基础设施一体化倡议的重要组成部分，以巴西—秘鲁两洋铁路为契机，根据南美地区既有铁路路网和铁路一体化发展规划，中国和巴西有条件、有能力发起"中国—南美洲国家铁路路网规划和建设合作倡议"，以"四横两纵"铁路路网为重点内容，带动和推进中拉整体合作，涉及巴西、阿根廷、巴拉圭、智利、秘鲁、玻利维亚等多个南美洲国家。"四横"是指四条东西向的两洋铁路，即巴西

（坎波斯）—秘鲁（巴约瓦尔）两洋铁路、巴西（桑托斯）—玻利维亚—秘鲁（伊洛）两洋铁路、巴西（帕拉那瓜）—巴拉圭—阿根廷—智利（安托法加斯塔）两洋铁路、阿根廷（布宜诺艾利斯）—智利（瓦尔帕莱索）两洋铁路。"两纵"是指两条南北向的铁路，即里约格兰德—贝伦铁路（巴西境内）、阿根廷布宜诺斯艾利斯—玻利维亚圣克鲁兹—巴西圣塔伦铁路。

第二节 初级产品贸易是中巴经贸合作的重要支撑

中巴两国资源禀赋差异较大，在未来相当长的时期内初级产品贸易仍是双边贸易的重要内容，也是两国金融合作的重要支撑。

一 中国对初级产品的进口需求将持续增长

受国内资源禀赋的制约，中国对外部资源的需求将持续增长，尤其是农业、矿产、能源等初级产品。

以谷物和大豆、铁矿石、原油为例。近些年来，中国的谷物、大豆进口量大幅度增加。根据中国国家统计局的统计，2011—2019 年中国的谷物和谷物粉进口量由 545 万吨增至 1785 万吨；其间，2015 年的进口量达到 3270 万吨。2011—2020 年中国的大豆进口量由 5264 万吨增至 10033 万吨，增长幅度约为 90.6%。[①]

2014 年中国的铁矿石对外依存度（进口量占国内消费量的比重）已高达 78.5%。[②] 截至 2014 年我国已查明的铁矿石储量约 843.4 亿吨。[③] 中国的铁矿资源以贫矿和杂矿为主，且埋层较深，开采成本较高，根据历史经验，当铁矿石国际市场价格在 80 美元/吨以上时，国内

---

① 中国国家统计局"国家数据"。
② 庞无忌：《我国铁矿石对外依存度升至78.5%》，《中国矿业报》2015 年 2 月 3 日。
③ 中华人民共和国国土资源部：《2015 年中国国土资源公报》2016 年 4 月。

可经济开采的铁矿石储量仅占查明储量的 8% 左右①,这意味着 2014 年的查明储量中可经济开采的仅有 67.5 亿吨。

近几年来,中国经济增长速度虽然有所放缓,但原油进口量却持续增长。2015 年原油进口量约 3.36 亿吨,同比增长了 8.8%②,占国内消费总量(5.41 亿吨③)的 62%。2016 年 1—4 月中国原油进口量 12367 万吨,同比增长了 11.8%。④ 美国能源信息署预计中国 2016—2020 年的原油需求量年均增长 2.5%,2020—2030 年年均增长 1.6%⑤。焦建玲等国内学者认为,尽管受减排要求的约束,2020 年中国的原油消费量将增至 6.04 亿吨,其中 64% 左右(约 3.84 亿吨)需要进口⑥,这意味着 2016—2020 年中国的原油进口量需增加 4800 万吨以上。

二 初级产品是巴西对华出口的主要商品

中国从巴西进口的商品以初级产品为主。根据巴方的统计,2003 年初级产品出口额占巴西对华出口总额的 50% 左右,2013—2015 年这一比重升至 83% 左右。⑦ 2015 年中国从巴西进口大豆、铁矿石、原油的金额合计约 264 亿美元⑧,约占中国从巴西进口总额(442 亿美元⑨)的 60%。

2003—2011 年巴西对华大豆出口收入由 13 亿美元增至 110 亿美元,

---

① 2011 年全国查明铁矿石储量 743.9 亿吨,其中可经济开采的储量约 58 亿吨,占查明储量的 8% 左右。邓国宇:《对我国铁矿石资源安全保障问题的思考》,《中国钢铁业》2014 年第 12 期。
② 中国海关总署:《2015 年 12 月全国进口重点商品量值表(美元值)》,《统计快讯》2016 年 1 月 13 日。
③ 中华人民共和国国土资源部:《2015 年中国国土资源公报》2016 年 4 月。
④ 中华人民共和国海关总署:《统计快讯:2016 年 4 月全国进口重点商品量值表(美元值)》,2016 年 5 月 8 日。
⑤ U. S. Energy Information Administration (EIA), International Energy Outlook 2016, May 11, 2016, http://www.eia.gov/forecasts/ieo/.
⑥ 焦建玲、韩晓飞、李兰兰、朱俊红:《减排约束下的中国石油需求预测》,《北京理工大学学报(社会科学版)》2015 年第 17 卷第 1 期。
⑦ 巴西发展、工业和外贸部(Ministério do Desenvolvimento, Indústria e Comércio Exterior)统计数据,"Exportação Brasileira: China", FEV – 2016;"Importação Brasileira: China", FEV – 2016.
⑧ 根据联合国商品贸易统计数据(UN Comtrade)计算。
⑨ 中华人民共和国海关总署:《统计快讯:2015 年 12 月进出口商品主要国别(地区)总值表(美元值)》。

增长了750%；出口量由610万吨增至2210万吨，增长了260%，对大豆出口收入增长的贡献率为71%；大豆价格由233美元/吨上涨至484美元/吨，涨幅为108%，对大豆出口收入增长的贡献率为29%。同期，巴西对华铁矿石出口收入由7.6亿美元增至180亿美元，增长了2268%；出口量由4097万吨增至16450万吨，增长了302%，对铁矿石出口收入增长的贡献率约为21%；铁矿石价格由13.8美元/吨上涨至167.8美元/吨，涨幅为1116%，对铁矿石出口收入增长的贡献率为79%。① 2011年巴西对华大豆、铁矿石出口收入合计为290亿美元，约占当年中国从巴西进口总额的55%。

2013年以来，尽管中国从巴西进口的大豆、铁矿石等初级产品数量继续增长，但由于这些初级商品的价格大幅度下跌，致使双边贸易额由2013年的902亿美元减至2015年的716亿美元，减少了约21%。2013—2015年巴西对华大豆出口量增长了27%（由3225万吨增至4093万吨），但价格下跌了33%（由517美元/吨下跌至347美元/吨），致使大豆的对华出口减少了8%（由171亿美元减至158亿美元）；对华铁矿石出口量增长了8%（由17071万吨增至18523万吨），但价格下跌了145%（由135美元/吨跌至55美元/吨），致使铁矿石的对华出口收入减少了148%（由159亿美元减至64亿美元）。②

2016年1—4月巴西对华出口大豆1649万吨，同比增长了64.8%；对华出口铁矿石5792万吨，同比增长了30.6%。大豆、铁矿石、原油的对华出口分别为57.8亿美元、15.6亿美元和9.8亿美元，三者合计83.2亿美元，约占对华出口总收入（112.7亿美元）的74%。③

---

① 巴西对华大豆、铁矿石出口量和出口收入的数据来源为联合国商品贸易统计（UN Comtrade）。大豆、铁矿的价格数据来源为国际货币基金组织"初级商品价格数据"（IMF Primary Commodity Prices），http：//www.imf.org/external/np/res/commod/index.aspx，2016年5月2日。

② 巴西对华大豆、铁矿石出口量和出口收入的数据来源为联合国商品贸易统计（UN Comtrade）。大豆、铁矿的价格数据来源为国际货币基金组织"初级商品价格数据"（IMF Primary Commodity Prices），http：//www.imf.org/external/np/res/commod/index.aspx，2016年5月2日。

③ 根据巴西发展、工业和外贸部（Ministério do Desenvolvimento, Indústria e Comércio Exterior）统计数据计算，http：//www.mdic.gov.br/index.php/comercio-exterior/estatisticas-de-comercio-exterior/balanca-comercial-brasileira-mensal，2016年5月11日。

三 中国的进口需求带动了巴西的投资和对华出口

对华初级产品出口带动了巴西的生产和投资。以淡水河谷公司为例，该公司是巴西第一大出口企业，其 2015 年的出口收入约为 216 亿美元①，约占巴西出口总额（1911 亿美元②）的 11.3%。

2002 年淡水河谷公司对华出口收入约为 5.7 亿美元，占其出口收入总额（约 42 亿美元）的 13.6%③；2015 年对华出口收入约 91 亿美元，占出口总收入的 42%，并且 54% 的铁矿石出口到中国。④ 在对华出口快速增长的带动下，淡水河谷公司的投资大幅度增加，2002—2004 年年均投资不足 20 亿美元，2005—2007 年增至 58 亿美元，2008—2011 年增至 108 亿美元。2013 年以来，投资额虽有所减少（由 2013 年的 142 亿美元减至 2015 年的 84 亿美元），但 2013—2015 年年均投资额仍高达 115 亿美元。⑤ 巴西国家石油公司、美国邦吉公司、美国嘉吉公司、巴西航空工业公司分别位居巴西出口企业的第 2—5 位，中国已成为这些大型企业的主要出口市场，其在巴西的生产和投资在较大程度上得益于对华出口的增长。

金融合作推动了巴西的对华出口，尤其是巴西的对华原油出口较为典型。2010 年中国国家开发银行与巴西国家石油公司签订了 20 亿美元的"石油换贷款"协议，巴西国家石油公司对华原油出口量增至 829 万吨，比 2009 年（384 万吨）增加了 445 万吨。2015 年中国国家开发银行与巴西国家石油公司就 100 亿美元贷款达成协议，巴西国家石油公司对华原油出口量增至 1316 万吨，比 2014 年（558 万吨）增加了 758 万吨。⑥ 2016 年 1—4 月巴西对华原油出口量约为 528 万吨，比 2015 年同

---

① VALE S. A., *Annual Report*, 2015.
② 巴西发展、工业和外贸部统计数据，*Blocos e Países（Janeiro 1997—Abril 2016）*，http://www.mdic.gov.br/index.php/comercio-exterior/estatisticas-de-comercio-exterior/series-historicas，2016 年 5 月 2 日。
③ VALE S. A., *Annual Report*, 2003.
④ VALE S. A., *Annual Report*, 2015.
⑤ 根据淡水河谷公司各年度报告中的有关数据计算。
⑥ 根据联合国商品贸易统计数据计算。

期增长了 25.8%。①

双边贸易和金融合作有力地推动了中国在巴西的投资，尤其是在基础设施、能源、农业、制造业等领域。2015 年以来，中国三峡集团、中国海航集团、中国国家电网等中资企业在巴西开展了规模较大的投资或股权并购，如三峡集团出资约 37 亿美元中标巴西两座水电站的 30 年特许经营权，使该集团在巴西运营的总装机容量达到 600 万千瓦；海航集团斥资约 4.5 亿美元收购巴西蓝色航空（巴西第三大航空公司）23.7% 的股权，成为后者第一大股东；国家电网中标巴西美丽山（Belo Monte）二期项目 30 年特许经营权，建设长达 2500 公里的输电线路，等等。一方面，中国企业投资或并购的这些项目不仅有助于解决巴西经济社会发展的基础设施瓶颈，而且有助于促进中、巴两国的市场沟通和产能对接。另一方面，探索和完善了贸易、投资、金融合作的联动机制，例如海航集团不仅收购巴西蓝色航空的股权，而且海航集团旗下的天津渤海租赁有限公司斥资 12.5 亿美元，以融资租赁的方式从巴西购买 40 架支线客机，等等。

四 中巴双边经贸合作有待深化

受中国进口需求大幅度增长的影响，2004—2013 年铁矿石、大豆、石油等初级产品价格大幅度上涨，受此影响，巴西年均 GDP 增长率约为 4.0%。② 巴西方面的主流观点认为，随着中国进入中高速经济增长"新常态"，21 世纪第一个十年的初级产品繁荣结束了，巴西需要进行深度改革与调整，增加基础设施投资，发展高附加值和高技术含量的加工制造业，培育新的增长点，摆脱经济危机，实现经济增长。

（一）调整双边贸易政策，增加从巴西的初级产品进口

自 2009 年以来，中国一直是巴西的第一大贸易伙伴国，贸易是双边经贸合作的主体。丽娅·佩雷拉认为，虽然巴西对中国的出口主要集

---

① 根据巴西发展、工业和外贸部统计数据计算。
② 根据联合国拉美经委会统计数据计算。CEPAL, *2014 Anuario Estadístico de América Latina y el Caribe*, Santiago de Chile, 2014.

中在少数几种初级产品且出口额占巴西 GDP 的比重不足 3%，但是中国的经济增长和进口需求增加在产品价格、巴西国内投资、巴西出口收入等三个方面对巴西具有重要影响。① 尽管中国的出口挤占了巴西的国际市场空间，如 2008—2013 年高科技产品日益成为中国的主要出口商品，在此期间巴西向美国、欧盟和南美地区其他国家出口的同类产品分别减少了 30%、37% 和 30%②，但中国却是巴西贸易顺差的主要来源之一，2009 年以来来自中国的贸易顺差仅次于南美地区其他国家。③

(二) 中巴两国探讨双边贸易协议的可能性开始出现

面对多哈回合谈判陷入僵局、超级自贸协定谈判取得进展以及国内严重的经济衰退，丽娅·佩雷拉在其 2015 年 6 月的"巴西贸易议程新方向"④ 一文中指出，巴西应不用顾及南方共同市场的约束而寻求新的贸易协议，开始考虑与主要贸易伙伴签订贸易协定。维拉·托斯腾森等学者认为，在新兴经济体和发展中国家（地区），中国是巴西首选的优惠贸易协议伙伴。2014 年维拉·托斯腾森等学者出版了《巴西与新优惠贸易协议》⑤ 一书，通过对欧盟、美国、中国、印度、南非、韩国、日本、加拿大、墨西哥、俄罗斯以及南美地区等主要贸易伙伴进行量化分析，认为与欧盟签订优惠贸易协议，巴西的受惠程度最大，其次是美国，再次是中国。假设条件 1 为中国全面取消巴西农产品和工业品关税，巴西取消中国 100% 的农产品关税和 70% 的工业品关税；假设条件 2 为在条件 1 的基础上相互取消 25% 的非关税壁垒。条件 1 的评估结果是巴西的出口增加 1.6%，进口增加 1.8%；条件 2 的评估结果是出口

---

① Lia Baker Valls Pereira, "China: quais são os riscos para o crescimento do Brasil?", *Conjuntura Econômica*, Vol. 69, No. 9, 2015.

② Lia Baker Valls Pereira, "As perdas nas exportações brasileiras para a China", *Conjuntura Econômica*, Vol. 69, No. 1, 2015.

③ Lia Baker Valls Pereira, "Não basta o peso da China na balança commercial", *Conjuntura Econômica*, Vol. 68, No. 9, 2014.

④ Lia Baker Valls Pereira, "A new direction for Brazil's trade agenda", *The Brazilian Economy*, Vol. 7, No. 6, 2015.

⑤ Vera Thorstensen, Lucas Ferraz, Carolina Müller, Rodolfo Cabral, Thiago Nogueira, *O Brasil e os Novos Acordos Preferenciais de Comércio: o Peso das Barreiras Tarifárias e Não Tarifárias*, Fundação Getúlio Vargas, Março/2014.

增加 3.1%，进口增加 3.2%。大豆、菜籽油、小麦、肉类产品等受益较多，纺织、机械设备、电子等制造业行业受到的冲击较大。

（三）简化动植物检验检疫手续，提高中巴双边农产品贸易便利化

同中国相比，巴西的农牧业拥有天然优势，而中国的农产品进口需求将有增无减，因此，巴西将增加对华农产品出口作为双边经贸合作的一个重点。巴方认为，中国的动植物检验检疫制约着巴西农产品的对华出口，尤其是肉类产品的认证制度对巴西牛肉对华出口的抑制作用较为突出。

（四）开展产业园区合作，实现产业政策和产能对接

产业政策对接是产能对接的重要前提，而产业园区则是产业政策和产能的较为理想的对接点。中巴两国均有发展产业园区的成功经验。改革开放以来，产业园区为中国的工业化、城镇化和经济发展做出了重大贡献，取得了举世瞩目的成就。巴西是较早设立自由贸易区、工业开发区等产业园区的拉美国家，如马瑙斯自由贸易区。马瑙斯自由贸易区位于亚马孙雨林的中心地带，离亚马孙河出海口约 1700 公里，人烟稀少，相对封闭，经济落后。巴西政府 1957 年设立该自由贸易区，其目的是开发马瑙斯市，使其成为一个经济发展中心，向四周辐射，带动周围地区和整个亚马孙地区的经济发展。1968 年马瑙斯自由贸易区扩大到整个西亚马孙地区，面积达到 221 万平方公里，占巴西全国领土面积的 26%，成为世界上最大的经济特区。马瑙斯自由贸易区的优惠政策主要包括以下几个方面。第一，进出口商品免税。外资企业自用的机械、设备、半成品和原料一律免税进口，免税期限为 1968 年到 2013 年。区内生产的出口商品，一律免税；如果区内生产的商品输往巴西其他地区，则需缴纳关税，但税率低于同类产品直接进口的关税。第二，税收减免。区内外资企业，在最初 10 年内减免各种税收，包括企业所得税、工资所得税、财产税、财产购置税、劳务税，享受减免所得税的比率可达 100%。第三，利润自由汇出。外资企业的营业利润可自由汇往境外，不受任何限制。第四，简化行政管理手续，方便外资企业。巴西政府规定外资企业所需办理的各种海关、行政手续、包括外商人员入境手

续、外资企业的审批手续、进出口贸易的审批手续等，均由自由贸易区管理局负责办理，不须通过联邦政府批准。

税收、国产化率要求、环境保护是产业政策协调的重点。巴西被称为"万税之国"，税种多，税制复杂，税负较重。巴西对加工制造业有较严格的国产化率要求，自由化程度较高的马瑙斯自由贸易区也不例外，区内企业每进口1美元，需要国内配套3美元，即国产化率要求为75%。巴西的人口和工业生产主要分布在东南沿海地区，这些地区的环境负荷较重，环保压力较大；马瑙斯自由贸易区由于地处亚马孙雨林中心地带，管理局只批准没有环境污染和不破坏生态环境的项目。近两年，巴西开始从全球生产链角度重新审视其产业政策、贸易政策，为了提高巴西参与全球产业链的水平和程度，有学者建议巴西政府取消国产率要求，简化税种和税制。

第三节 关于中巴经贸合作的几点认识

一 巴西有顾虑

巴西将中国视为制定多边贸易规则的"后来者"，担心中国会将巴西挤出"中心位置"。作为"关税及贸易总协定"和世界贸易组织的创始成员国，长期以来巴西自认为一直居于多边贸易谈判的"中心位置"，而中国于2001年才正式加入世界贸易组织。因此，巴西的学者们认为，巴西在多边贸易谈判方面的经验远比中国丰富。但是，随着中国经济实力迅速增强，国际影响力迅速提高，中国不仅是WTO的最大受益国，而且在WTO谈判中也日益活跃，大有取代巴西之势。

二 巴西的欧美情结较浓

面对WTO多边贸易谈判陷入僵局，巴西有学者主张，在双边贸易制度安排方面巴西应该"先欧美、后中国"，虽然美国是巴西的第二大贸易伙伴，但与中国不同，美国主要从巴西进口工业制成品，巴西与欧盟、美国签订贸易优惠协议的有利程度要高于中国。

三　巴西对华认知相对不足

巴西方面对如何落实和推进两国基础设施、产能对接、金融等方面的合作感到手足无措。巴西的政治、社会分裂程度比较高，政府的决策力和执行力相对较弱，社会各阶层对政府的信任程度较低。巴西政府部门和官员高度重视巴西—秘鲁两洋铁路，但巴西的学者和民众认为该项目是政府的宣传；铁路沿线的非政府组织和民众以环境保护为旗号，反对修建铁路；沿线的农场将是主要受益人之一，但农场的工人认为火车噪声会影响他们休息，也反对修建铁路。两洋铁路的政治成本比较高，稍有不慎，就会成为党派斗争的工具或牺牲品；经济成本比较高，巴西学者的研究结果表明，巴西大型基础设施项目的建设期平均拖延4年左右，由此导致的建成成本平均增加60%左右。对于产能合作，巴西方面希望中国增加在农产品加工、高附加值和高科技等产业的投资，但严重滞后的基础设施、复杂沉重的税收、严格的进口限制等制约着产能合作，而巴西在中近期内不可能改变这些状况。对于金融合作，尤其是中巴双边货币互换，巴西方面一直无法落实。此外，由于缺乏对中国的认识和了解，对于中国在巴西基础设施、加工制造业、农业等领域的投资和金融合作表示怀疑。

第十一章

中国—委内瑞拉双边关系发展

2014年中委建立全面战略伙伴关系。2018年9月14日中国国家主席习近平在与应邀访华的委内瑞拉总统马杜罗会谈时强调,中方始终从战略高度和长远角度看待和发展中委关系,希望中委全面战略伙伴关系能够迈上新台阶。① 2019年4月8日委内瑞拉政府颁布的《西蒙·玻利瓦尔项目——国家经济社会发展第三个社会主义计划(2019—2025年)》[简称"《第三个社会主义计划(2019—2025年)》"]再次重申,中国是委内瑞拉优先级战略伙伴。②

第一节 中委关系发展进程

新中国成立以来,中委双边关系的发展进程可以分为四个阶段:第一阶段为1949—1974年;第二阶段为1974—2000年;第三阶段为2001—2013年;第四阶段为2014年至今。中委建交(1974年6月)、中委建立共同发展的战略伙伴关系(2001年4月)、中委建立全面战略伙伴关系(2014年7月)是划分四个阶段的主要参考节点。

一 1949—1974年:开展党际和民间交往

在党际交往方面,继1956年4月毛泽东集体会见了包括委内瑞拉

---

① 《习近平同委内瑞拉总统马杜罗会谈:两国元首一致同意引领中委全面战略伙伴关系迈上新台阶》,《人民日报》2018年9月15日第1版。
② Gaceta Oficial de la República Bolivariana de Venezuela, *Proyecto Nacional Simón Bolívar, Tercer Plan Socialista de Desarrollo Económico y Social de la Nación 2019 – 2025*, No. 6.446 Extraordinario, Caracas, lunes 8 de abril de 2019.

在内的拉美6国①共产党代表后，委内瑞拉有多位政党代表或议员来华访问，例如法夫里西奥·奥赫达（委内瑞拉"共和民主联盟"全国领导委员会委员、国会议员，1959年8月）、赫苏斯·法利亚（委内瑞拉共产党总书记，1959年9月）、安东尼奥·德耳加多·洛萨诺（左派革命运动主席、参议员，1961年4月）、爱德华·加列戈斯（委内瑞拉共产党中央政治局委员，1964年8月），等等。

在此阶段，毛泽东在同委内瑞拉访华代表团的交谈中萌发了建立"两条统一战线"的战略构想。1961年12月5日，毛泽东在杭州接见加拉加斯市议会第二副议长爱德华多·加莱戈斯·曼塞拉及其率领的代表团。② 在此次接见中，毛泽东首次把修正主义、帝国主义、国内反动派合称为"三个鬼"。此后，毛泽东进一步指出，反对修正主义的矛头主要对准苏联修正主义，反对帝国主义的焦点是集中力量反对美帝国主义，进而提出建立"反修统一战线""反帝统一战线"的指导思想。③ 1968年2月，部分委内瑞拉人士在加拉加斯成立了毛泽东著作学习小组，翻译并出版了毛泽东的《为人民服务》《纪念白求恩》《愚公移山》等著作。该学习小组在关于《愚公移山》的一篇评论中指出，委内瑞拉面临着同美帝国主义、现代修正主义、本国反动派进行斗争的艰巨任务，毛泽东思想是指导委内瑞拉人民完成这些任务的正确思想。④

中国对委民间交往主要表现在三个方面。第一，旅委华人逐渐增多，1971年已达2704人左右。⑤ 第二，文化、艺术、新闻、体育交流开始起步，中国工会代表团（1959年12月）、中国艺术团（1960年4—5月）、中国记者小组（1973年2月）、中国乒乓球代表团（1973年

---

① 拉美6国为古巴、墨西哥、巴西、委内瑞拉、危地马拉、哥伦比亚。
② 《毛主席在杭州接见加拉加斯市议会代表团》，《人民日报》1961年12月6日第1版。
③ 迟爱萍：《毛泽东国际战略思想的演变》，《党的文献》1994年第3期。该文中，毛泽东会见委内瑞拉加拉加斯市议会代表团的时间为"1960年"，应属有误，准确时间为"1961年"。
④ 《在南美洲的委内瑞拉，最近成立了一个学习毛主席著作的小组，这个小组出版了毛主席的光辉著作〈为人民服务〉、〈纪念白求恩〉和〈愚公移山〉》，《人民日报》1968年2月9日第5版。
⑤ Hania Zlotnik y Daniel de Palma, "La Migración Asiática a Latinoamérica", en *Estudios de Asia y Africa*, El Colegio de México, Vol. 26, No. 3, Septiembre-Diciembre, 1991, pp. 515 – 533.

12月）等先后实现对委内瑞拉的首访。第三，双边商品贸易规模较小，但有所增加。根据委方统计，1962—1974年委内瑞拉自中国内地进口商品由22.4万美元增至967万美元。① 在双边贸易有所增长的带动下，1972年11月委内瑞拉贸易代表团访问中国，1973年7月中国外贸代表团访问委内瑞拉。

二　1974—2000年：拓展交流与合作领域

1974年6月中委两国签署了建立外交关系的联合公报。6月30日《人民日报》刊登的评论文章指出，中委"两国人民在反帝反殖反霸的斗争中一向互相支持和互相鼓舞。中委两国正式建立外交关系，在中委两国的关系史上开辟了新的一章"。②

中国支持委方石油主权是两国建交和建立政治互信的重要基础。1974年10月委内瑞拉议会议长贡萨洛·巴里奥斯率团访问中国时表示，委内瑞拉为捍卫石油主权而进行了长期不懈的斗争，中方支持委方的这一斗争，委方感到十分高兴。

中国的改革开放是拓展中委交流与合作领域的主要因素。1978年中国开始改革开放，中委两国在政治、经济、贸易、文化、科技等领域的交流与合作稳步发展与拓展。例如在双边贸易方面，1974—2000年中委双边商品贸易额由不足1000万美元增至3.5亿美元③，两国间签署的合作协定或协议涉及文化、科技、贸易、农牧渔业、石油开发、体育等诸多领域。在国际事务方面，中委两国相互支持，例如在联合国人权会议上，委内瑞拉投票支持中国；在中国加入世界贸易组织的谈判中，委内瑞拉是较早完成与中方谈判的国家之一，等等。

三　2001—2013年：推进共同发展的战略伙伴关系

2001年4月中国国家主席江泽民应邀访问委内瑞拉，确立了中委

---

① United Nations Commodity Trade Statistics Database，https：//comtrade.un.org.
② 《欢迎我国与委内瑞拉建交》，《人民日报》1974年6月30日第1版。
③ 2000年中委双边商品贸易额的数据来源为Wind咨询。

在 21 世纪"共同发展的战略伙伴关系"。2009 年 2 月时任中国国家副主席习近平访问委内瑞拉,就推进中委共同发展的战略伙伴关系系统地提出了政策建议和主张。1999—2009 年委内瑞拉总统查韦斯先后 6 次应邀访华。前 3 次访华,查韦斯将中国视为世界重要平衡力量。[①] 后 3 次访华,查韦斯将中国视为委方的重要合作伙伴。

双边经贸合作实现阶梯式跨越增长。在双边商品贸易方面,2004 年贸易额达到 13.3 亿美元,2010 年达到 102.6 亿美元,2012 年达到 238.3 亿美元。中国在委直接投资存量 2003 年仅为 0.2 亿美元左右,2013 年增至 23.6 亿美元。中国企业在委工程承包完成营业额 2001 年仅为 0.6 亿美元,2010 年达到 34.8 亿美元,2013 年达到 59.7 亿美元。[②]

设立中国—委内瑞拉高级混合委员会(简称"中委高委会"),拓展和深化合作领域。2001 年 5 月中委双方正式成立中委高委会,以能源、农业、基础设施、高新技术等为重点领域,积极推动多领域、多层次的双边合作。中委高委会是中委两国进行政策沟通,对接国家发展战略的重要机制。

设立中国—委内瑞拉联合基金(简称"中委基金"),分 3 期循环滚动。2008 年启动的中委基金可称作"中委基金 I 期",2009 年开始实施中委基金 II 期,2013 年开始实施中委基金 III 期。中国国家开发银行(简称"中国国开行")是中委基金的中方出资机构,其在中委基金 I 期中的出资额为 40 亿美元,后增至 50 亿美元;在中委基金 II 期和中委基金 III 期中的出资额均为 50 亿美元。如图 11—1 所示,各期中委基金的合作期限均为 15 年,3 年为一个周期,循环滚动。以 I 期为例,贷款金额 40 亿美元(后增至 50 亿美元),贷款期限 3 年,可循环滚动,合作期限为 2008—2022 年;2008 年发放贷款,2008—2010 年为启动周期;若委方依约、按期清偿贷款本息,经双方协商一致,可进入第 1 个滚动周期,滚动金额 50 亿美元;第 2—4 个滚动周期依此类推。中委基

---

① 管彦忠:《委内瑞拉总统表示中国是世界重要平衡力量》,《人民日报》1999 年 8 月 20 日第 6 版。

② 数据来源为 Wind 资讯。

金 II 期的合作期限为 2009—2023 年，III 期为 2013—2027 年，II 期和 III 期的循环滚动方式与 I 期相同。

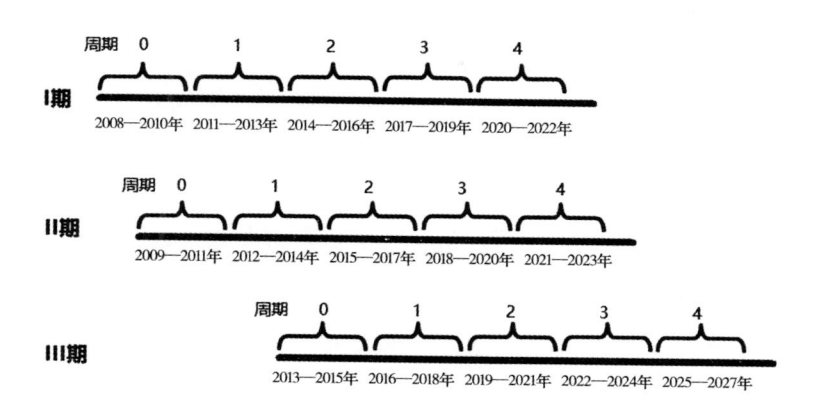

图 11—1　中委基金 I、II、III 期循环滚动周期示意图
资料来源：笔者绘制。

加强能源和金融合作，推进共同发展。2009 年 2 月应邀访问委内瑞拉的时任中国国家副主席习近平，在中委企业家研讨会开幕式上，以《加强全面合作　实现共同发展》为题发表了主旨演讲，提出了 3 项重要建议。第一，着眼共同发展，深化政治互信。第二，完善合作机制，提升两国合作水平。作为主要合作机制，中委高委会应发挥更大的作用。第三，发挥各自优势，加强能源和金融合作。能源是双边合作的重点领域和优先领域。中委基金是主要的金融合作机制。[①]

四　2014 年以来：深化全面战略伙伴关系

2014 年 7 月中国国家主席习近平应邀访委，访问期间，中委两国建立了全面战略伙伴关系。继 2013 年 9 月应邀访华后，委内瑞拉总统马杜罗又先后于 2015 年 1 月和 9 月、2018 年 9 月 3 次访华。

2014—2018 年，主要受石油价格下跌且长期低迷的影响，中委双

---

① 习近平：《加强全面合作　实现共同发展——在中委企业家研讨会开幕式上的主旨演讲》，《经济日报》2009 年 2 月 19 日第 4 版。

边商品贸易额出现了较大幅度的减少，由 2014 年的 169.7 亿美元减至 2018 年的 85.4 亿美元。主要受委内瑞拉经济衰退的影响，中国企业在委工程承包完成营业额由 50.1 亿美元减至 33.1 亿美元。尽管贸易额减少，但委方的对华贸易顺差较大，2018 年的顺差额为 62.4 亿美元，中国成为委内瑞拉的主要贸易顺差来源国。与此同时，中国在委直接投资仍保持增长势头，2014—2017 年中国在委直接投资存量由 24.9 亿美元增至 32.1 亿美元。①

2018 年 9 月习近平主席指出，中方将一如既往支持委内瑞拉政府谋求国家稳定发展的努力，支持委内瑞拉探索符合本国国情的发展道路；以共建"一带一路"为契机，提升委方自主发展能力；共同参与全球治理体系改革和建设，维护发展中国家正当权益。②

第二节 中委经贸合作主要成就

中委经贸取得了多领域、多层次、多方面的成就。本节仅以石油合作、中委基金、卫星合作为例，简要介绍 2001 年以来中委经贸合作的部分主要成就。

一 开创发展中国家石油一体化合作

自 20 世纪 90 年代初以来，中委石油合作可以分为四个阶段：进入阶段（20 世纪 90 年代初至 1996 年），项目合作阶段（1997—2006 年），转制阶段（2006—2007 年），推进一体化合作阶段（2007 年至今）。

20 世纪 90 年代初至 1996 年为进入阶段。以中国石油天然气总公司（1998 年 7 月组建为中国石油天然气集团有限公司，简称"中石油"）为代表的中国石油企业开始进入委内瑞拉，主要向委石油提供石油勘探、开采等技术服务和劳务服务。1996 年中国少量进口了委内瑞拉乳

---

① 2018 年的委内瑞拉对华贸易顺差是根据 Wind 资讯相关数据计算。
② 《习近平同委内瑞拉总统马杜罗会谈：两国元首一致同意引领中委全面战略伙伴关系迈上新台阶》，《人民日报》2018 年 9 月 15 日第 1 版。

化油，尝试性地用于火电厂燃烧发电。同年，中委两国政府签订了关于开展石油合作的协定和关于开展委内瑞拉奥里乳化油项目可行性研究的协议。

1997—2006 年为项目合作阶段，主要包括陆湖、奥里乳化油等项目。陆湖项目由 2 个边际油田组成，即马拉开波湖的英特尔甘博油田和东委内瑞拉盆地的卡拉高莱斯油田，这两个油田自 20 世纪 30 年代开始开采，至 20 世纪 90 年代中期已处于低产或濒临停产状态。在 1997 年 6 月举行的国际竞标中，中石油分别以 1.88 亿美元、2.047 亿美元赢得了英特尔甘博油田和卡拉科尔油田的开采权，开采期限为 20 年。[①] 2001 年 12 月中石油与委石油按 70∶30 的出资比例成立奥里乳化油合资公司，合资期限为 30 年，设计产能为 15 万桶/日。该合资公司于 2006 年投产，生产的原油全部销往中国，中石油在中国广东为合资公司修建配套油库。

2006—2007 年为转制阶段，陆湖、奥里乳化油等合作项目完成转制。按照委方的要求，2006 年 8 月，中石油独资的陆湖项目转制为委石油控股 75%、中石油持股 25% 的合资公司。2007 年 10 月，中石油控股 70% 的奥里乳化油合资公司转制为委石油控股 60%、中石油持股 40% 的合资公司。

2007 年以来为推进一体化合作阶段，石油一体化合作格局初步形成，主要包括"金融（中委基金、大额贷款等）+油田开采+原油乳化+原油和成品油贸易+石油冶炼"等 5 个合作环节。继 2008 年启动中委基金之后，2010 年 8 月中国国开行与委方签订了大额贷款协议，即"中委大额贷款"，贷款金额为"100 亿美元+700 亿元人民币"（合计为 200 亿美元），贷款期限为 10 年[②]，主要用于委方的基础设施、住房、能源、矿业、农业等领域。在油田开采方面，主要包括陆湖、奥里诺科重油带胡宁 4 号等项目。在原油乳化方面，主要项目为奥里乳化油

---

① 刘伟：《中国与委内瑞拉在石油方面的合作前景分析》，《国土资源情报》2005 年第 4 期，第 51—53 页。

② 吴志峰、田志：《"中委基金"是"南南合作"的典范》，《中国社会科学报》2014 年 7 月 9 日第 B02 版。

(MPE-3)项目,2014年7月实际产量一度达到15.7万桶/日[1],超过了设计产能;2019年8月该项目16.5万桶/日的扩建工程完工并投产。[2] 在石油冶炼方面,中委双方计划在中国广东按50∶50的出资比例,合资建设一座石油冶炼厂——南海炼油厂,专门冶炼委内瑞拉出产的原油。截至2019年8月,除南海炼油厂尚未建成投产外,其他4个合作环节的运行基本保持平稳。

二 开创发展中国家金融合作新模式

中委基金是以双边协议为依据,以原油和成品油贸易现金流为基础,中国国开行和委内瑞拉经济社会发展银行(简称"委国国开行")共同出资的一种联合投资/融资机制。

根据中委双方签订的双边协议,在委石油向中石油供应或出口原油和成品油的基础上,中国国开行、委国国开行分别代表中国政府和委内瑞拉政府出资,共同设立了中委基金。2008—2009年,中委基金属于联合投资机制,被称作"中国—委内瑞拉投资基金"。[3] 例如,2008年中委基金Ⅰ期的60亿美元中,委国国开行出资20亿美元,相当于委方在基金中的自有资金,中委双方的出资比例为2∶1。2009年中委基金Ⅱ期启动,按照Ⅰ期的出资比例,中方出资50亿美元,委方应出资25亿美元。当时,受国际金融危机的冲击,原油价格出现了大幅度下跌且前景不明。在此情况下,委方的出资能力明显不足,不能按照协议足额出资,经双方协商,中方理解和接受委方的困难与诉求,双方将中委基金的性质调整为信贷机制,基金改称为"中委联合基金"。[4]

2008—2010年,尽管受国际金融危机的冲击,原油价格一度大幅

---

[1] 《拉美公司油气产业连续5年稳步增长》,http://www.cnpc.com.cn/cnpc/xgdt/201407/63f6c0eceb414a148cc04bb379fc16c9.shtml。

[2] PDVSA, "Inaugurada la primera fase de la planta de expansión de Petrolera Sinovensa", http://www.pdvsa.com。

[3] Fondo de Inversión China-Venezuela.

[4] Fondo Conjunto Chino Venezolano.

度下跌，但很快反弹，原油价格总体上处于较高水平，委内瑞拉原油的年均出口价格约为 70.8 美元/桶。① 在此期间，中委基金在较大程度上具有中方"贷款换原油"的性质，委方主要以实物形式偿还中方的贷款，即委石油按市场价格向中石油供应原油和成品油，以偿还中方的贷款，这部分用于偿还中方贷款的原油和成品油可称为"债务油"。2008 年启动中委基金 I 期时，债务油供应量上限为 10 万桶/日。2009 年中委基金 II 期启动后，债务油供应量上限提高至 33 万桶/日。2010 年中委大额贷款启动，债务油供应量上限提高至 36 万桶/日。②

2011 年以来，中国成为委内瑞拉原油的主要出口市场之一。在委石油向中石油交付的原油和成品油中，不仅有债务油，还包括出口的原油和成品油，这部分出口的原油和成品油可称为"贸易油"。例如，2014 年为中委基金 I 期启动第 2 次滚动的年份，2014 年 7 月 22 日中石油与委石油签署了中委基金 I 期二次滚动原油和成品油贸易合同。根据这份贸易合同，2014 年下半年，中石油与委石油的原油和成品油贸易量应达到 79 万桶/日，其中成品油 10 万桶/日，中石油成为委石油的主要原油和成品油贸易商之一。③

在石油一体化合作的带动下，委内瑞拉成为中国进口原油及成品油的主要来源国之一，2008—2017 年中国自委进口的原油数量有较大幅度增长，由 647 万吨增至 2177 万吨。2008—2016 年中国自委进口的成品油数量也相对较多，年均进口量约 429 万吨，其中 2011 年达到 502 万吨的峰值。2018 年以来，中国自委进口原油量趋于减少，2019 年 1—6 月进口量为 866.6 万吨，与 2018 年同期相比减少了 3.6%。2017 年以来，主要受美国对委经济制裁导致委国内成品油产量减少的影响，中国自委进口成品油的数量急剧减少，2018 年进口的 5—7 号燃料油仅

---

① 根据 OPEC 官网有关数据计算。OPEC, "Annual Statistical Bulletin 2019", https://asb.opec.org/.
② PDVSA, *Estados Financieros Consolidados · 31 de diciembre de 2001, 2010 y 2009*, Caracas, Venezuela, KPMG, 2011, p. 31.
③ 《习近平马杜罗共同见证中国石油与委国家石油公司签署油贸合同 将进一步增加美洲地区原油和成品油贸易能力》, http://www.cnpc.com.cn/cnpc/gjmyxgdt/201407。

为 15.3 万吨。①

随着中委基金由投资机制转换为信贷机制，中委基金在较大程度上具有委方"原油换贷款"的性质，委方主要以现金形式偿还中方的贷款，现金来源为按市场价格结算的债务油和贸易油货款。首先，中石油将债务油和贸易油的结算货款存入中国国开行的指定账户。其次，中国国开行按期扣除到期贷款本息，剩余货款拨付给委国国开行。最后，委国国开行将剩余货款转付给委石油。

截至 2019 年 6 月，委石油最近的财务审计报告年份为 2016 年。根据委石油 2013 年度和 2016 年度的财务报告，表 11—1 模拟了 2011—2016 年中委基金的运行概况。以 2013 年为例，委石油向中石油日均交付债务油、贸易油 48.5 万桶，按市场价格结算，全年累计的货款约为 165.6 亿美元。中国国开行扣除到期本息后，将 96.4 亿美元的余款拨付给委国国开行。假设委国国开行将余款全部转付给委石油，则表 11—1 中的货款额与余款额之差就可以看作偿还额，即委方偿还中方贷款本息的年度累计额，约为 69.2 亿美元。

从表 11—1 的模拟来看，对于中委双方而言，中委基金不仅具有融资功能，而且还具有中委双边原油和成品油的贸易结算功能。2011—2016 年，通过中委基金这一结算机制，中国国开行结算中石油—委石油原油和成品油贸易货款累计约 759.5 亿美元，其中偿还中国国开行贷款本息累计约 322.3 亿美元，本息累计约占货款累计的 42.4%。

三 开创中国与发展中国家卫星合作多项第一

2005 年中委签署航天合作谅解备忘录，开启了两国在航天领域的合作。2008—2017 年中委合作发射了 3 颗卫星，即委内瑞拉一号通信卫星、委内瑞拉一号遥感卫星、委内瑞拉二号遥感卫星。

对于委内瑞拉而言，一号通信卫星是委内瑞拉拥有的第一颗卫星，一号遥感卫星是委内瑞拉拥有的第一颗遥感卫星。委内瑞拉一号通信卫星于 2008 年 10 月 30 日在中国西昌卫星发射中心成功发射，2009 年 1 月

---

① 根据 Wind 资讯相关数据计算。

10日成功实现在轨交付，交由委内瑞拉国家通信公司运营，用于通信、广播、远程教育、远程医疗等领域。委内瑞拉一号遥感卫星于2012年9月29日在中国酒泉卫星发射中心成功发射，2013年3月完成在轨交付。

表11—1　　　　2011—2016年中委基金运行概况模拟表

	2011	2012	2013	2014	2015	2016
债务油和贸易油交货量（万桶/日）	41.5	45.1	48.5	47.2	57.9	50.5
货款额：中石油存入中国国家开发银行指定账户的货款额（全年累计，亿美元）	146.4	162.1	165.6	143.7	83.7	58.0
余款额：委石油收到的、由委内瑞拉国开行转付的货款余额（全年累计，亿美元）	67.2	124.5	96.4	81.2	29.5	38.4
偿还额：中国国家开发银行收取的贷款本息（模拟值，全年累计，亿美元）	79.2	37.6	69.2	62.5	54.2	19.6

资料来源：2011—2013年的数据：PDVSA,"Estados Financieros Consolidados·31 de diciembre de 2013, 2012 y 2011", Caracas, Venezuela, KPMG, 2014: 90; 2014—2016年的数据：PDVSA, "Estados Financieros Consolidados·31 de diciembre de 2016", Caracas, Venezuela, KPMG, 2017: 82。

委内瑞拉二号遥感卫星于2017年10月在中国酒泉卫星发射中心成功发射。一号、二号遥感卫星主要用于委内瑞拉的国土资源普查、环境保护、灾害监测和管理、农作物估产、城市规划等领域。二号遥感卫星成功发射后，委内瑞拉总统马杜罗表示，通过与中国成功合作发射的3颗卫星，委内瑞拉逐步走上了技术独立之路。[1]

对于中国而言，委内瑞拉一号通信卫星是中国在拉美地区的第一颗整星出口、在轨交付的商业卫星。委内瑞拉一号遥感卫星是中国向其他国家出口的第一颗遥感卫星。

第三节　中国支持委内瑞拉石油主权

中委双边关系的发展以及双边合作的一系列合作成果，是在中国长

---

[1]　许放：《委内瑞拉总统感谢中国成功为委发射卫星》，《人民日报》2017年10月11日第21版。

期尊重和支持委内瑞拉国家主权,尤其是其石油主权的基础上取得的。

作为石油经济体,收回和维护石油主权是委内瑞拉的一项历史使命,其主要任务有3项。第一,提高委内瑞拉政府在石油收入分配中的份额。第二,实现委内瑞拉政府对油气产业的全产业链掌控。第三,减少或摆脱对美国的依赖,实现委内瑞拉独立自主的发展。早在20世纪30年代,委内瑞拉就已经开始酝酿收回石油主权,1938年石油占委内瑞拉商品出口总收入的93.3%。[1] 1943年委内瑞拉正式开启收回和维护石油主权的进程,这一进程可以划分为三个阶段,即1943—1975年、1975—2001年和2001年至今。

一 1943—1975年:逐步收回石油主权

1943年委内瑞拉颁布了《石油法》。1975年委内瑞拉成立国有石油公司——委石油,开始实施石油国有化。在此阶段,为了完成第一项任务,委内瑞拉主要采取了国内、国际两方面的措施。

在国内方面,委内瑞拉建立了石油收入分配体系,逐步提高委政府在石油收入分配中的比例。石油收入分配体系主要包括三部分内容。第一,提高产量税。1943年石油法将产量税税率由此前的9.0%提高至16.67%,即石油公司每开采6桶石油,其中有1桶属于委政府,[2] 这一税种也称作"生产税"。第二,建立石油利润分配机制。1945年委政府将政府与石油公司分配石油利润的比例调整为50∶50,这是世界石油产业史上的首创,1958年委政府将这一分配比例进一步调整为60∶40。石油利润是指石油销售价格与生产成本之差,委政府对销售价格、生产成本定期进行核算。第三,建立油气产业税收体制。从油气产业链的角度看,石油公司主要缴纳4种税款。第1种是土地税(包括勘探税、开采税等),按占地面积每年征收一次。第2种是石油公司所得税,税率为企业利润的67.7%。第3种是石油运输税,主要针对石油运输企业,

---

[1] Enrique A. Baloyra, "Oil Policies and Budgets in Venezuela, 1938 – 1968", *Latin American Research Review*, Vol. 9, No. 2, Summer, 1974, pp. 28 – 72.

[2] Alí Rodríguez Araque, *El Proceso de Privatización Petrolera en Venezuela* (3a. edición), Venezuela, Fondo Editorial Darío Ramírez, 2014, p. 23.

第十一章　中国—委内瑞拉双边关系发展

特别是管道运输企业，税率为运费收入的 2.5%。第 4 种是消费税，主要针对石油冶炼企业，税率为石油冶炼利润的 50%。①

在国际方面，委内瑞拉发起成立石油输出国组织（OPEC），共同维护石油主权。1960 年 OPEC 正式成立，以 OPEC 成员国为主要石油出口国，以欧美发达国家为主要石油消费国，双方以石油为"武器"，展开了长期的斗争、竞争与合作。

在收回石油主权的进程中，委内瑞拉政府与美国石油公司之间的利益冲突是主要矛盾。1943 年以前，美国石油公司在委内瑞拉石油收入分配中的比重为 53% 左右。② 1943 年以后，美国石油公司的收入比重逐步降低，由 1947 年的 48% 降至 1968 年的 32%，委政府的收入比重则由 52% 提高至 68%。③ 美国石油公司一度以委内瑞拉社会主义化为借口，要求美国政府干预委内瑞拉。

1949—1971 年中国对委内瑞拉收回和维护石油主权的斗争以表示道义支持为主。例如，1950 年 7 月《人民日报》刊登了《美国强盗劫掠下的"石油之国"——委内瑞拉》一文，文中指出，委内瑞拉虽然拥有丰富的石油资源，"却没有一吨石油掌握在该国人民手中"。委内瑞拉 75% 的石油储量和石油产量被美国的石油公司所垄断。④ 1971 年 3 月《人民日报》在一篇报道中指出，委内瑞拉政府决定单方面提高石油参考价至 0.599 美元/桶，这是委内瑞拉反对美国石油公司掠夺、维护本国权益的又一次行动，美国试图阻止委内瑞拉这一行动的种种压力

---

① 郭进平：《英国、美国、委内瑞拉石油立法情况初探》（下），《石油规划设计》1994 年第 2 期，第 12—14 页；蒋瑞雪：《委内瑞拉石油立法及启示》，《国土资源情报》2008 年第 5 期，第 16—18 页；Enrique A. Baloyra, "Oil Policies and Budgets in Venezuela, 1938 – 1968", *Latin American Research Review*, Vol. 9, No. 2, Summer, 1974, pp. 28 – 72.

② 20 世纪二三十年代，美国本土的石油售价为 1.33 美元/桶，委内瑞拉石油的开采、加工和运抵美国东海岸的总成本为 0.87 美元/桶。对于美国石油公司而言，委内瑞拉石油的平均利润为 0.46 美元/桶（1.33 美元/桶－0.87 美元/桶），因此，美国石油公司在委内瑞拉石油中的平均利润率为 53% 左右（0.46÷0.87×100%）。Alí Rodríguez Araque, *El Proceso de Privatización Petrolera en Venezuela* (3a. edición), Venezuela, Fondo Editorial Darío Ramírez, 2014, p. 24.

③ Enrique A. Baloyra, "Oil Policies and Budgets in Venezuela, 1938 – 1968", *Latin American Research Review*, Vol. 9, No. 2, Summer, 1974, pp. 28 – 72.

④ 秋禾：《美国强盗劫掠下的"石油之国"——委内瑞拉》，《人民日报》1950 年 7 月 27 日。

和威胁遭受挫败。①

1971年10月中国恢复联合国常任理事国席位后,在联合国框架内及"和平共处五项原则"基础上,中国支持包括委内瑞拉在内的广大发展中国家收回和维护资源主权,谋求独立自主发展。1974年4月10日在联合国大会第六届特别会议上,中国代表团团长、国务院副总理邓小平在发言中指出,"原料和发展问题的实质,就是发展中国家维护国家主权,发展民族经济,反对帝国主义、特别是超级大国的掠夺和控制的问题"。邓小平代表中国政府做出了"5个支持"的政治承诺:第一,支持发展中国家拥有和享有本国自然资源主权;第二,支持发展中国家对外国资本特别是跨国公司实施管理、控制和国有化;第三,支持发展中国家实现独立自主发展;第四,支持发展中国家提高其原料、初级产品、半制成品和制成品的出口价格;第五,支持发展中国家建立各种原料输出国组织,联合开展反殖、反帝、反霸斗争。②

二 1975—2001年:对美依赖逐步加深

继1971年完成天然气国有化后,1975—1983年委内瑞拉完成了石油国有化,委石油负责油气产业的全产业链业务,如勘探、开采、加工、冶炼、运输、配送、销售等各个产业环节。委内瑞拉虽然名义上完成了油气国有化,但实际上并没有摆脱对美国的技术、贸易、市场、金融等依赖。

第一,技术依赖。一方面,美国的石油公司掌握着先进的油气勘探和开采技术。美国石油公司通过与委石油签订合同,在油气勘探、开采环节向委石油提供技术服务或劳务服务。另一方面,美国的石油公司控制着先进的石油冶炼技术。位于美国东南沿海的多座石油冶炼厂专门炼制委内瑞拉原油。

第二,贸易和市场依赖。1983—2001年对美原油和成品油出口占委内瑞拉这两类产品出口总额的比重由33.0%提高至61.6%。原油出

---

① 《维护本国权益 不怕美帝威胁 委内瑞拉决定提高石油参考价格 反对殖民主义 维护民族独立》,《人民日报》1971年3月12日第6版。
② 《中华人民共和国代表团团长邓小平在联大特别会议上的发言》,《人民日报》1974年4月11日第1版。

口的对美市场依赖程度较高，2001年委内瑞拉65.3%的原油出口集中在美国市场。①

第三，金融依赖。委内瑞拉对美国的依赖主要表现在两个方面：一是石油贸易以美元计价和结算；二是美国是委石油的主要融资来源国，美元债券和美元贷款是主要融资方式。截至2001年年底，委石油的外债总额约85亿美元，其中中长期债券约48亿美元，占外债总额的56.5%。②

在此阶段，委石油与委政府继续沿用前一阶段的石油收入分配体系，双方的矛盾是委国内影响较大的矛盾之一。委石油主要有三方面的主张。第一，强调自身利益，要求政府少干预甚至不干预企业事务。第二，不愿意遵守OPEC为稳定石油价格而采取的石油产量配额政策，要求突破产量限制，增加石油产量和出口量。第三，要求实施"走出去"战略。为了拓展美国市场，1985年委石油收购美国雪铁戈50%的股份，委石油向雪铁戈出口原油，雪铁戈炼制成品油并在美国市场销售。1990年委石油收购雪铁戈100%的股份。雪铁戈不仅是委石油的第一大境外全资子公司，也是美国的主要石化企业之一。

在委石油的极力主张下，加之委政府采取新自由主义经济政策，1993年委内瑞拉将油气勘探、开采业务向外资开放，允许外国石油公司以控股或独资方式，与委石油开展项目合作，如油气勘探项目、油气开采项目、边际油田开采项目、原油乳化项目等。

20世纪70年代中期至90年代中期，中国也是石油净出口国，其间，1985年石油出口量达到峰值（约3000万吨）③，石油是中国改革开放初期出口创汇的重要商品之一，20世纪80年代中国曾一度向智利、巴西等拉美国家出口石油。稳定或提高石油价格是中国与包括委内瑞拉在内的石油出口国的共同利益。20世纪90年代中期，随着中国成为石油净进口

---

① 根据联合国商品贸易统计数据库中的相关数据计算（UN Commodity Trade Statistics Database），https://comtrade.un.org/db。商品查询 HS 编码：HS2709（原油）、HS2710（石油制品）。

② PDVSA, *Estados Financieros Consolidados · 31 de diciembre de 2001 y 2000*, Caracas, Venezuela, KPMG, 2002, p. 29.

③ 田春荣：《中国石油进口出现四年来首次下降》，《国际石油经济》1995年第2期，第1—6页。

国，为了扩大石油进口来源，提高能源安全保障水平，中国石油企业借助委内瑞拉油气勘探和开采向外资开放的契机，进入委内瑞拉油气产业。

三 2001 年以来：谋求独立自主发展

在1999年颁布的新宪法（即1999年宪法）基础上，2001年委内瑞拉颁布了新石油法（即2001年石油法），开启了回收和维护石油主权的第3个阶段。这一阶段的主要目标是完成第二项和第三项任务，即摆脱对美依赖，实现自主发展。同第一阶段类似，委内瑞拉所采取的政策措施可以归纳为国内和国际两个方面。

在国内，委内瑞拉采取了多项政策调整措施，其中有五项影响较大。第一，政府接管委石油，对委石油实施计划化、政治化、半军事化管理。第二，加大奥里诺科重油带的勘探和开发，使其成为委内瑞拉石油增产的主要来源。第三，对第二阶段的外资项目进行国有控股的公司化改制，要求外资控股或独资的"合作项目"转制为由委石油控股（不低于60%）的"合资公司"，这一调整措施被称作"转制"。第四，提高产量税，将税率由16.67%提高至33.33%[1]，即任何石油公司每开采3桶原油，其中1桶属于委内瑞拉政府。第五，增加社会发展税，主要用于建设基础设施、住房、学校、医院等社会发展项目。2003年委石油缴纳的社会发展税约为2.5亿美元[2]，2011年多达301亿美元。[3] 简单说来，社会发展税在一定程度上可以理解为"原油价格税"，价格越高，税率越高，反之则低。由于原油价格下跌，2016年委内瑞拉政府的社会发展税收入减至10亿美元左右[4]，那些主要依靠社会发展税支撑的经济、社会发展项目难以维持。此外，其他措施还包括按原油价格

---

[1] PDVSA, *Estados Financieros Consolidados · 31 de diciembre de 2006 y 2005*, Caracas, Venezuela, KPMG, 2007, p. 49.

[2] PDVSA, *Estados Financieros Consolidados · 31 de diciembre de 2004 y 2003*, Caracas, Venezuela, KPMG, 2006, p. 3.

[3] PDVSA, *Estados Financieros Consolidados · 31 de diciembre de 2013, 2012 y 2011*, Caracas, Venezuela, KPMG, 2014, p. 3.

[4] PDVSA, *Estados Financieros Consolidados · 31 de diciembre de 2016*, Caracas, Venezuela, KPMG, 2017, p. 9.

征收超额利润税，按平方千米增加单位面积土地税，实施"石油种子"计划，设立宏观经济稳定基金，等等。上述措施使委政府在石油收入分配中的比重大幅度提高，2001—2013年委政府在委石油利润分配中的份额由55%左右提高至90%左右。[①]

在国际方面，委内瑞拉也采取了多项措施，其中有四项影响较大。第一，支持OPEC发挥影响力，如重新分配各成员国的生产配额，建立价格带机制，与美国的页岩油、页岩气开展竞赛，等等。同时，加强与伊朗等OPEC成员国的合作。第二，加强与俄罗斯等非OPEC石油出口大国的合作。第三，实施加勒比石油计划，用石油来支持大部分中美洲、加勒比国家（地区）的经济社会发展。第四，加强与中国、印度等新兴原油进口大国的合作，以实现出口市场多元化。

在此阶段，委内瑞拉与美国的矛盾、委政府与欧美石油公司的矛盾、委国内反对派与执政党的矛盾交织在一起，其中委美矛盾是主要矛盾。委美之间围绕着干涉与反干涉、控制与反控制的对立与冲突，于2015年激化为美国政府开始对委内瑞拉实施经济制裁，委内瑞拉被迫发起"经济战争"予以反击。

自2002年起，中国的石油进口量大幅度增加，2017年进口量超过4亿吨，成为第一大石油进口国。尽管如此，中国仍坚定地奉行前述"5个支持"，开展与委内瑞拉的石油合作，主要表现在以下五个方面。

第一，中石油完成"转制"并继续扩大合作。2006—2007年委内瑞拉要求外资石油公司进行"转制"，绝大多数欧美国家的石油公司拒绝"转制"并撤离委内瑞拉，中石油等中国企业不仅按委方要求完成"转制"，而且还继续在委开展业务。

第二，金融合作遵循国际市场规则和平等互利原则。例如，2012年1月中国国开行与委石油签订5亿美元的贷款协议，利率为LIBOR

[①] 根据委石油2001年财务审计报告中的有关数据计算，2001年委石油利润总额为96亿美元，其中53亿美元为委政府收入，占利润总额的55%；43亿美元为委石油净利润，占利润总额的45%。根据委石油2013年财务审计报告中的有关数据计算，2013年委石油利润总额为560亿美元，其中503亿美元为委政府收入，约占利润总额的90%；57亿美元为委石油净利润，占利润总额的10%。

（伦敦同业银行拆借利率）+4.55%[1]，这一利率低于当时委石油美元债券和其他美元贷款的利率水平（绝大部分介于 8.0%—9.1%）[2]。

第三，债务油和贸易油按市场价格计价、结算。例如，根据委石油 2016 年度财务审计报告，2015 年委石油向中国日均出口原油 57.9 万桶，全年出口额约为 83.7 亿美元[3]；按 365 天/年计，则全年对华原油出口量约为 2.1 亿桶，均价约为 39.6 美元/桶，与委内瑞拉原油的全国年均出口价格（41.1 美元/桶[4]）基本持平。根据中方统计，2015 年中国进口委内瑞拉原油约 1601 万吨，进口额约为 50 亿美元[5]；按 1 吨相当于 7 桶计，则约为 1.1 亿桶，全年进口均价约为 44.7 美元/桶，明显高于委内瑞拉原油的全国年均出口价格。

第四，双边合作不附带政治条件。委内瑞拉前总统查韦斯于 20 世纪 80 年代初开始系统学习和研究"委内瑞拉国父""南美解放者"西蒙·玻利瓦尔[6]的理论思想，1999 年就任总统后，发起以民众为主体，以"主权独立、自主发展、民生繁荣"为目标的"玻利瓦尔革命"[7]，成立委内瑞拉统一社会主义党[8]，实施以改善经济、民生为目的的"西蒙·玻利瓦尔国家项目"[9]，探索委内瑞拉的"21 世纪玻利瓦尔社会主义"[10]发展道路和模式。如同对待其他国家一样，中国支持委内瑞拉的努力和探索。无

---

[1] PDVSA, *Estados Financieros Consolidados · 31 de diciembre de 2011, 2010 y 2009*, Caracas, Venezuela, KPMG, 2012, p. 109.

[2] PDVSA, *Estados Financieros Consolidados · 31 de diciembre de 2012, 2011 y 2010*, Caracas, Venezuela, KPMG, 2013, p. 58.

[3] PDVSA, *Estados Financieros Consolidados · 31 de diciembre de 2016*, Caracas, Venezuela, KPMG, 2017, p. 82.

[4] OPEC, "Annual Statistical Bulletin 2019", https://asb.opec.org/.

[5] 联合国商品贸易统计数据库（UN Commodity Trade Statistics Database），https://comtrade.un.org/db/，2019 年 5 月 19 日。

[6] 1811 年宣布委内瑞拉独立后，西蒙·玻利瓦尔率领军队与西班牙殖民者作战，先后解放了哥伦比亚、委内瑞拉、厄瓜多尔、巴拿马、秘鲁、玻利维亚 6 个南美洲国家，因此，他不仅被称为"委内瑞拉国父"，也被称为"南美解放者"。

[7] 玻利瓦尔革命的西班牙文全称为"Revolución Bolivariana"。

[8] 委内瑞拉统一社会主义党的西班牙文全称为"Partido Socialista Unido de Venezuela"，西班牙文缩写为"PSUV"。

[9] 西蒙·玻利瓦尔国家项目的西班牙文全称为"Proyecto Nacional Simón Bolívar"。

[10] 21 世纪玻利瓦尔社会主义的西班牙文全称为"Socialismo Bolivariano del Siglo XXI"。

论是在委方的经济繁荣期还是在经济困难期，中方始终奉行"不侵害主权，不干涉内政，不输出意识形态，不提政治要求"的"四不"原则。

第五，坚决反对美国对委干涉和制裁。自 2017 年下半年以来，美国以不承认委方的制宪大会和总统大选结果为由，逐步加大对委干涉和制裁力度。美国的这些做法，如同美国不承认邻家夫妇新生的一个孩子，原因是这个孩子既不像美国，又不听美国摆布。

第四节　中委石油合作简评

中委双方彼此是"真诚互信的好朋友，互利共赢的好伙伴"。① 石油一体化合作是互利共赢的主要经济基础，尊重主权是真诚互信的主要政治基础。

一　委内瑞拉勇于以石油为武器捍卫国家主权

委内瑞拉是第一个以石油为武器捍卫国家主权的发展中国家。继 1943—1945 年提高了产量税和政府的石油收入分配比例后，1949 年 8—9 月，在中华人民共和国即将成立之际，委内瑞拉派出代表团访问伊朗、伊拉克、科威特、沙特阿拉伯四国。委内瑞拉代表团的主要目的有两个。第一，游说这些新兴的石油出口国接受委内瑞拉的产量税和石油利润分配机制。第二，就如何稳定石油价格，探讨建立集体协商机制的可能性。委内瑞拉的这一努力为 OPEC 的成立发挥了重要作用。

以油气产业国有化为基础谋求独立自主发展是委内瑞拉的政治传统。1945—1948 年民主行动党②的罗慕洛·贝坦科尔特（1908—1981 年）担任委内瑞拉总统，他将政府与石油公司的石油利润分配比例调整为 50∶50；同时，要求石油公司将其部分利润投资于住房、教育、农业等领域，这一要求被称作"播种石油"。在民主行动党和其他中左翼政

---

①　李宝荣：《开启新时代中委合作新征程（大使随笔）》，《人民日报》2018 年 9 月 14 日第 3 版。

②　民主行动党（Partido de Acción Democrática, AD）成立于 1941 年 9 月。

党的联合坚持下，委内瑞拉于1971年完成天然气国有化，1975—1983年完成石油国有化。

二 委内瑞拉将中委石油一体化合作视为其亚洲战略的重要组成部分

1999年10月，查韦斯在其就任委内瑞拉总统的当年就到亚洲访问，推销乳化油是其亚洲之行的主要目的之一。此后，委内瑞拉将亚洲市场作为实现出口市场多元化的重点方向，以达到降低或消除过于依赖美国市场的状况。2007年11月中委双方在加拉加斯签订设立中委基金协议后，查韦斯表示，委内瑞拉历史上从来没有拥有如此多的战略伙伴；委内瑞拉被殖民的历史结束了，委内瑞拉"自由"了。①

委内瑞拉的亚洲战略主要有三个目标。第一，降低对美国市场的依赖程度。2008—2018年，虽然美国一直是委内瑞拉的第一大原油出口市场，但美国进口委内瑞拉原油的数量大幅度减少，年进口量由7072万吨减至2654万吨。美国的原油产量大幅度增加是导致美国减少进口委内瑞拉原油的根本原因。第二，以亚洲市场替代美国市场，尤其是印度、中国等新兴原油进口大国。印度、中国分别为委内瑞拉原油的第二、第三大出口市场。2008—2018年，印度进口委内瑞拉原油的数量由658万吨增至1745万吨。②第三，开拓亚洲成品油市场。委内瑞拉将南海炼油厂看作一个主权投资项目，即委内瑞拉的国家级项目。该炼油厂建成投产后，其产品除在中国本土市场销售外，还能就近销往东亚、东南亚市场。2009—2018年中国向东亚、东南亚地区出口的成品油数量大幅度增长，在此期间，中国向韩国、新加坡、印度尼西亚、越南、菲律宾等国家出口的汽油、柴油、航空煤油等成品油，由530万吨增至1226万吨。③

虽然委内瑞拉与亚洲的距离相对较远，但委内瑞拉原油有两大明显

---

① Chris Carlson, "Venezuela and China Form Bilateral Development Fund", November 7th, 2007, https://venezuelanalysis.com/news/2812, 2018年7月11日。
② 联合国商品贸易统计数据库（UN Commodity Trade Statistics Database），https://comtrade.un.org/db/，2019年5月19日。
③ 根据Wind资讯相关统计数据计算。

优势。第一，原油资源丰富。截至 2018 年年底，委内瑞拉的探明原油储量约 3028 亿桶（约折合 430 亿吨），占全球探明原油储量的 20.2%，居世界第一位。① 第二，开采成本相对较低。根据委石油 1999—2016 年部分年度的财务审计报告，1999—2006 年委石油的原油销售均价为 29.7 美元/桶，平均开采成本为 3.0 美元/桶，开采成本占销售均价的 10.1%；2007—2016 年销售均价约为 73.9 美元/桶，平均开采成本约为 7.6 美元/桶，开采成本占销售均价的 10.3%。②

三 中委对接发展战略具有较好的民意基础

共同编制双边发展规划是对接发展战略的重要措施，这需要良好的政治互信和民意基础。委内瑞拉政府在编制《第三个社会主义计划（2019—2025 年）》过程中，有 340 万人分为约 34000 个小组进行了广泛讨论。因此，这一计划拥有较好的民意基础，政治共识、社会共识程度相对较高。经国民制宪大会③批准，《第三个社会主义计划（2019—2025 年）》作为法律文件予以颁布。根据《第三个社会主义计划（2019—2025 年）》，委政府将编制"委内瑞拉—中国发展规划·2025"，该发展规划的优先领域包括增加对华原油出口，加快推进南海炼油厂项

---

① OPEC, *Annual Statistical Bulletin 2019*, https：//asb.opec.org/，2019 年 6 月 26 日。括号内的数字为笔者估算，按 7 桶/吨折算。

② PDVSA, Estados Financieros Consolidados · 31 de diciembre de 2001 y 2002, Caracas, Venezuela, KPMG, 2002, p. 52；PDVSA, Estados Financieros Consolidados · 31 de diciembre de 2003 y 2002, Caracas, Venezuela, KPMG, 2005, p. 49；PDVSA, Estados Financieros Consolidados · 31 de diciembre de 2006 y 2005, Caracas, Venezuela, KPMG, 2007, p. 77；PDVSA, Estados Financieros Consolidados · 31 de diciembre de 2009 y 2008, Caracas, Venezuela, KPMG, 2010, p. 151；PDVSA, Estados Financieros Consolidados · 31 de diciembre de 2011, 2010 y 2009, Caracas, Venezuela, KPMG, 2012, p. 97；PDVSA, Estados Financieros Consolidados · 31 de diciembre de 2013, 2012 y 2011, Caracas, Venezuela, KPMG, 2014, p. 120；PDVSA, Estados Financieros Consolidados · 31 de diciembre de 2014, 2013 y 2012, Caracas, Venezuela, KPMG, 2015, p. 125；PDVSA, Estados Financieros Consolidados · 31 de diciembre de 2016, Caracas, Venezuela, KPMG, 2017, p. 127.

③ 2016 年 1 月反对派拥有多数席位的新一届国民代表大会开始履职，反对派将国民代表大会的首要任务确定为推翻马杜罗政府，致使委内瑞拉陷入不可治理状态。2018 年 5 月马杜罗总统按照《1999 年宪法》的有关条款，发起制宪大会选举。反对派拒绝参加制宪大会选举，执政的委内瑞拉统一社会主义党赢得选举。2017 年 8 月国民制宪大会正式成立并履职。按照委内瑞拉《1999 年宪法》，在其存续期间，制宪大会是国家最高权力机构，国民代表大会须无条件服从制宪大会的决议。

目，开展油气装备制造合作，发展社区经济，在能源、信息、环保领域应用高新技术，等等。①

四 中委全面战略伙伴关系拥有广阔前景

2018年6月习近平总书记在中央外事工作会议上指出："广大发展中国家是我国在国际事务中的天然同盟军，要坚持正确义利观，做好同发展中国家团结合作的大文章。"② 2018年9月14日习近平与马杜罗会见时指出，让中委友好成为两国各界政治共识，引领中委全面战略伙伴关系迈上新台阶。③ 2019年4月委内瑞拉的《第三个社会主义计划（2019—2025年）》指出，为了抗击外部干涉和制裁，继续深化与中国等5国（除中国外还包括俄罗斯、白俄罗斯、土耳其、伊朗）的联盟关系是委内瑞拉最高等级的国家政策。④

纵观中委双边关系发展的70多年进程，尤其是进入21世纪以来双边合作取得的成就，中委双方有意愿、有共识、有能力将全面战略伙伴关系推向新阶段，为双边合作开辟更广阔的前景。

---

① Gaceta Oficial de la República Bolivariana de Venezuela, *Proyecto Nacional Simón Bolívar, Tercer Plan Socialista de Desarrollo Económico y Social de la Nación 2019 – 2025*, No. 6.446 Extraordinario, Caracas, lunes 8 de abril de 2019, pp. 18 – 55.
② 《习近平在中央外事工作会议上强调　坚持以新时代中国特色社会主义外交思想为指导　努力开创中国特色大国外交新局面》，《人民日报》2018年6月24日第1版。
③ 《习近平同委内瑞拉总统马杜罗会谈：两国元首一致同意引领中委全面战略伙伴关系迈上新台阶》，《人民日报》2018年9月15日第1版。
④ Gaceta Oficial de la República Bolivariana de Venezuela, *Proyecto Nacional Simón Bolívar, Tercer Plan Socialista de Desarrollo Económico y Social de la Nación 2019 – 2025*, No. 6.446 Extraordinario, Caracas, lunes 8 de abril de 2019, p. 47.

主要参考文献

一 中文文献

贺双荣主编：《中国与拉丁美洲和加勒比国家关系史》，中国社会科学出版社 2016 年版。

胡必亮、郭存海、［哥伦］姬娜主编：《互利务实　共同发展：中拉经济合作新框架》，外文出版社 2015 年版。

楼项飞：《中国与拉美国家相互依赖模式研究》，时事出版社 2016 年版。

任保显：《中国与拉美贸易战略研究》，经济管理出版社 2015 年版。

苏振兴主编：《国际变局中的拉美：形势与对策》，知识产权出版社 2014 年版。

苏振兴主编：《拉美国家社会转型期的困惑》，中国社会科学出版社 2010 年版。

苏振兴主编：《中拉关系 60 年：回顾与思考》（上、下），当代世界出版社 2010 年版。

吴白乙等：《转型中的机遇：中拉合作前景的多视角分析》，经济管理出版社 2013 年版。

吴白乙、刘维广主编：《拉美研究丛书：结构性转型与中拉关系前景》，中国社会科学出版社 2018 年版。

吴白乙主编：《拉美国家的能力建设与社会治理》，中国社会科学出版社 2015 年版。

徐世澄主编：《拉美左翼和社会主义理论思潮研究》，中国社会科学出版社 2017 年版。

袁东振、杨建民等：《拉美国家政党执政的经验与教训研究》，中国社会科学出版社 2016 年版。

张勇：《拉美经济增长方式转型与结构演进》，中国社会科学出版社 2020 年版。

陈美菊：《冷战后美国对拉丁美洲的霸权政策》，《哈尔滨师范大学社会科学学报》2017 年第 4 期。

程洪、陈朝娟：《论 20 世纪拉美城市化进程及其对中国的启示》，《拉丁美洲研究》2006 年第 2 期。

杜凤姣、宁越敏：《拉美地区的城市化、城市问题及治理经验》，《国际城市规划》2015 年第 S1 期。

江涛：《特朗普时代美国对拉丁美洲的经济外交》，《区域与全球发展》2020 年第 1 期。

焦建玲、韩晓飞、李兰兰、朱俊红：《减排约束下的中国石油需求预测》，《北京理工大学学报（社会科学版）》2015 年第 1 期。

刘伟：《中国与委内瑞拉在石油方面的合作前景分析》，《国土资源情报》2005 年第 4 期。

田泽、董海燕：《中国投资拉丁美洲的环境评价》，《商业研究》2016 年第 4 期。

王双：《资源民族主义与中国在拉丁美洲的投资安全》，《拉丁美洲研究》2015 年第 5 期。

王洋、余志刚：《中国粮食市场的供需结构、趋势及政策需求分析——基于 ARIMA-GRNN 模型的预测》，《中国农学通报》2015 年第 4 期。

王云凤等：《我国主要农产品的虚拟土地进口效益分析》，《农业技术经济》2015 年第 4 期。

乌尔里希·布兰德等：《拉丁美洲的新榨取主义：全球资本主义动力机制的新表现》，《国外理论动态》2018 年第 1 期。

吴洪英：《对拉丁美洲参与"一带一路"的思考》，《现代国际关系》2017 年第 12 期。

夏佩、孙江明：《进口价格波动风险对中国大豆进口来源布局的影响研究》，《国际贸易问题》2016 年第 2 期。

叶欣等：《拉丁美洲自由贸易园区建设经验及其对我国的启示》，《国际贸易》2019 年第 11 期。

袁东振：《拉丁美洲崛起的世界意义及对中国的影响》，《西南科技大学学报（哲学社会科学版）》2015 年第 3 期。

曾繁华等：《碳排放和能源约束下中国经济增长阻力研究——基于 2020 年减排目标的实证分析》，《财贸经济》2013 年第 4 期。

赵慧英：《拉美和非洲地区工业化过程中农村人口迁移分析》，《首都经济贸易大学学报》2007 年第 1 期。

郑秉文、于环：《拉丁美洲"增长性贫困"检验及其应对措施与绩效》，《经济社会体制比较》2018 年第 4 期。

朱玉柱、陈孝劲：《中国矿产资源对外依存度研究》，《中国矿业》第 24 卷增刊 2，2015 年 10 月。

［阿根廷］劳尔·普雷维什：《外围资本主义——危机与改造》，苏振兴、袁兴昌译，商务印书馆 2015 年版。

［德］克敏、牛海彬主编：《中国、欧盟与拉美：当前议题与未来合作》，上海人民出版社 2011 年版。

二　外文文献

Adrian H. Hearn, José Luis León-Manríquez, *China Engages in Latin America: Tracing the Trajectory*, Lynne Rienner Publishers, 2011.

Albert L. Michaels, "The Alliance for Progress and Chile's 'Revolution in Liberty', 1964 – 1970", *Journal of Interamerican Studies and World Affairs*, Feb., 1976, Vol. 18, No. 1.

Alfonso Herranz-Loncán, "Transport Technology and Economic Expansion: the Growth Contribution Of Railways in Latin America before 1914", *Revista de Historia Económica*, Vol. 32, No. 1, 2014.

Alfredo Toro Hardy, *The World Turned Upside Down: The Complex Partnership Between China and Latin America*, World Scientific Publishing Co Pte Ltd, 2013.

Brendan McBride, Matthew French (Principal Authors), *Affordable Land and Housing in Latin America and the Caribbean*, UN-HABITAT, Nairobi,

2011.

Carlos Augusto M. Santana (team leader), *Productive capacity of Brazilian agriculture: a long-term perspective*, The Government Office for Science, UK, 2011.

Commission for Latin America and the Caribbean (ECLAC), *Latin America and the Caribbean in the World Economy*, Santiago, Chile, 2015.

Derek S. Reveron, *Exporting Security: International Engagement, Security Cooperation, and the Changing Face of the U.S. Military*, Georgetown University Press, 2010.

Enrique A. Baloyra, "Oil Policies and Budgets in Venezuela, 1938 – 1968", *Latin American Research Review*, Vol. 9, No. 2, Summer, 1974.

Fausto Brito, "The displacement of the Brazilian population to the metropolitan areas", *Estudos Avancados*, 20 (57), 2006.

Ferreira P. C., J. V. Issler, "Times Series Properties and Empirical Evidence of Growth and Infrastructure", *Revista de Econometria*, Vol. 18, No. 1, 1998.

Francisa A. Kornegay, JR., "The 'Grandmaster' Logic behind Obama's Audacious Foreign Policy," *The Wilson Quarterly*, Winter, 2016.

Frederic M. Halsey, *Railway Expansion in Latin America*, The Moody Magazine and Book Company, New York, 1916.

Frederick R. Clow, "South American Trade", *The Quarterly Journal of Economics*, Vol. 7, No. 2, Jan., 1893.

Hernando De Soto, *The Other Path: The Invisible Revolution in the Third World*, Harper Collins, New York, 1989.

IAASTD (International Assessment of Agricultural Knowledge, Science and Technology for Development), *Agriculture at a Crossroads*, VOLUME III: *Latin America & the Caribbean*, Washington, DC, 2009.

International Monetary Fund, *World Economic Outlook Update: A Crisis Like No Other, An Uncertain Recovery*, June 2020.

Jelle Bruinsma (Editor), *World agriculture towards 2015/2030: An FAO*

Perspective, Earthscan Publications Ltd, London, 2003.

Jö Dosch, Olaf Jacob, *Asia and Latin America: Political, Economic and Multilateral Relations*, Taylor & Francis Group, 2010.

Kenneth M. Roberts, "The Crisis of Labor Politics in Latin America: Parties and Labor Movements during the Transition to Neoliberalism", *International Labor and Working-Class History*, No. 72, Fall, 2007.

Mario Ojeda Gómez, "The United States-Latin American Relationship since 1960," *The World Today*, Vol. 30, No. 12, December, 1974.

OECD/ECLAC/CAF, *Latin America Economic Outlook* 2016: *Towards a New Partnership with China*, OECD Publishing, Paris, December 2015.

R. Dudley Baxter, "Railway Extension and its Results", *Journal of the Statistical Society of London*, Vol. 29, No. 4, Dec., 1866.

Robert Ellsworth, Andrew Goodpaster, Rita Hauser (Co-Chairs), *America's National Interests*, the Commission on America's National Interests, July 2000.

Robert M. Smetherman and Bobbie B. Smetherman, "The Alliance for Progress: Promises Unfulfilled", *American Journal of Economics and Sociology*, Vol. 31, No. 1, January, 1972.

Stephen G. Brooks, William C. Wohlforth, "Reshaping the World Order: How Washington Should Reform International Institutions", *Foreign Affairs*, Vol. 88, No. 2, March/April, 2009.

United Nations Conference on Trade and Development, *Commodities and Development Report* 2019: *Commodity Dependence, Climate Change and the Paris Agreement*, Geneva, Switzerland, 2019.

Vera Thorstensen, Daniel Ramos, Carolina Muller, Fernanda Bertolaccini, "WTO – Market and Non-market Economies: the hybrid case of China", *Latin American Journal of International Trade Law*, v. 1, issue 2, 2013.

World Bank, *World Development Report* 2009: *Reshaping Economic Geography*, the World Bank Group, Washington DC, 2009.

World Bank, *World Development Report* 2008: *Agriculture for Development*, the World Bank, Washington DC. , 2007.

World Bank Group, *World Development Report* 2020: *Trading for Development in the Age of Global Value Chains*, Washington, DC. , World Bank, 2019.

World Bank Group, *International Debt Statistics* 2020, Washington, DC, USA, World Bank, 2019, p. 20.

Aguilar AG, Olvera G, "El control de la expansion urbana en la ciudad de Mexico: Conjeturas de un falso planteamiento", *Estudios Demográficos y Urbanos*, 1991, Jan-Apr.

Alí Rodríguez Araque, *El Proceso de Privatización Petrolera en Venezuela* (3a. edición), Venezuela, Fondo Editorial Darío Ramírez, 2014.

CAF, *Crecimiento urbano y acceso a oportunidades: un desafío para América Latina*, Bogotá, Colombia, agosto 2017.

CEPAL/OCDE/BID/ALC, *Estadísticas tributarias en América Latina y el Caribe* 1990 – 2017, OECD Publishing, Paris, 2019.

CEPAL, *Perspectivas de la agricultura y del desarrollo rural en las Américas: una mirada hacia América Latina y el Caribe* 2019 – 2020, San José, Costa Rica, 2019.

CEPAL, "Informe sobre el impacto económico en América Latina y el Caribe de la enfermedad por coronavirus (COVID – 19)", Santiago, Chile, mayo de 2020.

CEPAL, CAF-Banco de Desarrollo de América Latina, Unión Europea (UE), Cooperación y el Desarrollo Económicos (OCDE), *Perspectivas económicas de América Latina* 2019: *desarrollo en transición*, OECD Publishing, Paris, 2019.

CEPAL, *La Inversión Extranjera Directa en América Latina y el Caribe*, 2019, Santiago, Chile, 2019.

CEPAL, *Promoción del comercio y la inversión con China: Desafíos y oportunidades en la experiencia de las cámaras empresariales latinoamericanas*, Santiago, Chile, noviembre de 2013.

CEPAL, *Anuario Estadístico de América Latina y el Caribe* 2019, Santiago, Chile, 2019.

Fernando Soto Baquero, Sergio Gómez, *Dinámicas del mercado de la tierra en América Latina y el Caribe: concentración y entranjerización*, FAO, 2012.

Jeannette Sánchez (Coordinadora), *Recursos naturales, medio ambiente y sostenibilidad: 70 años de pensamiento de la CEPAL*, Santiago, Chile, 2019.

Jorge Rodríguez Vignoli, "Efectos de la migración interna sobre el sistema de asentamientos humanos de América Latina y el Caribe", *Revista de la CEPAL*, N° 123 · diciembre de 2017.

Octavio Sotomayor, Adrián Rodríguez, Mônica Rodrigues, *Competitividad, sostenibilidad e inclusión social en la agricultura: Nuevas direcciones en el diseño de políticas en América Latina y el Caribe*, CEPAL, Santiago de Chile, diciembre de 2011.

Organización para la Cooperación y el Desarrollo Económicos (OCDE), Centro de Desarrollo de la OCDE, CEPAL, Centro Interamericano de Administraciones Tributarias (CIAT), Banco Interamericano de Desarrollo (BID), *Estadísticas tributarias en América Latina y el Caribe* 2020, OECD Publishing, Paris, 2020, p. 19.

Robert Devlin (Editores), *Oportunidades y Retos Para América Latina y el Caribe*, Inter-American Development Bank, 2005.

Lia Baker Valls Pereira, "Primeiras reflexões sobre o Acordo Mercosul-União Europeia", Conjuntura Econômica, n. 7, 2019.

Vera Thorstensen, Daniel Ramos, Carolina Müller, "O Reconhecimento da China como Economia de Mercado: o dilema de 2016", *Revista Brasileira de Comércio Exterior*, ano XXVI, n. 112, jul/set 2012.

后　　记

本书是 2015 年 6 月立项、2020 年 11 月结项的国家社科基金一般项目"中国与拉丁美洲国家经贸关系研究"（15BGJ017）的最终成果，鉴定等级为"良好"。在此期间，围绕该项目，发表论文 10 余篇，撰写研究报告 30 余篇。

本书基于中国立场，从中国、拉美、美拉关系 3 个维度，提出观察和分析框架。在理论方面，本书主要有两方面的创新。一方面是关于 3 对辩证关系的认识，即劳动与资本、政府与市场、国家与世界之间的辩证统一关系。对这 3 对辩证关系分别进行的研究较为充分，但整体研究相对较少，对这 3 对辩证关系的认识是凝聚中拉"思维共识"的重要基础。另一方面，基于西方经济学、发展经济学的"两缺口""三缺口""四缺口"理论，提出了宏观均衡模式，即财政、储蓄、国际收支之间的相互平衡机制，当出现财政赤字时，首先由国内净储蓄予以平衡；当国内净储蓄不足以平衡财政赤字时，则需要国际收支盈余予以平衡。绝大多数拉美国家长期存在财政赤字、储蓄赤字（国内储蓄量少于固定资产投资量），因此，这些国家不仅存在较为严重的宏观失衡和经济增长乏力问题，而且高度依赖外部融资。

本书提出了中拉项目合作的"5 因素分析法"和巴西特许经营模式的"5 权分置"。一个重大基础设施项目是否可行，主要受国际、政治、社会、环境、经济 5 方面因素的影响。国际因素有两大类。第一类是拉美地区之外的国际因素，即区外主要大国对中拉大型项目合作的态度。第二类是拉美地区内部的国际因素，例如，有些重大基础设施项目需要两个以上拉美国家共同长期支持或参与。政治共识的标志之一是项目实施是否得到国会/议会的批准。社会共识是指与项目相关的当地居民或社区是否支持项目建设。环境因素主要是指环境保护。经济因素主要是指项目的商业可行性和融资能力。巴西特许经营模式对特许项目的资产所有权、使用权、收益权、处置权、剩余索取权进行了分置,在特许经营期内,政府部门拥有所有权、处置权和剩余索取权,私人投资者拥有使用权和受益权。

本书仍有诸多不足和缺陷,主要表现在五个方面。第一,宏观内容偏多。在成果撰写过程中,试图寻求宏观、中观、微观的平衡,但这一努力未达预期。第二,地区内容偏多,国别内容偏少。国别内容主要涉及巴西、委内瑞拉,智利也有少量涉及,其他 30 个拉美国家涉及的较少。第三,分析框架有待进一步丰富和完善。拉美地区发展约束框架、美国"两圈战略"、中国新时代发展战略坐标、3 对辩证统一关系等观察和分析框架存有较多争议。第四,关于中国的"中心"地位有待商榷。考虑到中国的经济规模较为庞大,拉美国家基于"中心—外围"理论将中国定位为"中心"国家,从拉美国家的角度看,这一定位既有褒义,也有贬义。如何修正和修订这些缺陷与不足可作为将来的研究方向选项。第五,未涉及新冠肺炎疫情对中拉经贸合作的影响。本书成稿之时,新冠肺炎疫情正在拉美地区肆虐,中国是拉美地区抗击疫情、缓解经济衰退压力的重要合作伙伴。疫情对拉美经济社会的冲击、对全球政治经济格局的影响、对中拉经贸合作的影响等诸多重大问题,需要深入观察、分析和研究。

谢文泽

2021 年 10 月